I0046571

Schriften des
Vereins zum Schutz der deutschen Goldwährung.
Band III.

Die indische Währungsreform.

Im Auftrage des
Vereins zum Schutz der deutschen Goldwährung

von

Dr. Otto Heyn.

Berlin 1903.
J. Guttentag, Verlagsbuchhandlung,
G. m. b. H.

Inhalt.

Seite

Viertes Kapitel.

Die wirtschaftliche Bedeutung der Reform für Indien.

Fünftes Kapitel.

Sechstes Kapitel.

Siebentes Kapitel.

Statistische Übersichten.

Seite

Benutzte offizielle Quellen.

Report of the Committee appointed to inquire into the Indian Currency 1893 (citiert: Bericht 1893).

Minutes of Evidence (citiert: Prot. 1893).

Appendix (citiert: App. 1893).

Report of the Committee appointed to inquire into the Indian Currency 1899.

Minutes of Evidence (citiert: Prot. 1898).

Appendix (citiert: App. 1898).

Gold and Silver Commission. Final Report 1888.

Correspondence between the British and Indian Governments, betreffend

Silver Question 1886 (C. — 4868).

Indian Currency 1893 (C. — 7060).

Indian Currency 1893 (C. — 7098).

Sale of Bills on India 1893 (C. — 7253).

Correspondence respecting the Proposals on Currency made by the Special Envoys from the United States 1897 (C. — 8667).

Correspondence respecting the Proposals on Currency made by the Government of India (C. — 8840).

East India Financial Statements (früher: „Return").

East India Accounts and Estimates. Dazu Explanatory Memorandum, Home Accounts etc.

Final Report of the Royal Commission on the Administration of the Expenditure of India 1900 Cd. 131.

Statement exhib. the Moral and Material Progress and Condition of India 1900 01.

Statements of the Trade of British India (Review and Tables).

Statistical Abstract relating to British India.

Statistical Abstract for the United Kingdom.

Statistical Abstract for the Principal and other Foreign Countries.

Statistical Abstract for the Several Colonial and other Possessions of the United Kingdom.

Statistical Abstract for the United States 1900, 1902.

Berichte des India Paper Currency Department Calcutta 1900, 1901, 1902.

China Imperial Maritime Customs. Returns of Trade and Trade Reports 1901 (Shanghai 1902).

Prices and Wages in India 1900.

Diplomatic and Consular Reports über Japan und China. London Foreign Office.

Einleitung.

Vor einigen Jahren ist in Indien an Stelle der früheren offenen Silberwährung eine „Goldwährung“ eingeführt worden. Hiermit hat sich das wichtigste Wirtschaftsgebiet unter denjenigen, die bisher noch an dem Silber als Währungsgeld festgehalten hatten, von demselben abgewendet, um auch seinerseits das Gold zu seinem Wertmaßstabe und zum Regulator seines Auslandsverkehrs zu machen. Die Ansichten darüber, ob das vorteilhaft oder nachteilig war, sind geteilt. An sich kann der Anschluß eines Landes an die große Völkergemeinschaft, welche jetzt ihre Beziehungen unter einander auf der gemeinsamen Basis des Goldes regelt und insoweit einen einheitlichen Preismaßstab geschaffen hat, nur vorteilhaft sein. Es wäre aber möglich, daß die besonderen Umstände, unter denen das in Indien geschah, insbesondere die technische Einrichtung der neuen Währung, ferner die Festsetzung der Relation zwischen dem früheren Gelde und dem Golde, welche die Höhe des Kurses beeinflußte, mit Rücksicht auf die daraus sich ergebenden Konsequenzen eine abweichende Beurteilung bedingen. Bei der großen Bedeutung, welche die indische Währungsreform als wissenschaftliches Problem besitzt, und bei der ebenso großen praktischen Bedeutung, welche derselben mit Rücksicht auf die europäischen, auch die deutschen Handelsinteressen, sowie ferner mit Rücksicht auf die dadurch entstandene Gefahr einer Bedrohung des europäischen Geldmarktes durch Goldentziehungen zukommt, wird es allgemeinem Interesse begegnen, wenn wir diesen Gegenstand historisch und kritisch näher betrachten.

Eine kritische Betrachtung ist um so wichtiger, weil infolge des neuerlichen starken Silberfalles alle Silberländer sich vor die Frage gestellt sehen, ob sie nicht Indiens Beispiel folgen sollen, und weil wahrscheinlich die im Interesse des Verkehrs so sehr erwünschte Herstellung der Goldwährung in der ganzen Welt in der Weise erfolgen wird, daß diejenigen Länder, in denen jetzt noch keine Goldwährung herrscht, zu einer Währung übergehen, welche in ihrem Aufbau der indischen mehr oder weniger gleichkommt.

Erstes Kapitel.

Geschichtliche Darstellung.

1. Abschnitt: **Geschichte der indischen Währungsreform.**

a. Vorgeschichte[1]).

Bis zum 26. Juni 1893, dem Tage, an welchem der erste Schritt zu der jetzt abgeschlossenen Reform getan wurde, herrschte in Indien offene Silberwährung. Die Prägung von Silber war freigegeben und Silbermünzen von bestimmtem Gewichte und bestimmter Feinheit, die Rupien, besaßen allein unbeschränkte gesetzliche Zahlkraft. Gold war nur Ware, wenn es auch früher in bedeutendem Umfange tatsächlich Gelddienste versehen und zeitweilig einen offiziellen Kassenkurs gehabt hatte. Dieses System war im Jahre 1835 von der damals über Indien herrschenden Ostindischen Kompagnie eingeführt worden und es blieb auch in Kraft, als im Jahre 1858 die englische Regierung an Stelle der Ostindischen Kompagnie die Herrschaft bezw. die direkte Verwaltung übernahm. Im Jahre 1870 wurde es durch ein neues Währungsgrundgesetz bestätigt.

Unter der indischen Bevölkerung hatte sich von früher her, wenigstens in gewissen Landesteilen, besonders in Südindien, eine Vorliebe für Gold erhalten. Außerdem erschien es namentlich der Handelswelt, speziell den anglo-indischen

---

[1]) Die Vorgeschichte der indischen Währungsreform kann hier nur kurz behandelt werden. Näheres findet sich bei Ellstaetter, Indiens Silberwährung, S. 88ff.; Molesworth, Indian Currency (Publications of the American Academy of Political and Social Science No. 108); Probyn, Indian Coinage and Currency (London 1897); Mac Leod, Indian Currency (London 1898); Raffalovich, Le marché financier en 1899/1900 S. 722ff. Vergl. auch den Bericht des amerikanischen Münzdirektors für 1900 S. 154/155 u. Appendix zu den Protokollen der indischen Währungskommissionen von 1892/93 und von 1898/99.

Kaufleuten, wünschenswert, die gleiche Währung zu haben wie das Mutterland. Deshalb machten sich schon früh Bestrebungen geltend, die Goldwährung einzuführen. Die indische Regierung sympathisierte mit diesen Bestrebungen, verlieh den alten Goldmünzen einen Kassenkurs und beantragte in England wiederholt, so 1865, 1876 und 1878, den Übergang zur Goldwährung. Seit 1873 erschien ein solcher Währungswechsel umsomehr wünschenswert, als das Wertverhältnis zwischen Gold und Silber, das bis dahin im großen und ganzen dauernd 1 : 15½ gewesen war, sich zu verschieben begann und infolgedessen der Kurs der Rupie von seiner früheren Höhe von zirka 23 d herabsank und die frühere Stabilität einbüßte. Hierdurch wurden auf der einen Seite die finanziellen Lasten der indischen Regierung erhöht, weil diese jährlich bedeutende Goldzahlungen an England (damals 13—14 Mill. Lstrl.) zur Deckung ihrer „Home charges"[1]) zu machen hatte, und auf der anderen Seite wurde der Handel geschädigt, weil die Schwankungen des Kurses eine große Unsicherheit hervorriefen und bedeutende Risiken mit sich brachten.

In England fanden die indischen Anträge auf Änderung der Währung kein Gehör. Man scheute zunächst aus prinzipiellen Gründen vor einem Währungswechsel zurück und glaubte überdies die Interessen der großen Mehrheit der indischen Bevölkerung, nämlich der Bauern, voranstellen zu sollen; denn man nahm an, daß diese aus dem Sinken des Kurses Vorteil zogen.

Die indische Regierung ließ sich durch die wiederholten Absagen in London nicht abschrecken. Für sie erschien eine Änderung des bestehenden Zustandes umsomehr geboten, als der Preis des Silbers immer tiefer sank, der Kurs der Rupie immer weiter zurückging und die Bezahlung der — wachsenden — Home charges immer mehr Rupien erforderte und daher einen immer größeren Teil ihrer Einnahmen verschlang. Sie setzte aber jetzt ihre Hoffnungen nicht mehr auf die Einführung der Goldwährung, sondern erwartete das Heil von der Herstellung des internationalen Bimetallismus, die damals von mächtigen Parteien angestrebt

[1]) Über die Home charges vergl. unten S. 32.

wurde. Die Herstellung des Bimetallismus, für den ein Wertverhältnis zwischen Gold und Silber von 1 : 15½ vorgesehen war, mußte ja den Kurs der Rupie wieder auf 22,35 d heben und demselben die gewünschte Stabilität verschaffen. Im Vergleich mit dem früher verfolgten Plane des Übergangs zur Goldwährung ergab sich dabei der weitere Vorteil, daß die Entstehung einer Valutadifferenz gegenüber China, Japan und den Straits Settlements vermieden wurde, die bei Einführung der Goldwährung mit Notwendigkeit eingetreten wäre. Außerdem fiel das Bedenken weg, daß durch die Vergrößerung der Nachfrage nach Gold die „Appreciation" des Goldes und der vermeintlich dadurch verursachte allgemeine Preisfall auf dem Weltmarkte, unter dem auch der indische Export zu leiden hatte, noch verschärft werden möchten.

Unter dem Einflusse dieser Ideen wurde im Jahre 1881 die Pariser Münzkonferenz beschickt. Als diese resultatlos geblieben war, wurde im Jahre 1886 die internationale Regelung der Silberfrage bei der englischen Regierung von neuem in Anregung gebracht. Außerdem wurde der damals tagenden „Gold- und Silberkommission" ein ausführliches Gutachten über die Herstellung des internationalen Bimetallismus vorgelegt. Auch diese Maßregeln blieben jedoch ohne Erfolg. Die englische Regierung lehnte jedes Eingehen auf die indischen Vorschläge unter Hinweis auf die im Jahre 1878/79 angegebenen Gründe ab und die Gold- und Silberkommission kam zu keinem positiven Resultate. Infolgedessen blieb zunächst alles beim alten.

In den Jahren 1890 bis 1892 trat die Inopportunität des bestehenden Zustandes von neuem und in verschärftem Maße hervor. Der Kurs der Rupie hob sich infolge der großen Spekulationen, die dem Erlaß der Shermanbill in den Vereinigten Staaten (Juli 1890) vorausgingen und folgten, der Bewegung des Silberpreises entsprechend von 16 d vorübergehend bis auf 20 29/32 d, um dann binnen wenigen Monaten bis auf 15 1/16 d zurückzugehen. Diese bedeutenden Schwankungen fügten dem indischen Handel den allergrößten Schaden zu und lähmten jede Unternehmung. Das scharfe Zurückgehen des Kurses brachte überdies der indischen Regierung bei der Deckung der Home charges neue große Verluste. Weitere Verluste standen bevor für den Fall, daß die Vereinigten Staaten, wie es bei einem Siege der Goldpartei zu erwarten war, die Shermanbill aufheben sollten; denn die letztere war bis dahin neben der Nachfrage Indiens die mächtigste Stütze des Silberpreises gewesen, da sie den jährlichen Ankauf von 54 Mill. Unzen Silber, eines vollen Drittels der Produktion, vorschrieb. Endlich litten unter dem Kursrückgange die indischen Beamten englischer Nationalität, da für sie, soweit sie zur Versorgung ihrer Familien oder aus anderen Gründen Geld nach England zu remittieren hatten, der Rückgang des Kurses einer teilweisen Konfiskation ihres Gehalts gleichkam.

Als nun Ende Januar 1892 die Nachricht eintraf, daß die Vereinigten Staaten zu einer neuen Münzkonferenz Einladungen ergehen zu lassen beabsichtigten, richtete die indische Regierung auf Anregung der Handelskammer von Bengalen am 23. März eine neue Eingabe an die Zentralregierung in London, in welcher sie unter ausführlicher Darlegung der Nachteile des herrschenden Zustandes dringend beantragte, Abhülfe zu schaffen. Sie erklärte noch jetzt die internationale Regelung der Silberfrage für die beste Lösung und ersuchte die englische Regierung, dahingehende Vorschläge der Vereinigten Staaten so viel als irgend möglich zu unterstützen. Für den Fall aber, daß die Konferenz auch dieses Mal resultatlos verlaufen sollte, bat sie, schon im voraus Bestimmungen zu treffen, um Indien vor den Nachteilen zu schützen, welche aus der dann zu erwartenden plötzlichen Einstellung der durch die Shermanbill angeordneten Silberkäufe resultieren müßten.

Am 21. Juni desselben Jahres, nachdem inzwischen die Konferenz berufen, ihr Programm aber in Anbetracht der starken Opposition Englands gegen den internationalen Bimetallismus beschränkt worden war, so daß die Aussicht auf eine befriedigende Lösung der Silberfrage nur noch ganz gering erschien, kam sie auf ihren Eventualvorschlag vom 23. März zurück. Unter Überreichung eines von dem damaligen Finanzminister Sir David Barbour ausgearbeiteten ausführlichen Gutachtens[1]) präzisierte sie denselben dahin, daß

[1]) In deutscher Übersetzung abgedruckt bei Ellstaetter, Indiens Silberwährung S. 115 ff.

im Falle des Scheiterns der Konferenz, und wenn auch ein separates Übereinkommen mit den Vereinigten Staaten nicht zu erzielen sei, Indien sofort dazu schreiten solle, die Prägungsfreiheit für Silber aufzuheben und für die Einführung der Goldwährung Vorbereitungen zu treffen.

In Indien herrschte in dieser ganzen Zeit eine große Aufregung, während Handel und Wandel darniederlagen. Im Mai 1892 hatte sich (hauptsächlich auf Betreiben der anglo-indischen Beamten) ein Währungsverein gebildet, welcher eine große Agitation für die Schließung der Münzen und die Einführung der Goldwährung entfaltete. Versammlungen wurden in allen Teilen des Landes veranstaltet, Diskussionen gehalten und eine Petition um Einführung der Goldwährung in Umlauf gesetzt, die bald mit 16868 Unterschriften aus allen Kreisen der Bevölkerung bedeckt war. Daneben beschäftigten sich die Handelskammern, sowie die Vertretungen einheimischer Kaufleute mit der Währungsfrage und sprachen sich zumeist in gleichem Sinne aus. Es fehlte aber auch nicht an Protesten. In den Handelskammern war man vielfach geteilter Ansicht und große Minoritäten erklärten sich für die Beibehaltung der Silberwährung. Hierfür wurde u. a. geltend gemacht, daß Indien bei Aufhebung der offenen Silberwährung der Vorteile verlustig gehe, welche ihm bisher das Sinken des Kurses, als Exportprämie bezw. als Schutzzoll wirkend, gebracht habe, und daß, ebenso wie auf dem Weltmarkte, infolge der „Appreciation“ des Goldes dann auch in Indien ein allgemeiner Preisfall eintreten werde, welcher die Produzenten benachteilige. Außerdem, hieß es, werde Indien in seiner Konkurrenzfähigkeit gegenüber China und Japan geschwächt werden, da bei dem weiteren Fallen des Silberpreises eine Valutadifferenz zu Gunsten dieser Länder entstehen müsse. Aus letzterem Grunde schienen besonders die indischen Theeproduzenten bei ihrer Konkurrenz mit China auf dem Weltmarkte, ferner die Exporteure von Baumwollgarn nach China, endlich der Opiumhandel als Einnahmequelle der Regierung bedroht zu sein[1]). Ferner wurde befürchtet, daß Indien als Land in die Lage

[1]) Vergl. hierüber den Bericht der indischen Währungskommissionen von 1892/93 §§ 114—120; 1898 §§ 24 ff. Appendix 1893 S. 176, 196.

kommen möchte, seine bedeutenden Goldschulden nicht mehr mit Waren bezahlen zu können, und daß es dann zu deren Deckung mit großem Verluste Silber werde exportieren müssen[1]). Endlich blickte man mit Sorge auf die Entwertung der Silberschätze der Eingeborenen in den indischen „Hoards“ und die daraus resultierende Schädigung weiter Kreise auch der weniger wohlhabenden Klassen, woraus sogar politische Gefahren entstehen konnten[2]).

In England beschäftigte man sich ebenfalls eingehend mit der Frage. Auch hier waren die Meinungen geteilt. Selbst diejenigen, welche lediglich das Interesse Englands ins Auge faßten, waren verschiedener Ansicht. Während auf der einen Seite die Besitzer von Rupienanleihe, und wer sonst feste Rupienforderungen besaß oder erwerben wollte (z. B. auch als Beamter), mit Rücksicht auf den Vermögensschaden, den das Sinken des Rupienkurses verursachte, und während vor allem die Baumwollspinner in Manchester mit Rücksicht darauf, daß ihr Export nach Indien bedroht war, die Aufhebung der offenen Silberwährung in Indien und den Übergang zur Goldwährung befürworteten, erhoben sich auf der anderen Seite gewichtige Stimmen sowohl aus Handels- als auch aus Finanzkreisen dagegen. In Handelskreisen wurde die größere Erschwerung des Exports nach China und die größere Entwertung des dort angelegten englischen Kapitals, welche der stärkere Silberfall zur Folge haben werde, als Gegengrund angeführt, und in Finanzkreisen erhob man Bedenken, weil der europäische Geldmarkt stark bedroht erschien, wenn künftig der große Aktivsaldo der indischen Handelsbilanz statt mit Silber, wie bisher, mit Gold bezahlt werden müsse. Von den großen englischen Blättern erklärten sich der Economist, der Statist und der Standard gegen den Übergang Indiens zur Goldwährung, während die Times, wenigstens zunächst, dafür sprachen.

Am 21. Oktober 1892 berief die englische Regierung zur Begutachtung der Vorschläge der indischen Regierung eine Kommission von 7 Mitgliedern unter dem Vorsitz von Lord Hershell, und diese veranstaltete in der Zeit bis zum Frühjahr 1893 eine genaue Untersuchung der ganzen Frage

[1]) Bericht 1892/93 §§ 121—123.
[2]) Bericht 1892/93 § 106.

unter Vernehmung einer Reihe von Beamten, Kaufleuten, Bankiers und Gelehrten, allerdings lauter Engländern, keines Indiers.

Inzwischen trat die internationale Münzkonferenz im November 1892 in Brüssel zusammen. Sie vertagte sich aber schon im Dezember, und wenn es auch offiziell vorbehalten war, im Mai wieder zusammenzutreten, so war doch schon damals vorauszusehen, daß sie resultatlos verlaufen werde. Dadurch wurde natürlich die Aufregung in Indien gesteigert. Das mußte um so mehr geschehen, als die amerikanischen Delegierten bei ihrer Erklärung auf der Konferenz direkt zugegeben hatten, daß im Falle des Scheiterns der Konferenz die Shermanbill aufgehoben und die staatlichen Silberkäufe eingestellt werden würden. Neue Agitationen und neue Petitionen in Indien folgten.

Die englische Regierung trat nunmehr dem Projekte der Schließung der indischen Münzen und der Einführung der Goldwährung in Indien näher und forderte am 20. Januar 1893 von der indischen Regierung detailliertere Vorschläge. Diese wurden am 23. Januar 1893 gemacht. Dieselben gingen dahin, daß nach der Schließung der Münzen für Silber zunächst ein Interimszustand eintreten solle, während welcher eine Münzprägung überhaupt nicht stattfinde, und daß während dieser Zeit, falls notwendig, die englischen Sovereigns zum Kurse von nicht weniger als $13^{1}/_{3}$ Rupien, d. i. 18 d p. Rupie, zum gesetzlichen Währungsgelde (legal tender) erklärt werden sollten. Im übrigen wurde auf das ausführliche Gutachten von Sir David Barbour Bezug genommen.

Am 31. Mai 1893 erstattete die Hershell-Kommission einen eingehenden Bericht. Im allgemeinen billigte sie die Anträge der indischen Regierung, die Münzen dem Silber zu verschließen und zur Goldwährung überzugehen, empfahl aber eine Modifikation dahin, daß die Regierung, um plötzliche und scharfe Steigerungen des Rupienkurses zu vermeiden, sich bereit erklären solle, Rupien zum Kurse von 16 d gegen Gold abzugeben und zu demselben Kurse Gold bei der Zahlung staatlicher Gefälle an Stelle von Rupien in Zahlung zu nehmen. Die Bestimmung des Zeitpunktes für die Durchführung der Reform sollte der indischen Regierung selbst überlassen bleiben.

Diese Vorschläge wurden sowohl in London als auch in Indien angenommen und am 26. Juni 1893, als die Hoffnung auf einen erfolgreichen Abschluß der (nach der Vertagung im Dezember nicht wieder zusammengetretenen) Münzkonferenz geschwunden und Aussicht auf die Erzielung eines Separatabkommens mit den Vereinigten Staaten zur Erhaltung und Hebung des Silberpreises nicht vorhanden war, wurden unter Überraschung der ganzen Welt die indischen Münzen durch das Gesetz act VIII von 1893 plötzlich geschlossen. Zugleich erklärte sich die indische Regierung durch Bekanntmachung von demselben Tage bereit, Rupien zum Kurse von 16d gegen Gold abzugeben und Gold, und zwar englische Sovereigns und Halbsovereigns, bei der Entrichtung von Steuern etc. zu dem gleichen Kurse in Zahlung zu nehmen. Damit waren die Vorschläge der Kommission von 1892 in Vollzug gesetzt.

b. Der Interimszustand von 1893—1899.

Obwohl der Bericht der Hershell-Kommission streng geheimgehalten worden war, hatte doch eine kleine Gruppe von Spekulanten den Inhalt desselben erfahren. Infolge dessen entwickelte sich im Juni 1893 eine lebhafte Spekulation, welche den Kurs der Rupie, der noch am 31. Mai auf 14 5/8 d gestanden hatte, in die Höhe trieb und bewirkte, daß derselbe gleich nach der Schließung der Münzen die gewünschte Höhe von 16d wirklich erreichte[1]). Am 28. Juni wurden in der Tat Councilbills — das sind Anweisungen des Staatssekretärs für Indien auf die indischen Staatskassen, durch deren Verkauf der Goldbetrag zur Deckung der Home charges beschafft wird[2]) — zu diesem Kurse begeben[3]). Hiermit schien ein Teil der Reform — die Hebung des Kurses auf 16d — schon jetzt seine Erledigung gefunden zu haben.

Das war aber eine Täuschung. Der Kurs hielt sich nur wenige Tage auf dieser Höhe und ging dann langsam wieder zurück.

Die indische Regierung versuchte nun zunächst dadurch zu helfen, daß sie den freihändigen Verkauf der Councilbills

---

[1]) Bericht der Kommission von 1898 S. 23.

[2]) Vergl. unten S. 32 ff.

[3]) Appendix 1898 S. 158.

aufgab und einen Mindestpreis von zunächst 15 7/8 d, seit Mitte August 15 1/4 d verlangte. Das kam praktisch einer völligen Einstellung des Verkaufs gleich und in der Tat wurden denn auch in der ganzen Zeit vom 1. Juli 1893 bis zum 30. Januar 1894 nur 862602 Lstrl. begeben[1]), während zur Deckung der Home charges etwa der zehnfache Betrag hätte begeben werden sollen.

Obwohl somit das Angebot der indischen Regierung auf dem Rupienmarkte praktisch wegfiel, sank der Kurs von 15 7/8 d zu Anfang Juli auf 14 3/4 d am 30. August und stieg auch in den folgenden Monaten nur auf 15—15 1/4 d, um im Januar abermals, und zwar auf 14 13/32 d, zu sinken. Am 31. Januar 1894 wurden die Verkäufe der Councilbills wiederaufgenommen, und nun fiel der Kurs, obwohl man sich in der Zeit der indischen Exportsaison befand, sehr bald weiter auf 14 und 13 1/2 d. Es half auch nichts, daß in Indien am 10. März desselben Jahres (1894) ein Wertzoll von 5 Prozent auf Silber und die meisten übrigen bis dahin (seit 1882) zollfreien Importartikel eingeführt wurde, obwohl durch die hierdurch bewirkte Erschwerung des Imports die indische Zahlungsbilanz günstig beeinflußt werden mußte. Der Kurs sank auch jetzt noch immer weiter und erreichte — nach einer kleinen Erholung im Herbst 1894 — am 23. Januar 1895 seinen tiefsten Stand mit 12 13/32 d[2]). Von dieser Zeit an stieg er wieder. Im Jahre 1895/96 betrug er durchschnittlich 13,64 d (gegen 13,1 d im Vorjahre), 1896/97 14,45 d, 1897/98 15,35 d.

Von dem Silberpreise hatte sich der Kurs dauernd getrennt, während er ihm früher gefolgt war. Er hielt sich beständig höher, aber auch jetzt schien noch eine gewisse Beziehung zwischen beiden zu bestehen.

Bis kurz vor der Reform hatten sich beide mit geringen Abweichungen (relativ) stets auf derselben Höhe gehalten. Mitte Mai 1893, also noch fünf Wochen vor der Schließung der Münzen, trennten sie sich. Die Rupie stieg bis auf 16 1/32 d und ging dann bis Mitte August auf 15 1/4 d zurück,

[1]) Return (Fin. Stat.) 1894/95 S. 13 § 44.

[2]) Am 18. Mai 1894 hatte der Kurs mit 12 17/32 d schon einmal, wenigstens annähernd, dieses Niveau berührt. Return 1895 S. 6. Der Kurs vom 23. Januar 1895 ist im Bericht der Kommission von 1898 § 63 angegeben.

während der Preis für die Unze Silber von 38 d auf 34—34¼ d fiel. Von dieser Zeit an bis Mitte Juni 1896, also beinahe drei Jahre lang, laufen die Kurven beider Preise mit geringen und kurzen Abweichungen fast vollkommen parallel trotz starker Schwankungen, sodaß man meinen könnte, die alte Abhängigkeit des Kurses von dem Silberpreise sei mit der Modifikation einer Höherbewertung der Rupie im Betrage von 2½ d wiederhergestellt. Von Mitte Juni 1896 an trennen sie sich wieder. Die Rupie steigt unter Schwankungen bis August 1897 auf 15½ d, während das Silber zu derselben Zeit auf den niedrigsten bis Ende 1901 erreichten Stand (23¾ d) zurückgeht. Von Anfang 1898 an zeigt sich wiederum eine wenigstens annähernd parallele Bewegung, die sich etwa bis Mitte 1900 fortsetzt, während von da an bis Ende 1900 infolge des Steigens des Silberpreises bei ziemlich stabilem Kurse der Rupie beide Kurven sich wieder einander nähern, um mit dem erneuten Sinken des Silberpreises im Jahre 1901 und ferner im Jahre 1902 sich abermals von einander zu entfernen[1]).

In der ganzen Zeit von Juni 1893 ab bis etwa August 1898 unternahm die indische Regierung, abgesehen von der zeitweisen Aussetzung und der Beschränkung des Verkaufs der Councilbills, keine weiteren Schritte, um auf die Währung einzuwirken. Sie beschränkte sich vielmehr darauf, sich der Prägung weiterer Rupien, zu welcher sie das Recht hatte, zu enthalten und abzuwarten, daß die infolge der Zunahme des Verkehrs und aus anderen Gründen eintretende „Kontraktion“ des Geldumlaufs den Wert der Rupie in die Höhe treibe. Sie ließ sich in dieser Haltung auch dadurch nicht beeinflussen, daß in der Geschäftssaison 1896/97 ein starker Bedarf an Umlaufsmitteln hervortrat und der Diskont, welcher seit 1891 (mit Ausnahme von vier Monaten im Frühjahr 1894) 6½ % nie überstiegen und durchschnittlich nur 4¾ % betragen hatte, auf 10 % stieg und sich in dieser Höhe von Ende Dezember 1896 an bis Anfang Juni 1897 hielt. Nur 20 Mill. Rupien wurden (Anfang Dezember 1896) aus der Papiergeldreserve freigegeben und den Umlaufsmitteln hinzugefügt. Die Geldnot oder wenigstens die mit dieser Geld-

---

[1]) Vergl. bis 1899 das Diagramm No. 16 im Appendix 1898 S. 146.

not sich anzeigende Kontraktion des Geldumlaufs war gerade beabsichtigt und sollte als Mittel dienen, um den Kurs auf 16 d zu heben. Scheinbar war ja auch schon ein Erfolg eingetreten, da der Kurs schon auf 14—15 d gestiegen war. Die bedrängte Lage des Verkehrs, welcher im äußersten Maße litt, kam diesem Ziele gegenüber nicht in Betracht. Bei einer Währungsreform, heißt es in den Protokollen der Währungskommission von 1898, wird nicht mit Handschuhen angefaßt, — mögen dadurch auch hunderte von Existenzen ruiniert werden!

Erst im Herbst des Jahres 1897 erfolgte ein erneutes Vorgehen. Es war die Zeit der Wolcottschen Mission. Die Vereinigten Staaten von Nordamerika hatten, dem Drängen der Silberpartei nachgebend, den Senator Wolcott an der Spitze einer Kommission nach Europa geschickt, um zu versuchen, ob sich durch eine Vereinbarung mit Frankreich und England, mit letzterem zugleich als Beherrscher Indiens, der Bimetallismus auf der Basis des alten Wertverhältnisses zwischen Gold und Silber von 1 : 15½ nicht doch noch herstellen lasse. In Frankreich hatte dieser Plan Billigung gefunden und Wolcott suchte nun auch die Zustimmung Englands zu gewinnen. England sollte seinerseits nur für 10 Mill. Lstrl. Silber in jedem Jahre kaufen, daneben aber Indien veranlassen, seine Münzen dem Silber wieder zu öffnen.

Die indische Regierung wurde zur Äußerung aufgefordert und antwortete in ihrer wichtigen Depesche vom 16. September 1897[1]). Sie lehnte die Wolcottschen Vorschläge rund ab, vor allem mit Rücksicht auf die gewählte Relation von Gold und Silber, indem sie ausführte: eine solche Relation, welche eine Werterhöhung der Rupie um 50 % zur Folge haben müsse, werde den Exporthandel und damit das ganze Land schädigen, die Regierung selbst aber der Gefahr eines starken Rückgangs der Steuereinnahmen aussetzen. Außerdem sei bei dieser Relation ein Gelingen des ganzen Planes in Anbetracht dessen, daß nur die Vereinigten Staaten, Frankreich und Indien zusammenwirken, die übrigen Staaten aber, insbesondere England, außerhalb

---

[1]) Abgedruckt in der Parlamentspublikation vom Oktober 1897, C. 8667 S. 9ff.

des Verbandes bleiben sollten, unwahrscheinlich, da es sich um eine Hebung des Silberpreises auf mehr als das Doppelte des augenblicklichen Marktwertes handle. Im Falle eines Mißlingens aber werde gerade Indien, welches nicht wie Frankreich und die Vereinigten Staaten einen großen Goldbesitz habe, besonders schwer getroffen werden. Einer solchen Gefahr könne sich Indien um so weniger aussetzen, als die im Jahre 1893 begonnene Reform im Begriffe sei, in glücklicher Weise zu enden, da der Kurs der Rupie die gewünschte Höhe von 16 d beinahe schon erreicht habe.

Auf Grund dieser Erklärung wurden in London die Wolcottschen Vorschläge abgelehnt.

Das Frühjahr 1898 brachte Indien von neuem schwere Zeiten. Hungersnot und Pest herrschten und infolge der angeblich dadurch herbeigeführten Geldknappheit stieg der Bankdiskont auf 12 und 13 %. Auch diese Raten waren jedoch nur nominell, denn Darlehen konnten selbst zu diesem hohen Satze nicht erlangt werden. Ja, die Banken verweigerten sogar die Beleihung von Gold und Staatsanleihen zu einem Zinsfuß von 18 %! Handel und Verkehr litten schwer unter diesen Verhältnissen und viele kleine und große Firmen mußten ihre Zahlungen einstellen.

Um diese Bedrängnis, die in Indien überall zu lauter Klage Veranlassung gab, zu mindern, ohne deshalb das verfolgte Ziel, die Einführung der Goldwährung, aus den Augen zu verlieren, wurde in Indien zu Anfang Januar 1898 ein Gesetz erlassen, welches die indische Regierung ermächtigte, in Indien Papiergeld (currency notes) auszugeben, wenn in London Gold im Betrage von 16 d plus Goldexportkosten p. Rupie deponiert werde. Daraufhin erklärte sich der Staats-Sekretär für Indien in London bereit, die Ausgabe derartiger „Goldnoten“ in Indien durch telegraphische Ordre zum Kurse von $16^5/_{32}$ d zu veranlassen. Von der damit geschaffenen Möglichkeit, Geld von London nach Indien in kürzester Frist auch dann zu übertragen, wenn der Betrag der von der Regierung verkauften Councilbills nicht ausreichte, wurde aber kein Gebrauch gemacht, weil jedermann fürchtete, am Kurse zu verlieren, da er nicht erwarten durfte, sein Geld auch zu einem Kurse von $16^5/_{32}$ d aus Indien wieder zurückzuerhalten.

Inzwischen wurde in Indien der Wunsch nach Beseitigung der herrschenden Zustände immer lauter. Die Politik des Abwartens wurde fast allgemein verurteilt. Im übrigen wurden aber die verschiedensten Ansichten vertreten. Die einen verlangten die definitive Einführung der Goldwährung, die anderen wollten zur Silberwährung zurückkehren, und wieder andere sprachen sich für einen Mittelweg aus, nämlich für die künstliche Stabilisierung des Wechselkurses bei Fortdauer der Geschlossenheit der Münzen, ein System, welchem in den Vorschlägen von Probyn, Lindsay und anderen Gestalt gegeben war. Die Gegensätze platzten scharf aufeinander, und was die einen als das einzige Heilmittel empfahlen, wurde von den anderen als der Gipfel der Tollheit („the height of the folly") bezeichnet.

Bei dieser Sachlage und um endlich die dem Verkehr besonders nachteilige Ungewißheit zu beseitigen, entschloß sich die indische Regierung im Frühjahr 1898 ein Definitivum herbeizuführen. Am 3. März richtete sie eine Note an die Zentralregierung in London, in welcher sie beantragte, ihr zu gestatten, weitere Schritte zu tun, um dem schon mit den Maßnahmen von 1893 verfolgten Ziele der Einführung des Goldstandards in Indien näher zu kommen. Es handelte sich nach ihrer Meinung lediglich darum, das herrschende Mißtrauen zu überwinden, um zu befriedigenden Zuständen zu gelangen. Zu diesem Zwecke sollte zunächst offiziell erklärt werden, daß eine Wiedereröffnung der Münzen für Silber ausgeschlossen sei und daß die definitive Herstellung der Goldwährung angestrebt werde. Zugleich sollte die Regierung selbst Gold im Betrage von 5—20 Mill. Lstrl. beschaffen und nach Indien bringen, um dasselbe zunächst zum „inaktiven" und später zum „aktiven" Bestandteil des Geldumlaufs zu machen. Nebenher sollte durch die Einschmelzung von ca. 240 Mill. Rupien der Geldumlauf verringert werden, um so das angeblich in dem „Zuviel" der Geldmenge bestehende Hindernis für das Aufsteigen des Rupienkurses bis auf 16 d zu beseitigen. Dadurch sollte ermöglicht werden, daß der Verkehr Gold, und zwar englische Sovereigns, zur Rate von 16 d p. Rupie nach Indien einführe. Habe sich infolgedessen der Sovereign im indischen Verkehr eingebürgert, so sollte er später zum „legal tender",

d. h. zum gesetzlichen Währungsgelde, erklärt und damit der Übergang zur Goldwährung zum Abschluß gebracht werden.

Die Herausgabe dieser Vorschläge hatte genau den entgegengesetzten Effekt von demjenigen, der beabsichtigt war. Anstatt allgemeine Zustimmung zu finden und der Verkehrswelt Vertrauen einzuflößen, wurden sie allgemein verurteilt. Es ist geradezu auffallend, mit welcher Einstimmigkeit dieses Urteil in unabhängigen Kreisen sowohl in Indien als auch in England gefällt wurde. Es erschien aber auch gar zu seltsam, die Schäden des Verkehrs in Indien, welche in erster Linie der herrschenden Geldnot entsprangen, mit der Herbeiführung einer noch größern Geldnot bekämpfen und heilen zu wollen. Es sollten ja einerseits Rupien eingeschmolzen, und es sollte andererseits das zu beschaffende Gold zunächst nur zu einem „inaktiven" Bestandteil des Geldumlaufs gemacht, d. h. nur aufgespeichert und nicht in den Verkehr gebracht werden, sodaß im Resultate nicht nur keine Geldzufuhr, die so sehr benötigt war, sondern eine Geldentziehung stattfand. Außerdem vermißte man die allgemein für notwendig erachtete Konvertibilität der Rupie in Gold und endlich verursachte es Bedenken, daß dem Londoner Geldmarkte eine so große Menge Gold (5—20 Mill. Lstrl.) entzogen werden sollte.

Der Staatssekretär für Indien in London unterbreitete die Vorschläge der indischen Regierung (gegen deren Wunsch) einer Kommission von 11 Mitgliedern unter dem Vorsitze von Sir Henry Fowler. Diese Kommission erhielt auf Drängen des englischen Parlaments den erweiterten Auftrag, außer den Vorschlägen der indischen Regierung, welche nur die Frage betrafen, wie die Goldwährung in Indien einzuführen sei, alles zu prüfen, was auf die indische Währungsfrage Bezug habe, und Vorschläge zu machen, um zu einem befriedigenden Währungssystem zu gelangen. Vor allem sollte die Herstellung eines möglichst stabilen Wechselkurses zwischen Indien und England ins Auge gefaßt werden. Bestimmte Vorschriften über die Höhe dieses Kurses waren, im Gegensatz zu den Anträgen der indischen Regierung, nicht gemacht bezw. dahingehende Wünsche nicht geäußert.

Um dieser umfangreichen Aufgabe zu genügen, hielt die Kommission in der Zeit vom 23. Mai 1898 bis zum 17. März 1899 33 Sitzungen ab und vernahm 49 Zeugen bezw. Sachverständige, darunter außer einer Reihe von Beamten der indischen Regierung die Spitzen der Finanzwelt in London, einen Gelehrten (Professor Marshall), mehrere Vertreter der bimetallistischen und der monometallistischen Parteien und die Vertreter der hervorragendsten am Handel mit Indien beteiligten Firmen, merkwürdigerweise aber wieder keinen (noch in Indien ansässigen) Indier. Am 7. Juli 1899 erstattete sie ihren Bericht.

In diesem Berichte wurden die Vorschläge der indischen Regierung im einzelnen verworfen. Zugleich wurde aber der allgemeinen Tendenz derselben entsprechend unter Abraten von der Wiedereinführung der offenen Silberwährung der Übergang zur Goldwährung (mit Goldumlauf) empfohlen und hinsichtlich der Relation zwischen der Rupie und dem Sovereign die von der indischen Regierung angestrebte Rate von 16 d in Vorschlag gebracht.

In letzterer Beziehung war freilich die Kommission nicht einig. Zwei ihrer Mitglieder wünschten die Relation nur in der Höhe von 15 d festgesetzt zu sehen, und ein viertes empfahl, einstweilen überhaupt noch keine weiteren Schritte zu tun, sondern abzuwarten. Diese Ansichten wurden in ausführlichen, dem Berichte angehängten Gutachten näher begründet.

Inzwischen hatten sich die Verhältnisse für Indien bedeutend gebessert. Der Kurs der Rupie, der zu Anfang 1898 noch 15 7/8 d betragen hatte, war auf 16 d, ja auf 16 3/32 gestiegen und hatte selbst in der exportarmen Sommerzeit ein Niveau von 15 7/8 d behauptet. Dabei war es der indischen Regierung gelungen, mehr Councilbills als sonst, nämlich für 18,7 Mill. Lstrl., zu diesem höheren Kurse zu begeben. Hiermit war bewiesen, daß Indien, wenigstens in guten Jahren, wie 1898/99 eines war, auch bei einem Kurse von 16 d genügend zu exportieren vermochte, um mit dem Überschuß seines Exports über den Import seine sämtlichen Jahresschulden (Home charges, Zinsen und Dividenden aus Privatunternehmungen etc.) zu bezahlen. Außerdem hatte die indische Regierung in Indien schon einen Goldschatz vor 2378609 Lstrl. ansammeln können, aus Beträgen, die ihr zum Austausch gegen Rupien auf der Basis der gewählten Rate von 16 d p. Rupie angeboten waren. Bis dahin war das, obwohl sie schon bei Schließung der Münzen ihre Bereitwilligkeit zu solchem Austausch kundgegeben hatte, nicht möglich gewesen. Diese Verhältnisse, welche den Kurs der Rupie von 16 d schon eingebürgert erscheinen ließen, hatten nicht wenig dazu beigetragen, oder waren vielmehr eigentlich der einzige Grund dafür gewesen, daß die Kommission die Rate von 16 d empfahl.

Die Vorschläge der Kommission fanden im ganzen genommen allgemeinen Beifall. Es fehlte allerdings nicht an Stimmen, welche dieselben deshalb tadelten, weil die Goldwährung für ein Volk wie das indische nicht passe. Auch in diesen Kreisen herrschte aber wenigstens Genugtuung darüber, daß das Projekt der indischen Regierung, den Geldumlauf durch die Einschmelzung von Rupien noch weiter zu kontrahieren, zurückgewiesen war. Die Festsetzung der Relation auf 16 d wurde in Anbetracht der tatsächlichen Verhältnisse kaum noch angefochten und die früher so vielfach geäußerten Zweifel, ob die Regierung die Macht habe, den Kurs auf 16 d zu halten, wurden aus demselben Grunde fallen gelassen. Um die theoretische Konstruktion der indischen „Goldwährung“ kümmerte sich niemand, und trotzdem daß der Aufbau der letzteren nach den Regeln der herrschenden Theorie viel zu wünschen übrig ließ, kehrte das Vertrauen allmählich zurück.

Der Staatssekretär für Indien in London erklärte sich mit den Vorschlägen der Kommission einverstanden und die indische Regierung erhob sie am 15. September zum Gesetz. Durch dieses Gesetz wurden — auf der Basis einer Relation von 16 d — der englische Sovereign und der Halbsovereign als Äquivalent von 15 bezw. 7½ Rupien zum Währungsgelde (legal tender) erklärt. Daneben blieben die Verfügungen von 1893, nach welchen sich die Regierung zum Austausch von Gold gegen Rupien oder Papiergeld zur Rate von 16 d bereit erklärte, bestehen. Im übrigen wurde in Aussicht genommen, die indischen Münzen (genauer eine Münze, nämlich diejenige in Bombay, die dazu eingerichtet werden sollte) dem Golde zu öffnen, und wurde die Geltungsdauer des Gesetzes von

1898, betreffend die Ausgabe von Rupiennoten gegen Golddepot in England, bis zum 21. Juli 1900 verlängert.

c. Die Zeit nach der gesetzlichen Einführung der Goldwährung.

Schon im Jahre 1898, in welchem der Kurs der Rupie sporadisch 16 d erreichte und überschritt[1]), waren der Regierung kleine Beträge Gold im Austausch gegen Rupien zum Kurse von 16 d angeboten worden. Im Jahre 1899 nahm dieses Angebot zu und in der folgenden Zeit wurde sie mit Gold geradezu überschüttet. Schon im ersten Halbjahr 1899 waren ihr, wie die Währungskommission von 1898 berichtet, 2370000 Lstrl. zugeflossen[2]) und am 7. März 1900 befanden sich nicht weniger als 8,6 Mill. Lstrl. in ihrem Besitz.

Das Gold kam von allen Seiten, nicht nur von England, sondern auch von Australien, Japan, China, Egypten und aus anderen Ländern[3]). Zu diesem Import traten noch

[1]) Für telegraphische Anweisungen wurde schon am 12. Januar 1898 ein Kurs von 16 1/16 d erzielt. Für gewöhnliche Councilbills wurde die Rate von 16 d zuerst am 18. Mai, dann wieder am 14. September, 26. Oktober (16 1/32 d), 2. November und am 14. 21. (16 1/32 d) und 28. Dezember erreicht. App. 1898 S. 159.

[2]) Bis Ende Januar 1899 217665 Lstrl., im Februar 1230668 Lstrl., im März 408401 Lstrl. Bericht des amerik. Münzdirektors für 1901 S. 252.

[3]) Nach den Berichten des amerik. Münzdirektors für 1900 (S. 377) und 1901 (S. 247) wurden folgende Mengen (in Unzen) aus folgenden Ländern importiert:

		aus England	Australien	Japan	China
1898/99	in Münzen	93644	315206	9	4307
	in Barren	94642	58664	537	95663
1899/1900	in Münzen	253726	361010	321638	36336
	in Barren	50273	44057	—	82024
1900/01	in Münzen	132962	514693	263887	5418
	in Barren	[1])	21935	—	87656

		aus Egypten	aus anderen Ländern
1898/99	in Münzen	179459	172424
	in Barren	169	7276
1899/1900	in Münzen	68585	331338
	in Barren	251	11574
1900/01	in Münzen	86857	259480
	in Barren	492	17162[2])

[1]) Netto Export aus Indien von 1283864 Unzen.

[2]) Darunter aus Ceylon 200807 Unzen Gold in Münzen und 5095 Unzen in Barren.

ein Teil des Produkts der indischen Minen (396226 Lstrl.) und — eine Folge der damals herrschenden Hungersnot — ein Betrag von 1377878 Lstrl. aus den indischen Bazaren hinzu. Außerdem waren der Regierung in London im Austausch gegen Rupiennoten zum Kurse von 16 5/32 d nach Maßgabe des Gesetzes von 1898 1500000 Lstrl. übergeben worden[1]).

Das der Regierung zufließende Gold konnte nur in der Papiergeldreserve[2]) Platz finden, sei es als Deckung der dagegen ausgetauschten Rupiennoten, sei es als Ersatz der etwa abgegebenen Rupien. Dadurch wurde aber der Rupienbestand dieser Reserve so sehr verringert, daß die Einlösbarkeit des Papiergeldes in Rupien ernstlich in Frage gestellt war. Aus diesem Grunde und zugleich, um den Versuch zu machen, einen effektiven Goldumlauf herzustellen, ging die indische Regierung am 15. Januar 1900 dazu über, Gold in den Verkehr zu bringen. Einzelne Gehälter wurden in Gold ausbezahlt, Papiergeld, soweit möglich, in Gold eingelöst und Postanweisungen über Beträge von 15 Rupien und mehr in Sovereigns zur Erledigung gebracht. Bis zum 10. März 1900 waren in dieser Weise 130700 Lstrl. abgegeben. Außerdem wurde dem Export Gold zur Verfügung gestellt. Letzteres sollte so lange geschehen, bis der Goldvorrat auf den Betrag von 5 Mill. Lstrl., der als Minimum angesehen wurde, reduziert sei.

Der Verkehr hatte aber keinen Bedarf an Gold. Er verlangte Rupien und immer wieder Rupien. Die früher, besonders noch 1893 in den Eingaben an die Regierung kundgegebene Vorliebe für Gold schien verschwunden zu sein. Infolgedessen sah sich die Regierung schon zu Anfang 1900 genötigt, Rupien (und halbe Rupien) in Silber zu prägen. Bis zum 31. März 1900 wurden 13 Millionen (neu) geprägt[3]). Dieser ersten Prägung sind in den folgenden Jahren weitere gefolgt. Im Jahre 1900/01 wurden (abgesehen von den Prä-

---

[1]) Im Oktober 1899 100000 Lstrl., im November 650000 Lstrl., im Januar 1900 750000 Lstrl. Bericht des amerikanischen Münzdirektors 1901, S. 253.

[2]) Über das indische Papiergeld, die „Currency notes“, vergl. unten S. 27.

[3]) Bericht des amerikanischen Münzdirektors 1901 S. 254.

gungen für verschiedene Eingeborenenstaaten im Betrage von 43,5 Mill. R.) 106,9 Millionen, im Jahre 1901/02 51,3 Millionen (neu) geprägt[1]). Im ganzen sind also bis zum 31. März 1902 13 + 106,9 + 51,3 = 171,20 Mill. Rupien (und halbe Rupien) neu geprägt worden. Seitdem sind weitere Prägungen von bedeutendem Umfange vorgenommen[2]). Zur Beschaffung des hierzu erforderlichen Silbers mußte ein Teil des importierten Goldes (bis zum 31. März 1902 zirka fünf Mill. Lstrl.) wieder exportiert werden. Außerdem wurde über das Golddepot in London (1,6 Mill. Lstrl.) verfügt.

Außer den neu geprägten Rupien hat aber der indische Verkehr noch weitere Rupien aufgenommen. Das ergibt sich, wenn man beachtet, daß die Regierung im Austausch gegen das erworbene Gold, soweit nicht Currency Notes begehrt wurden, Rupien abgegeben hat. Diese Rupien wurden teils der Papiergeldreserve, teils den Kassen der Regierung entnommen. Wir sehen daher den Rupienbestand an beiden Stellen immer kleiner werden, bis die Neuprägungen Ersatz bringen. So ist der Rupienbestand der Papiergeldreserve von 151,5 Mill. am 31. März 1899 bis auf 49,3 Mill. am 28. Februar 1900 zurückgegangen (während gleichzeitig der Goldbestand von 30,5 auf 123 Mill. Rupien stieg und der Notenumlauf um 5,3 Mill. zunahm[3]). Daraus folgt, daß der Verkehr allein in diesen 11 Monaten (in denen abgesehen von dem letzten eine Prägung noch nicht stattfand) und allein aus den Beständen der Papiergeldreserve nicht weniger als etwa 102 Mill. Rupien aufgenommen hat.

Wie viel Rupien im ganzen — die Prägungen eingeschlossen — vom Verkehr aufgenommen sind, läßt sich nicht ohne weiteres ersehen, weil die Prägungen zum Teil dazu gedient haben, um die Bestände der Regierung wiederaufzufüllen. Für die Zeit bis zum 31. März 1899, in welcher noch keine Prägungen stattfanden, in welcher aber (seit dem 1. Januar 1898) schon Gold zufloß und dagegen Rupien ausgetauscht wurden, gibt jedoch der Goldbestand der Papiergeldreserve am 31. März 1899 einen ungefähren Anhalt und

[1]) Berichte des Paper Currency Departments 1900/01 S. 18, 1901/02 S. 15.

[2]) Vergl. unten S. 30, Anm.

[3]) Berichte des amerikanischen Münzdirektors 1901 S. 253 und des India Paper Currency Departments.

für die Folgezeit können die besonderen Berechnungen des indischen Paper Currency Departments zu Grunde gelegt werden. Hiernach sind vom Verkehr absorbiert worden

bis zum 31. März 1899	30,5	Mill. Rupien
im Jahre 1899/1900	139,3	" "
" " 1900/01	86,2	" "
" " 1901/02	—8,6	" "
	247,4	Mill. Rupien.

In den Jahren 1899/1900 und 1900/01 war hiernach die Aufnahme von Rupien seitens des Verkehrs sehr groß. Dagegen hat im Jahre 1901/02 ein Rückfluß stattgefunden. Die Prägungen dieses Jahres (51,3 Mill. Rupien) haben daher in der Hauptsache nur dazu gedient, um die Bestände der Papiergeldreserve und der Staatskassen wiederaufzufüllen. In der Tat war der Rupienbestand der Papiergeldreserve am 31. März 1902 wieder auf 111,2 Mill. Rupien angewachsen, während er am 28. Februar 1900, wie schon angeführt, nur noch 49,3 Mill. betragen hatte.

Im Gegensatz hierzu ist Gold offenbar in viel geringerer Menge aufgenommen worden. In dem Berichte des Paper Currency Departments vom 29. Juli 1901 wird schätzungsweise berechnet, daß die Netto-Aufnahme des Verkehrs bis zum 31. März 1901 etwa 3 Mill. Lstrl. = 45 Mill. Rupien betragen habe, wobei jedoch hinzugefügt wird, daß nicht festzustellen sei, wie viel von dieser Menge zu industriellen bezw. zu Hoardszwecken verwendet sein möge. Neuere Daten sind nicht erhältlich. Der Bericht des Paper Currency Departments vom 29. Juli 1902 erwähnt nichts darüber und auch in den Budgetberichten der letzten Jahre wird dieser Gegenstand nicht weiter berührt. Wahrscheinlich hat man keine günstigen Erfahrungen gemacht. Darauf deutet auch die nach der Einführung einer Goldwährung etwas seltsam klingende Äußerung des Finanzministers Law bei der letzten Budgetdebatte in Indien (am 26. März 1902): er sehe „kein Unglück", sondern „eher einen Vorteil" darin, Goldimporte „zuzulassen", solange die Grenze nicht überschritten werde, welche durch das zulässige Maximum des Goldbestandes der Papiergeldreserve gezogen sei[1]). Ebenso

---

[1]) Fin. Stat. 1902/3 S. 202.

bezeichnend ist die Tatsache, daß schon im Jahre 1900 Maßnahmen getroffen wurden, um den Goldzufluß zu beschränken. Die Regierung hat nämlich einerseits die Bedingungen für die Annahme von Gold bei den Münzen durch die Aufhebung der ursprünglich gemachten Ausnahmen von der Vorschrift über die Standardfeinheit des Goldes und durch sechzigtägige Befristung der Auszahlung des Rupienbetrages wieder erschwert[1]) und andererseits sich die Ermächtigung erteilen lassen, Rupiennoten gegen Golddepot in London schon zu einem niedrigeren als dem Kurse von 16 d plus Goldexportkosten abzugeben.

In den letzten Jahren ist denn auch viel von dem importierten Golde wieder exportiert worden. Im Jahre 1900/01 erreichte der Export einen Wert von 110,56, im Jahre 1901/02 einen solchen von 63,7 Mill. Rupien und betrug der ganze Nettoimport nicht mehr als 106678 bezw. 274506 Unzen, während er im Jahre 1898/99 1560812 Unzen betragen hatte[2]). Auch die indischen Minengesellschaften bringen ihr Gold (das nicht von Standardfeinheit ist) wieder nach London, anstatt es, wie früher und wie von vornherein beabsichtigt war, der Regierung anzubieten[3]). Die Regierung selbst sandte im Jahre 1900/01 für 4,5, im Jahre 1901/02 für 2 Mill. Lstrl. Gold nach London[4]).

[1]) Bericht des Paper Currency Departments vom 29. Juli 1901 S. 10.

[2]) Import und Export von Gold betrugen nach dem Berichte des amerikanischen Münzdirektors über das Jahr 1901 S. 247

		Lstrl. Import	Export
1898/99	in Münzen	3022914	9197
	in Barren	2870455	1548597
		5893369	1557794
1899/1900	in Münzen	5323752	8744
	in Barren	2308778	1330053
		7632530	1338797
1900/01	in Münzen	5582014	684888
	in Barren	2349999	6685702
		7932013	7370590.
1901/02	(nach dem offiziellen Handelsberichte)	Rupien 83075000	63699000.

[3]) Trade of India 1900/01 S. 30.

[4]) Berichte des Paper Currency Departments 1901 S. 9, 1902 S. 6.

Im Juni 1900 wurde die Währungsgesetzgebung durch die schon erwähnte Abänderung des Goldnotengesetzes von 1898 ergänzt. Das neue Gesetz (welches einstweilen nur zwei Jahre in Geltung bleiben soll) enthält zunächst die Bestimmung, daß im Falle des Ankaufs von Silber gegen Gold das angekaufte Silber bis zur Ausprägung nur nach seinem Ankaufswerte als Deckung der Currency Notes fungieren solle. Außerdem aber — und das ist die Hauptsache — ermächtigt es, wie bereits erwähnt, die Regierung, Rupiennoten gegen Golddepot in London nicht nur wie früher lediglich zu einem Kurse von 16 d + Goldexportkosten = 16 1/8 bezw. 16 5/32 d, sondern schon zu einem Kurse von 16 d oder, münztechnisch ausgedrückt, je eine Rupie für 7,53344 Grains Gold auszugeben[1]). Das war von großer Wichtigkeit. Einerseits wurde nämlich hierdurch für den Fall einer Geldknappheit in Indien die Kapitalübertragung in Geldform erleichtert, denn es wurde das Kursrisiko vermindert, mit welchem eine solche Transaktion bei dem früheren Ausgabekurse der Goldnoten verbunden war. Andererseits wurde einer Wiederkehr der Erscheinung des Jahres 1900 vorgebeugt, daß die Banken von Australien, Japan, England etc. her Gold nach Indien importierten, welches die Regierung, nachdem sie dagegen Rupien ausbezahlt, auf ihre Kosten nach London zu verschiffen hatte, um dafür Silber zur Ausprägung neuer Rupien einzutauschen.

Durch die Ausprägung von Rupien hat die indische Regierung bei dem niedrigen Silberpreise der letzten Jahre einen bedeutenden Gewinn erzielt. Dieser Münzgewinn betrug bis Ende März 1901 3025000 Lstrl. Im Jahre 1901/02 kam ein weiterer Gewinn von 415100 Lstrl. hinzu. Aus diesem Gewinne ist, der Empfehlung der Kommission von 1898 entsprechend, eine besondere Goldreserve gebildet worden, deren Bestand sich im März 1902 auf 3,46 Mill. Lstrl. belief. Dieselbe wird aber nicht in barem Golde und in Indien gehalten, sondern ist in englischen Konsols angelegt und befindet sich in England[2]).

Ergänzt wurden die hier erwähnten Maßregeln zur

---

[1]) Bericht des amerikanischen Münzdirektors 1900 S. 385, 379.

[2]) Fin. Stat. 1901/02 S. 12; 1902/03 S. 27/28. 13.

Durchführung der Reform durch Vereinbarungen mit den Beherrschern der Eingeborenenstaaten zu dem Zwecke, um diese zu veranlassen, auf ihre Münzhoheit zu verzichten, ihre Münzen dem Silber ebenfalls zu verschließen und die britisch-indischen Münzen zu ihrem Währungsgelde zu machen. Das war schon im Jahre 1897 bezüglich der Staaten Kashmir und Bhopal gelungen. Seitdem haben noch sechs andere Staaten (darunter Baroda) zu Gunsten der britischen Regierung auf ihre Münzhoheit verzichtet. Die übrigen Staaten, darunter 26 größere, haben ihr Prägerecht behalten. Die Münzen der letzteren sind aber nur teilweise Privaten geöffnet und die hier geprägten Rupien haben im britischen Territorium keine gesetzliche Zahlkraft[1]).

Der Kurs der Rupie (gegenüber den Goldwährungsländern) hat sich tatsächlich, wie es den Wünschen der indischen Regierung entsprach, auf dem Niveau von 16 d gehalten. Auch die Schwankungen haben aufgehört oder bewegen sich doch in engen Grenzen; denn die Differenzen zwischen Maximum und Minimum betrugen im Jahre 1899/1900 nur 2,6, 1900/01 1,4, 1901/02 sogar nur 0,94 %. Maximum, Minimum und Durchschnittskurs waren[2])

	Maximum	Minimum	Durchschnitt
1899/1900	16,160 d[3]) (Janr.)	15,972 d[3]) (August)	16,0676 d
1900/01	16,037 d (Dezbr.)	15,933 d (August)	15,9733 d
1901/02	16,054 d (Febr.)	15,905 d (Juli)	15,9917 d

Im Gegensatz hierzu haben sich den Silberländern gegenüber, wie erwartet war, starke Valutadifferenzen gebildet und ist die frühere Stabilität des Kurses verloren gegangen. Die Sachlage hat sich nur insofern anders, und zwar günstiger, gestaltet, als infolge des Übergangs Japans zur Goldwährung (am 1. Oktober 1897) die frühere Stabilität des Kurses gegenüber diesem Lande wiederhergestellt worden ist. Wir werden später Veranlassung haben, hierauf näher einzugehen[4]).

---

[1]) Über den Umfang der Prägungen in diesen Staaten vergl. App. 1898 S. 154—156. Im ganzen sind in der Zeit von 1893—1898 einschließlich der Umprägungen 63,3 Mill. Tolas Silber ausgeprägt worden. (Die Tola ist ein Gewicht von der Größe des Gewichts der Rupie: 180 Grains [11,664 g]).

[2]) Fin. Stat. 1901/02 S. 11, 18; 1902/03 S. 13, 123.

[3]) Monatsdurchschnitt.

[4]) Vergl. unten Kapitel IV Abschnitt 3 bes. c.

2. Abschnitt: **Der heutige Zustand der indischen Währung.**

Der heutige, durch die Reform festgelegte Zustand der indischen Währung ergibt sich aus dem Folgenden.

Die Währungseinheit Indiens ist die Rupie.

Münzen im Werte einer Rupie, welche aus Silber bestehen, sind vorhanden und besitzen unbeschränkte gesetzliche Zahlkraft. Dieselben wiegen 180 Grains und enthalten bei einer Feinheit von 916,6 : 1000 165 Grains = 10,692 Gramm feines Silber. Bei einem Silberpreise von 24 d haben sie einen Silberwert von 6,743 s[1]) = 8,916 d, bei einem Silberpreise von 22½ d (wie im November 1902) einen Silberwert von 8,358 d. Sie sind also jetzt 47¾ % unterwertig.

Die Prägung von Silber ist der Regierung vorbehalten. Die letztere beabsichtigt aber (den Empfehlungen der Währungskommission von 1898 Bericht § 60 entsprechend) von dieser Befugnis nur dann Gebrauch zu machen, wenn ihr Gold zum Austausch gegen Rupien angeboten wird und wenn überdies der Goldbestand der Papiergeldreserve so groß geworden ist, daß bei weiterer Aufnahme von Gold gegen Auszahlung von Rupien die Einlösbarkeit des Papiergeldes in Silber in Frage gestellt erscheint[2]).

Außer den Silberrupien besitzen die britischen Sovereigns und Halbsovereigns, und zwar als Repräsentanten von 15 bezw. 7½ Rupien, unbeschränkte gesetzliche Zahlkraft.

Die Prägung von Gold ist nicht freigegeben. Der Regierung ist die Prägung von Goldmünzen im Werte von 30, 15, 10 und 5 Rupien (Doppel-Mohur, Mohur, ⅔ Mohur, ⅓ Mohur), welche 330 bezw. 165, 110 und 65 Grains Gold $^{11}/_{12}$ fein enthalten, gestattet. Zur Zeit findet aber eine Prägung überhaupt nicht statt. Dagegen wird Gold von Standardfeinheit in Münzen oder Barren an den Münzstätten entgegengenommen und im Verhältnis von 7,53344 Grains = 1 Rupie, einer Relation von 16 d entsprechend, in Rupien umgetauscht[3]).

---

[1]) Bericht des amerikanischen Münzdirektors 1900 S. 380.

[2]) Vergl. Financial Statement 1900/01 §§ 29, 30; 1901/02 §§ 84, 88 ff.

[3]) Bericht des amerikanischen Münzdirektors 1900 S. 379.

Zwischen dem Goldgelde und dem Silbergelde besteht gesetzlich keine Konvertibilität. Durch Verordnung hat jedoch die Regierung die Verpflichtung auf sich genommen, Gold zu dem festen Satze von 16 d p. R. in Rupien umzutauschen. Eine Verpflichtung zur Einlösung von Rupien in Gold besteht dagegen nicht. Freiwillig findet jedoch eine solche Einlösung zur Zeit statt. Die indische Regierung gibt nämlich zur Zeit Gold gegen Rupien zum Kurse von 16 d ab. Hiermit gedenkt sie fortzufahren, bis der Goldbestand der Papiergeldreserve auf ein Minimum von 5 Mill. Lstrl. herabgesunken ist[1]).

Zur Sicherung des Goldwerts bezw. des Kurses der Rupie besteht eine (aus den Gewinnen bei der Rupienprägung gebildete) „Goldreserve", die aber nicht in barem Golde und in Indien gehalten wird, sondern in englischen Konsols angelegt ist und sich in London befindet. Der Bestand dieser Goldreserve war im März 1902 3,46, am 15. Oktober 1902 (wahrscheinlich) 4,15 Mill. Lstrl. Derselbe wird bei weiteren Rupienprägungen durch Hinzufügung des dabei erzielten Münzgewinnes vergrößert.

Die Rupie zerfällt in 16 Annas, die Anna in 12 Pies. Diese Werteinheiten werden teils durch Silbermünzen, teils durch Kupfermünzen dargestellt, die als Scheidemünzen je nach Bedarf von der Regierung geprägt werden. Gattung und Art dieser Münzen ergeben sich aus der auf S. 31 beigefügten Tabelle.

Als Rechnungseinheiten kommen außerdem in Betracht: Rupienzehner (geschrieben Rx) = 10 Rupien; ein Lakh = 100000 Rupien (geschrieben: 1,00,000); ein Cror = 100 Lakh = 10 Mill. Rupien (geschrieben: 1,00,00,000).

Außer dem Metallgelde gibt es (seit 1862) Papiergeld, die „Currency notes", in Abschnitten von 5, 10, 20, 50, 100, 500, 1000 und 10000 Rupien. Dieses Papiergeld ist gesetzlich in Silberrupien einlösbar, wird aber zur Zeit auch in Gold eingelöst und besitzt innerhalb des Bezirks des emittierenden Distriktsamts, deren es acht in Indien gibt, gesetzliche Zahlkraft. Ursprünglich waren 40 Mill., seit 1870 i. G. 60 Mill. Rupien metallisch ungedeckt, aber durch Staatspapiere

---

[1]) Fin. Stat. 1900/01 § 29.

gedeckt ausgegeben, während der Rest durch Silber gedeckt sein mußte. Jetzt besteht die Deckung zu 100 Mill. Rupien in Staatspapieren, im übrigen (d. i. etwa zu zwei Dritteln) in Metall bezw. Metallgeld, Silber oder Gold. Der ausgegebene Betrag (31. März 1876: 106,7 Mill. R.) erreichte Im Durchschnitt des Jahres 1901/02 die Höhe von 298,9 Mill. Rupien, wovon sich allerdings nur 230,6 Mill. im Umlauf, der Rest in den Regierungskassen und in den Hauptkassen der Präsidentschaftsbanken befanden[1])[2]). Notenausgabe und Deckung betrugen[3])

	Mill. Rupien				
	Noten	Deckung			
		Silberrupien	Silber in Barren	Gold	Staatspapiere
am 31. März 1901 . . .	298,7	94,2	17,8	86,7	100
am 31. März 1902 . . .	316,6	111,2	—	105,4	100

Banknoten gibt es nicht. Die Emission derselben ist seit 1862 verboten.

Das Bankwesen ist nicht zentralisiert. Eine „Reichsbank" ist nicht vorhanden. Es existieren aber drei große Präsidentschaftsbanken, die Banken von Bengalen, von Bombay und von Madras, die mit der Regierung in Konnex stehen, als Abrechnungsstellen derselben fungieren und durch Deponierung von Staatsgeldern unterstützt werden. Öffentliche Funktionen zum Schutze der Währung etc. besitzen sie nicht. Die übrigen Banken (unter denen die großen Wechselbanken, welche den Außenhandel finanzieren, hervorragen) haben überhaupt keine Beziehungen zu der Regierung. Neben den letzterwähnten, zumeist mit aus-

---

1) Financial Statement 1902/03 S. 14. Vergl. S. 187, 210.

2) In früheren Jahren betrugen die ausgegebene bezw. die im Umlauf befindliche Menge (a bezw. b) im Jahresdurchschnitt

	Mill. Rupien				
	1892/93	1893/94	1894/95	1895/96	1896/97
a)	271	289,9	311,1	292,8	259,8
b)	195,3	178,5	185	202,4	198,7

	1897/98	1898/99	1899/00	31. März 1901
a)	242,4	256,3	279,6	298,66
b)	189,3	190,9	212,7	

Stat. Abstract 1900/01 S. 84; Bericht des amerikanischen Münzdirektors 1901 S. 252/53.

3) Berichte der India Paper Currency Departments.

ländischem Kapital arbeitenden Banken gibt es eine Menge großer und kleiner indischer Bankiers, welche die Handelsgeschäfte der Eingeborenen finanzieren und durch ausgedehnte Verwendung ihrer Wechsel, der sog. hoondies mit 51—60 Tage Laufzeit, erheblich dazu beitragen, den Bedarf an Währungsgeld zu vermindern[1]).

Was die Größe der vorhandenen Geldmenge anlangt, so ist der Hauptbestandteil derselben, die Masse des vorhandenen Silbergeldes, schwer zu schätzen. In der Zeit von 1835/36—1899/1900 sind nach dem Berichte des amerikanischen Münzdirektors von 1900 (S. 378) Rupien und halbe Rupien im Werte von 230,2, kleinere Silbermünzen im Werte von 8,59 Mill. Lstrl., nach dem Berichte für das Jahr 1901 (S. 254) 3378 Mill. Rupien geprägt worden. Diese Prägungsziffern geben aber gar keinen Anhalt, weil der größte Teil der geprägten Münzen zu Schmuckstücken verarbeitet oder in unverändertem Zustande thesauriert, ein kleinerer Teil exportiert worden ist und weil sich überdies natürlich ein starker Abgang durch Verschleiß etc. ergeben hat. Der Finanzminister Sir David Barbour ging bei der Erstattung seines Währungsgutachtens im Jahre 1892 davon aus, daß die umlaufende Menge 1150 Mill. Rupien betrage. Im Jahre 1898 wurde dieselbe von dem Sachverständigen Harrison auf 1200 Mill. geschätzt[2]). Bis Ende März 1902 sind durch Münzprägungen, wie oben S. 21 angegeben, 171,2 Mill. hinzugekommen. Auf der anderen Seite sind seit jener Zeit, wie sich aus den Angaben von O'Conor in dem offiziellen Handelsberichte für 1900/01 S. 30 und im App. 1898 S. 181 ergibt, 37,5 Mill. exportiert worden. Hiernach sollte der Bestand zu Ende März 1902 1333,7 Millionen Rupien gewesen sein.

An monetärem Golde befanden sich nach dem Berichte des Paper Currency Departments vom 29. Juli 1902 S. 6

---

[1]) Vergl. über das Bankwesen in Indien: Appendix 1898 S. 67, 70. Prot. 1898 §§ 3473f., 3613f., 3660, 5753f., 7850, 10399, 11701f., 12450. Engl. Bimetallist 1898 S. 109, 122, 189; 1900 S. 5.

[2]) Prot. 1898 § 2424 cf. Appendix S. 82. Von anderer Seite werden andere Zahlen angegeben. Vergl. darüber sowie über die Schätzungsmethoden den Bericht des indischen Paper Currency Departments 1900 S. 18 und Anhang S. 3.

am 31. März 1902 in der Papiergeldreserve und in den Kassen der indischen Regierung 7,1 Mill. Lstrl. = 106,5 Mill. Rupien (wovon 105,4 in der Papiergeldreserve). Der Umlauf hat nach der Schätzung des Paper Currency Departments am 31. März 1901 höchstens 3 Mill. Lstrl. = 45 Mill. Rupien betragen. Seitdem ist er wahrscheinlich nicht größer, vielmehr eher — infolge industrieller etc. Verwendung der ausgegebenen Goldmünzen — noch kleiner geworden. Wir wollen ihn mit 45 Mill. Rupien in Rechnung stellen.

An Papiergeld (Currency notes) waren am 31. März 1902 316,6 Mill. Rupien ausgegeben, deren nicht durch Gold oder Silbergeld gedeckter Betrag sich auf 100 Mill. Rupien belief[1]).

Unter der Voraussetzung, daß die Schätzung von Harrison über den Umlauf an Rupien und die Schätzung des Paper Currency Departments bezw. unsere Schätzung über den Goldumlauf richtig sind, ist hiernach anzunehmen, daß am 31. März 1902 der Geldbestand im ganzen 1333,7 + 106,5 + 45 + 100 = 1585,2 Mill. Rupien betragen hat und daß derselbe sich, wie folgt, zusammensetzte:

		Mill. Rupien
Silber (Rupien etc.)		1333,7
Gold		
im Besitz der Regierung . . .	106,5	
im Umlauf	45,—	151,5
Papiergeld (Currency notes)		
metallisch ungedeckt		100,—
		1585,2.

---

[1]) Nach Zeitungsberichten über eine Mitteilung des Staatssekretärs für Indien im englischen Parlament zu Anfang November 1902 sind in der Zeit nach dem 31. März, und zwar bis zum 31. August 1902, weitere 73,9 Mill. Rupien in Silber geprägt worden. Hierbei sind aber Prägungen für Eingeborenenstaaten (zirka 8 Mill.), für Hongkong und für die Straits Settlements eingerechnet. Dagegen soll der Goldbesitz der Regierung am 15. Oktober 1902 nur noch 6,11 Mill. Lstrl. betragen haben. 500000 Lstrl. Gold sollen in der Zwischenzeit nach England verschifft worden sein. Infolge der bedeutenden Neuprägungen, soweit sie für British-Indien vorgenommen sind, mußte die Goldreserve in England dem Münzgewinn entsprechend dotiert werden. Wahrscheinlich haben die nach England gesandten 500000 Lstrl. diesem Zwecke gedient. Der Bestand der dortigen Goldreserve dürfte jetzt zirka 4,15 Mill. Lstrl. betragen.

Gewicht und Feinheit der gesetzlich zugelassenen Münzen ergeben sich aus folgender Übersicht:

1. Goldmünzen.

a) britische

Sovereigns = 15 Rupien. Halbsovereigns = 7½ Rupien.

b) indische (11/12 fein)

Doppelmohur	= 30 R.	Gewicht 360 Grains,	Goldgehalt 330 Grains [1])
Mohur	= 15 „	„ 180 „	„ 165 „
2/3 Mohur	= 10 „	„ 120 „	„ 110 „
1/3 „	= 5 „	„ 60 „	„ 55 „

2. Silbermünzen (11/12 fein).

1 Rupie	Gewicht 180 Grains,	Silbergehalt 165 Grains [2])
½ „	„ 90 „	„ 82½ „
¼ „	„ 45 „	„ 41¼ „
⅛ „	„ 22½ „	„ 20⅝ „

3. Kupfermünzen.

½ Anna . .	Gewicht 200 Grains
¼ „ (Pice)	„ 100 „
⅛ „	„ 50 „
1/12 „ (1 Pie)	„ 33⅓ „

(Bericht des amerikanischen Münzdirektors 1900 S. 370ff.)

Die Gesetze und Verordnungen, auf denen die heutige indische Währung beruht, sind folgende:

I. Gesetze.

1. Indian coinage act von 1870 (act XXIII) [3]).
2. Act IX von 1876 betreffend die Zahlkraft der für gewisse Eingeborenenstaaten geschlagenen Münzen in Britisch Indien.
3. Indian Paper currency von 1882 (act XX) [3]).
4. Act VIII von 1893 (26. Juni) to amend the Indian coinage act 1870 and the Indian Paper currency act 1882.
5. Act XXII von 1899 (15. September): an act further to amend the Indian coinage act 1870 and the Indian Paper currency act 1882 [4]).
6. Indian Paper currency act 1900 (Juni) [4]).

II. Verordnungen.

1. Notifikation No. 3764 vom 12. Dezember 1870, betreffend Aufhebung der Prägung von Doppelmohurs (Goldmünzen).
2. Notifikation No. 2466 vom 7. Dezember 1877, betreffend die Außerkurssetzung aller vor dem 1. September 1835 von der indischen Regierung geprägten Silbermünzen.

---

[1]) 1 Grain = 0,06476 g.

[2]) Der Silberwert der Rupie beträgt bei folgenden Silberpreisen: 60 d (per Unze): 1,858 s; 40 d : 1,239 s; 30 d : 0,929 s; 28 d : 0,867 s; 27 d : 0,836 s; 26 d : 0,805 s; 25 d : 0,774 s; 24 d : 0,743 s; 22½ d : 0,6965 s.

[3]) Abgedruckt in der im Jahre 1896 gültigen Fassung bei Probyn Indian coinage and currency S. 96ff.

[4]) Abgedruckt im Jahresbericht des amerikanischen Münzdirektors für 1900 S. 381 bezw. 385.

3. Notifikation No. 2662—64 vom 26. Juni 1893, betreffend: a) die Annahme von Gold zum Umtausch gegen Rupien à 16 d bei den indischen Münzen; b) die Annahme von Sovereigns und Halbsovereigns à 15 R. bezw. 7½ R. bei Zahlungen an die Regierung; c) betreffend die Ausgabe von Papiergeld gegen Sovereigns oder Gold in Barren à 16 d p. R. oder 15 R. für 1 Lstrl.
4. Notifikation No. 4071 vom 11. September 1897, betreffend die Annahme von Sovereigns und Halbsovereigns bei den Reservekassen in Calcutta, Madras, Bombay und Rangoon.

* * *

Anhang: Die indischen Councilbills.

Im Anschluß an die Darstellung des gegenwärtigen Währungszustandes müssen wir noch mit einigen Worten speziell der indischen Councilbills gedenken, die für den indischen Auslandsverkehr und besonders für die Gestaltung des indischen Wechselkurses eine so große Bedeutung besitzen.

Die indische Regierung hat, wie schon früher bemerkt, in jedem Jahre große Zahlungen in Gold in England zu machen, um ihre „Home charges“ zu decken. Diese Home charges bestehen in Zinsen für die in England begebenen Goldanleihen, Eisenbahnrenten, Sold für die Armee, Gehältern, Urlaubsgeldern und Pensionen, endlich in Kaufgeldern für Anschaffungen zu Zwecken der Militär- und der Civilverwaltung. Der Betrag ist jetzt zirka 16—17 Mill. Lstrl. Da die indische Regierung ihre Einnahmen in Silber und in Indien bezieht, so ist es nötig, für das in Indien eingenommene Silber in England Gold zu beschaffen. Das geschieht durch den Verkauf der „Councilbills“ seitens des englischen Staatssekretärs für Indien in London. Die Councilbills sind Anweisungen auf die Kassen der Regierung in Indien im Mindestbetrage von 10000 Rupien, die auf Calcutta, Bombay, in beschränktem Maße auch auf Madras ausgestellt werden und auf Sicht lauten. Sie sind entweder gewöhnliche Anweisungen (Councilbills im engeren Sinne) oder Kabelüberweisungen (Telegraphic Transfers). Weil die letzteren sofort, die ersteren aber (wegen der Zeitdauer der Postbeförderung) erst 14—26 Tage später ausgezahlt werden, so daß der Erwerber Zinsen einbüßt, und weil überdies die sofortige Verfügung über Geld für viele Applikanten einen besonderen

Wert hat, ist der Kurs der Kabelüberweisungen gewöhnlich $^{1}/_{16}$—$^{5}/_{32}$ d höher[1]).

Die Verkäufe der Councilbills finden regelmäßig an jedem Mittwoch in der Bank von England an den Meistbietenden statt. Es wird vorher der Betrag angekündigt, welcher verkauft werden soll, und werden dann Angebote entgegengenommen, welche auf Summen von mindestens 10000 Rupien und auf einen Kurs von so und so viel Pence für die Rupie lauten müssen, wobei Bruchteile unter $^{1}/_{32}$ d nicht gestattet sind. Kabelüberweisungen werden nur in Summen über 100000 Rupien verkauft. Den Zuschlag behält sich der Staatssekretär bezw. dessen Stellvertreter, der sich zur Kontrolle regelmäßig die Tageskurse von Calcutta telegraphieren läßt, vor. Sind die Angebote größer als der zur Verfügung gestellte Betrag, so findet unter nächster Berücksichtigung der Meistbietenden eine Verteilung pro rata statt. Sind die Angebote kleiner, so werden neue Angebote an den folgenden Tagen entgegengenommen, bis zum nächsten Dienstag. Ist am Mittwoch der ganze Betrag verkauft worden, so können zwar ebenfalls weitere Angebote gemacht werden, dieselben werden aber nur zu höherem Kurse berücksichtigt.

Käufer der Councilbills sind in der Hauptsache die indisch-englischen Wechselbanken, welche sich auf diese Weise für ihre Vorschüsse auf exportierte Waren bezahlt machen[2]) oder Zahlungen vermitteln, Kapital übertragen etc.

Der Betrag der wöchentlichen Ausschreibungen von Councilbills wird von dem englischen Staatssekretär bestimmt. Jedoch nicht willkürlich. Der Staatssekretär ist vor allen Dingen von den Kassenbeständen der Regierung in Indien und daher einerseits von dem Eingangstermine der ver-

---

[1]) Soweit die Councilbills 14 Tage nach der Ausstellung in Indien präsentiert werden können, was bei guter Postbeförderung möglich sein soll, kommt die Differenz von $^{1}/_{16}$ d einer Zinsvergütung von nicht weniger als $9^{1}/_{2}$ % gleich. Dieser Umstand gibt in England zu lauter Klage Anlaß.

[2]) Der in Frage kommende Geschäftsgang ist derart, daß die Wechselbanken in Indien den indischen Exporteuren auf exportierte Waren gegen Auslieferung der darauf lautenden Tratten und Connossemente Vorschüsse machen, diese Tratten in London einkassieren, für den erhaltenen Betrag Councilbills (eventuell telegraphic transfers) kaufen und deren Beträge in Indien einziehen, um sich ihrerseits bezahlt zu machen.

schiedenen Steuern, insbesondere der Landrente, welche am meisten einbringt, andererseits von dem Betrage der notwendigen Ausgaben und von der Höhe des zur Fortführung der Staatsverwaltung erforderlichen Mindestkassenbestandes (welcher auf 80—110 Mill. Rupien angegeben wird) abhängig. Ist dadurch die obere Grenze gegeben, so hat der Staatssekretär auf der anderen Seite zunächst die Beträge und die Fälligkeitstermine der in England zu leistenden Zahlungen zu berücksichtigen, soweit diese nicht durch Anleihe gedeckt werden. Ferner ist zu erwägen, daß bei Unterlassung des Verkaufs von Councilbills dem indischen Verkehr die ihm durch die Steuerzahlung entzogenen Summen, soweit sie nicht (wie es zum Teil geschieht) bei Banken deponiert sind, vorenthalten bleiben, woraus möglicherweise eine Geldknappheit oder gar eine Geldkrise entstehen kann. Endlich kommt in Betracht, daß bei zu starker Zurückhaltung, wenn infolgedessen der Kurs der Wechsel den Metallpunkt erreicht, übermäßig viel Währungsmetall nach Indien importiert wird, um dort zu Geld ausgeprägt bezw. in Rupien umgetauscht zu werden[1]). Innerhalb der hierdurch gezogenen Schranken bestimmt der Staatssekretär beliebig. Er sucht aber natürlich einen möglichst günstigen Kurs zu erzielen und strebt deshalb darnach, das Angebot der Nachfrage anzupassen. Aus allen diesen Gründen erklärt es sich, daß in der geschäftsstillen Zeit (Sommer und Herbst) vielfach nur $2\frac{1}{2}$ Mill. Rupien in der Woche, ja noch bedeutend weniger begeben werden, während dieser Betrag in der „busy season", insbesondere in der Zeit von Dezember bis Ende Mai, in der auch die Kassen der indischen Regierung (wegen Eingangs der nach der Ernte zu bezahlenden Landrente) besonders gut gefüllt sind, auf 4—6 Mill. und noch höher bemessen wird. Von dem ganzen Jahresbetrage werden in der Regel 40 % in der Zeit von Juni bis November, 60 % von Dezember bis Mai begeben.

[1]) Der letztere Umstand hat neuerdings an Bedeutung gewonnen, weil die indische Regierung bei der abweisenden Haltung des indischen Verkehrs gegenüber dem Golde gezwungen ist, das nach Indien eingeführte Gold nach England zu bringen, um dafür Silber zu kaufen, woraus überflüssige Kosten erwachsen.

Es ist leicht ersichtlich, daß der Staatssekretär für Indien in England, indem er über zirka 17 Mill. Lstrl. Anweisungen auf Indien verfügt, eine gewaltige Macht in Händen hat. Diese Macht äußert sich nach zwei Seiten. Zunächst beeinflußt er den Kurs der englischen Wechsel in London und sodann beeinflußt er den Geldumlauf in Indien. Wir werden später (S. 65 u. 75) Veranlassung haben, auf diese beiden Punkte noch näher einzugehen. Hier mag diese kurze Andeutung genügen.

In der oben näher geschilderten Weise erfolgt der Verkauf der indischen Councilbills etwa seit März 1882. Vor dieser Zeit war die Form mehr oder weniger verschieden. So waren z. B. telegraphische Transfers vor 1876 überhaupt unbekannt, 1877—1882 waren sie außer Gebrauch und erst seit 1882 werden sie in immer steigendem Maße angeboten und begehrt. Überhaupt fanden die Verkäufe der Councilbills vor 1876 nur zweimal im Monat statt, von 1876—1882 nur an jedem Mittwoch, während an den Zwischentagen keine Beträge abgegeben wurden. Lange Zeit war ein Minimalkurs für die Angebote vorgeschrieben. Auch die Methode der Versteigerung an den Meistbietenden nach öffentlicher Ausschreibung wurde nicht immer angewendet.

Neben dem Verkauf von Councilbills wurden besonders vor 1850, aber auch nachher noch andere Wege eingeschlagen, um die für die Bezahlung der Home charges erforderlichen Beträge in England aufzubringen. Seit 1813 hatte die Frage, wie diese Beträge am besten zu beschaffen seien, den Gegenstand ernstester Erwägung gebildet. Verschiedene Methoden wurden zur Anwendung gebracht. Man remittierte Gold (zuletzt noch im Jahre 1879/80), vereinzelt, so z. B. 1848—50, 1866/67 und 1870/71, auch Silber. Man gab Exporteuren Vorschüsse auf exportierte indische Waren mit der Auflage, diese Vorschüsse in England zurückzuzahlen, was in größerem Umfange zuletzt 1850/51 (694533 Lstrl.) geschah. Man kaufte in Indien Wechsel auf London und remittierte diese, so zuletzt im Jahre 1878/79. Endlich, seit 1857/58, verfuhr man auch in der Weise, daß man denjenigen, welche Kapital in Indien investieren wollten (insbesondere zum Eisenbahnbau), anheimgab, den Betrag dieses Kapitals in London an den indischen Staatssekretär zu zahlen, worauf ihnen in

Indien ein entsprechender Betrag zur Verfügung gestellt wurde. Soweit möglich, fand daneben eine Aufrechnung gegen Forderungen an die englische Regierung bezw. eine Überweisung dieser Forderungen statt, so z. B. beim afghanischen Kriege, zu welchem die englische Regierung 5 Mill. Lstrl. beisteuerte, oder wenn die indische Regierung für die englische Krone in Indien Auslagen gemacht hatte. In der Regel wurden mehrere Methoden nebeneinander angewendet, ein Teil des ganzen Schuldbetrags jedoch schon seit 1813 immer durch den Verkauf von Tratten auf Indien (oder auch auf China [Kanton], wo Indien aus den Überschüssen seines Exports, vor allem aus den Erträgnissen seines Opiumhandels, stets große Guthaben zur Verfügung hatte) gedeckt.

Unter allen Methoden hat man schließlich die jetzige als die beste erkannt und bringt diese, soweit nicht eine Aufrechnung bezw. Überweisung oder eine Verrechnung mit indischen Eisenbahnkompagnien stattfinden kann, seit 1880/81 allein zur Anwendung. Dieses Verfahren begegnet an sich auch fast allseitiger Zustimmung. Nur hinsichtlich der Form des Verkaufs der Councilbills werden auch jetzt noch Bedenken erhoben. Es gibt nämlich einige, welche meinen, daß durch das Verfahren des öffentlichen Ausgebots der Councilbills leicht ein Kursdruck hervorgerufen werden könne, welcher vermieden werde, wenn etwa eine einzelne Bank mit dem Verkauf unter der Hand betraut werde. Diese Meinung findet sich auch in den Protokollen der Währungskommission von 1898 vertreten, sie hat aber bis jetzt zu einer Änderung des Verfahrens nicht geführt.

Der Betrag der Home charges, welcher durch Remittierungen von Indien bezw. durch Councilbills zu decken ist, war ursprünglich viel geringer. Er hat im Laufe der Zeiten geschwankt und seine jetzige Höhe erst in den 80er Jahren erreicht. Im Jahre 1829 und auch noch im Jahre 1851 war er nicht größer als etwa 4 Mill. Lstrl. Nach dem großen Aufstande im Jahre 1857 wuchs er teils infolge der Vergrößerung der Staatsschuld (um 30 Mill. Lstrl.), teils aus anderen Gründen auf zirka 7 Mill. Lstrl. Zu Anfang der 70er Jahre erfuhr er eine abermalige starke Steigerung infolge der Anlage bezw. des Erwerbs von Staatsbahnen. 1872/73 erreichte er etwa 12½ Mill. Lstrl. Seitdem ist er langsam gestiegen. Im Jahre 1892/93 betrug er 16,1 Mill. Lstrl., jetzt 16—17 Mill. Lstrl.[1]).

Außer den Home charges werden auch noch andere Zahlungen auf dem Wege der Begebung von Councilbills gemacht. So werden z. B. regelmäßig die Zinsen der in England gehaltenen Stücke der Rupienanleihen auf diese Weise bezahlt (zirka 6—10 Mill. Rupien per Jahr) und wurde im Jahre 1901/02 ein Teil der neugebildeten Goldreserve auf diese Weise nach England übertragen[2]).

Im ganzen wurden in der Zeit von 1834/35—1898/99 bezahlt:

in den Jahren 1834/35 bis 1849/50
Lstrl. 26735192 mittels Begebung von Councilbills,
Lstrl. 12791670 unter Bevorschussung von Waren,
Lstrl. 1240589 in Silber (1848/49 und 1849/50);

in den Jahren 1850/51—1898/99
Lstrl. 477512344 mittels Begebung von Councilbills,
Lstrl. 2039233 in Wechseln auf England,
Lstrl. 1287663 in Gold,
Lstrl. 1231851 in Silber (1866/67 und 1870/71).

Die nachstehende Tabelle zeigt den Betrag der verkauften Councilbills nebst dem Erlös in Lstrl. Mit Rücksicht darauf, daß bis zum Jahre 1893 mit den Councilbills als Rimesse für Indien Silber konkurrierte und daß Councilbills und Silbersendungen zum Ausgleich des Alktivsaldos der indischen Handelsbilanz (und Zahlungsbilanz) dienten, sind die Ziffern des Imports von Silber auf Privatrechnung brutto und netto und des Überschusses des privaten Waren-Exports über den Import hinzugefügt[3]).

[1]) Vergl. App. 1893 S. 262 und East India Accounts (Explanatory Memorandum z. B. 1896/97 S. 2/3), sowie Fin. Statements.

[2]) Eine eingehende Darstellung der Geschichte der Councilbills findet sich im Appendix zu den Prot. von 1898 S. 24ff. Vergl. dazu die Tabellen eodem S. 139, (146a) 158ff., ferner die Ausführungen S. 27; sodann Prot. 1898 §§ 1221, 1263ff., 1329, 2591, 3774, 4123, 4176/77, 4307ff., 4333, 4354, 5512, 6837, 9094, 9764ff.

[3]) App. 1898 S. 135, 136, 139. App. 1893 S. 261. Stat. Abstr. 1883/84, 1900/01. Trade of India 1901/02 S. 33. Bis 1865/66 schloß das indische Finanzjahr am 30. April, nachher am 31. März. Das Jahr 1866/67 umfaßt daher nur 11 Monate. — Vergl. unten Kap. IV Abschn. 7 und Kap. VII Abschn. 3b.

	Councilbills		Silberimport (Mill. Rupien)		Aktivsaldo d. Handelsbilanz (Mill. Rupien)
	1000 Rupien	1000 Lstrl.	brutto	netto	
1850/51	31983	3236	26,6	21,2	66,1
1860/61	7	1	64,3	53,3	94,8
61/62	12004	1194	97,6	90,9	140,0
62/63	66637	6642	136,3	125,5	255,7
63/64	90142	8980	140,4	128,0	390,0
64/65	68245	6789	114,9	100,8	403,3
1865/66	70472	6999	201,8	186,7	363,6
66/67	58414	5614	86,5	74,4	128,5
67/68	42818	4137	70,0	61,4	152,1
68/69	38340	3706	91,9	84,3	171,3
69/70	72000	6980	82,6	73,4	195,9
1870/71	90085	8444	26,6	15,8	219,8
71/72	107000	10310	80,0	65,9	323,8
72/73	147025	13939	19,3	7,4	247,6
73/74	142657	13286	41,4	25,3	233,3
74/75	117437	10842	60,5	46,7	216,7
1875/76	137500	12390	34,6	16,4	209,3
76/77	148575	12696	99,9	72,9	255,9
77/78	116985	10134	157,8	147,3	258,6
78/79	169124	13949	55,9	40,6	243,3
79/80	183500	15262	96,1	79,8	274,3
1880/81	183277	15240	53,2	39,2	242,2
81/82	222109	18412	64,7	53,8	349,1
82/83	185857	15121	83,6	75,4	334,0
83/84	216215	17600	74,1	64,3	354,2
84/85	171022	13759	91,0	73,2	300,5
1885/86	135325	10293	123,9	116,3	320,2
86/87	167003	12136	82,2	71,9	297,7
87/88	218124	15359	105,9	93,2	280,9
88/89	208991	14263	107,3	93,3	304,1
89/90	224,187	15474	123,9	110,0	368,4
1890/91	211869	15969	154,2	142,1	311,0
91/92	230828	16094	106,0	91,7	414,5
92/93	264784	16532	152,3	128,9	439,3
1893/94	157236	9530	152,8	137,6	324,9
94/95	309699	16905	78,0	63,8	386,5
95/96	310854	17664	83,3	66,0	449,5
96/97	257870	15527	85,8	58,6	320,0
97/98	138128	8837	132,0	84,3	281,2
98/99	280764	18692	90,4	39,7	442,5
1899/00	284801	19067	95,1	35,7	382,6
1900/01	199838	13300	45,9	14,2	311,4
1901/02	278302	18539	122,9 [1])	71,9 [1])	429,9

[1]) Inkl. Import der Regierung.

Eine Übersicht über den Kurs der Councilbills und den gleichzeitigen Silberpreis gibt die folgende Tabelle.

	Rupienkurs (Councilbills)[1]			Silberpreis[2]		
Jahr	Minimum	Maximum	Durchschn.	Maximum	Minimum	
1870/71	22 1/4	23 3/8	22,495	60 3/4	60 1/4	Kalenderjahre 1872—1884.
71/72	22 3/8	23 3/4	23,120	61	61 3/16	
72/73	22 3/8	23 1/2	22,754	61 1/8	59 1/4	
73/74	21 1/2	23 1/4	22,351	59 15/16	57 7/8	
74/75	21 3/4	23	22,156	59 1/2	57 1/4	
1875/76	21	22 1/16	21,626	57 5/8	55 1/2	
76/77	18 1/2	22 1/2	20,508	58 1/2	46 3/4	
77/78	20 3/16	22	20,791	58 1/4	53 1/4	
78/79	18 5/8	20 3/4	19,794	55 1/4	49 1/2	
79/80	19	20 3/4	19,961	53 3/4	48 7/8	
1880/81	19 1/2	20 3/8	19,956	52 13/16	51 1/2	
81/82	19 3/8	20 1/4	19,895	52 7/8	50 7/8	
82/83	19	20 1/8	19,525	52 3/8	50	
83/84	19 1/4	20	19,536	51 3/16	50 1/16	
84/85	18 3/4	19 31/32	19,308	51 3/8	49 1/2	
1885/86	17 7/8	19 21/32	18,254	50 5/16	46 7/16 [2])	Indisches Finanzjahr 1. April—31. März.
86/87	16 1/8	18 1/8	17,441	47 1/8	42	
87/88	16 3/8	17 7/8	16,898	45 1/8	43	
88/89	16	16 3/4	16,379	44 3/16	41 3/4	
89/90	16	17 1/2	16,566	44 7/8	41 15/16	
1890/91	16 15/16	20 29/32	18,090	54 5/8	43 7/8	
91/92	15 1/16	17 3/4	16,733	46 3/8	39	
92/93	14 5/8	15 31/32	14,985	41 1/3	37 5/8	
1893/94	13 9/16	16	14,547	38 3/4	27	
94/95	12 13/32	13 25/32	13,1005	30 1/2	27 3/16	
95/96	13 3/32	14 13/16	13,6381	31 5/8	29 7/8	
96/97	13 17/32	15 11/16	14,4505	31 5/8	28 3/16	
97/98	14 5/16	15 31/32	15,3539	28 1/2	23 5/8	
98/99	15 21/32	16 3/32	15,9784	28 5/16	25 11/16	
1899/1900	15 29/32	16 1/8	16,0676	29	26 5/8	
1900/01	15,933	16,037	15,9733	30 3/16	27 5/16	
1901/02	15,905	16,054	15,9917	27 15/16	24 7/8	

[1]) App. 1893 S. 261. App. 1898 S. 158/59, 136. Fin. Stat. 1901/02 S. 11, 18; 1902/03 S. 13, 122/23. Trade of India 1900/01 S. 2. — In den Jahren 1850/51—1869/70 betrug der Kurs durchschnittlich: 24,286, 24,144, 23,904, 24,146, 23,141, 24,159, 24,178, 24,584, 25,710, 26,028, 26,035, 23,867, 23,920, 23,908, 23,877, 23,836, 23,065, 23,189, 23,197, 23,267 d.

[2]) Vergl. für 1870—1884 inkl. den Bericht des amerikanischen Münzdirektors über das Jahr 1900 S. 204, für 1885/86—1901/02 Fin. Stat. 1894 S. 68, 69 und 1902/03 S. 122/23. Da der amerikanische Münzdirektor das Kalenderjahr zu Grunde legt, so sind die betreffenden Angaben, also die Angaben für die Jahre 1870—1884, mit dem Kurse (der nach dem indischen Finanzjahres [1. April—31. März] eingestellt ist), nicht ganz vergleichbar.

Zweites Kapitel.

Beurteilung der Gründe für die Vornahme und die Ausgestaltung der Reform.

1. Abschnitt: **Die Veranlassung der Reform.**

Bei einer kritischen Betrachtung der indischen Währungsreform müssen wir zunächst die Veranlassung und die Ziele derselben näher ins Auge fassen.

Veranlaßt wurde die indische Währungsreform, wie teilweise schon bei der geschichtlichen Darstellung hervorgetreten ist, durch eine Reihe von Übelständen, die sich bei der offenen Silberwährung gezeigt hatten. Hierher gehörten in erster Linie die finanziellen Schwierigkeiten der indischen Regierung, welche sich in Anbetracht der jährlich nach England zu machenden Goldzahlungen in Höhe von zirka 16 Mill. Lstrl. aus dem Rückgange des Kurses ergaben; ferner die Störung des Handels, welche die Schwankungen dieses Kurses zur Folge hatten. Auch ein Rückgang des Staatskredits schien bevorzustehen, ja der Staatsbankerott wurde befürchtet. Neben der Beseitigung dieser Übelstände und Gefahren wollte man der indischen Regierung ermöglichen, das für spezielle Verwaltungszwecke und für den Bau von Eisenbahnen erforderliche Kapital zu besseren Bedingungen anzuleihen. Ferner sollte der Zufluß privaten Kapitals zur Aufschließung Indiens erleichtert und gefördert werden. Endlich, und das war das treibende Element, riefen die in Indien angestellten Beamten englischer Staatsangehörigkeit um Hülfe, da sie durch den Rückgang des Kurses, der die Remittierung von Geld nach England verteuerte, erheblich geschädigt wurden. Diese Gründe sind speziell in der Eingabe des indischen Goldwährungsvereins von 1892, dem die agitatorische Rolle zufiel, aufgeführt[1]) und in der Korrespondenz zwischen der indischen Regierung und dem Staatssekretär für Indien in England näher dargelegt.

Die angegebenen Übelstände waren seit langen Jahren immer mehr hervorgetreten und drohten sich noch ganz besonders zu verschärfen, wenn nach dem Scheitern der im Jahre 1892 geführten internationalen Verhandlungen über die Herstellung des Bimetallismus bezw. über die Hebung und Befestigung des Silberpreises die Vereinigten Staaten, wie zu befürchten war, dazu schritten, die Shermanbill aufzuheben; denn mit der Aufhebung der Shermanbill, welche die Einstellung der in diesem Gesetze vorgeschriebenen Käufe von 54 Mill. Unzen Silber per Jahr zur Folge hatte, mußte ein abermaliger starker Rückgang des Silberpreises eintreten. Ein weiterer Rückgang des Silberpreises erschien aber auch noch aus anderen Gründen nachteilig. Man fürchtete vor allem eine Überschwemmung Indiens mit Silber — der Finanzminister Barbour glaubte annehmen zu müssen, daß sich die Silbereinfuhr um 80 Mill. Rupien per Jahr erhöhen werde[2]) —, ferner eine Schädigung der Konsumenten, in erster Linie der Arbeiter, durch die Steigerung der Preise, die Bedrückung des Volkes durch neue Steuern und endlich die Benachteiligung Indiens als Ganzen durch die Verteuerung des Imports und der Schuldenzahlung[3]).

Den Zustand, welcher eintreten werde, wenn die Reform unterbleibe, schilderte der damalige Vizekönig von Indien, Lord Lansdowne, bei der Vorlegung des Gesetzentwurfs über die Schließung der indischen Münzen im indischen Rate am 26. Juni 1893 folgendermaßen: „Die Dinge zu lassen, wie sie sind, bedeutet: für die indische Regierung hoffnungslose finanzielle Verwirrung; für den indischen Handel ein beständiges und ruinierendes Hemmnis; für die indischen Steuerzahler die Aussicht auf schwere und unpopuläre Lasten; für die Konsumenten eine Preissteigerung der wichtigsten Bedarfsartikel; für das Land als Ganzes eine verhängnisvolle Hinderung seiner Aufschließung.“ Abgesehen

[1]) Vergl. App. 1893 S. 150ff.

[2]) Rede bei Vorlegung des Gesetzes vom 26. Juni 1893. Indian Currency. C. 7098 (1893) S. 10.

[3]) Bericht der indischen Währungskommission von 1892 §§ 29—34. 22.

hiervon wünschte man auch aus allgemeinen Gründen, wie schon seit langer Zeit, die Herstellung eines gemeinschaftlichen Wertmessers mit dem Mutterlande.

Gleiche und ähnliche Motive, vor allem die finanziellen Schwierigkeiten der Regierung und die Belästigung des Handels, waren schon bei den früheren Versuchen, eine Änderung der Währung herbeizuführen, speziell in den Jahren 1878 und 1886, vorgebracht worden. Damals waren sie aber, wie früher berichtet, teils aus allgemeinen Gründen, weil die Vornahme einer Währungsänderung an sich als bedenklich galt, teils mit Rücksicht auf das Interesse der großen Masse der indischen Bevölkerung, der indischen Bauern, zurückgewiesen worden. In letzterer Beziehung hatte damals die englische Regierung speziell betont, daß durch die Erschwerung des Exporthandels und die Vergrößerung der Last ihrer Schulden, welche mit der damals beabsichtigten Hebung des Kurses eintreten werde, die Produzenten, insbesondere die Bauern, geschädigt werden würden, und hatte es für unzulässig erklärt, zum Vorteil der indischen Staatskasse, der englisch-indischen Beamten und der englischen Kapitalisten eine Reform anzustreben, für welche die Bauern die Kosten zu tragen hätten[1]). Inzwischen war aber die Sachlage eine andere geworden. Die indische Regierung stand den wachsenden finanziellen Schwierigkeiten ratlos gegenüber und der Handel war durch die starken Kursschwankungen der letzten Jahre schwer geschädigt worden, während die Produzenten, speziell die indischen Bauern, bisher den Vorteil gehabt hatten. Abgesehen hiervon hatte der Handel (dessen Interessen sich nicht mit denjenigen der Produzenten decken!) an Macht und Einfluß gewonnen. Ferner war auch das Interesse der englischen Kapitalisten an der Erhaltung des Goldkurses der Rupie infolge der vermehrten Investierung englischen Kapitals in Rupienwerten größer geworden und überdies verlangten die englischen Exportinteressen, insbesondere die Interessen der Baumwollspinner in Lancashire (welche ein volles Drittel ihres Exports nach Indien liefern[2])!) größere Beachtung. Endlich hatte der indische Goldwährungsverein 16868 Unter-

[1]) Vergl. Blaubuch: Silver Question 1886. C. 4868 S. 13 ff., 27 ff.

[2]) Times vom 23. Juli 1902.

schriften aus allen Kreisen der Bevölkerung zusammengebracht, durch welche scheinbar die Zustimmung des Volkes zu dem geplanten Übergange zur Goldwährung dargetan wurde. Mit Rücksicht hierauf konnten dieselben Gründe diesesmal mit weit größerem Gewichte vorgebracht werden.

Es wird erforderlich sein, auf die wichtigsten dieser Gründe noch etwas näher einzugehen.

a. Die finanziellen Schwierigkeiten der indischen Regierung.

Die finanziellen Schwierigkeiten der indischen Regierung, welche sich, wie bereits erwähnt, aus der Steigerung des Rupienaufwands zur Bezahlung der auf Gold lautenden Home charges ergaben, waren sehr bedeutend. Indien hatte zur Bezahlung von 16,5 Mill. Lstrl. in England im Jahre 1892/93 bei dem damaligen Kurse von durchschnittlich 14,985 d volle 87 Mill. Rupien mehr aufzubringen, als es z. B. bei dem Kurse des Jahres 1873/74 (22,351 d) erforderlich gewesen wäre, und dieser Mehraufwand würde bei einem weiteren Rückgange des Kurses, der für den Fall der Einstellung der amerikanischen Silberkäufe erwartet werden mußte, mindestens um weitere 66 Mill. Rupien, wahrscheinlich aber noch mehr gestiegen sein[1]). Eine solche Mehrbelastung hätte das indische Budget ohne entsprechende Erhöhung der Steuern nicht ertragen können. Freilich wären einzelne Einnahmen, so vor allem die Landrente, soweit sie nicht für ewige Zeiten festgelegt war, infolge der zu erwartenden besseren Verwertung der Landesprodukte, insbesondere der Exportartikel, gestiegen[2]). Hierdurch aber hätte nach der sorgfältigen Schätzung des Finanzministers Barbour vielleicht nur ein Drittel des Mehraufwands gedeckt werden können[3]).

---

[1]) Bericht der Währungskommissionen von 1892/93 §§ 3. 16. 34, von 1898/99 § 30.

[2]) Die Landrente ist eine Grundsteuer (eigentlich die dem Staate als dem „Eigentümer" des Landes bezahlte Pacht), die nach dem Ertrage bemessen wird. Sie wird im allgemeinen für 12—30jährige Perioden festgesetzt, ist aber für einen Teil von Bengalen, der Nordwestprovinzen und Madras vor etwa 100 Jahren für ewige Zeiten festgelegt worden.

[3]) Der Bericht der Kommission von 1898 gibt (in § 30) als größte mögliche Steigerung der Einnahmen bei einem Rückgange des Kurses von 16 d (!) auf 12 d ungefähr 30 Mill. Rupien an, während der Bericht von 1893 hierauf überhaupt nicht eingeht.

Eine Erhöhung der Steuern schien unmöglich zu sein. Die Währungskommission von 1892/93 erörtert in ihrem Bericht §§ 35ff. eingehend diese Enventualität für jede einzelne Steuer, kommt aber in jedem Falle zu einem negativen Resultate, und die vernommenen Zeugen und Sachverständigen sprachen sich sowohl 1892/93 als auch 1898/99 fast einstimmig dagegen aus. Von einer Erhöhung der Landrente und der Salzsteuer, die am meisten eingetragen hätte, wurden gewiß nicht mit Unrecht politische Schwierigkeiten befürchtet. Eine Erhöhung der Importzölle bezw. die Neueinführung von Zöllen auf bisher zollfreie Importartikel, die in Indien populär gewesen wäre, wurde mit Rücksicht auf die Stimmung in England (Manchester!) verworfen und Exportzölle wurden einerseits aus prinzipiellen Gründen (wegen der Erschwerung des Exports), andererseits mit Rücksicht auf die starke Agitation für die Aufhebung des damals allein noch bestehenden Exportzolles auf Reis nicht für opportun gehalten. Eine Einschränkung der Ausgaben erschien ebenso unmöglich. Die militärischen Ausgaben wagte man nicht zu kürzen und die Ausgaben der Zivilverwaltung waren ohnehin so karg bemessen, daß von den vernommenen Zeugen und auch sonst laute Klage darüber geführt wurde, daß die Ausführung der notwendigsten Bauten und Anlagen für die allgemeine Wohlfahrt von Jahr zu Jahr hinausgeschoben werde. Die Übernahme eines Teils der militärischen Ausgaben seitens Englands, die mit Rücksicht darauf in Vorschlag gebracht war, daß diese Ausgaben zum großen Teil lediglich behufs Aufrechterhaltung der Machtstellung Englands in Indien selbst und im Norden Indiens gemacht werden, wagte man offenbar nicht zu empfehlen. Ein von dem in Indien ansässigen Bankier David Yule aufgestellter Plan, die Staatseisenbahnen zu verkaufen, um mit dem Erlös die auswärtigen Schulden zu bezahlen und auf diese Weise zirka 3 1/2 Mill. Lstrl. an den Home charges zu sparen[1]), hätte mit Rücksicht auf das Staatsinteresse wohl kaum ernstlich in Betracht kommen können. So schien denn die Hebung oder wenigstens die Hinderung des weiteren Fallens des Kurses, die mit der geplanten

---

[1]) Vergl. Engl. Bimetallist 1899 S. 25.

Währungsänderung angestrebt wurde, das einzige Mittel zu sein, um Indien — wie man wirklich meinte — vor dem Ruin oder doch vor dem Bankerott zu retten.

Daß diese Erwägungen nicht ganz richtig waren, hat sich später gezeigt. Die indische Regierung hat im Jahre 1894/95 bei einem Kurse von 13,1 d und im Jahre 1895/96 bei einem Kurse von 13,64 d unter voller Bezahlung der damals 15,5 Mill. Lstrl. betragenden Home charges und unter Begebung von 16,9 bezw. 17,7 Mill. Councilbills das Gleichgewicht des Budgets aufrecht erhalten können, nachdem sie sich durch die Einführung 5%iger Importzölle eine Mehreinnahme von 11,7 bezw. 33,2 Mill. Rupien verschafft hatte[1]). Freilich waren das gute Jahre, in denen die Ernte trefflich geraten war und weder Hungersnot noch Pest wütete. Überdies hielt sich damals der Kurs der Rupie wenigstens noch 1,1 bezw. 1,64 d über dem Niveau von 12 d, das bei der Offenhaltung der Münzen für den Fall der Aufhebung der Shermanbill erwartet wurde. Endlich waren die erforderlichen Mehreinnahmen zum Teil, freilich nur in Höhe von etwa 3 Mill. Rupien, durch die Einführung eines Zolles auf Silber erzielt worden, der bei unveränderter Währung natürlich nicht hätte erhoben werden können. Aus den Ergebnissen dieser beiden Jahre kann daher nicht ohne weiteres ein Schluß darauf gezogen werden, wie sich die Sachlage bei Fortdauer der offenen Silberwährung und bei dem dann unvermeidlichen Rückgange des Kurses auf 12 d, ja wahrscheinlich auf 10 d, gestaltet hätte. Daß Indien dann trotzdem und nicht nur in guten, sondern auch in schlechten Jahren seine Home charges hätte decken können, ohne daß der Regierung neue Einnahmequellen erschlossen wären, ist nicht wahrscheinlich; wir werden auf Grund des Zeugnisses der indischen Beamten und des Berichts der beiden Währungskommissionen annehmen dürfen, daß es unmöglich gewesen wäre. Auch davon wird ausgegangen werden müssen, daß die Beschaffung neuer Einnahmen auf dem Wege der Er-

[1]) Die im Jahre 1894/95 aufgenommene Anleihe von 1975717 Lstrl. war hierzu nicht erforderlich, denn im Jahre 1894/95 sind in London 985397 Lstrl. an Eisenbahnkompagnien zurückgezahlt und in den Jahren 1894/95 und 1895/96 in Indien 11,7 bezw. 5,8 Mill. Rupien der innern Schuld getilgt worden. App. 1898 S. 138. Prot. § 2836.

höhung der bestehenden Steuern oder durch die Einführung neuer innerer Steuern teils aus wirtschaftspolitischen, teils aus staatspolitischen Gründen ausgeschlossen war. Daß eine weitere Erhöhung der Importzölle nicht erreicht werden konnte, wird einerseits durch die Tatsache der niedrigen Bemessung derselben im Jahre 1894, andererseits dadurch bewiesen, daß selbst die Einführung dieser niedrigen Zölle wegen der Stimmung in England große Schwierigkeiten gemacht hat und daß die wichtigsten Zölle, die Garnzölle, später haben wiederaufgehoben, die Zölle für Gewebe auf 3½% herabgesetzt werden müssen. Überdies wäre die Erhebung von Importzöllen bei einem weiteren Rückgange des Kurses noch weniger angezeigt und durchführbar gewesen, da durch den Rückgang des Kurses der Import ohnehin erschwert und verteuert worden wäre. Dann blieb aber, wenn die Einführung von Exportzöllen, die von mehreren Seiten, sogar von den Inhabern der größten englischen Export- und Importfirmen empfohlen oder doch gebilligt war[1]), abgelehnt wurde, kein anderes Mittel übrig.

Die Ablehnung der Exportzölle aus dem Grunde der Erschwerung des Exports[2]) war nun freilich unrichtig, denn es handelte sich nicht um die Einführung von Exportzöllen bei dem gleichen, sondern bei niedrigerem Kurse, und bei niedrigerem Kurse hätte die durch diesen herbeigeführte Erleichterung des Exports für die Belastung durch den Exportzoll eine überreichliche Kompensation geboten. Auch das Interesse Englands an dem billigen Bezuge indischer Rohstoffe und Konsumartikel, welches man als Hinderungsgrund anführte, wäre nicht verletzt worden. Ebensowenig hätten die englischen Jutefabrikanten, deren Opposition drohte, eine Herabsetzung ihrer Konkurrenzfähigkeit gegenüber den indischen Jutefabrikanten zu fürchten gehabt, da der Exportzoll auf Rohjute, falls man allgemeine Exportzölle erhoben hätte, durch den Exportzoll auf Jutefabrikate kompensiert worden wäre[3]). Für die indischen Industriellen, soweit sie exportfähige Rohstoffe verarbeiten, hätte sich beim Absatz

[1]) Vergl. über die Exportzölle Prot. 1893 § 1549, §§ 128, 132. Prot. 1898 §§ 1459, 6001, 6010ff., 6129ff., 9051, 9118/19, 11243—11254, 11260.

[2]) Bericht 1893 § 40 Prot. § 132.

[3]) Über diese Bedenken vergl. Prot. 1898 §§ 1457ff. (O'Conor), 9938ff.

in Indien selbst sogar noch der besondere Vorteil ergeben, daß sie ihre Rohstoffe entsprechend billiger hätten einkaufen können (weil der Exportzoll den Inlandspreis dieser Rohstoffe entsprechend gedrückt hätte), so daß sie schon deshalb der ausländischen Konkurrenz überlegen gewesen wären. Indess, bei der allgemeinen Abneigung gegen Exportzölle, welche bereits dahin geführt hatte, daß der frühere Exportzoll auf Weizen im Jahre 1873, und für Indigo und Schellack im Jahre 1880/81 aufgehoben war[1]), und bei der fortdauernden Agitation für die Aufhebung des allein noch bestehenden Exportzolles auf Reis in Indien, hätte sich die Einführung neuer Exportzölle wohl kaum ermöglichen lassen, selbst dann nicht, wenn die indische Regierung selbst (was nicht zutraf) von ihrer Unschädlichkeit überzeugt gewesen wäre.!

* * *

Abgesehen von der Schwierigkeit, den Mehraufwand von Rupien zur Bezahlung der Home charges überhaupt zu decken, war noch die weitere Schwierigkeit vorhanden, durch die richtige Bemessung der Steuern etc. auf der einen und der Ausgaben auf der anderen Seite in jedem einzelnen Jahre für die Beschaffung der erforderlichen Einnahmen Vorsorge zu treffen. Der indische Staatssekretär schildert diese Schwierigkeit in einer Eingabe an das englische Schatzamt vom 13. Mai 1892 folgendermaßen:[2]) „Im Dezember 1890 war der Kurs nach Maßgabe des damaligen Silberpreises bei Aufstellung des Budgets für 1891/92 auf $18^1/_2$ d p. Rupie veranschlagt. Vier Monate später, als das Budgetjahr begann, war der Kurs auf $16^3/_4$ d gefallen, sodaß nun ein vermehrter Aufwand von 21,7 Mill. Rupien nötig wurde. Von Mitte Februar bis zum 18. März 1892 hielt sich der Kurs zwischen 16 d und $15^3/_4$ d. Die indische Regierung legte bei Aufstellung des Budgets die höhere Rate (16 d) zu Grunde. Elf Tage nach der Publikation des Budgets war aber der Kurs schon unter 15 d gefallen und bei diesem Kurse waren weitere 17 Mill. Rupien zur Bezahlung der Home charges erforderlich. So sah sich die Regierung in einem Zeitraum von wenigen Wochen gezwungen,

[1]) App. 1893 S. 237. 271.

[2]) App. 1893 S. 146.

neue Einnahmen zu beschaffen, welche größer sein mußten als die ganzen damaligen Zolleingänge oder die Einkommensteuer oder die letzte Erhöhung der Salzsteuer". Daß das ein weiterer Übelstand war, dessen Beseitigung die indische Regierung wünschen mußte, liegt auf der Hand. Dieses Ziel ließ sich aber (wenn man nicht einen größeren Reservefonds anlegen wollte!) nur durch die Herstellung eines stabilen Kurses erreichen.

b. Die Kursschwankungen.

Der zweite Hauptgrund für die Vornahme der indischen Währungsreform war die Beunruhigung des Handels durch die fortwährenden Schwankungen des Kurses der Rupie, die im Jahre 1892/93 zu einer allgemeinen Depression und Stagnation des Verkehrs geführt hatten. Starke Schwankungen des Kurses machen den sogen. legitimen Handel, insbesondere das Vermittlungsgeschäft der am Export und am Import beteiligten Firmen, das sonst auf ganz fester Basis ruht, — wenn nicht besondere Sicherheitsmaßregeln ergriffen werden — zu einer reinen und häufig sehr unsicheren Spekulation, die bei den großen Abschlüssen, um welche es sich dabei handelt, sehr bedeutende Verlustgefahren mit sich bringt. Bei den eigentlichen Spekulationsgeschäften ergibt sich wenigstens die Folge, daß das Risiko durch das Hinzutreten eines weiteren unbekannten Faktors erhöht wird.

In den Protokollen der beiden Währungskommissionen kehren die Klagen über diese Schwankungen immer wieder. Zur Illustration wurde in einer Eingabe der Eingeborenenhändler von Karachi vom 27. Juni 1892 (App. 1893 S. 154) auf die Kursschwankungen der letzten Wochen verwiesen. Darnach war der Kurs vom 2.—9. Juni 1892 um $4^1/_2$ % gestiegen und dann bis zum 16. Juni um $1^3/_4$ %, bis zum 23. um $2^3/_4$ % zurückgegangen. Bei solchen Schwankungen kann natürlich ein Kommissionsgeschäft mit höchstens $2^1/_2$ % Provision bei Übernahme des Kursrisikos nicht gemacht werden. Abgesehen von diesen Schwankungen in kurzfristigen Zwischenräumen hatte sich der Kurs im Jahre 1890 von 16,94 d auf 20,9 d gehoben, um dann bis Anfang 1892 auf $15^1/_{16}$ d zurückzusinken, Schwankungen von vollen 25 bezw. 30 % in einem Zeitraum von zwei Jahren! Die hieraus erwachsenden Schwierigkeiten mußten aber um so größer sein, als der ganze indische Handel sich zumeist in der Form des Zeitgeschäfts mit drei- bis sechsmonatigen Fristen vollzieht. Wenigstens die wichtigsten Stapelartikel, vor allem Weizen und Baumwolle, aber auch z. B. Manchesterwaren, wurden schon damals fast nur in dieser Form gekauft und verkauft (Prot. 1893 § 313). Dabei wurde das Risiko zumeist nicht mehr wie früher von den Europäern, sondern von den indischen Händlern getragen (eod. § 311 u. § 565), sodaß die entstehenden Verluste indische Untertanen trafen[1]).

Nun ist es freilich in den meisten Fällen für die Exporteure und die Importeure möglich, gegen dieses Risiko sich zu versichern, indem sie bei den Wechselbanken im voraus (auf Lieferung) Wechsel auf England verkaufen bezw. kaufen[2]). Das kostet aber zunächst eine Prämie, deren Zahlung die Spesen verteuert[3]). Überdies war es gerade in den letzten Jahren vor 1892 in Indien vielfach vorgekommen, daß die Banken in Anbetracht der plötzlichen und großen Schwankungen des Kurses die Übernahme dieser Versicherung ablehnten. Endlich wird auf diese Weise das Risiko des Kurses nur auf andere Personen abgewälzt[4])[5]). Abgesehen hiervon kommt in Betracht, daß durch eine solche Versicherung nur das Risiko der Exporteure und der Importeure selbst gedeckt wird, nicht aber auch das Risiko ihrer Abnehmer bezw. Lieferanten, die bei festen Kontrakten Gefahr

[1]) Auch bei den sogen. Indentgeschäften wird das Kursrisiko zumeist von den indischen Händlern getragen (Prot. 1893 §§ 564. 565). Diese Indentgeschäfte unterscheiden sich — nach Wülfing, Währungsfrage und Industrie, Berlin 1894 S. 24 — dadurch von den gewöhnlichen Geschäften, daß die Auslieferung der (europäischen) Ware partienweise gegen Barzahlung erfolgt, während sie nach der Ankunft am Bestimmungsort zur Sicherung des Verkäufers zunächst bei einem Vertreter desselben eingelagert wird.

[2]) Vergl. Prot. 1898 §§ 5945. 6092 ff.

[3]) Nach Ralli ist diese Ausgabe allerdings sehr gering (Prot. 1893 § 1498), vielleicht aber nur für so große Firmen wie Ralli Brothers.

[4]) Vergl. Prot. 1898 § 9994.

[5]) Zur Zeit der offenen Silberwährung deckten die Banken ihr Risiko zumeist durch Ankauf von Silber in London auf Lieferung (da sie Councilbills oder Wechsel auf Indien nicht auf Lieferung kaufen konnten). (Prot. 1893 §§ 328. 331). Das war vollkommen sicher, da Silber zur Zeit der Prägungsfreiheit gegen Entrichtung der unveränderlichen Prägungsgebühr jederzeit zu Rupien ausgemünzt werden konnte.

laufen, die gekauften Waren nicht zu den berechneten Preisen verkaufen bezw. die zu liefernden Waren nicht zu diesen Preisen beschaffen zu können, weil sie bei steigendem Kurse von der Konkurrenz unterboten bezw. bei fallendem Kurse von derselben überboten werden[1]). Endlich geben die Bewegungen des Kurses zu allerlei Chikanen seitens der eingeborenen Händler Anlaß. Diese letzteren versuchen nämlich, sobald die Erfüllung der abgeschlossenen Kontrakte infolge der Einwirkung des Steigens oder Fallens des Kurses auf die von der Konkurrenz gestellten Preise ihnen Schaden zu bringen droht, auf jede mögliche Weise von ihren Verpflichtungen loszukommen. So wird vor allem wegen kleiner Mängel oder Verspätungen, die sonst unbeachtet geblieben wären, die Abnahme der importierten Waren verweigert. Derartige „claims" verursachen nicht nur viel Ärger, sondern sind in der Regel auch nur mit einem erheblichen Preisopfer aus der Welt zu schaffen[2]).

Wenn nun derartige Verluste und Gefahren bei dem Abschlusse von Handelsgeschäften bevorstehen und wenn andererseits, wie es zutrifft, die Aussicht besteht, im Falle des Abwartens wegen Änderung des Kurses billiger kaufen bezw. teuerer verkaufen zu können, dann zögert natürlich jedermann mehr als sonst, Geschäfte zu machen, und der Verkehr erlahmt. Letzteres geschieht vielleicht in Indien noch mehr als sonst, weit die Indier, wie die Bewohner Asiens überhaupt, an den gewohnten Preisen hängen und einerseits den Ankauf von Importartikeln zu höheren Preisen, andererseits den Verkauf von Exportartikeln zu niedrigeren Preisen nur schwer vornehmen. Die Eingeborenen lehnen bei Veränderungen der Preise, die durch Kursbewegungen hervorgerufen sind, den Abschluß von Geschäften nicht selten einfach ab und warten, bis die Verhältnisse sich geändert haben oder bis es ihren Kontrahenten, die selbst vielfach nicht warten können, gefällt, ihnen entgegenzukommen[3]).

---

[1]) Vergl. App. 1893 S. 180, Nr. 24, 1. Abs. 6.

[2]) Vergl. Prot. 1898 § 10366 (Abs. 5, 7).

[3]) Vergl. z. B. Prot. 1893 § 896. Interessant ist die Mitteilung von Thorburn Prot. 1892/93 § 312. Nach derselben kam das Wollexportgeschäft in Karachi, welches mit Afghanistan gemacht wird, im Jahre 1890 völlig

Unter diesen Umständen war es nach den starken Schwankungen des Kurses seit 1889 wohl begreiflich, daß die Geschäftswelt, soweit sie mit den Goldwährungsländern Handel trieb, wenn auch nicht einstimmig, so doch überwiegend die Stabilität des Kurses als das erste Erfordernis der Währungsreform aufstellte. Diese Forderung hatte umsomehr Gewicht, als sie den Interessen der einflußreichen Manchester Baumwollfabrikanten entsprach, deren Importgeschäft nach Indien infolge der Kursschwankungen zu erlahmen drohte[1]). Die Währungskommission von 1898 wurde deshalb bei ihrer Einsetzung geradezu angewiesen, auf die Herstellung eines stabilen Kurses zwischen Indien und England ihr Hauptaugenmerk zu richten[2]).

c. Die übrigen Gründe.

Außer den soeben näher dargelegten Hauptgründen für die Reform wurde, wie sich aus unserer Aufzählung (S. 40/41) ergibt, noch eine Reihe weiterer Gründe geltend gemacht, die wichtig genug waren, um die ernsteste Beachtung zu verdienen. Einige unter ihnen, so die Furcht vor einer bevorstehenden Überschwemmung Indiens mit Silber, ferner die Beeinflussung des Zuströmens ausländischen Kapitals, beruhten allerdingt zum Teil auf falschen Voraussetzungen. Wir werden später Veranlassung haben, hierauf noch näher zurückzukommen.

Von besonderer „Zugkraft" war die Not der anglo-indischen Beamten, die agitatorisch stark ausgebeutet wurde. Nun war es gewiß richtig, daß eine solche Not bestand. Da die Beamten zur Erziehung ihrer Kinder, zur Unterstützung

---

zum Stillstande, als von den Exporteuren infolge der Kurssteigerung der Rupie nicht mehr der frühere Wollpreis bezahlt werden konnte. Die Wollhändler aus Afghanistan reisten einfach wieder ab, als ihnen der Grund mitgeteilt wurde, indem sie annahmen, daß die indische Regierung irgend welche für sie nachteilige Manipulationen mit der Währung vorgenommen habe, und die in Karachi ansässigen Agenten schrieben nach Kandahar etc., man solle keine Wolle mehr senden, bis es der Regierung gefalle, ihre Politik hinsichtlich der Rupie zu ändern.

[1]) Vergl. Prot. 1893 §§ 403. 406. 896.

[2]) Auch bei der japanischen Währungsreform war die Beseitigung der Kurs- und Preisfluktuationen ein Hauptgrund für den Übergang zur Goldwährung. Vergl. Sound Currency vom 15. Juni 1897 S. 7 Abs. 4.

von Eltern und Verwandten etc. Geld nach England zu remittieren haben und da sie überdies während der Dauer ihrer Dienstzeit Kapital ansammeln müssen, um davon nach ihrer Verabschiedung in England zu leben, so mußte für sie jeder Rückgang des Kurses einer teilweisen Konfiskation ihres Gehalts gleichkommen[1]). Es war daher begreiflich, daß diese Beamten selbst eifrig für die Änderung der Währung, die ihnen einen höheren Kurs bringen und sie dadurch von ihren Leiden befreien sollte, agitierten. Wenn aber dieser Umstand offiziell als ein besonderer Grund für die Währungsänderung angegeben wurde, so war das doch recht weit gegangen. Es gab sicher ein natürlicheres Mittel, um den Beamten zu helfen. Das war die Aufbesserung ihres Gehalts bezw. die Festsetzung eines Teils desselben in Gold. Eine derartige Kompensation war bereits den Privatbeamten bezw. den Angestellten europäischer Firmen in Indien gewährt worden[2]) und dasselbe Mittel hatte schon die Gold- und Silberkommission auch für die Staatsbeamten als das nächstliegende empfohlen. Später ist denn auch wirklich in dieser Weise verfahren worden. Im August 1893 wurde den Beamten für die Hälfte ihres Gehalts eine besondere Exchange Compensation unter Zugrundelegung eines Kurses von 18 d gewährt[3]).

---

2. Abschnitt: **Die Mittel zur Erreichung der verfolgten Ziele.**

a. Die Wahl der Währung.

Um die bestehenden Übelstände zu beseitigen und den Gefahren, welche bei Fortdauer der offenen Silberwährung drohten, vorzubeugen, blieb teils aus objektiven, teils aus praktischen Gründen nichts anderes übrig, als die offene Silberwährung aufzuheben und zu versuchen, der Rupie einen festen Goldkurs zu sichern, während zu besserer

[1]) Näheres in App. 1892/93 S. 185 ff., 202 und bei Ellstaetter S. 81 ff.

[2]) Prot. 1892. § 1563.

[3]) Return 1894 S. 18. 38. (8). Der hierdurch dem Staate verursachte Mehraufwand wurde für 1894/95 unter Zugrundelegung eines Kurses von 14 d auf 11,13 Mill. Rupien geschätzt (a. a. O. S. 25, 26).

Beseitigung der finanziellen Schwierigkeiten der Regierung zugleich eine Hebung des Kurses angezeigt erschien.

Zu dem Ziele der Herstellung eines festen Goldkurses konnten zwei Wege führen: die Herstellung des internationalen Bimetallismus und der Übergang zur Goldwährung, wenigstens zu einer Art Goldwährung. In der ersteren Richtung hatte man früher das Heil gesucht. Auf den verschiedenen resultatlos gebliebenen internationalen Münzkonferenzen, zuletzt in Brüssel im Jahre 1892, hatte sich aber gezeigt, daß auf die Verwirklichung der bimetallistischen Ideen nicht zu rechnen war. Überdies schien die Herstellung des Bimetallismus auf der Basis eines Wertverhältnisses von 1 : 15½, wie die indische Regierung im Jahre 1897 bei der Begutachtung der Wolcottschen Vorschläge hervorhob, nicht im Interesse Indiens zu liegen, da bei der dann zu erwartenden Hebung des Kurses der Rupie um zirka 50 % anderweitige Schäden eingetreten wären. Endlich war für den Fall, daß wirklich der internationale Bimetallismus zu stande kam, das Risiko eines späteren Zusammenbruches desselben zu groß[1]. Unter diesen Umständen entschloß sich die indische Regierung zur Einführung der „Goldwährung".

Die Herstellung einer reinen Goldwährung war praktisch ausgeschlossen, teils weil dieselbe sich für den indischen Verkehr mit seinen verhältnismäßig kleinen Umsätzen nicht eignet und weil die Indier an ihrem Rupiengelde hängen, teils weil das erforderliche Gold gar nicht zu beschaffen gewesen wäre. Es konnten aber in Frage kommen: 1. die Herstellung einer „hinkenden" Goldwährung nach dem Vorbilde Frankreichs und der Vereinigten Staaten von Nordamerika, d. h. einer Währung mit großem, in seiner Menge beschränkten Silberumlauf und mehr oder minder großem, bei herrschender Prägungsfreiheit beliebig vermehrbaren Goldumlauf ohne gesetzliche Austauschbarkeit von Gold- und Silbermünzen gegeneinander und bei unbeschränkter gesetzlicher Zahlkraft beider; 2. die Herstellung einer im übrigen gleichen Währung bei gesetzlicher Einlösbarkeit des Silbergeldes in Gold; 3. die Herstellung einer sogenannten „Goldwährung" ohne Goldumlauf, bei

---

[1]) Vergl. oben S. 13, 14.

welcher dem Golde nur die Rolle zufiel, die Ausgleichung der internationalen Zahlungsbilanz auf der Basis des gewählten Kurses zu ermöglichen und die Stabilität dieses Kurses zu sichern.

Die indische Regierung faßte, wie sich aus der früheren Darstellung ergibt, von vornherein die Herstellung einer hinkenden Goldwährung ins Auge. Eine solche Währung schien den indischen Verhältnissen am meisten angemessen zu sein. Außerdem brachte ihre Herstellung kein finanzielles Risiko für die Regierung mit sich, zumal wenn die Beschaffung des Goldes, wie beabsichtigt war, dem Verkehr überlassen blieb. In Betreff der Konstruktion dieser Währung stützte man sich auf die Erfahrungen Frankreichs und der Vereinigten Staaten von Nordamerika, meinte, daß in Ländern mit hinkender Goldwährung das unterwertige Silbergeld durch die Beschränkung seiner Menge mit dem Goldgelde gleichwertig erhalten werde, und nahm an, daß die Erhaltung des Goldwerts der Rupie in der festgesetzten Höhe von 16 d gelingen müsse, wenn nur die Menge der Rupien hinreichend beschränkt werde[1]). Auf diesen Punkt werden wir später (S. 77 ff.) zurückkommen.

Prinzipiell vorzuziehen erschien die Herstellung einer im übrigen gleichen Währung unter Festsetzung der Einlösbarkeit der Rupie in Gold nach Ansammlung einer hinreichenden Goldreserve zu deren Sicherung: Diese Idee wurde aber mit Rücksicht auf das finanzielle Risiko und die erwachsenden Kosten abgelehnt. Nach den Erfahrungen in Frankreich und in den Vereinigten Staaten schien ja auch die Einlösbarkeit der Rupie nicht erforderlich zu sein[2]).

Abgesehen von der Herstellung einer Goldwährung mit Goldumlauf kam die Eventualität der Herstellung einer „Goldwährung" ohne Goldumlauf in Betracht. Eine derartige Währung wurde aus dem Grunde empfohlen, weil man meinte, daß bei der Gewohnheit der Indier, Schätze anzusammeln, Goldgeld, wenn es in den Verkehr gelange,

---

[1]) Vergl. Bericht der Kommission von 1892 §§ 47 ff. 50, und von 1898 §§ 43 ff. 56 ff. App. 1893 S. 148 § 10. Prot. 1898 passim. cf. insbes. §§ 25 28 ff. Correspondence Blaubuch C. 8840/1898.

[2]) Bericht 1892/93 §§ 93 ff., 1898/99 §§ 55 ff.

sehr bald aufgekauft werden und aus dem Umlauf verschwinden werde. Hierfür lagen zwei Projekte vor, das von Probyn und das von Lindsay. Sowohl Probyn als Lindsay gründeten ihr System auf die Lehre Ricardos, daß es zur Einführung eines bestimmten Wertmaßes als Basis einer Währung nicht erforderlich sei, daß das Währungsgeld selbst aus der Substanz des Wertmaßes bestehe, sondern daß es genüge, wenn das Währungsgeld, das selbst aus einem ganz wertlosen Stoffe bestehen könne, jederzeit gegen ein gewisses Quantum der Wertmessersubstanz austauschbar sei[1]). Beide wollten nach vorgängiger Schließung der Münzen für Silber die Rupie in Gold einlösbar machen und durch diese Einlösbarkeit ihren Goldwert aufrecht erhalten. Probyn hielt aber für erforderlich, daß die Rupie in Indien selbst in Gold eingelöst werde, während Lindsay meinte, es sei ausreichend wenn die Einlösung in London aus dem Bestande einer dort anzulegenden Goldreserve erfolge. Gesetzliche Zahlkraft und Prägungsfreiheit sollte das Gold weder nach Probyn noch nach Lindsay besitzen.

Probyns Plan ging des näheren dahin, daß an Stelle der Prägungsfreiheit für Gold die Einrichtung getroffen werden sollte, daß gegen Golddepot Goldnoten im Wertbetrag von 10000 Rupien zum Kurse von 16 d abgegeben würden, die auf Verlangen des Inhabers in Gold, aber nach der Wahl der Regierung entweder in Sovereigns oder in kleinen Goldbarren im Werte von mindestens 67 Lstrl. einlösbar seien. Durch die Festsetzung eines so hohen Einlösungsbetrages wollte Probyn die Einlösung möglichst beschränken. Durch den Vorbehalt der Einlösung in kleinen Barren, die in Anbetracht ihrer Form und bei ihrem hohen Werte für den Umlauf nicht geeignet waren, wollte er verhindern, daß Gold in Indien selbst in den Verkehr gelange, ohne zugleich die Entnahme desselben für Exportzwecke auszuschließen. Lindsay schlug vor, die indische Regierung solle in London eine Goldreserve von zunächst 10 Mill. Lstrl. anschaffen und darauf gestützt sich verpflichten, in Indien jederzeit Sterlingtratten im Werte von 1000 Lstrl. zum Kurse von $15^3/_4$ d gegen Rupien, und in London Rupientratten im Werte von

[1]) Vergl. Probyn Indian Coinage and Currency 1897 S. 39.

15000 Rupien gegen Gold zum Kurse von $16^1/_{16}$ d abzugeben. Dann könne der Kurs der Rupie nur zwischen $15^3/_4$ d und $16^1/_{16}$ d schwanken. Im übrigen sollte — nach der Aufhebung der Prägungsfreiheit für Silber — nichts geändert werden. Die Versorgung des Verkehrs mit den nöthigen Umlaufsmitteln sollte auch in Zukunft durch die Ausprägung von Rupien erfolgen. Die Prägung derselben blieb der Regierung überlassen[1]).

Beide Vorschläge wurden von der indischen Regierung und den Währungskommissionen verworfen. Einerseits hielt man die Gefahr der Thesaurierung von Gold in Indien nicht für so groß, um es zu rechtfertigen, dem indischen Volke dauernd das „normale Attribut einer Goldwährung“ (!), nämlich Goldgeld („the normal accompaniment of a gold standard namely a gold currency“) vorzuenthalten[2]). Andererseits hatte man Bedenken wegen der Neuheit der Systeme (obwohl Probyns System in den Jahren 1819—1821 in England, und Lindsays System in der Zeit von 1763—1803 in Schottland in praktischer Geltung gewesen war) und nahm nach dem Gutachten der ersten Finanzgrößen in London (Rothschild, Lubbock, Montagu etc.) an, daß dieselben nicht das Vertrauen des Verkehrs finden würden. Letzteres wurde besonders gegen Lindsays Plan geltend gemacht und diesem schien auch das weitere Bedenken entgegenzustehen, daß die indische Regierung mit der unbeschränkten Garantie der Einlösbarkeit der Rupie in Gold ein zu großes Risiko auf sich nehmen würde[3]).

Ob diese Bedenken wirklich gerechtfertigt waren und ob die indische Regierung etwas Besseres schuf, indem sie die hinkende Goldwährung in ihrer jetzigen Gestalt einführte, brauchen wir hier nicht zu untersuchen. Unter allen Umständen durfte Indien bei seiner großen Abhängigkeit von

[1]) Näheres über Probyns Plan bei Probyn a. a. O. S. 40, 113 ff., Prot. 1898 §§ 6818—7055, Bericht 1898 § 49; über Lindsays Plan Prot. 1898 §§ 3275—4304, Bericht 1898 § 52. App. 1893 S. 308. Blaubuch C. 8840 1898 S. 9, 18 ff. Im Jahre 1898 wurden noch mehrere ähnliche Pläne vorgelegt, die aber nur Modifikationen von Lindsays Vorschlag waren, so z. B. von Raphael, Major Darwin u. a.

[2]) Bericht 1898 § 51.

[3]) Bericht 1898 § 53.

London keine Währung herstellen, der das Vertrauen des Auslandes gefehlt hätte. Darüber aber, daß das Ausland einer Goldwährung ohne Goldumlauf kein Vertrauen entgegengebracht haben würde, konnte nach den Aussagen der Finanzgrößen Londons, zumal da deren eigene Ansichten im Verkehr als maßgebend betrachtet worden wären, kein Zweifel bestehen.

b. Die Hebung des Kurses der Rupie.

Bei der Einführung der neuen Währung suchte man einen Rupienkurs von 16 d herzustellen. Im Jahre 1892 war zuerst sogar die Herstellung eines Kurses von 18 d beabsichtigt worden. Dieser Plan war jedoch auf Empfehlung der Kommission von 1892/93 aufgegeben. Da der Kurs der Rupie im Jahre 1892/93 nur etwa 15 d (14,985 d), zu Anfang des Jahres 1893/94 sogar nur noch $14\frac{5}{8}$ d betrug, so nahm man darauf Bedacht, denselben künstlich zu heben. Dazu wählte man, der herrschenden Theorie entsprechend, das Mittel der „Kontraktion" des Geldumlaufs. Zunächst war nur an eine „relative" Kontraktion gedacht, die aus der Nichtvermehrung der Umlaufsmittel bei wachsendem Verkehrsbedarf entstehen mußte. Später aber wurde auch noch eine „absolute" Kontraktion durch Einschmelzung von zirka 240 Mill. Rupien in Aussicht genommen, die freilich nicht zur Ausführung kam. Hierbei ging man, gestützt auf die Quantitätstheorie, davon aus, daß durch die Kontraktion zunächst der Wert der Rupie in Indien selbst gehoben werden würde, und glaubte, daß sich infolgedessen auch das Wertverhältnis zu den ausländischen Valuten bezw. zum Golde und damit der Kurs bessern werde.

Diese der herrschenden Theorie durchaus entsprechende Ansicht war unrichtig. Durch eine Kontraktion kann man den Wert des Geldes im Inlande wohl heben, indem man durch Kreditbeschränkungen Liquidationen und Konkurse und infolgedessen einen Preissturz im Warenverkehr herbeiführt. Dadurch wird aber keineswegs das Wertverhältnis des inländischen Geldes zum Golde oder zu den ausländischen Valuten verbessert. In der durch die Kreditbeschränkung (als Folge der Kontraktion) herbeigeführten Krise gehen nämlich nur diejenigen Waren im Preise zurück und hebt sich daher der Wert des Geldes nur denjenigen Waren gegenüber, welche nicht exportiert werden können. Alle Exportartikel aber, und unter ihnen in erster Linie das Gold, sinken nicht im Preise. Exportartikel und Gold brauchen ja in einem solchen Falle nicht unter Preisdruck im Inlande verkauft zu werden, sondern werden exportiert. Wenn sie aber exportiert werden, so können sie natürlich, soweit nicht im Auslande der Preis sinkt und so lange der Kurs gleich bleibt, nach wie vor in denselben Betrag inländischen Geldes umgetauscht werden. Deshalb ist eine Wertsteigerung des inländischen Geldes ihnen gegenüber, speziell also auch dem Golde gegenüber, (soweit nicht anderes hinzukommt) ausgeschlossen.

Es steigt aber in einem solchen Falle allerdings der Wert des inländischen Geldes im Durchschnitt und daraus scheint beinahe mit logischer Notwendigkeit zu folgen, daß sich nun auch das Wertverhältnis desselben gegenüber dem ausländischen Gelde, also sein Kurs, bessern müsse. Das ist aber ein Irrtum. Der Kurs bessert sich nur dann, wenn der ausländische Erwerber eines inländischen Wechsels mehr ausländisches Geld für denselben bietet. Hierzu liegt aber in einem solchen Falle durchaus keine Veranlassung vor. Der Preis der Exportartikel des Inlands geht ja nicht zurück. Der Ausländer kann also nicht etwa mehr inländische Exportartikel mit dem gleichen Betrage inländischen Geldes kaufen. Wenn das aber nicht möglich ist, weshalb sollte er dann dieses inländische Geld bezw. Anweisungen auf dasselbe jetzt teuerer bezahlen als früher? Dazu liegt um so weniger Veranlassung vor, als ihm der Wechsel auf das Inland häufig genug sogar noch billiger als früher angeboten wird. Es ist nämlich zu berücksichtigen, daß bei einer Krise, wie sie die Kreditbeschränkung herbeiführt, vielfach ein Kapitalabfluß nach dem Auslande entsteht und daß infolgedessen umsomehr Wechsel auf den Markt kommen, welche natürlich auf den Kurs drücken. Das ist in den ersten Jahren nach 1893 auch in Indien geschehen.

Diesen Ausführungen scheint die Tatsache entgegenzustehen, daß der Kurs der Rupie, nachdem er zunächst bis auf $12^1/_2$ d zurückgegangen war, auf 16 d gestiegen ist, zu einer Zeit, in welcher in Indien tatsächlich eine Kontraktion des Geldumlaufs stattfand. Das Steigen des Kurses in dieser Zeit war aber in Wirklichkeit nicht die Folge der damaligen Kontraktion, sondern die Folge dessen, daß nach Aufhebung der Abhängigkeit des Kurses von dem Silberpreise durch die Schließung der Münzen für Silber und nach dem Aufhören des zunächst eingetretenen starken Kapitalabflusses aus Indien und der Baissespekulation der Kurs sich auf dasjenige Niveau stellen konnte, welches den realen Verhältnissen des Verkehrs zwischen Indien und Europa entsprach, und daß dieses „natürliche" Kursniveau bei dem damaligen Verkehr nicht niedriger lag als in der Höhe von 16 d. Die Kontraktion hat das Steigen des Kurses nicht bewirkt. Sie war vollkommen überflüssig und hätte unterbleiben können. Damit wäre großes Unglück, nämlich die Entstehung der Geldkrisen in den Jahren 1897 und 1898 verhütet worden.

Eine nähere Ausführung über diese wissenschaftlich hochbedeutsame Frage ist an dieser Stelle nicht möglich.

Drittes Kapitel.

Währungstechnische Beurteilung der Reform.

1. Abschnitt: Die neue Währung im allgemeinen.

Durch die indische Währungsreform ist wirklich, wie beabsichtigt war, eine „hinkende Goldwährung" auf der Basis eines Kurses von 16 d in Indien hergestellt worden. Gold hat in der Gestalt der britischen Sovereigns gesetzliche Zahlkraft erlangt und kann zum Kurse von 16 d p. Rupie frei geprägt oder doch gegen Rupien umgetauscht werden. Es fungiert auch tatsächlich als Geld, zunächst als Deckung des ausgegebenen Papiergeldes und dann, allerdings nur in sehr geringer Menge, als Umlaufsmittel im Verkehr. Prägungsfreiheit für Silber existiert nicht. Die Silberrupie hat aber ihre gesetzliche Zahlkraft behalten und fungiert tatsächlich als Zirkulationsmittel, gleichwertig mit dem Golde, ohne in Gold einlösbar zu sein. Damit sind die Merkmale, welche die Theorie für den Begriff der hinkenden Goldwährung aufstellt, vorhanden. Freilich ist die hinkende Goldwährung in Indien bei dem vorhandenen geringen Goldvorrat, der im März 1902 nur zirka 7,1 Mill. Lstrl. = 106,5 Mill. Rupien in der Papiergeldreserve und höchstens 3 Mill. Lstrl. = 45 Mill. Rupien im Umlauf betrug und der am 15. Oktober 1902 wahrscheinlich noch um 15 Mill. Rupien geringer war[1]), neben etwa 1334 Mill. Rupien Silber und 100 Mill. Rupien in ungedecktem Papiergelde etwas ganz anderes als die hinkende Goldwährung Frankreichs oder der Vereinigten Staaten von Nordamerika mit ihrem großen Goldumlauf, aber die Theorie hat eben für alle diese Währungen, die sie anders nicht zu

[1]) Vergl. oben S. 30 Anm.

konstruieren vermag, den Namen „hinkende Goldwährung". Wie viel Gold im Lande ist, kommt hierbei nicht in Betracht. Nach der Ansicht der indischen Währungskommission von 1898 ist das effektive Vorhandensein von Gold ja sogar eigentlich überhaupt nicht nötig und bildet das Goldgeld lediglich die „normale Beigabe" einer „Goldwährung", während es an sich genügen soll, daß der Wechselkurs auf Goldwährungsländer sich dauernd in einer bestimmten Höhe hält[1]). Vielleicht würde man richtiger die indische Währung garnicht nach einem bestimmten Metalle, sondern einfach als Rupienwährung bezeichnen. — Aber auf den Namen kommt es ja nicht an!

Sachlich sind, zumal vom Standpunkte der herrschenden Theorie und vor allem gerade nach der englischen Auffassung, wesentliche Bedenken gegen die neue indische Währung zu erheben.

Die indische Währung entspricht durchaus nicht dem von der herrschenden Theorie aufgestellten und vor allem in England hochgehaltenen Ideal einer Währung. Diesem Ideal entspricht nämlich nach dem Prinzip des „free trade in currency"[2]) nur eine automatisch regulierte Währung mit vollwertigem Gelde, bei der das Währungsgeld nichts anderes ist als „ein Stück eines bestimmten Metalls von gegebener Größe und Feinheit"[3]). Die indische Währung wird aber nicht völlig automatisch reguliert, sondern ist in bedeutendem Maße von dem Willen der indischen Regierung abhängig, und das indische Geld ist, abgesehen von den wenigen Millionen Goldgeld, von denen überdies der bei weitem größte Teil sich als Deckung des Papiergeldes im Gewahrsam der Regierung befindet, nicht vollwertig, sondern unterwertig, und zwar bei dem jetzigen Silberpreise von zirka $22^1/_2$ d um nicht weniger als $47^3/_4$ %.

(Beschränkte automatische Regulierung der Geldmenge.)

Was den ersteren Punkt anlangt, so geht es freilich zu weit, die heutige indische Währung als eine „managed

[1]) Bericht 1898 §§ 57, 38.

[2]) Prot. 1898 § 7731 (Rothschild).

[3]) App. 1898 S. 48 § 19. Silver Question, Blaubuch C. 4868/1886 S. 31. Vergl. unten Kap. VI (Rechtsfrage).

currency“ zu bezeichnen, aber es ist ebensosehr und noch mehr übertrieben, sie „as nearly automatic as any that could be devised“ zu nennen, wie der indische Finanzminister Law in seiner Budgetvorrede für 1901/02 es tut[1]).

Völlig automatisch reguliert wird nur der Zufluß von Goldgeld. Dieser ist durch die Prägungsfreiheit bezw. einstweilen durch die unbeschränkte Abgabe von Rupien gegen Gold und durch die Möglichkeit des freien Imports von Sovereigns, welche Geldqualität besitzen, gesichert. Dagegen ist schon der Abfluß von Gold (durch Export) nur in ganz geringem Umfange möglich. Auf dem Wege der Entnahme aus dem freien Verkehr kann er nicht erfolgen, weil jede stärkere Nachfrage sofort ein Agio hervorrufen würde. Der Verkehr ist vielmehr auf die freiwillige Abgabe von Gold seitens der Regierung angewiesen. Die Regierung hält für diese Zwecke den Überschuß des Goldvorrats der Papiergeldreserve über den eisernen Bestand von 5 Mill. Lstrl. zur Verfügung[2]). Dieser Überschuß kann aber niemals groß sein; denn da die gesamte Metallreserve nur etwa 200 Mill. Rupien beträgt und da hiervon zur Sicherung der Einlösbarkeit der ausgegebenen, 300 Mill. Rupien Papiergeld in Silber der größte Teil in Silber gehalten werden muß, so bleibt für einen frei verfügbaren Goldbestand nicht mehr viel übrig. Am 7. März 1901 war dieser frei verfügbare Goldbestand nicht größer als 1,96 Mill. Lstrl. = zirka 30 Mill. Rupien. Am 15. Oktober 1902 betrug er sogar nur 1,11 Mill. Lstrl. = 16½ Mill. Rupien. Sind diese Beträge erschöpft, so hört der „automatische“ Abfluß von Gold auf.

Beim Silbergelde liegen die Verhältnisse noch weniger günstig. Was die Vermehrung des Silberumlaufs anlangt, so ist die Prägung Monopol der Regierung, die in der Ausübung dieses Rechtes gesetzlich nicht beschränkt ist. Trotzdem kann allerdings auch der Verkehr eine Vermehrung der Menge des Silbergeldes herbeiführen. Er kann nämlich die Regierung zwingen, Neuprägungen vorzunehmen. Letzteres muß geschehen, wenn Gold zum Umtausch gegen Rupien eingeliefert wird und der Bestand der Papiergeldreserve zur

---

[1]) Fin. Stat. 1901 S. 13 § 89.

[2]) Return 1900 S. 19.

Vornahme dieses Umtausches unter Berücksichtigung des Erfordernisses zur Sicherung der Einlösbarkeit des Papiergeldes in Rupien nicht ausreicht. Die Einlieferung von Gold zu solchem Umtausch steht aber jedermann frei und zur Vornahme desselben ist die Regierung, allerdings nicht gesetzlich, aber doch durch die bestehenden Verordnungen verpflichtet. Auch eine Verminderung der Menge des Silbergeldes kann auf automatischem Wege erfolgen. Ein Export von Silbergeld ist allerdings wegen der Unterwertigkeit der Rupien nur in sehr beschränktem Maße möglich. Ein Export kann nämlich nur nach Ländern erfolgen, in denen die gleiche Währung herrscht: Ceylon, Mauritius und Aden, und überdies vielleicht auch nach den Territorien der Eingeborenenstaaten in Indien selbst. Die Aufnahmefähigkeit dieser Gebiete ist aber beschränkt. In den sieben Jahren von 1895/96 bis 1901/02 sind in dieser Weise nur 51,2, im Jahresdurchschnitt also 7 1/2 Mill. Rupien abgeschlossen[1]). Viel mehr kommt in Betracht, daß der Verkehr eine Verminderung in der Weise herbeiführen kann, daß er im Falle eines Rückgangs des Kurses bis auf 15 7/8 d Sterlingtratten auf London erwirbt, welche die Regierung bis zu dem Betrage ihrer Goldreserve in London zu diesem Kurse zur Verfügung stellt. Die als Kaufgeld eingezahlten Rupien muß die Regierung nämlich als derzeitigen Bestand ihrer Goldreserve separat verwalten und darf sie nicht wieder in den Umlauf gelangen lassen. Da die Londoner Goldreserve jetzt zirka 4—4,12 Mill. Lstrl., vielleicht noch etwas mehr beträgt, so können auf diese Weise immerhin etwa 60—62 Mill. Rupien dem Geldumlauf entzogen werden.

Im ganzen liegt hiernach die Sache so, daß durch das freie Walten des Verkehrs, also „automatisch", die Geldmenge in Indien auf dem Wege des Imports von britischen Goldmünzen oder von Barrengold (demnächst auch auf dem Wege der Prägung von Goldgeld) unbeschränkt vermehrt, und daß sie durch den Export von Goldgeld aus dem Goldbestande der Regierung und von Silbergeld nach einzelnen benachbarten Gebieten, sowie durch die Veranlassung der Einbehaltung von Silbergeld mittels Ankaufs der zum Kurse

---

[1]) Trade of India 1901/12 S. 33.

von $15^7/_8$ d angebotenen Regierungstratten auf London z. Zt. um $16^1/_2 + 62 + 7^1/_2 = 86$ Mill. Rupien vermindert werden kann. Die Möglichkeit der „automatischen" Verminderung ist hiernach allerdings beschränkt, aber bei einem Gesamtumlauf von zirka 1585 Mill. Rupien, die über ein großes Land verteilt sind, will eine Verminderung um 86 Mill. schon recht viel bedeuten. In Zukunft, wenn infolge der Erzielung weiterer Prägegewinne die spezielle Gold- oder besser Wechselreserve noch weiter angewachsen sein wird, werden sich die Verhältnisse in dieser Beziehung noch günstiger gestalten.

Hauptsächlich kommt nun aber in Betracht, daß die Regierung gesetzlich befugt ist, den Geldumlauf durch die Ausprägung von Silbergeld unbeschränkt zu vermehren, während diese Vermehrung ihr bei der Unterwertigkeit der Rupie nach dem derzeitigen Stande des Silberpreises einen Gewinn von zirka 45 % einbringt. Die Regierung beabsichtigt allerdings, der Empfehlung der Kommission von 1898 entsprechend, ihr Prägerecht nur dann auszuüben, wenn ihr Gold zum Umtausch gegen Rupien eingeliefert wird und wenn der Rupienbestand der Papiergeldreserve durch diesen Umtausch eine so starke Verminderung erfährt, daß er zur Sicherung der Einlösbarkeit des Papiergeldes in Rupien einer Ergänzung bedarf. Diese Absicht auszuführen, ist sie aber gesetzlich nicht verpflichtet! In dieser Beziehung liegt deshalb die Sache nicht viel anders als in Ländern mit Papierwährung. Freilich kann die Prägung von Rupien nicht so unbemerkt und nicht so leicht vorgenommen werden wie die Ausgabe von Papiergeld, und bei dem geringeren Gewinn ist ja auch die Versuchung nicht so groß. Wenn man aber überhaupt annimmt, daß es zur Sicherung gegen Übergriffe der Regierung notwendig sei, derselben die Vermehrung der Geldmenge zu finanziellen Zwecken unmöglich zu machen, wie es allgemein geschieht, so muß man auch gegenüber der indischen Währung in dieser Beziehung Bedenken hegen.

Die indische Regierung hat aber nicht nur die Macht, den Geldumlauf beliebig zu vermehren, sondern sie kann denselben auch, wenigstens zeitweise, stark vermindern. Eine solche Verminderung tritt ein, wenn der Staatssekretär für Indien den Verkauf von Councilbills unterläßt, falls der Kurs der Rupie nicht hoch genug steht, um einen Import von Goldgeld zuzulassen. Bei einer Unterlassung des Verkaufs von Councilbills werden nämlich in Indien die auf dem Steuerwege eingegangenen Gelder bis zu einem entsprechenden Betrage in den Kassen der Regierung zurückgehalten und der Verkehr muß sich ohne sie zurechtfinden[1]). Steht in solchem Falle der Kurs der Rupie auf 16 d + Goldimportkosten = (höchstens) $16^1/_8$ d, dann kann allerdings sofort durch den Import von Gold und Goldgeld geholfen werden. Hält sich aber der Kurs niedriger, dann unterbleibt ein Import von Gold, weil er nicht vorteilhaft ist. Da nun in Indien anderweitig kein Ersatz beschafft werden kann, weil Papiergeld lediglich gegen Einlieferung von Gold oder Rupien ausgegeben wird und Notenbanken nicht existieren, so muß unter solchen Umständen eine mehr oder weniger starke Kontraktion des Geldumlaufs eintreten und kann infolgedessen eine Geld- und Kreditkrise entstehen. Nun ist freilich eine Einstellung des Verkaufs der Councilbills auf längere Zeit in der Regel nicht zu befürchten, weil in diesem Falle die Home charges auf dem Wege der Anleihe gedeckt werden müssen und weil zur Aufnahme einer Anleihe die Zustimmung des englischen Parlaments erforderlich ist. Überdies wird in Zeiten großen Geldbedarfs, wenn dann noch der Verkauf von Councilbills eingeschränkt wird, der Kurs in der Regel leicht den Goldeinfuhrpunkt erreichen. Indessen, es sind doch Ausnahmefälle denkbar und tatsächlich hat der indische Staatssekretär im Jahre 1893/94 durch die Einstellung des Verkaufs der Councilbills in der Zeit von August 1893 bis Ende Januar 1894 dem indischen Verkehr nicht weniger 110 Mill. Rupien, zirka 8 % des damaligen Geldumlaufs, vorenthalten.

(Gefahren aus der Unterwertigkeit der Rupie.)

Abgesehen von diesem Mangel in Betreff der Regulierung der Geldmenge kommt in Betracht, daß das vorhandene Geld bis auf höchstens 150 Mill. Rupien Gold, von denen sich überdies nur wenige Millionen im Umlauf befinden oder für Umlaufszwecke verfügbar sind, beinahe um 50 % unterwertig ist. Diese Unterwertigkeit bringt — abgesehen von der schon erwähnten Ermöglichung einer Ver-

[1]) Vergl. oben S. 34.

mehrung des Geldumlaufs zu finanziellen Zwecken der Regierung — besondere Übelstände und Gefahren mit sich. Vor allem wird die Sicherheit des inneren Geldverkehrs und wird die Aufrechterhaltung des Wechselkurses mit dem Auslande bedroht und überdies besteht die Gefahr der unerlaubten Nachprägung.

Was zunächst die Sicherheit des inneren Geldverkehrs anlangt, so ist in dieser Beziehung von der Unterwertigkeit des Geldes so lange nichts zu befürchten, als dem Gelde trotzdem das gleiche Vertrauen entgegengebracht wird wie vollwertigem Gelde. Dieses Vertrauen besitzt die indische Rupie zur Zeit tatsächlich. Wenigstens sind es die Eingeborenen, welche die Rupie noch jetzt ebenso wie früher als vollgültiges Geld anerkennen und sie sogar dem Goldgelde vorziehen. Der Verkehr hat ja in den letzten Jahren immer nur Rupien verlangt und bedeutende Neuprägungen veranlaßt, während er Goldgeld nur in geringer Menge aufnahm. Diese Gestaltung der Dinge ist ein großes Glück für Indien. Es hätte auch anders kommen können. Das Volk hätte der „false“ und „artificial“ Rupie, die an Stelle der „honest“ Rupie trat, wie man sagte, sein Vertrauen entziehen und dieselbe nur noch nach ihrem Metallgehalt bewerten können. Dann wären — ähnlich wie bei einer Assignatenwirtschaft — die größten Währungswirren über Indien hereingebrochen. Dieses schwere Risiko hat die indische Regierung, ohne es eigentlich zu ahnen, mit der Schließung der Münzen auf sich genommen! Jetzt ist ja aber von dieser Seite wohl nichts mehr zu befürchten. Das Vertrauen der Indier ist bisher unerschüttert geblieben und dürfte auch in Zukunft unerschüttert bleiben, zumal da eine starke Zunahme der Unterwertigkeit wohl nicht mehr zu erwarten ist.

Weniger festgewurzelt ist das Vertrauen der in Indien angesessenen Europäer. In den ersten Jahren nach der Schließung der Münzen war auf dieser Seite sogar ein bedenklicher Mangel an Vertrauen vorhanden, der sich jedoch nur durch die Auswanderung von Kapital und damit in der Beeinflussung des Wechselkurses äußerte. Auch in diesen Kreisen wird jedoch das Vertrauen wenigstens dann fortbestehen, wenn der Wechselkurs aufrecht erhalten bleibt. Ob das zu erwarten ist, soll besonders erörtert werden.

Die Aufrechterhaltung des Wechselkurses mit dem Auslande wird durch die Unterwertigkeit des Inlandsgeldes in doppelter Weise gefährdet. Zunächst kann diese Unterwertigkeit als Quelle des Mißtrauens zu einem Kapitalabfluß Veranlassung geben, welcher den Kurs tief unter das normale, den Verhältnissen des gewöhnlichen Verkehrs entsprechende Niveau herabdrückt. Das hat auch Indien in den ersten Jahren nach der Schließung der Münzen erfahren müssen! Außerdem bildet die Unterwertigkeit des Geldes den Grund für die Unmöglichkeit, ein Sinken des Kurses, sei es unter normalen, sei es unter anormalen Verhältnissen auf dem Wege des Geldexports zu verhüten, weil der Export unterwertigen Geldes, da dieses im Auslande nur den Charakter einer Ware besitzt, unvorteilhaft ist (bis der Wechselkurs auf einen dem Metallwerte entsprechenden Stand gesunken ist) und daher unterbleibt.

Weder in der einen noch in der anderen Richtung liegt bei einer Währung mit unterwertigem Gelde große Gefahr vor, wenn daneben ein großer Bestand an vollwertigem Gelde vorhanden ist, der dem Verkehr al pari zur Verfügung steht, oder wenn besondere Maßregeln zur Aufrechterhaltung des Kurses getroffen sind, die Sicherheit bieten. Ein starker Goldbestand ist ja aber in Indien, wie wir gesehen haben, nicht vorhanden, da die Menge effektiven Goldes nur etwa 10 % der ganzen Geldmenge beträgt und hiervon überdies nur wenig (am 15. Oktober 1902 nur ein Betrag von 16½ Mill. Rupien) al pari verfügbar ist. Inwiefern durch besondere Maßregeln für die Aufrechterhaltung des Kurses Vorsorge getroffen ist, wird sich aus den Erörterungen im folgenden Abschnitt ergeben.

Was endlich die Gefahr der unerlaubten Nachprägung anlangt, so steht diese letzte Konsequenz der Unterwertigkeit des inländischen Geldes hinter den vorerwähnten an Bedeutung weit zurück. Es ist allerdings wohl nicht gerechtfertigt, über diesen Punkt so leicht hinwegzugehen, wie die indische Regierung und die Währungskommission von 1898 (Bericht § 31) es tun. Daß in Indien eine Nachprägung in nicht unerheblichem Umfange stattfindet, dürfte kaum zu bezweifeln sein. Dazu ist bei der starken Unterwertigkeit der Rupie und den niedrigen Löhnen in Indien, zumal da das Silber überall in den Bazaren leicht beschafft werden kann, die Versuchung zu groß. Da der Wert des in einer Rupie enthaltenen Silbers trotz dem indischen Einführungszolle bei dem jetzigen Preise nicht einmal 60 % des Geldwerts desselben ausmacht und da, wie versichert wird, selbst bei Handarbeit, vier Rupien per Tag hergestellt werden können, so ergibt sich für den Fälscher, selbst bei Handbetrieb, ein Tagesverdienst von mindestens 1 1/3 Rupie. Das will aber in einem Lande, in welchem der Lohn im allgemeinen so außerordentlich niedrig ist, daß selbst gelernte Arbeiter (Maurer, Zimmermann, Schmied) in den meisten Fällen nur mit 1/2 Rupie per Tag bezahlt werden[1]), sehr viel sagen. Und der Indier ist ein geschickter Fälscher! Nun sind freilich die entdeckten Fälschungen in der Zeit von 1893 bis Ende 1898 nach der Erklärung der indischen Regierung gering gewesen. Dieser Tatsache ist aber nicht viel Bedeutung beizumessen. Nach den Aussagen einzelner Sachverständigen bei den Verhandlungen der Kommission von 1898 würden viel mehr Fälschungen entdeckt worden sein, wenn nicht die — verhältnismäßig schlecht bezahlten — unteren Polizeiorgane, insbesondere auf dem Lande, ein Auge zugedrückt hätten, und es wurde in weiten Kreisen angenommen, daß die Geldknappheit in den Jahren 1897 und 1898 viel größer gewesen wäre, wenn nicht die gefälschten Rupien den Bestand der echten ergänzt hätten.

Trotzdem dürfte von hier kein wesentlicher Nachteil drohen. Einen wirklich großen Umfang können die Fälschungen wohl kaum annehmen — wenn auch bereits Maschinen zur Nachprägung eingeführt sein sollen (Prot. 1898 § 11696) — und abgesehen von dem Nachteil, welcher der Staatskasse aus der Entgehung des sonst zu erzielenden Münzgewinns erwächst, dürfte in Anbetracht des zunehmenden Verkehrs ein Schaden selbst dann nicht entstehen, wenn die Nachprägungen sich auf mehrere Mill. Rupien per Jahr belaufen sollten.

(Relation).

Der wichtigste Punkt bei der ganzen indischen Währungsreform war die Festsetzung der Relation, m. a. W. des Goldwerts der Rupie auf 16 d. Die Relation ist von ent-

[1]) Prices and wages in India 1900 S. 276. cf. unten Kap. IV Abschn. 6.

scheidender Bedeutung für die Rechtsfrage und die wirtschaftlichen Folgen der Reform, die wir später erörtern werden. Vom währungstechnischen Standpunkte kommt sie insofern in Betracht, als von ihrer richtigen Bemessung oder doch davon, daß sie nicht zu hoch bemessen ist, die Sicherheit der Währung mit abhängt. Nur in diesem Falle kann nämlich der Wechselkurs gegenüber dem Auslande in seiner dermaligen Höhe und stabil erhalten werden. Ist die Relation zu hoch gegriffen, dann fließt das vollwertige Geld ab, der Kurs sinkt auf das durch die realen Verhältnisse gegebene Niveau herab und die Währung bricht zusammen.

Daß die Relation der Rupie mit 16 d nicht zu hoch bemessen war, wird, was die Vergangenheit und die Gegenwart anlangt, dadurch bewiesen, daß der Kurs sich bis jetzt in dieser Höhe erhalten hat, ohne daß dazu dauernd außerordentliche Mittel, wie die Aufnahme von Anleihen etc., angewendet wurden; ferner dadurch, daß Gold zugeflossen und nur teilweise wiederabgeflossen ist. Ob der Kurs dauernd aufrecht erhalten werden kann, wird später besonders erörtert werden.

* *
*

Abgesehen von den bisher erwähnten Punkten sind gegen die indische Währungsreform vom währungstechnischen Standpunkte aus Bedenken nicht zu erheben. Insbesondere kann nicht geltend gemacht werden, daß dem indischen Volke die für seinen Verkehr allein passende Währung genommen sei; denn das indische Volk hat das für seinen Verkehr passende Geld, eben die Rupie, als Währungsgeld behalten. Dagegen ist der große Vorteil erzielt worden, daß durch die Schließung der Münzen und die „Verbrämung" der Währung mit einem Goldrande ein stabiler Kurs gegenüber den Goldwährungsländern hergestellt ist, während freilich zugleich die frühere Stabilität gegenüber den Silberländern verloren ging.

Ein Mangel besteht noch insofern, als der indischen Währung eine hinreichende Elastizität fehlt, d. h. die Möglichkeit der Anpassung der Geldmenge an plötzliche und zeitweilige Veränderungen der Nachfrage, wie sie in Goldwährungsländern durch die Ausgabe von Banknoten auf Wechselkredit gewährleistet wird. Dieser Mangel macht sich in Indien ganz besonders fühlbar, weil der ganze indische Verkehr einen Saisoncharakter trägt, der in den Wintermonaten, von Dezember bis April und Mai, jährlich zu besonders großer Nachfrage nach Geldmitteln führt, während diese Nachfrage in der geschäftsstillen Sommerzeit stark abflaut. Einem so bedeutenden Wechsel der Nachfrage kann die Geldmenge in Indien, da sie bei dem Fehlen der Banknoten nur durch den Zufluß bezw. den Abfluß von Münze vermehrt bezw. vermindert werden kann, nicht angepaßt werden. Eine gewisse Abhülfe wird dadurch gewährt, daß die indische Regierung, soweit ihre Kassenbestände es erlauben, möglichst viel Councilbills gerade in der Exportsaison zum Verkauf bringt und daß sie in dieser Zeit bei den Präsidentschaftsbanken besonders große Kassenbestände hält, welche diesen zu geschäftlicher Verwendung zur Verfügung stehen[1]). Trotz alledem hat aber der Unterschied des Bankdiskonts, welcher den Mangel der Elastizität anzeigt, auch im letzten Jahre, in welchem die Zustände normal waren und Maßnahmen zur Bekämpfung der Hungersnot die Bewegungsfreiheit der Regierung nicht mehr einschränkten, immer noch 5 % betragen[2]).

Dieser in Indien tief empfundene Mangel war aber schon vor Beginn der Reform vorhanden. Man könnte daher nur etwa geltend machen, daß die Reform demselben nicht abgeholfen hat. Eine gewisse Besserung ist jedoch auch in dieser Beziehung herbeigeführt worden, da die Herstellung des stabilen Kurses von 16 d den Zufluß ausländischen Kapitals zu vorübergehender Anlage erleichtert hat. Diesen Punkt werden wir später noch näher ins Auge zu fassen haben. Daß in anderer Weise, speziell durch die Wiederzulassung der Ausgabe von Banknoten wie in Goldwährungsländern, Abhülfe hätte geschafft werden können, ist kaum anzunehmen. Die größere Nachfrage in der Exportsaison erklärt sich nämlich daraus, daß zur Bewegung der Ernte Geldmittel erforderlich sind. Hierzu kann aber anderes Geld als Silberrupien nicht gebraucht werden, da die eingeborenen Indier, wenigstens auf dem Lande, Bezahlung in effektivem Silbergelde verlangen.

[1]) Vergl. Fin. Stat. 1902/03 S. 142/43.

[2]) Vergl. unten S. 106 und Kap. VII Abschn. 3b.

2. Abschnitt: Die Stabilität des Goldkurses der Rupie.

Die jetzige Stabilität des Goldkurses der Rupie beruht darauf, daß Angebot und Nachfrage nach indischen Wechseln tatsächlich immer zu einem nur wenig über oder unter 16 d gelegenen Kurse ihren Ausgleich finden. Diese Tatsache erklärt sich teils aus den derzeitigen Verhältnissen des realen Verkehrs, welche jenen Ausgleich auf der Basis eines durchschnittlich in der Höhe von 16 d liegenden Kurses gestatten, teils daraus, daß den natürlichen Schwankungen des Kurses um diese Mittellinie Grenzen gesetzt sind und daß durch die zweckmäßige Regulierung des Angebots der Councilbills darauf Bedacht genommen wird, selbst die Erreichung dieser Grenzen nach Möglichkeit noch zu verhindern. Auf die Währungsreform ist das Bestehen dieses Zustandes in doppelter Hinsicht zurückzuführen: einerseits insofern, als mit der Schließung der Münzen für Silber der Kurs von dem Silberpreise losgelöst wurde, und andererseits insofern, als durch die Reform die Aufrichtung der jetzigen Grenzen veranlaßt worden ist.

Durch die Schließung der Münzen wurde der Kurs von den Schwankungen des Silberpreises unabhängig gemacht. Das genügte aber noch nicht, um die Stabilität herzustellen, denn, wie die Erfahrungen der Jahre nach 1893 beweisen, wurden dadurch andere Schwankungen ermöglicht. Diesen Schwankungen wurde freilich schon damals eine obere Grenze gesetzt: durch die bei der Schließung der Münzen offiziell erklärte Bereitwilligkeit der indischen Regierung, Gold zum Kurse von 16 d für die Rupie in Zahlung zu nehmen oder gegen Rupien umzutauschen. Hierdurch wurde es unmöglich gemacht, daß der Kurs der gewöhnlichen Wechsel über 16 d + Goldimportkosten ($16^1/_8$ d) hinaus stieg; denn bei der Überschreitung dieser Grenze wäre es nunmehr für den Ausländer vorteilhaft gewesen, Zahlungen in Indien auf dem Wege des Goldimports zu machen.

In der Höhe von $16^1/_8$ d liegt diese obere Grenze des Kurses jedoch nur für diejenigen, welche von England aus Gold verschiffen müßten, um sich in Indien Rupien zu verschaffen, nicht auch für diejenigen, welche Gold in Australien, Südafrika, Egypten etc. verfügbar haben, da ein Goldimport von hier aus weniger kostet. Mit Rücksicht hierauf ist der indische Staatssekretär durch das Goldnotengesetz von 1900 ermächtigt worden, Rupienanweisungen auf Indien gegen Hinterlegung von Gold in England schon zu einem Kurse von 16 d auszugeben, soweit das erforderlich ist, um unnötige und unerwünschte Goldimporte zu vermeiden.

Bis zum Abschlusse der Reform beruhte diese Grenze (die jedoch damals überhaupt nicht erreicht wurde) nur auf Verordnung. Erst am 15. September 1899, durch die Erklärung des Goldes zum Währungsgelde, wurde sie gesetzlich festgelegt.

Eine solche obere Grenze besteht jedoch auch jetzt noch lediglich für gewöhnliche Wechsel, nicht für telegraphische Anweisungen; denn sofortige Zahlungen, wie sie durch den Telegraph vermittelt werden, können auf dem Wege des Goldimports wegen Zeitmangels nicht beschafft werden. Tatsächlich werden telegraphische Anweisungen von der indischen Regierung in der Regel höchstens mit $16^5/_{32}$ d berechnet, während früher allerdings auch schon ein Kurs von $16^3/_8$ d gefordert worden ist[1]).

Eine untere Grenze für den Kurs ist durch die Reform direkt nicht gezogen worden. Diese untere Grenze beruht in Ländern mit Goldwährung darauf, daß es, sobald der Kurs der inländischen Wechsel im Auslande um den Betrag der Goldexportkosten (und die eventuelle Prägegebühr) unter das Münzpari sinkt, für den Ausländer vorteilhaft wird, seinen Wechsel, anstatt ihn zu veräußern, einzukassieren, das erhaltene Goldgeld zu exportieren und durch Umprägung etc. in die Valuta seines Landes umzusetzen. Das ist aber bei Wechseln auf Indien ausgeschlossen. Der indische Wechsel wird ja im Falle des Inkassos nicht mit Gold, sondern mit Rupien (die unbeschränkte gesetzliche Zahlkraft besitzen), also mit unterwertigem Silbergelde bezahlt. Letzeres ist aber selbst nicht exportfähig und zur Einlösung desselben in Gold ist niemand, auch die Regierung nicht, verpflichtet.

---

[1]) Vergl. Return 1900 S. 20. 174.

Man kann nun aber auch nicht sagen, daß die untere Grenze des indischen Wechselkurses durch den Silberwert der Rupie gebildet werde und dann ausrechnen, daß dieselbe bei einem Silberpreise von $29\frac{3}{4}$—30 d ungefähr in der Höhe von $11\frac{1}{2}$ d liege, wie Helfferich es tut[1]. Das ist keine Grenze in dem eigentlichen Sinne, so daß nun mit Helfferich (a. a. O. S. 9) gesagt werden könnte: „Die indische Valuta kann sich also zwischen $11\frac{1}{2}$ und 16 d frei bewegen." Sollte es wirklich einmal dahin kommen, daß der Rupienkurs bis auf $11\frac{1}{2}$ d oder, nachdem der Silberpreis auf $22\frac{1}{2}$ d zurückgegangen ist, dem jetzigen Silberwert der Rupie entsprechend bis auf 8,358 d fiele, so würde inzwischen diese „untere Grenze" des Kurses wahrscheinlich viel tiefer gelegt sein, weil die Nachfrage Indiens nach Silber aufgehört hätte. Jedenfalls aber würde sie sofort weiter zurückweichen, wenn von Indien aus nun auch noch Silber zum Angebot gebracht würde. Man könnte beinahe mit demselben Rechte von einer Grenze für die Schwankungen des Kurses sprechen, welche durch den Preis des Weizens oder der Jute oder des Reises gebildet werde. Der Unterschied besteht lediglich darin, daß ein Wechsel, welcher auf Rupien lautet, zwar ein Anrecht auf ein bestimmtes Quantum Silber (den Silbergehalt der Rupie), nicht aber auf ein bestimmtes Quantum Weizen oder Jute oder Reis in Indien gewährt, da die Größe dieses Quantums von dem Preise dieser Artikel in Indien abhängt. Im übrigen aber liegt theoretisch die Sache völlig gleich — denn dem Besitzer eines Rupienwechsels ist weder in dem einen noch in dem anderen Falle ein Anrecht auf ein bestimmtes Quantum Gold oder englisches Geld gegeben — und praktisch wird die untere Grenze für das Sinken des Wechselkurses viel eher durch die genannten Artikel und deren Preise als durch das Silber gezogen. In dem Jahre des tiefsten Kursstandes, 1894/95, waren es in Wirklichkeit diese Artikel, oder vielmehr war es der Export Indiens in seiner Gesamtheit, welcher einen weiteren Fall des Kurses (unter 12,4 d) verhütete, während der Silberwert der Rupie, der damals zirka

[1] Helfferich, Außenhandel und Valutaschwankungen in Schmollers Jahrbüchern Bd. 21 (1897) Heft 2 S. 8.

11 1/2 d war, in dieser Beziehung gar nicht in Betracht kam. Damals bestand tatsächlich in der Höhe von 12,4 d eine Grenze für den Kursfall (wenn auch keine feste und dauernde Grenze), durch Waren gebildet, und die „freie Bewegung“ des Kurses bis hinab zu dem Silberwerte der Rupie war völlig ausgeschlossen.

Zur Zeit ist aber eine untere Grenze für die Schwankungen des Kurses schon dadurch gegeben, daß die indische Regierung, den Empfehlungen der Kommission von 1898 folgend, dem Verkehr freiwillig Gold zum Kurse von 16 d oder Goldtratten auf London zum Kurse von 15 7/8 d zur Verfügung stellt. So lange das geschieht, kann der Kurs der indischen Wechsel natürlich nicht unter 16 d minus Goldexportkosten (15 7/8 d) bezw. unter 15 7/8 d sinken.

So lange die Bereitwilligkeit der indischen Regierung, in der letzteren Weise zu verfahren, und ihre Macht, das zu tun, anhält, liegen hiernach die Verhältnisse zwischen Indien und England etc. genau so wie zwischen zwei Ländern mit offener Goldwährung, z. B. Deutschland und England. Dort wie hier ist der Kurs zwischen den beiden Goldpunkten eingeschlossen und sind dadurch seine Schwankungen begrenzt. Bei Indien sind diese Goldpunkte allerdings etwas weiter von einander entfernt, da die entsprechenden Kurse 16 1/8 und 15 7/8 d lauten; aber auch hier können doch die Schwankungen nicht mehr als 1/4 d = 1,56 % betragen[1])[2]).

An der Bereitwilligkeit der indischen Regierung, Gold zu 16 d per Rupie bezw. Goldtratten auf London zum Kurse von 15 7/8 d abzugeben, ist nun gewiß nicht zu zweifeln. Ihre Macht, das zu tun, ist aber zur Zeit beschränkt. Sie kann und will sich nicht alles in ihrem Besitze befindlichen Goldes entäußern, weil dann vielleicht eine Panik entstehen könnte, und hält daher nur den jeweiligen Überschuß über den »eisernen Bestand“ von 5 Mill. Lstrl. für den Verkehr

---

[1]) Daß diese Grenzen nur für Wechsel, nicht für telegraphische Anweisungen gelten, ist bereits gesagt worden.

[2]) Nach Conrads Volkswirtschaftlicher Chronik 1900 S. 529 sollen die Goldpunkte jetzt in der Höhe von 14 29/32 d und 16 3/32 d liegen, da bei Benutzung der Post eine Kostenersparnis eingetreten sei. Die weitere Angabe, daß die Kosten der Goldversendung zwischen England und Indien früher 7/32 d betragen hätten, dürfte auf einem Irrtum beruhen. Vergl. Bericht 1899 § 15.

zur Verfügung. Dieser Überschuß (einschließlich des in Indien befindlichen, in barem Golde bestehenden Teils der Goldreserve) betrug am 15. Oktober 1902, wie schon früher erwähnt, 1,11 Mill. Lstrl. = 16,65 Mill. Rupien. Goldtratten auf London können nur so lange abgegeben werden, bis die dortige spezielle Goldreserve (etwa 4 Mill. Lstrl. = 60 Mill. Rupien) erschöpft ist oder vielmehr nur so viel, als bei dem im Notfalle erforderlichen Verkauf des in englischen Konsols angelegten Bestandes dieser Reserve erlöst werden würde. So lange diese zusammen zirka 76,65 Mill. Rupien ausreichen, um ein etwaiges Manko des Angebots von Handelswechseln (auf London etc.) zu einem in der Höhe von 15 7/8 d liegenden Kurse zu decken, ist ein Herabsinken des Kurses unter diese Grenze ausgeschlossen.

Die indische Regierung hat aber noch ein weiteres Mittel, um das Sinken des Kurses unter 15 7/8 d zu hindern, ein Mittel, welches außerdem dazu dient, um den Kurs in noch engeren Grenzen als zwischen 16 1/8 d und 15 7/8 d zu halten. Das ist die zweckmäßige Regulierung und eventuelle Beschränkung des Verkaufs von Councilbills in London. Da in normalen Jahren durchschnittlich 17 Mill. Lstrl. = 255 Mill. Rupien Councilbills verkauft werden, so ist der Staatssekretär für Indien im stande, durch die Unterlassung dieses Verkaufs das Gesamtangebot indischer Wechsel stark zu beschränken. Daß dieser Betrag auch relativ sehr bedeutend ist, geht daraus hervor, daß das Angebot indischer Handelswechsel nach Maßgabe des durchschnittlichen Imports in den letzten Jahren nur etwa 930, im Jahre 1901/02 1011 Mill., also noch nicht einmal das Vierfache, betragen hat. Nun ist freilich der Staatssekretär für Indien, wie schon früher (S. 33/34) erwähnt, nicht frei in seinen Entschließungen. Der Verkauf der Councilbills dient ja zur Deckung der indischen Home charges etc. Unterbleibt er ganz oder teilweise, so muß die Valuta der Home charges zur Fälligkeitszeit auf andere Weise, und zwar durch Anleihe beschafft werden, und zu Anleihen bedarf es der Genehmigung des englischen Parlaments. Außerdem wird in solchen Fällen durch die Unterlassung der Auszahlung von Councilbills in Indien dem indischen Verkehr Geld entzogen oder vielmehr vorenthalten und dadurch eine Kontraktion des Geldumlaufs, unter Umständen sogar eine Geldknappheit erzeugt. Deshalb ist ohne größere Schwierigkeit wohl eine anderweitige Verteilung auf die verschiedenen Zeiten des Jahres, nicht aber eine völlige Unterlassung der Verkäufe möglich, so daß schon aus diesem Grunde eine Minderung des Wechselangebots um 255 Mill. Rupien per Jahr nicht leicht in Frage kommen kann. Überdies ist es auch mit Rücksicht auf die indischen Finanzen nicht wohl angängig, die indische (Gold-)Schuld um so große Beträge zu vermehren. Deshalb wird eine Einstellung oder eine starke Beschränkung des Verkaufs der Councilbills nur im äußersten Notfalle und, wie die Erfahrungen im zweiten Semester des Jahres 1893/94 beweisen, auch dann nicht immer in dem erforderlichen Umfange vorgenommen werden.

Wird hierdurch die Möglichkeit einer Begrenzung der Schwankungen nach unten eingeengt, so kommt nun noch hinzu, daß auch die Begrenzung der Schwankungen nach oben, die eine Vermehrung des Angebots erfordern würde, nicht immer möglich ist. Es kann nämlich auch der Fall eintreten, daß ein an sich wünschenswertes Angebot unterbleiben muß, weil der Bestand der indischen Staatskassen zu gering ist, um ein solches zu gestatten. Dieser Fall ist in den letzten Jahren, als die indische Regierung große Beträge zu Unterstützungszwecken bei der herrschenden Hungersnot brauchte, mehrfach eingetreten.

Günstiger liegt die Sache in Betreff der Verteilung der Councilbills auf die einzelnen Wochen des Jahres, obwohl auch hierbei einerseits (wenn nicht Zinsschulden entstehen sollen) auf die Fälligkeitstermine der Home charges, andererseits auf den jeweiligen Bestand der Regierungskassen in Indien Rücksicht zu nehmen ist. In letzterer Beziehung stellt sich aber die Sache glücklicherweise so, daß die indischen Staatskassen gerade dann am besten gefüllt sind, wenn die größte Nachfrage nach Rupienwechseln herrscht, nämlich in den Wintermonaten des Jahres.

Durch eine solche zweckmäßige Regulierung des Verkaufs der Councilbills ist es z. B. im Jahre 1901/02 gelungen, die Schwankungen des Kurses auf 0,94 % zu beschränken, während die Goldpunkte, wie bereits bemerkt, um ¼ d = 1,56 % des Kurses von 16 d von einander entfernt liegen.

3. Abschnitt: **Ist die dauernde Erhaltung des Kurses von 16 d zu erwarten?**

a. Die Ansichten der indischen Regierung und der Währungskommission von 1898 über die Basis des Goldwerts der Rupie.

Von der äußersten Wichtigkeit sowohl für Indien selbst mit Rücksicht auf die Sicherheit des Bestandes seiner Währung als auch für das am Verkehr mit Indien beteiligte Ausland ist die Frage, ob erwartet werden darf, daß der Kurs von 16 d dauernd erhalten bleibt. Wir müssen deshalb hierauf etwas näher eingehen.

Die indische Regierung und die Währungskommission von 1898 haben sich nicht direkt mit der Frage der Aufrechterhaltung des „Kurses“ beschäftigt, aber doch der gleichbedeutenden Frage, ob die Rupie trotz ihrer Unterwertigkeit in ihrem Goldwerte von 16 d erhalten werden könne, lange Betrachtungen gewidmet. Sie folgen hierbei verschiedenen Theorien.

Nach beider Ansicht liegt der Grund, weshalb ein unterwertiges Geld, ohne in Gold einlösbar zu sein, sich in einem bestimmten Goldwerte erhält, m. a. W.: sich in gewisser Höhe mit dem Golde gleichwertig erhält (so das französische Fünffrankstück = $^1/_4$ Napoleon, der amerikanische Silberdollar = 1 Golddollar, der deutsche Taler = $^3/_{10}$ Krone, die Rupie = 16 d) darin, daß die Menge hinreichend beschränkt ist. Nach der Meinung der indischen Regierung kommt es aber nicht etwa lediglich darauf an, die Menge des unterwertigen Geldes im Inlande gegenüber dem Bedarf im Inlande hinreichend beschränkt zu erhalten, sondern es ist diese Beschränkung außerdem von dem Verhältnis zwischen der Geldmenge und dem Geldbedarf in anderen Ländern abhängig. Indien, meinte man, dürfe im ganzen nicht mehr Geld im Umlauf haben, als bei einer Parität der Rupie von 16 d mit dem Verhältnis des Geldumlaufs zum Geldbedarf einerseits in Indien selbst und andererseits in anderen Ländern verträglich sei, und die Menge der Rupien müsse so beschränkt werden, daß dieses

Gleichgewicht, wenn es gestört sei, durch den Abfluß exportfähigen Geldes wiederhergestellt werden könne. „Es ist die notwendige Bedingung eines festen Wechselkurses zwischen zwei Ländern“, heißt es in den Vorschlägen der indischen Regierung vom 3. März 1898 § 9, „daß, wenn in dem einen eine Überfülle des Geldumlaufs im Vergleich mit dem anderen eintritt, diese Überfülle durch vorübergehende Entfernung der überschüssigen Münzen beseitigt werden kann“. Deshalb wollte man den Geldumlauf in Indien aus Rupien und Gold zusammensetzen, damit event. ein Teil des Geldes, eben das Goldgeld, abfließen könne. Nach der Ansicht des Finanzministers Westland sollte es genügen, wenn man Vorkehrungen treffe, um zu ermöglichen, daß von 1200 Mill. Rupien 150 Mill. abfließen könnten. Das war der Grund, weshalb im Jahre 1898 von der indischen Regierung der (in seinem Wesen außerhalb der Regierungskreise offenbar garnicht verstandene) Vorschlag gemacht wurde, einen Teil der vorhandenen Rupien einzuschmelzen. An die Stelle dieser eingeschmolzenen Rupien sollte Gold treten, damit event. dieses Gold abfließen könne[1]).

Die Kommission von 1898 steht nicht auf diesem Standpunkte. Sie ist der Ansicht, daß der Goldwert der Rupie ebenso wie der Wert des silbernen Fünffrankstücks in Frankreich, des Silberdollars in Amerika und auch der Scheidemünze in England, die sie beispielsweise anführt, aufrechterhalten werde durch die hinreichende Beschränkung ihrer Menge im Verhältnis zu dem Bedarf im eigenen Lande. Freilich sei es in letzter Linie, speziell in Frankreich und in Amerika, das im Lande vorhandene Gold, welches „acting through the foreign exchanges“ „die ganze Masse ihres Silberumlaufs für Inlandszwecke in seinem Nominalwerte erhalte“[2]). Ganz klar war die Kommission hierüber nicht. Sie schreibt in § 58 Abs. 3 ihres Berichts: „The forces which affect the gold value of the rupee are complicated and obscure in their mode of operation“ und erklärt sich mit Rücksicht hierauf außer stande, darüber zu urteilen, ob die Rupienmenge schon jetzt hinreichend beschränkt sei und ob

[1]) Vergl. Bericht 1898 § 43. App. 1898, S. 28. § 18 und oben S. 15.

[2]) Vergl. Bericht (1898) §§ 56, 57, 58, insbes. die Schlußsätze von §§ 56 und 57 und § 58 Abs. 3.

überhaupt die einfache Schließung der Münzen zur Herbeiführung einer hinreichenden Beschränkung genüge.

Sind diese Ansichten richtig, dann ist wenig Hoffnung vorhanden, den Kurs der Rupie dauernd auf 16 d zu erhalten. Das ergibt sich, wenn man beachtet, daß die indische Regierung sich nach Abschluß der Reform genötigt gesehen hat, weitere Rupien zu prägen, welche den Bestand bis zum 31. August 1902 netto, d. h. trotz teilweisen Exports, noch um etwa 200 Mill. vermehrt haben, während der ganze vorhandene Goldbestand im besten Falle nur etwa 151,5 Mill. Rupien, der für den Export verfügbare Teil sogar nur 16,65 Mill., derjenige Betrag, um welchen die Geldmenge durch Export etc. vermindert werden kann (wie oben S. 64 dargelegt), nur etwa 86 Mill. Rupien ausmacht. Wenn nun die indische Regierung mit ihrem Finanzminister Westland recht hatte, indem sie meinte, daß zur Erhaltung des Kurses von 16 d bei einer Geldmenge von 1200 Mill. Rupien + 100 Mill. Papiergeld = 1300 Mill. Rupien dafür Vorsorge getroffen werden müsse, daß ein Betrag von 150 Mill. Rupien, also zirka 11½ %, abfließen könne, um bei einer Störung des Gleichgewichts zwischen den Geldverhältnissen in Indien und im Auslande durch ein „Zuviel“ in Indien, dieses Gleichgewicht wiederherzustellen — wie sollte es dann unter den jetzigen Verhältnissen in Indien möglich sein, den Kurs von 16 d zu behaupten, wenn zur Wiederherstellung des gestörten Gleichgewichts bei einer Geldmenge von 1585 Mill. Rupien im besten Falle nur ein Betrag von 86 Mill., etwa 5,4 % abfließen könnte? Das wäre doch wohl ausgeschlossen! Wenn aber nicht die indische Regierung, sondern die Kommission von 1898 recht hätte, dann sind die Aussichten vielleicht noch ungünstiger. Wenn es wirklich das im Lande befindliche Gold ist, welches „acting through the foreign exchanges“ die ganze Menge des vorhandenen unterwertigen Geldes in seinem Goldwerte erhält, dann muß es doch zum wenigsten sehr zweifelhaft erscheinen, ob der indische Goldbestand von im ganzen zirka 10,1 Mill. Lstrl. = 151,5 Mill. Rupien im stande ist, die Erhaltung des Pariwerts einer mehr als zehnmal so großen Menge unterwertigen Geldes zu garantieren und damit dieselbe Aufgabe zu erfüllen, die in Frankreich und in den Vereinigten Staaten von Nordamerika (auf welche die

Kommission Bezug nimmt) einer Geldmenge von zirka 58 bezw. 46 % des ganzen Geldbestandes zufällt. Hat aber die Kommission von 1898 insofern recht, als sie behauptet, die Aufrechterhaltung des Goldwerts der Rupie sei dadurch bedingt, daß die vorhandene Menge im Verhältnis zu dem Bedarf hinreichend beschränkt erhalten werde, dann muß die fortdauernde Vermehrung der Rupienmenge, wenn auch jetzt ein entsprechender Bedarf vorliegt, wenigstens insofern Bedenken erregen, als ja der Bedarf an Rupien zurückgehen muß, wenn das Goldgeld sich mehr einbürgert.

Die Ansichten sowohl der indischen Regierung als auch der Kommission von 1898 sind aber unrichtig.

Was zunächst die Ansicht der Kommission von 1898 betrifft, daß es auf die hinreichende Beschränkung der Rupienmenge im Verhältnis zu dem Bedarf ankomme, so beruht diese auf einer Verwechselung. Zweifellos ist die vorhandene Menge ebenso wie bei allen anderen Gütern, so auch beim Gelde ein bedeutender Faktor seines Werts. Es kommt aber bei gemischtem Geldbestande, so lange dem unterwertigen Gelde gleiches Vertrauen entgegengebracht wird wie dem vollwertigen (Gold-)Gelde, nur die gesamte Menge des Geldes in Betracht, nicht die Menge des unterwertigen Geldes allein, in Indien die gesamte Menge des aus Rupien, Papiergeld und Gold bestehenden Geldbestandes, nicht, wie die Kommission meint, die Menge der Rupien allein. Auch der Wert des silbernen Fünffrankstücks und des Silberdollars der Vereinigten Staaten, auch der Wert unseres Talers und der Wert der englischen Scheidemünze, bezw. deren Gleichwertigkeit mit Goldgeld von gleichem Nominalbetrage beruht nicht darauf, daß diese Geldstücke neben dem Goldgelde nur in beschränkter Menge vorhanden sind! Diese Wertgleichheit findet ihren Grund vielmehr darin, daß das Fünffrankstück, der Silberdollar, der Taler, die engl. Scheidemünzen (die nicht in Gold einlösbar sind), so lange sie das Vertrauen des Verkehrs genießen und so lange der Wechselkurs mit dem Auslande unverändert bleibt, wegen ihrer Kaufkraft und ihrer Zahlkraft ebenso brauchbar, die Scheidemünzen für den Kleinverkehr sogar noch brauchbarer, und daß sie ebenso schwer erlangbar sind wie das Goldgeld, oder vielmehr darin, daß sie bei gleichen

Beschaffungskosten hinreichend brauchbar sind, um ihre Wertgleichheit (oder besser: Preisgleichheit) mit dem Goldgelde zu rechtfertigen. Käme es auf die richtige Beschränkung der Menge an, so müßte z. B. unser Taler schon längst seinen Goldwert von $^3/_{10}$ Krone eingebüßt haben, denn die vorhandene Menge der Taler ist im Verhältnis zu dem Bedarf zu groß. Letzteres geht daraus hervor, daß schon seit langer Zeit mehr als hundert Mill. Mark in Talern, vom Verkehr ausgeschieden, in der Reichsbank lagern, wo sie als — etwas zweifelhafte — Deckung der Noten einen Gelddienst versehen, den der Verkehr weit lieber dem Goldgelde zugewiesen sehen möchte!

In Wirklichkeit kommt aber, so lange die vorhin erwähnten Bedingungungen zutreffen, die Menge des unterwertigen Geldes und deren Verhältnis zu dem vollwertigen Gelde gar nicht in Betracht. Auch eine Vermehrung oder eine Verminderung dieser Menge kann — unter dieser Bedingung — eine Änderung nicht hervorrufen. Eine Vermehrung der Taler in Deutschland z. B. würde nur zur Ausscheidung größerer Mengen aus dem Verkehr und zu deren Deponierung in der Reichsbank, nicht zu einer Minderung ihres Werts führen! Eine Vermehrung der Menge des unterwertigen Geldes kann den Wert desselben einseitig nur dann herabdrücken, wenn ein — an sich vielleicht völlig unberechtigtes — Mißtrauen entsteht. In diesem Falle ist die unmittelbare Ursache des Wertrückgangs aber das Mißtrauen, unter dessen Einfluß bekanntlich auch die besten Werte um nichts verschleudert werden! Freilich wäre die Vermehrung der Menge als Quelle des Mißtrauens die erste Ursache. Deshalb muß der Währungskommission, allgemein betrachtet, in dieser bedingten Weise allerdings recht gegeben werden. In Europa wäre auch tatsächlich die Entstehung solchen Mißtrauens keineswegs ausgeschlossen, da hier nun einmal die (falsche) Theorie herrscht, daß eine Vermehrung der Menge des unterwertigen Geldes notwendig zu seiner Entwertung führen müsse. In Indien dagegen ist das bei dem felsenfesten Vertrauen der Eingeborenen zu ihrer Rupie nicht zu befürchten. Hier kann die Menge der Rupien (bei vorhandenem Geldbedarf!) noch um viele Millionen vermehrt werden, ohne daß eine Wertminderung eintritt.

Ist hiernach der Auffassung der Währungskommission von 1898 in keiner Weise beizustimmen, so enthält die Theorie der indischen Regierung, daß es darauf ankomme, das Verhältnis von Geldbedarf und Geldmenge in Indien mit dem gleichen Verhältnis in anderen Ländern im Gleichgewicht zu erhalten, allerdings ein Körnchen Wahrheit, aber stark verdeckt und verhüllt, und im ganzen trifft sie das Richtige doch nicht. Das wird sich im folgenden zeigen.

b. Die wahren Bedingungen für die Aufrechterhaltung des Goldwerts der Rupie.

Ob der Goldwert der Rupie bezw. ob der Kurs derselben gegenüber dem englischen Goldgelde auf 16 d erhalten werden kann, das hängt, so lange nicht das Vertrauen zu der Rupie in ähnlicher Weise erschüttert wird wie z. B. das Vertrauen zu dem französischen Gelde zur Zeit der Assignatenwirtschaft in Frankreich, lediglich davon ab, ob der Auslandsverkehr Indiens sich dauernd so gestaltet, daß Angebot und Nachfrage nach Rupienwechseln sich auf diesem Niveau ausgleichen. Dafür sind viele Faktoren maßgebend, alle diejenigen, aus denen sich die Zahlungsbilanz zusammensetzt. Vor allem kommen also Export und Import von Waren, Edelmetallen, Effekten in Betracht, dann der gesamte Kapitalverkehr und die von Indien jährlich zu bezahlenden privaten Zinsen und Dividenden und endlich die Höhe der Home charges. Die indische Regierung berührt mit ihrer Ansicht einen dieser Faktoren, insofern von der Größe der Geldmenge in verschiedenen Ländern, von dem Überflusse in dem einen und der Knappheit in dem anderen, der Kapitalverkehr mitbestimmt wird, da die Differenz des von der Geldmenge mitabhängigen Diskonts zu vorübergehenden Kapitalübertragungen von einem Lande zu einem anderen führt. Das ist aber auch alles. Zum mindesten sagt sie also nicht genug.

Die entscheidende Frage lautet: Kann Indien bei einem Kurse von 16 d auf die Dauer genügend exportieren, um neben seinem Import an Waren und Edelmetallen (auch an dem für seinen Geldumlauf nötigen Silber oder Gold) seine Home charges, die Zinsen und Dividenden des im Lande investierten ausländischen Kapitals und den

Saldo seines Kapital- und Effektenverkehrs mit dem Auslande zu bezahlen? Seit 1898 ist das tatsächlich möglich gewesen, obwohl Indien in den Jahren 1899 und 1900 schwere Mißernten gehabt hat, welche seine Exportfähigkeit ungünstig beeinflussen mußten. Mehr noch, es ist Indien sogar eine große Menge monetären Goldes zugeflossen, das nur zu noch höherem Kurse als 16 d importiert werden konnte. Hiernach darf man aber nicht ohne weiteres urteilen. Denn den außerordentlichen Faktoren ungünstiger Natur, welche in dieser Zeit ihren Einfluß übten, standen doch auch bedeutende außerordentliche Faktoren günstiger Natur gegenüber, welche den Ausgleich der Zahlungsbilanz auf der Basis eines Kurses von 16 d erleichterten. Zunächst traf im Jahre 1898/99, als der Kurs auf 15,978 d stieg, eine außerordentlich reiche Ernte in Indien mit außerordentlich günstigen Preisen in Europa zusammen. Im Jahre 1899/1900 wurde der schlechte Ausfall der indischen Ernte wenigstens zum Teil durch die Überschüsse des Vorjahres und die hohen Weltmarktspreise ausgeglichen und außerdem wurden große Beiträge zur Bekämpfung der Hungersnot nach Indien gesandt. Im Jahre 1900/01 finden wir auf der einen Seite eine teilweise Mißernte und ferner Krisen in der Baumwollindustrie und in der Theeproduktion als ungünstige Faktoren, während auf der anderen Seite ein Teil der Home charges durch die Zahlungen Englands für die Verwendung indischer Truppen in Südafrika und China gedeckt wurde und teils deshalb, teils aus anderen Gründen eine Reduktion des Verkaufs der Councilbills um 4 Mill. Lstrl. stattfand. Was aber hauptsächlich in Betracht kommt, das ist der Umstand, daß sich seit 1898, nach der Wiederherstellung des Vertrauens, von neuem ein Kapitalstrom nach Indien ergossen hat, der um so stärker war, als nach 1893 viele Kapitalisten, durch Mißtrauen veranlaßt, ihr Geld zurückgezogen hatten. Diese günstigen Faktoren werden sich nicht in jedem Jahre wiedereinstellen, und auf der anderen Seite wachsen die Passiva infolge der Verpflichtung, auf das eingeströmte Kapital Zinsen und Dividenden zu bezahlen.

Trotzdem wird man aber die Aufrechterhaltung des Kurses von 16 d erwarten dürfen. Schon unter den jetzigen Umständen ist das anzunehmen, sobald nur normale Ernten

6*

wiederkehren und wenn sich die Preise auf dem Weltmarkte nicht gar zu ungünstig gestalten. Ist es doch im Jahre 1901/02 unter nicht gerade besonders günstigen Verhältnissen möglich gewesen, nicht nur für einen Mehrimport von nicht weniger als 86 Mill. Rupien, sondern auch für eine Mehrausgabe von $1^1/_2$ Mill. Lstrl. Councilbills bei einem Kurse von 16 d den Gegenwert zu beschaffen! Es kommt aber hinzu, daß der Export (trotz seiner Erschwerung durch die ungünstigere Gestaltung des Kurses) noch wachsen wird. Das ist nicht nur deshalb anzunehmen, weil das neu einströmende Kapital an sich befruchtend wirkt, sondern vor allem auch deshalb, weil die Aufschließung Indiens durch die Anlage von Eisenbahnen immer weiter fortschreitet und weil speziell der Eisenbahnbau durch den Zufluß ausländischen Kapitals begünstigt wird. In Indien ist ja aber das kulturfähige Land zur Zeit erst zu etwa 70% bebaut und von dem Rest wird durch die Anlage von Eisenbahnen ein großer Teil für die Exportproduktion verfügbar gemacht werden können. Es wäre freilich nicht ausgeschlossen, daß der durch die Kursveränderungen erleichterte Import zu stark zunähme. Das läßt sich aber durch die Erhöhung der Importzölle verhüten. Außerdem könnte im Notfalle durch eine entsprechende Regulierung der Frachttarife auf den fast ausschließlich im Besitze des Staates befindlichen oder von diesem verwalteten Eisenbahnen (insbesondere durch Gewährung billiger Ausfuhrtarife), vorübergehend auch durch die Aufnahme von Anleihen geholfen werden. Die indische Regierung wird aber zweifellos alles, was in ihren Kräften steht, tun, um den Kurs zu halten.

Bei dieser Sachlage dürfte unter normalen Verhältnissen die dauernde Aufrechterhaltung des Kurses von 16 d zu erwarten sein — auch dann, wenn die indische Regierung durch den Geldbedarf des Verkehrs bei fortdauernder Abneigung gegen Goldgeld gezwungen sein sollte, noch viele Millionen Rupien zu prägen. Diese Vermehrung der Rupienmenge könnte nur dann eine Gefahr für den Kurs bilden, wenn sie zu einem starken Abfluß von Kapital führte, sei es, daß dieser Abfluß durch die sog. relative Überfülle des indischen Geldumlaufs, welche die indische Regierung erwähnt, d. h. durch die Möglichkeit einer besseren Verwertung von Kapital mittels kurzfristiger Ausleihung in anderen Ländern (wie bei starken Diskontdifferenzen), sei es, daß derselbe durch andere Ursachen hervorgerufen wäre. Diskontdifferenzen zu Ungunsten Indiens sind ja aber nicht zu erwarten — der Diskont wird in Indien immer höher stehen als in Europa — und bei einem Kapitalabfluß aus anderen Gründen stehen, wie schon früher (S. 75) ausgeführt, 77 Mill. Rupien in Gold und Sterlingtratten aus dem Goldbestande bezw. aus der besonderen Goldreserve der Regierung zur Verfügung. Diese 77 Mill. Rupien müssen erst absorbiert werden, ehe der Kurs unter 16 d minus Goldexportkosten, d. i. unter 15 7/8 d, sinken kann. Nach deren Abfluß würde ein Rückgang noch durch Einschränkung des Verkaufs der Councilbills verhindert werden können. Für die Zukunft kommt überdies in Betracht, daß die Goldreserve der Regierung immer mehr zunimmt, da sie bestimmungsgemäß durch den Münzgewinn bei der Prägung von Rupien (zirka 44 %!) vergrößert wird.

c. Gefahr nur bei Entstehung von Mißtrauen.

Wirklich bedroht erscheint die Aufrechterhaltung des Kurses von 16 d nur durch die Gefahr, daß das eben erst hergestellte Vertrauen der europäischen, in Indien ansäßigen oder dort nicht ansäßigen Kapitalisten wieder schwindet. Sollte das einmal geschehen, sollte sich die Meinung verbreiten, daß die dauernde Erhaltung des jetzigen Kurses nicht erwartet werden könne, daß der „künstliche“ und „künstlich gesteigerte“ Wert der Rupie in sich keine Garantie des Bestandes biete und daß der Kurs deshalb über kurz oder lang wiederherabsinken müsse, dann würden wir dasselbe Schauspiel erleben wie in den Jahren nach 1893. Dann würden die Kapitalisten, ängstlich geworden, einer nach dem anderen ihr Geld aus Indien zurückziehen und dadurch die Nachfrage nach Goldwechseln stark vermehren. Zur Befriedigung dieser starken Nachfrage würde die Goldreserve der Regierung, soweit sie dem Verkehr zur Verfügung gestellt wird, wahrscheinlich nicht ausreichen, und überdies würde die Tatsache der Verminderung des Goldbestandes, der Umstand, daß das vorhandene Gold, welches ja „acting through the foreign exchanges“, wie die Kommission von 1898 sagt, die Hauptstütze des Werts der Rupie bilden soll, immer mehr abnimmt, das Mißtrauen verstärken, zu einer immer größeren Kapitalflucht Veranlassung geben und die Katastrophe beschleunigen.

Die Gefahr, daß dieser Fall einmal eintritt, liegt keineswegs sehr fern. Das ergibt sich, wenn man beachtet, daß die indische Währung mit ihrer Masse stark unterwertiger Rupien, denen nur ein kleines Quantum Gold beigefügt ist, den Anforderungen der herrschenden Theorie, welche nur eine Währung mit vollwertigem Gelde, und den Anschauungen der europäischen Praxis, welche nur eine Währung mit vollwertigem Goldgelde anerkennt, nur wenig entspricht. Jetzt wird das herrschende Vertrauen getragen von der Tatsache der Aufrechterhaltung des Kurses und der Tatsache des Zuflusses von Gold. Sollte hierin aber z. B. infolge starker Mißernten oder einer Baisse der Preise in Europa oder infolge der Minderung des Kapitalzuflusses nach Indien eine Änderung eintreten; sollte statt dessen das Gold anfangen abzufließen und der Goldbestand sich dem Minimum nähern, — was dann? Würde auch dann das durch die herrschende Theorie nicht gestützte Vertrauen unerschüttert bleiben? Würden nicht die vorsichtigsten Leute dann doch anfangen, ihr Kapital zurückzuziehen und damit den Stein ins Rollen bringen?

Man wird nun sagen: in einem solchen Falle brauche die indische Regierung nur ihre Verkäufe von Councilbills für längere Zeit einzustellen, um auf diese Weise den Kurs zu halten. Das ist bis zu einem gewissen Grade richtig. Die Councilbills betragen ja jährlich 17 Mill. Lstr. = 255 Mill. Rupien, beinahe 25% des Werts des ganzen Exports. Wenn das Gesamtangebot an Rupienanweisungen um diesen Betrag beschränkt wird, dann können nach Absorbierung des von der Regierung zur Verfügung gestellten Goldes p.p. in Höhe von 77 Mill. Rupien noch weitere 255 Mill., im ganzen also 332 Mill. Rupien, in anormaler Veranlassung abfließen, ohne daß der Kurs gedrückt wird. Hierauf darf man sich aber nicht verlassen. Zunächst ist es fraglich, ob sich die Regierung gegebenen Falles überhaupt zu einem solchen Schritte, der sie zur Aufnahme eines neuen Goldanlehens von 17 Mill. Lstrl. zwänge, im richtigen Augenblicke entschließen würde. Im Jahre 1893/94 hat sie zwar ihr Angebot von Councilbills anfänglich um etwa 7 Mill. Lstrl. beschränkt, um den Kurs zu halten, dann aber die Verkäufe wiederaufgenommen, und bei den Verhandlungen von 1898 hat sie es ausdrücklich abgelehnt, den Kurs von 16d durch Übernahme der Verpflichtung zur Einlösung aller Rupien in Sterlingwechseln auf England, wie Lindsay es vorschlug, zu garantieren, weil das Risiko zu groß sei. Kommt nun noch hinzu, daß sie in betreff des Werts der Rupie einer ganz unklaren Theorie folgt; daß sie das Sinken des Kurses lediglich als Folge der Überfülle des Geldumlaufs ansieht, für welche der Abfluß des verfügbaren Goldes gerade das Heilmittel darstellen würde, — darf man dann annehmen, daß sie gegebenen Falles mit sicherer Hand und richtig und rechtzeitig, unbekümmert um die Kosten, eingreifen würde? Würde sie das vor allem auch dann tun, wenn ihr ein solches Eingreifen durch das Vorgehen einer Baissepartei erschwert werden sollte? — Es wird kaum angängig sein, diese Frage zu bejahen.

Aber weiter! Würde ein solches Vorgehen hinreichend wirksam sein? — Wenn der Kapitalabfluß von Indien zuzüglich des dann zu erwartenden Ausbleibens des gewöhnlichen Zuflusses in einem Jahre mehr betragen sollte als 332 Mill. Rupien, dann würde auch die Unterlassung jedes Angebots von Councilbills, selbst in normalen Jahren, das Sinken des Kurses nicht hindern. Sollte nun aber das Mißtrauen gerade in Jahren der Mißernte platzgreifen, in denen die Regierung ihr Angebot von Councilbills ohnehin schon um einige Millionen beschränken muß, dann würde der Kursfall natürlich noch viel weniger zu verhüten sein. Von diesem letzteren Falle muß man aber ausgehen, nicht nur, weil man überhaupt den schlimmsten Fall ins Auge fassen muß, sondern auch, weil es am wahrscheinlichsten ist, daß Mißtrauen gerade in solchen Zeiten entstehen und um sich greifen würde, in denen Indiens wirtschaftliche Lage weniger günstig ist als sonst. Nun wäre freilich auch in diesem Falle noch dadurch zu helfen, daß die indische Regierung dem Verkehr (unter Aufnahme weiterer Anleihen) noch mehr Gold und Sterlingwechsel zur Verfügung stellte — ebenso wie man einen „run“ auf eine Noten- oder Depositenbank bekämpft. Indessen abgesehen davon, daß es auch hier wieder fraglich erscheint, ob die indische Regierung sich zu solchem Vorgehen rechtzeitig entschließen könnte, muß man berücksichtigen, daß alle derartigen außerordentlichen Maßregeln (die übrigens in Zeiten der Not natürlich auch besonders viel kosten) sehr leicht dem Mißtrauen neue Nahrung geben und dadurch die Lage verschlimmern. Weit sicherer und mit weit geringerem Risiko verknüpft ist es jedenfalls, schon früher Vorsorge zu treffen und dem Eintritt derartiger Ereignisse vorzubeugen. Das kann jetzt noch mit geringen Mitteln und ohne große Opfer geschehen.

d. Verstärkung der Garantieen durch Vergrößerung der Goldreserve.

Um dem Eintritt einer Katastrophe, dem Kurssturze der Rupie und dem dadurch bewirkten, wenigstens vorübergehenden, Zusammenbruche der jetzigen Währung in dem soeben dargelegten Ausnahmefalle vorzubeugen, ist nichts weiter nötig, als den Goldschatz der Regierung, auf dem nun einmal das Vertrauen der Kapitalisten beruht, auf etwa den doppelten Betrag zu verstärken oder wenigstens in London ein entsprechend größeres Goldguthaben, also ein Guthaben im Betrage von etwa 10 Mill. Lstrl., wie Lindsay vorschlug, zu halten, um jedermann von dem festen Willen und der Fähigkeit der Regierung, die Rupie wenigstens praktisch zum Kurse von 16 d in Gold einlösbar zu machen, zu überzeugen.

Die Bedenken gegen eine derartige Sicherstellung des Kurses sind ganz hinfällig. Die Kosten für den Erwerb und das Halten dieser Goldreserve, die auf dem Anleihewege beschafft, nur Zinsen kosten würde, sind verhältnismäßig so gering, daß sie garnicht in Betracht kommen. Überdies könnte bei der Beschaffung eines Goldguthabens in London ein Teil der Zinsen durch Ausleihung auf kurze Fristen wieder hereingebracht werden. Auch die Anlage in englischen Konsols (die sich mit über $2^1/_2$% verzinsen) wäre möglich, da die Konsols jederzeit lombardiert werden können. Deshalb würden die laufenden Kosten minimal sein.

Was aber das von der indischen Regierung und der Kommission von 1898 so stark betonte Risiko einer solchen Garantie der Einlösung der Rupie zu 16d mit Rücksicht auf die daraus etwa entstehenden Kapitalverluste anlangt, so müßten diese Verluste, selbst wenn sie groß wären, zur Sicherung der Wohlfahrt Indiens und zur Abwehr einer neuen Katastrophe getragen werden. In Wirklichkeit sind sie aber nicht groß. Vermag Indien in normalen Zeiten bei einem Kurse von 16 d genügend zu exportieren, um seinen Verpflichtungen gegenüber dem Auslande nachzukommen, dann sind Kapitalverluste, nachdem durch das Bestehen einer reichlichen Goldreserve die Quelle des Mißtrauens verstopft ist, überhaupt ausgeschlossen; denn dann wird eben der Kurs von 16 d dauernd erhalten, ohne daß die Goldreserve überhaupt oder doch anders als nur vorübergehend in Anspruch genommen wird. Vermag Indien das aber nicht, so muß der Kurs so weit herabgesetzt werden, bis der Export hinreichend stimuliert, der Import hinreichend erschwert ist, um diesen Zustand herzustellen. Daß der Kurs auf dieses Niveau herabsinkt, ist dann unter allen Umständen unausbleiblich, mag eine Goldreserve bestehen oder nicht; denn ein anderer Kurs läßt sich auf die Dauer nicht aufrechterhalten. Bis das geschehen ist, würden dann allerdings bei dem Vorhandensein einer Goldreserve durch deren bestimmungsgemäße Verwendung Kapitalverluste entstehen. Aber selbst wenn die ganze Reserve verwendet werden würde, ehe die Regierung sich überzeugte, daß das natürliche, d. h. das durch die Verkehrsverhältnisse gegebene Niveau des Kurses nicht in der Höhe von 16d liegt, sondern etwa nur 15 d beträgt, selbst dann würde der Kapitalverlust nicht mehr als 1 d für je 16 d, also $^1/_{16} = 6^1/_4\,\%$ der ganzen als Reserve deponierten Summe, oder vielmehr, da die Einlösung zu $15^7/_8$ d erfolgen würde, noch weniger, nämlich 1 d für je $15^7/_8$ d, zirka $5\,\%$ betragen; denn mit diesem Verluste würde ja die Regierung (wenn die richtige Rate 15 d ist) die mit ihrem Golde eingelösten Wechsel wieder begeben können, vorausgesetzt, daß sie es nicht vorzöge, die Valuta derselben einzuziehen und damit Rupienanleihe in Indien zurückzukaufen oder sie in anderer Weise zu verwenden. Ein Kapitalverlust von $5\,\%$ der ganzen Goldreserve ist doch aber nicht der Rede wert! Selbst wenn 30 Mill. Lstrl. aufgewendet werden müßten, um den Kurs zu halten, würde ja der ganze Kapitalverlust nicht mehr als $1^1/_2$ Mill. Lstrl. betragen!

Es ist im Interesse Indiens zu hoffen, daß die indische Regierung sich noch jetzt zu einer solchen Verstärkung ihrer Goldreserve entschließt und dadurch das neu aufgerichtete Währungsgebäude auch gegen Stürme sichert.

In diesem Falle würde wenigstens faktisch derjenige Zustand hergestellt sein, den Lindsay mit seinem sog. Exchange Standard gesetzlich schaffen wollte, derjenige Zustand, dessen Herstellung die Kommission von 1898 u. a. auch wegen seiner Unsicherheit ablehnte, um dafür den jetzigen — in Wirklichkeit bedeutend unsichereren — Zustand an die Stelle zu setzen! Lindsay wollte ja den Kurs der Rupie durch eine (in London zu haltende) Goldreserve von mindestens 10 Mill. Lstrl. = 150 Mill. Rupien sichern, während die jetzige Reserve einschließlich des in Indien dem Verkehr zur Verfügung gestellten Goldes der Regierung, wie wir gesehen haben, nur etwa die Hälfte beträgt. Diese Goldreserve ist aber (neben den Forderungen Indiens aus seinem Export etc.) die einzige wirkliche Stütze des Goldkurses der Rupie und der ganzen indischen „Goldwährung". Denn daß die indische Regierung 3 Mill. Lstrl. Goldgeld in den indischen Verkehr gebracht hat (die wahrscheinlich schon längst thesauriert sind!) und daß sie 5 Mill. Lstrl. Gold (Deckung des Papiergeldes!) als „eisernen Bestand" in ihren Kellern liegen hat, ohne sie je dem Verkehr zur Verfügung stellen zu wollen, ist für die Aufrechterhaltung der jetzigen indischen Währung völlig gleichgültig. Im übrigen sind aber wesentliche Unterschiede von Lindsays System nicht vorhanden.

Viertes Kapitel.

Die wirtschaftliche Bedeutung der Reform für Indien.

Nachdem wir den gegenwärtigen Zustand der indischen Währung kritisch betrachtet und die Frage der Aufrechterhaltung desselben, insbesondere der Aufrechterhaltung des Kurses von 16 d, näher erörtert haben, ist zu prüfen, welche wirtschaftlichen Folgen die indische Währungsreform gehabt hat. In dieser Beziehung müssen wir uns jedoch auf eine Vergleichung des jetzigen Zustandes mit dem status quo, also mit dem Zustande, wie er vor Beginn der Währungsreform war, beschränken. Das ist im Grunde nicht richtig. Um die wahre Bedeutung der Reform für Indien festzustellen, müßten wir zu ermitteln suchen, wie die wirtschaftlichen Zustände in Indien jetzt sein würden, wenn die Reform nicht vorgenommen wäre, und müßten diese (hypothetischen) Zustände mit den zur Zeit in Wirklichkeit bestehenden vergleichen. Dann erst würde sich zeigen, ob die Reform vorteilhaft für Indien war, oder nicht. Ein Vergleich mit dem status quo gibt keinen richtigen Maßstab. Er bringt die Folgen der Reform nicht sämtlich zur Erkenntnis. Er zeigt nur die positiven Folgen, nicht auch die „prohibitiven". Er zeigt nur, was infolge der Reform geschehen, nicht auch, was infolgedessen nicht geschehen, m. a. W., was dadurch verhütet worden ist. Letzteres muß aber ebenfalls ins Auge gefaßt werden. Gerade in unserem Falle ist das von äußerster Wichtigkeit. In unserem Falle bestand z. B. die positive Folge der Reform hinsichtlich des Kurses der Rupie darin, daß der Kurs von $14\frac{5}{8}$ d, dem Stande am 31. Mai 1893, auf 16 d stieg, die prohibitive Folge darin, daß ein Zurückgehen auf etwa 10 d verhütet wurde.

Die Reform hat tatsächlich bewirkt, daß ein Kurs von 16 d hergestellt wurde, wo sonst ein Kurs von 10 d bestanden hätte, und damit bewirkte sie zugleich, daß sich die wirtschaftlichen Verhältnisse in Indien einem Kurse von 16 d entsprechend gestalteten, während sie sich sonst einem Kurse von 10 d angepaßt haben würden. Bei einem Vergleich mit dem status quo ziehen wir aber nicht in Betracht, daß ein Kurs von 16 d an die Stelle eines Kurses von 10 d, sondern daß ein Kurs von 16 d an die Stelle eines Kurses von 14 5/8 d, also eines um 4 5/8 d höheren Kurses, trat. Das ist ein gewaltiger Unterschied! Infolgedessen erscheint uns die Wirkung der Währungsreform bedeutend geringer, als sie tatsächlich war.

Aber freilich, die prohibitiven Folgen einer Maßregel werden auch sonst, wohin wir nur blicken, bei Abgabe kritischer Urteile fast niemals beachtet. Es ist das auch eine schwierige Sache; denn es ist nicht leicht, sich den Zustand zu konstruieren, der bestehen würde, wenn die beurteilte Maßregel nicht getroffen wäre, wenigstens dann, wenn längere Zeit vergangen ist. Dieses Verfahren ist aber falsch. Der Kritiker muß ex post ebenso urteilen wie der Disponent pro futuro. Der Disponent erwägt aber lediglich, was geschehen wird, einerseits wenn er die geplante Maßregel trifft, und andererseits, wenn er das nicht tut. Den status quo zieht er garnicht in Betracht oder nimmt ihn doch nur zum Ausgangspunkt für jene anderen entscheidenden Betrachtungen. Ebenso muß der Kritiker, der die Richtigkeit dieser Disposition prüfen will, verfahren. Er muß feststellen und miteinander vergleichen, was infolge dieser Disposition wirklich geschehen ist, und was geschehen wäre, wenn die Disposition nicht getroffen (und entweder jeder Eingriff unterblieben oder anders disponiert worden) wäre. Der status quo hat auch für ihn keine (wesentliche) Bedeutung.

Indessen, um im Rahmen dieser Arbeit zu bleiben, können wir hier in der eben dargelegten Weise nicht verfahren. Wir müssen davon absehen, die prohibitiven Folgen der Reform festzustellen, und können nur die positiven berücksichtigen. Unsere Kritik beschränkt sich auf einen Vergleich des jetzigen Zustandes mit dem status quo.

---

1. Abschnitt: **Folgen für die Finanzlage des Staates.**

a. Die Beseitigung der finanziellen Schwierigkeiten der indischen Regierung.

Unter den wirtschaftlichen Folgen der Reform ist in erster Linie die Verbesserung der Finanzlage Indiens zu erwähnen, deren Herbeiführung eines der Hauptziele war.

Die Budgetschwierigkeiten der indischen Regierung, welche daraus entstanden, daß die Bezahlung der zirka 17 Mill. Lstrl. Home charges an England bei sinkendem Kurse immer größere Mittel beanspruchte, haben aufgehört. Der Aufwand zur Bezahlung dieser Home charges ist, der Steigerung des Kurses von 14⁵/₈d am 31. Mai 1893 auf 16d entsprechend, um zirka 8,6 % zurückgegangen. Die direkte Ersparnis im Vergleich mit dem letzten Finanzjahre vor Beginn der Reform 1892/93 beläuft sich (bei 17 Mill. Lstrl. Home charges) auf nicht weniger als 17 Mill. Rupien. Diese günstige Folge der Reform wird allerdings teilweise kompensiert durch einen Ausfall an Einnahmen. Ein solcher Ausfall ist durch die Reform unter allen Umständen beim Opium herbeigeführt worden. Die Einnahmen dieses Postens sind teils infolge des Rückgangs des Opiumexports, welchen das Sinken des Wechselkurses Chinas und der Straits verursachte, teils infolge der Herabsetzung der Steuer für das dem Staatsmonopol nicht unterliegende Malwa-Opium, welche zweifellos auf dieselbe Ursache zurückzuführen ist, von 5,31 Mill. Lstrl. im Durchschnitt der Jahre 1890/91 bis 1892/93 auf 4,78 Mill. Lstrl. im Durchschnitt der Jahre 1899/1900—1901/02 zurückgegangen, so daß sich eine Einbuße von 0,63 Mill. Lstrl. = 9,45 Mill. Rupien ergeben hat.

Ob etwa infolge der Reform noch weitere Ausfälle an den Einnahmen entstanden sind, läßt sich nicht ersehen. In der Summe weisen außer dem Opium alle Einnahmeposten größere Ziffern auf. Das ist aber z. B. bei der Landrente zum großen Teil der Ausdehnung der besteuerten Fläche, bei den Zöllen der im Jahre 1894 unabhängig von der Valutareform stattgehabten Erhöhung der Einfuhrzölle und im übrigen zum großen Teil der natürlichen Zunahme des Verkehrs u. s. w. zuzuschreiben. Direkte Folge der Reform ist jedoch die Steigerung der Einnahme aus der Münze, da die Rupienprägung jetzt großen Gewinn abwirft. Dieser Einnahmeerhöhung steht aber ein gleich großer Ausgabeposten gegenüber, da der Münzgewinn, wie früher erwähnt, zur Bildung der speziellen Goldreserve verwendet wird.

Im ganzen ist die Finanzlage Indiens jetzt günstig. Das indische Budget hat trotz Hungersnot und Pest, die starke Ausfälle an der Einnahme (insbesondere an Landrente) verursachten und bedeutende Ausgaben an Unterstützungen seitens der Regierung erforderlich machten[1]), Überschüsse aufgewiesen, die 1899/1900 2774623 Lstrl., 1900/01 1670204 Lstrl.,

[1]) Ausfälle und direkte Unterstützungen werden im Financial Statement

Einnahmen und Ausgaben Indiens

Einnahmen[1]) (Mill. Lstrl.)	1890/91	1891/92	1892/93		1899/00	1900/01	1901/02
Landrente	16,03	15,98	16,6		17,21	17,5	18,47
Opium	5,25	5,34	5,33		4,4	5,1	4,85
Salz	5,68	5,76	5,77		5,85	5,97	6,—
Stempel	2,71	2,84	2,97		3,27	3,34	3,49
Accise	3,3	3,41	3,49		3,86	3,94	4,09
Zölle	1,16	1,13	1,08		3,13	3,37	3,83
Provinzialabgaben	2,33	2,34	2,47		2,5	2,56	2,75
Einkommensteuer	1,08	1,10	1,12		1,3	1,32	1,37
Forsten	0,97	0,99	1,06		1,24	1,3	1,19
Registrationsgebühren	0,24	0,27	0,29		0,29	0,31	0,32
Tribut v. Eingeborenenstaaten	0,51	0,52	0,53		0,62	0,58	0,59
Zinsen	0,64	0,59	0,58		0,61	0,65	0,78
Post	0,94	0,96	0,99		1,31	1,36	1,37
Telegraphen	0,52	0,61	0,62		0,83	0,9	0,89
Münze	0,24	0,14	0,21		0,35	3,17	0,55
Einnahmen der Civilverwaltung	1,08	1,1	1,07		1,19	1,24	1,24
Eisenbahnen	11,49	13,29	12,72		16,59	18,29	20,18
Bewässerung	1,45	1,51	1,61		2,4	2,56	2,58
Andere öffentliche Anlagen	0,44	0,42	0,43		0,44	0,46	0,46
Einnahmen der Militärverwaltung	0,53	0,52	0,57		0,72	0,82	0,91
Verschiedenes	0,58	0,58	0,56		0,56	0,53	0,64
Summe	57,15	59,42	60,09		68,64	75,27	76,55

1901/02 sogar 4672900 Lstrl. betrugen[1]), und die Regierung blickt, wie die Budgetdebatten beweisen, mit großem Vertrauen in die Zukunft.

Die frühere Unsicherheit der Finanzgebahrung, die daraus entsprang, daß der Aufwand zur Deckung der Home charges, in Rupien bemessen, von der Höhe des im voraus nicht zu bestimmenden Wechselkurses abhing, ist nach Herstellung des festen Kurses von 16 d weggefallen.

1901/02 S. 10 zusammen auf 84,7 Mill. Rupien berechnet. Hierzu kamen an Vorschüssen für Ackerbauzwecke noch 55,3 Mill. Im ganzen sind auf diesem Konto seit 1878/79 23,57 Mill. Lstrl. verausgabt worden. Fin. Statement 1902/03 S. 20.

[1]) Fin. Statement 1901/02 S. 3. 1902/03 S. 3.

(in Indien und England).

Ausgaben[1]) (Mill. Lstrl.)	1890/91	1891/92	1892/93		1899/00	1900/01	1901/02
Kosten der Erhebung der Einnahmen etc.	6,36	6,37	6,31		7,42	7,55	7,45
Zinsen	3,09	2,99	2,75		1,95	2,14	1,96
Post	0,94	1,—	1,01		1,18	1,22	1,28
Telegraph	0,52	0,57	0,57		0,73	0,78	0,92
Münze	0,08	0,07	0,07		0,06	3,15	0,5
Gehälter und andere Ausgaben der Civilverwaltung	8,97	9,26	9,46		10,78	10,97	11,16
Diverse Ausgaben der Civilverwaltung	1,54	2,74	4,63		4,05	3,99	4,17
Unterstützungen bei Hungersnot etc.	0,4	0,85	0,74		2,1	4,16	0,93
Eisenbahnen (aus den Einnahmen gedeckt)	12,61	13,75	13,47		16,51	17,97	19,36
Bewässerung	1,83	1,96	1,96		2,26	2,32	2,37
Sonstige öffentliche Anlagen	3,83	4,25	4,12		4,14	4,07	4,44
Armee	14,31	15,05	15,28		14,89	15,08	16,13
Spezielle Verteidigungsbauten	0,35	0,41	0,3		—	0,01	0,01
Summe	54,7	59,11	60,55		65,86	73,6	71,87

[1]) Stat. Abstract. 1900/01 S. 48/50 und Fin. Stat. 1902/03 S. 81—85. Die Verrechnung mit den Provinzialregierungen, welche Zuschläge bezw. Abzüge in der Höhe von 118000—978000 Lstrl. veranlasst, ist hier nicht berücksichtigt.

b. Rückwirkung auf den Staatskredit.

Die erhoffte Verbesserung des indischen Staatskredits ist bisher noch nicht eingetreten. Aus den Kursen der indischen Staatsanleihen läßt sich das nicht ohne weiteres ersehen, weil einerseits die für die Verhältnisse im Jahre 1892/93 maßgebende (jederzeit kündbare) 4%ige Rupienanleihe inzwischen in eine (bis 1. August 1904 unkündbare) 3½%ige Anleihe konvertiert worden, und weil andererseits der allgemeine Zinsfuß gesunken ist.

Die Kurse der verschiedenen indischen Anleihen in Kalkutta und in London ergeben sich aus der Tabelle S. 97.

Hiernach ist die 3%ige Goldanleihe in London von 95—100¼, Durchschnitt 97⅝, im Jahre 1892/93 auf 97³⁄₁₆—102, Durchschnitt 99⁹⁄₁₆, im Jahre 1901/02, also um etwa 2% gestiegen. Diese Steigerung ist aber keine Folge der Verbesserung des indischen Staatskredits. Es kommt darin vielmehr lediglich der Rückgang des allgemeinen Zinsfußes zum Ausdruck. Das ergibt sich, wenn man beachtet, daß der Kurs ber englischen Konsols in derselben Zeit nur von 96¹¹⁄₁₆ auf 94⁷⁄₁₆, also nicht mehr als 2% zurückgegangen ist, obwohl der Zinsfuß derselben inzwischen um ¼% herabgesetzt ist (so daß er von 1903 an statt 2¾% nur noch 2½% beträgt) und und daß z. B. die 3%ige deutsche Reichsanleihe von 86,25 im Dezember 1892 auf 90,50 im Dezember 1901 gestiegen ist. Während früher die 3%ige indische Goldanleihe immer höher stand als die 2¾%igen englischen Konsols — 1892/93 waren die Durchschnittskurse 97⅝ bezw. 96¹¹⁄₁₆ —, steht sie jetzt mit 99⁹⁄₁₆ im Durchschnitt von 1901 relativ beträchtlich niedriger. Es müßten nämlich die englischen Konsols wenn sie auch jetzt noch 2¾% Zinsen tragen würden wie im Jahre 1892/93, als noch niemand an ihre Konvertierung dachte, statt auf 94⁷⁄₁₆, wie jetzt, auf etwa 103,88 stehen, also noch etwa 4% höher als die indische Anleihe. Überdies ist der Kurs der Konsols zur Zeit noch besonders niedrig, da er durch die starke Vergrößerung der englischen Staatsschuld infolge des südafrikanischen Krieges gedrückt ist. Weit entfernt, aus dem Steigen des Kurses der 3%igen Goldanleihe auf eine Verbesserung des indischen Staatskredits zu schließen, könnte

Kurse der indischen Staatsanleihen[1]).

	3 % indische Goldanleihe	$2\frac{3}{4}$ % engl. Konsols (von 1903 an $2\frac{1}{2}$ %)	3 % deutsche Reichsanleihe (Schluß des Kalenderjahr.)	4 % Rupien-Anleihe		$3\frac{1}{2}$ % Rupien-Anleihe		Kurs der Rupie
	London		Berlin	Kalkutta	London	Kalkutta	London	d
1886/87	85—90	(Kalenderjahr)	—	95—98 1/8	65 1/8—73 1/2	—	—	17,441
87/88	87 3/4—99 5/8	—	—	95 1/4—100	67—70 7/8	—	—	16,898
88/89	90—100 3/8	Jahresdurchschn. 97 11/16	—	96 3/8—101 1/16	65 1/2—69 1/4	—	—	16,379
89/90	99—102	98	—	96 3/16—100 5/8	66 1/2—70 1/2	—	—	16,566
1890/91	94 3/4—100 5/8	96 1/3	87,—	99 7/16—106 3/8	70 1/4—90 1/4	—	—	18,089
91/92	93—97 3/4	95 3/4	85,25	104 5/8—108 1/4	66 3/8—78 7/8	—	—	16,733
92/93	95—100 1/4	96 11/16	86,25	103 7/16—109 1/8	62 9/16—70 5/8	—	—	14,985
93/94	97—100 1/4	97—99 5/8	86,10	99 1/4—108 3/4	56 7/8—71	—	—	14,547
94/95	98 3/4—105	98 3/8—103 1/2	95,75	102 3/16—105 1/8	53 3/16—59 7/8	102 9/16—105 7/16	53 3/16—58 1/8	13,101
1895/96	103 3/4—111 1/8	103 1/8—108 3/8	99,60	—	—	104 15/16—109 1/2	57 1/2—65 15/16	13,638
96/97	106—115 3/4	105 1/8—113 7/8	99,—	—	—	98 11/16—110 15/16	60—65 1/16	14,451
97/98	105—112 1/2	ult. Dez. 112 3/8	97,30	—	—	94 1/4—104 1/16	60 7/16—64 1/2	15,345
98/99	103 1/2—109 1/4	100 3/4—113 1/8	94,30	—	—	92 5/8—101 11/16	61 1/2—67 7/16	15,978
99/1900	98 3/4—109 1/4	97 3/4—111 1/2	88,70	—	—	92 1/4—101 9/16	62—67 5/8	16,068
1900/01	95—103 5/8	96 3/4—103 1/4	88,—	—	—	93 11/16—97 3/4	62 5/16—65	15,984
1901/02	97 3/16—102	91—97 7/8	90,70	—	—	94 7/16—97 7/16	63—64 3/4	15,991
1. Sept. 1902	99 1/2	93 11/16	92,60	—	—	98 3/8	65 3/8	15 29/32

[1]) Sämtliche Angaben über die Kurse der indischen Anleihen bis 1901/1 sind den East India Fin. Statements entnommen. (Vergl. Fin. Stat. 1895 S. 94/95, 1902/03 S. 122/23. Die Kurse der $2\frac{3}{4}$ % engl. Konsols entstammen bis 1892/93 Whitakers Almanack für 1900 S. 309, für die spätere Zeit bis 1901 Raffalovich „Le marché financier". Die Septemberkurse 1902 sind teils der Zeitschrift Cotton, teils den Financial Times entnommen.

man unter den obwaltenden Umständen eher eine Verschlechterung daraus entnehmen.

Wichtiger als der Kurs der Goldanleihe ist aber für uns der Kurs der Rupienanleihe; denn dieser mußte natürlich in erster Linie von der Reform beeinflußt werden, wenn die letztere überhaupt auf den Kredit Indiens einwirkte.

Für den Kurs der Rupienanleihe ist die Notierung in Kalkutta maßgebend. Der in London notierte Kurs stimmt mit demjenigen in Kalkutta (bis auf Bruchteile) prozentual genau überein. Der Londoner Kurs lautet nur deshalb anders, weil er in Lstrl. p. 1000 Rupien notiert ist und deshalb natürlich auch durch die Änderungen des Wechselkurses beeinflußt wird.

Der Kalkuttaer Kurs der 4%igen Rupienanleihe im Jahre 1892/93 war durchschnittlich $106^{1}/_{4}$. Diesem Kurse entspricht ein Kurs der (damals noch nicht bestehenden) $3^{1}/_{2}$%igen Rupienanleihe von 92,97. Wenn nun im Jahre 1901/02 der Kurs der $3^{1}/_{2}$%igen Rupienanleihe mit $94^{7}/_{16}$—$97^{7}/_{16}$, durchschnittlich $95^{15}/_{16}$, notiert wurde, so bedeutet das eine Steigerung von etwa 3%. Auch das ist jedoch nicht etwa ein Zeichen der Verbesserung des Staatskredits. Denn auch diese Steigerung ist zum größten Teil auf das Sinken des Zinsfußes, zum Teil auch wohl darauf zurückzuführen, daß die $3^{1}/_{2}$%ige Rupienanleihe jetzt bis zum 1. August 1904 unkündbar ist, während die 4%ige Anleihe jederzeit mit dreimonatiger Frist gekündigt werden konnte[1]). Seit Beginn des laufenden Finanzjahres (1. April 1902) ist nun allerdings der Kurs der $3^{1}/_{2}$%igen Rupienanleihe noch weiter gestiegen und hat sogar den höchsten Kurs des Vorjahres ($97^{7}/_{16}$) mit $99^{1}/_{4}$ zu Ende Mai erheblich überschritten. Diese Steigerung ist aber vielleicht darauf zurückzuführen, daß — nach einem Artikel der Financial Times — das Gerücht verbreitet war: die indische Regierung wolle für die Zinsen dieser Anleihe einen Goldkurs von 16d garantieren. Jetzt (Mitte Dezember 1902) ist der Kurs seit längerer Zeit zirka $97^{1}/_{2}$.

Ein ungünstiges Zeichen ist es auch, daß die Nachfrage nach indischen Anleihen in London noch immer sehr gering

---

1) Probyn a. a. O. S. 79. Return 1895, S. 17, 60.

ist. Im Jahre 1901 war die indische Regierung gezwungen, den größten Teil einer Goldanleihe von nur 3 Mill. Lstr., welche bei 3 %iger Verzinsung zum Kurse von 98 angeboten war, zurückzuziehen, weil sich nicht genügend Nehmer fanden[1]), und der Budgetbericht für das Jahr 1902/03 (S. 17) klagt direkt darüber, daß die Zahl der britischen Kapitalisten, die eine Anlage in indischen Staatsanleihen suchen, sehr beschränkt sei.

Zum Teil ist diese Sachlage wohl darauf zurückzuführen, daß in den letzten Jahren Mißernten und Pest und Krisen in verschiedenen Industrien den Wohlstand Indiens beeinträchtigt und die finanzielle Lage des Staates (durch Steuerausfälle und durch die Notwendigkeit der Aufwendung großer Summen für Unterstützungen) verschlechtert haben. Zum Teil ist sie allerdings direkte Folge der Reform, da die Krisen, welche jetzt in der indischen Industrie herrschen und deren Vorhandensein das Urteil über Indien ungünstig beeinflußt, zu einem Teile, wie wir später sehen werden, auf die Währungsreform zurückgeführt werden müssen. Immerhin ist der jetzige Zustand nicht wohl zum Maßstab zu nehmen und wird die Zukunft zweifellos eine Besserung bringen. Vor allem wird die Herstellung des stabilen Goldkurses von 16d den Kurs der Rupienanleihe, der ja jetzt noch verhältnismäßig niedrig steht, günstig beeinflussen, sobald das Vertrauen zu der Aufrechthaltung dieses Goldkurses mehr gefestigt ist. Die Regierung könnte viel tun, um das zu beschleunigen. Schon die ohnehin zur Verhütung eines Zusammenbruchs der Währung erforderliche Verstärkung der Goldreserve auf mindestens den doppelten Betrag, die hier vorgeschlagen ist, würde einen bedeutenden Effekt in dieser Richtung ausüben!

---

2. Abschnitt: **Folgen für den Kapitalmarkt.**

a. Die Heranziehung ausländischen Kapitals für Privatunternehmungen.

In Betreff der Heranziehung ausländischen Kapitals für private Unternehmungen sind die Erwartungen der indischen

[1]) Financial Times vom 17. Juli 1902.

Regierung und der Fürsprecher der Reform noch nicht ganz in Erfüllung gegangen. Allerdings ist nach dem Abschlusse der Reform wieder viel Kapital nach Indien geflossen, welches bei Beginn derselben, in den ersten Jahren nach 1893, zurückgezogen war, aber dieser Kapitalstrom hat doch noch nicht die erwünschte Stärke erreicht. In der indischen Budgetdebatte vom 26. März 1902 wird über die Zurückhaltung des englischen Kapitals im allgemeinen und besonders auch über dessen geringe Beteiligung am Eisenbahnbau sehr geklagt[1]). Der indische Finanzminister vermochte hierauf nur zu erwidern, daß deutliche Anzeichen eines beginnenden (größeren) Zuflusses vorhanden seien; u. a. hätten die Wechselbanken größere Summen von England nach Europa übertragen[1]).

Vielleicht erklärt sich diese Zurückhaltung, wenigstens zum großen Teil, aus der allgemeinen Depression, welche der südafrikanische Krieg in England verursacht hat. Nicht wenig wird aber auch die Krise, welche zur Zeit in einzelnen Industriezweigen Indiens herrscht und die abschreckend wirken mußte, hierzu beigetragen haben. Die geringe Beteiligung am Eisenbahnbau ist in erheblichem Maße auch dem Umstande zuzuschreiben, daß die indische Regierung die spekulative Ausbeutung einer solchen Beteiligung fast unmöglich macht[2]).

Nach und nach werden diese Verhältnisse sich zweifellos bessern. Die Stetigkeit des Kurses muß, wenigstens sobald das Publikum von der Fortdauer derselben sich überzeugt hat, den Kapitalzufluß befördern. Für die Anlage von Kapital im Eisenbahnbau, für die Finanzierung des Handels und für die Anlage im Bankgeschäft sind durch die Stabilisierung des Kurses zweifellos bessere Bedingungen geschaffen. Nachdem sich die Preise der Produktionsanlagen und des Grund und Bodens den veränderten Bedingungen der Produktion angepaßt haben werden[3]), dürften auch für produktive Unternehmen im engeren Sinne günstige Chancen vorliegen. Diese Anpassung muß allerdingst erst vorüber sein, d. h. es müssen

---

1) Fin. Stat. 1902/03. S. 145 ff (199). 203.

2) Vergl. unten S. 103.

3) Vergl. hierüber unten Abschnitt 3 f.

im Konkurse der bisherigen Besitzer oder ohne solchen die Preise der produktiven Anlagen in denjenigen Gewerben, welche durch das Steigen des Rupienkurses oder sonst, z. B. durch die Überproduktion, benachteiligt worden sind, ferner die Preise von Grundstücken, die sich für neue Unternehmungen dieser Art eignen, so weit zurückgegangen sein, daß für einen neuen Erwerber, der das nötige Kapital zur Verfügung hat, auch unter den veränderten Verhältnissen sich die Möglichkeit eines rentablen Betriebes bietet. Diese Zeit der Anpassung dürfte jetzt bald ihr Ende gefunden haben und dann wird das britische Kapital nicht mehr säumen, sich auch für indische Unternehmungen dieser Art zu interessieren. Die Erschließung immer neuen Gebietes durch die Eisenbahnen muß in der gleichen Richtung wirken.

Ein Hindernis dürfte auch jetzt immer noch der Umstand bilden, daß die indische Regierung selbst ihr Vertrauen zu der Aufrechterhaltung des Kurses zwar in Worten kundgibt, aber nicht weiter betätigt. Sollte sie sich dazu entschließen, in dieser Richtung weitere Schritte zu tun — wenn das auch nur durch die Verstärkung der Goldreserve geschähe —, so würde das zweifellos auch eine Hebung des Kapitalzuflusses zur Folge haben.

* * *

Im Vergleich mit der früheren Zeit hat die Reform zweifellos eine bedeutende Besserung geschaffen. Bei stabilem, auf Gold lautenden Kurse entschließt sich der europäische Kapitalist im allgemeinen natürlich leichter, Geld nach Indien zu geben. Man darf aber die diesbezügliche Wirkung der Reform nicht überschätzen. Es ist keineswegs richtig, wenn man meint, die frühere offene Silberwährung mit ihrem sinkenden Kurse habe wie ein „Prohibitivzoll" gegenüber dem europäischen Kapital gewirkt und den Kapitalzufluß allgemein gehindert. Der Anlage von Kapital im Eisenbahnbau, der Finanzierung des Handels, der Gründung von Banken hat das Sinken des Kurses allerdings stark im Wege gestanden, nicht aber der Anlage von Kapital in der Produktion im engeren Sinne, in der Landwirtschaft und in der Industrie. Eine Anlage in diesen Produktionszweigen wurde durch das Sinken des Kurses, wenigstens soweit Export- oder Importartikel produziert wurden, nur günstig beeinflußt. Das Sinken des Kurses brachte nämlich, soweit es ungehindert wirken konnte, von Jahr zu Jahr größere Dividenden in Gold und das steigerte natürlich auch den Kapitalwert der Anlage. Ein Kapital von 300 Lstrl., in der Jutekultur angelegt, welches im Jahre 1884 bei einem Kurse von 19,3 d 10% Rente brachte, mußte sich im Jahre 1894 bei einem Kurse von 13,1 d mit 34%, und zwar in Gold, verzinsen, da der Preis der Jute unter dem Einfluß des Kursfalles von 22 Rupien p. Ballen auf 37¾ Rupien gestiegen war und da die Produktionskosten, die, wenn wir von den Steuern absehen, ausschließlich in Löhnen bestehen, nur um 10, ja eigentlich nur um 5% gestiegen waren. Ein in dem gleichen Jahre (1884) in der Baumwollspinnerei angelegtes Kapital von 100992 Lstrl. (84000 Lstrl. für Maschinen gerechnet), welches genügte, um eine Spinnerei mit einer Jahresproduktion von 4800000 engl. Pfund Garn zu gründen[1]), hätte im Jahre 1894, trotz des starken Steigens des größten Teils der Produktionskosten (Rohstoff, Zins und Amortisation der Maschinen, Kohlen, stores), anstatt 10% 17% Dividende (in Gold!) gebracht, wenn nur der Kursfall ungehindert hätte zur Wirkung kommen können. Dieser Steigerung der in Gold bemessenen Rente entsprechend mußte aber auch der Kapitalwert wachsen.

In der Wissenschaft ist das bisher völlig übersehen worden, weil offenbar niemand auf den Gedanken gekommen ist, diese Frage rechnerisch zu prüfen. Die Männer der Praxis aber, wenigstens die englischen Geschäftsleute, hatten das längst erkannt und haben sich deshalb auch niemals durch das Sinken des Kurses von produktiven Anlagen in Indien zurückhalten lassen[2]). Vor den indischen Währungskommissionen ist es vielfach ausgesprochen worden, daß Indien für gute Unternehmungen dieser Art immer genügend englisches Kapital zur Verfügung gestanden habe[3]). Das Gleiche konstatierte die Währungskommission für Ceylon im Jahre 1892 (nach dem Zitat in Prot. 1898 § 4905). Die

---

[1]) Vergl. unten S. 108.

[2]) Prot. 1898 § 6049 (Ralli). „We have several hundred thousands of pounds in India in permanent investment. When we make them, we never take into consideration the fluctuations of exchange or the rate of exchange, — never." cf. § 6052.

[3]) Vergl. Prot. 1898 §§ 4784, 4905, 7845, 8985, 10548 ff.

indische Währungkommission von 1892 (in § 28 ihres Berichts) registriert wenigstens, ebenso wie schon früher die Gold- und Silberkommission[1]), daß in Indien tatsächlich viel englisches Kapital in produktiven Unternehmungen angelegt sei.

Beim Eisenbahnbau, bei welchem das Sinken des Kurses nicht ohne weiteres und in der Regel überhaupt nicht zu einem entsprechenden (!) Steigen der Einnahmen führt, liegt die Sache anders. Dasselbe gilt von der Finanzierung des Handels und der Banken, da mit diesen Geschäften ein bedeutendes Risiko des Kapitalverlustes an ausstehenden Rupienforderungen verbunden ist, ohne daß entsprechend größere Gewinnchancen geboten wären. Insoweit mußte das Sinken des Kurses wirklich ein großes Hindernis für Kapitalanlagen bilden und insoweit hat die Währungsreform, indem sie dieses Hindernis forträumte, zweifellos sehr günstig gewirkt. Allerdings ist es beim Eisenbahnbau keineswegs das Sinken des Kurses allein gewesen, welches das britische Kapital von einer Beteiligung fernhielt. Nach den Angaben von Lord Rothschild vor der Währungskommission von 1898 (Prot. § 7614) wäre alles nur gewünschte Kapital für Eisenbahnbauten auch zur Zeit der offenen Silberwährung erlangbar gewesen, wenn die indische Regierung bei der Erteilung der Konzessionen nur etwas mehr Entgegenkommen gezeigt und nicht durch die kurze Bemessung der Frist bis zur Übernahme der Bahn durch den Staat jedes spekulative Interesse abgeschnitten hätte!

Welche Bedeutung speziell die Heranziehung ausländischen Kapitals zum Eisenbahnbau hat, ergibt sich leicht, wenn man berücksichtigt, wie sehr die Transportkosten durch die Möglichkeit der Verfrachtung auf den Eisenbahnen herabgemindert werden, und wenn man erwägt, daß alles Land, welches eine gewisse Strecke von der Bahn entfernt liegt, zum Anbau von Exportgetreide etc. nicht mehr verwendbar ist. In dem offiziellen Handelsberichte für 1885/86 wird festgestellt, daß durch den Eisenbahnbau in Indien in der Zeit von 1873—1885 zirka 123000 (englische) Quadratmeilen Landes im ganzen und darunter 100000 Quadratmeilen frucht-

---

[1]) Final Report II § 13 a. E.

baren Landes mit dem Weltmarkte in Verbindung gebracht worden seien. Hierbei wurde angenommen, daß durch den Eisenbahnbau eine Strecke von zehn (englischen) Meilen Breite auf jeder Seite der Bahn aufgeschlossen werde. Indien besitzt aber noch über 100 Millionen acres unbebauten kulturfähigen Landes, das der Nutzbarmachung harrt![1])

b. Der Zinsfuß in Indien.

Der allgemeine Zinsfuß in Indien dürfte durch die Reform nur wenig beeinflußt worden sein. Der Zinsfuß für Staatspapiere war im Jahre 1901/02 allerdings etwas (0,17%) niedriger als im Jahre 1892/93; er war aber in der Zwischenzeit, besonders in den Jahren 1894/95 und 1895/96, als das Reformwerk zu scheitern drohte, schon viel niedriger und die Differenz gegenüber 1892/93 wird sich aus dem allgemeinen Rückgange des Zinsfußes erklären. Wie hoch sich die indischen Rupienanleihen in der Zeit von 1886/87 an verzinst haben, ergibt sich aus der folgenden Tabelle:

	Kurse der indischen Rupien-Anleihen in Kalkutta			Prozentsatz der Verzinsung (nach dem Durchnittskurse berechnet)
	Minimum	Maximum	Durchschnitt	
		4%ige Anleihe		
1886/87	95	98 1/8	96 9/16	4,142
87/88	95 1/4	100	97 5/8	4,097
88/89	96 3/8	101 1/16	98 11/16	4,053
89/90	96 3/16	100 5/8	98 3/8	4,066
1890/91	99 7/16	106 3/8	102 7/8	4,053
91/92	104 5/8	108 1/4	106 7/16	3,758
92/93	103 7/16	109 1/8	106 1/4	3,765
93/94	99 1/4	108 3/4	104	3,846
		3 1/2%ige Anleihe		
1894/95	102 9/16	105 7/16	104	3,365
95/96	104 5/16	109 1/2	107 3/16	3,265
96/97	98 11/16	110 15/16	104 13/16	3,339
97/98	94 1/4	104 1/16	99 5/16	3,524
98/99	92 5/8	101 11/16	97 1/4	3,598
99/1900	92 1/4	101 9/16	96 7/8	3,612
1900/01	93 11/16	97 3/4	95 11/16	3,654
1901/02	94 7/16	97 7/16	95 15/16	3,648

[1]) Vergl. für Rußland: von Schulze-Gaevernitz Volkswirtschaftl. Studien aus Rußland (1899) S. 592.

Auf den Bankdiskont hat die Reform in doppelter Weise Einfluß gehabt. Zunächst wird die Herstellung der Stabilität des Kurses bewirken, daß sich überhaupt mehr Kapital, speziell europäisches Kapital dem Bankgeschäfte zuwendet und daß besonders die Wechselbanken, welche früher, wenigstens zu der Zeit, als der Kurs stark schwankte und stetig zurückging, nur sehr wenig von ihrem Kapital in Indien hielten[1]), jetzt mehr Kapital hier gebrauchen. Sodann ist, ebenfalls durch die Stabilität des Kurses, eine etwaige Hülfeleistung seitens Europas in Zeiten großer Geldknappheit, sowie überhaupt die Ausnutzung von Diskont-Differenzen, wie sie zwischen Goldwährungsländern stattfindet, ermöglicht oder doch erleichtert worden. Ob hierdurch eine dauernde Ermäßigung des Diskonts im Verhältnis zu den Zeiten vor Beginn der Reform herbeigeführt werden wird, läßt sich noch nicht übersehen. Tatsächlich ist seit dem Abschluß der Reform, wie die folgende Tabelle beweist, der Bankdiskont höher gewesen als in den beiden letzten Jahren der offenen Silberwährung, aber niedriger als in den Jahren 1885—1888, in denen der Diskont der Bank von England ungefähr ebenso hoch war. (Tabelle auf S. 106.)

Nach der Meinung des Finanzministers Law in seinem Budgetbericht 1902/03 (S. 15 cf. S. 142/43) wird das jetzige Maximum von 8 %, abgesehen von ganz anormalen Zeiten, der höchste Satz sein, mit dem der Verkehr zu rechnen hat. Wenn sich diese Meinung bewahrheitet und dementsprechend Zeiten der Geldknappheit, wie Indien sie auch bei offener Silberwährung erlebt hat, nicht wiederkehren, so ist damit schon viel gewonnen. Durch die Reform ist ja freilich die Elastizität des indischen Geldumlaufs und seine Expansionsfähigkeit in Zeiten großer Geldnachfrage, wie wir S. 69 gesehen haben, nicht vergrößert worden. Ein plötzliches starkes Anwachsen der Nachfrage kann daher den Diskont auch jetzt noch leicht bedeutend in die Höhe treiben. Es ist aber wenigstens eine Hülfeleistung seitens Europas, die früher wegen des Schwankens und Sinkens des Kurses erschwert war, erleichtert worden. Wenn der Kurs wie im Jahre

---

[1]) Gold- und Silberkommission Schlußbericht I § 35. Indische Währungskommission 1898 Prot. § 6461.

Diskont der Bank von Bengalen[1]).

	Maximum		Minimum		Jahres-durchschn.	Durchschnitt		Diskont der Bank von England
	Rate	Zeitdauer	Rate	Zeitdauer		I. Semester	II. Semest.	
	Finanzjahre 1. April — 31. März				Kalenderjahre			(1. 4. — 31. 3.)
1885/86	9	Mai	4	Juli — Januar	5,378	6,757	4,—	4—2
86/87	8	Juni, Juli, Februar und März	5	November, Dezember und Januar	6,036	5,922	6,150	5—2
87/88	9	April und Mai	3	Oktober — Dezember	5,63	7,47	3,8	4—2
88/89	12	Februar und März	4	Mai — September	5,45	5,73	5,18	5—2
89/90	11	Februar und März	4	Juni, Juli und Oktober	6,991	9,309	4,674	6—2½
1890/91	12	April	3	August — Februar	5,806	8,298	3,315	6—3
91/92	5	Januar und März	2	August und September	3,061	3,5	2,622	5—2½
92/93	6	Januar	3	Mai — September	3,496	3,884	3,108	3—2
93/94	10	Februar	4	Juni 29. — November 15. und November 30. — Januar 10.	4,880	5,685	4,076	5—2
94/95	9	April	3	September 6. — Januar 16.	5,339	7,315	3,364	2—2
1895/96	7	Februar	3	Juli 25. — November 13.	4,326	5,060	3,592	2—2
96/97	10	Dezember 23. — März 31.	3	Juli 2. — September 2.	5,691	5,775	5,608	4—2
97/98	12	Februar 24. — März 31.	5	Juli 15. — September 8 und November 25. — Dezember 15.	7,925	9,834	5,967	3—2
98/99	12	April 1. — 27.	4	Juli 28. — September 7.	8,048	11,—	5,097	4—2½
99/1900	8	Oktober 8. — 25. und Januar 11. — März 14.	4	Juli 6. — September 13.	—	—	—	6—3
1900/01	8	Februar 7. — März 20.	3	Juli 5. — August 8.	—	—	—	5—3
1901/02	8	Februar 12. — März 21.	3	Juli 7. — August 21.	—	—	—	4—3

[1]) Die Angaben in Sp. 6—8 entstammen dem App. 1898 S. 145, die übrigen den Financial Statements von 1894 S. 68/69 und von 1902/03 S. 122/123 und dem Trade of India 1901/02 S. 2. Vergl. für 1902 unten Kap. VII Abschnitt 3b.

1901/02 nicht mehr als um 1% (genau 0,93681%) schwankt, dann wird ein Diskont von 8% in Indien, wenigstens in den Monaten Februar und März, in denen in Indien die größte Nachfrage nach Geld zu herrschen gflegt, während in Europa die um die Jahreswende herrschende Spannung regelmäßig schon gewichen ist, in normalen Zeiten sicherlich europäische Kapitalisten veranlassen, Indien für einige Monate Kapital zur Verfügung zu stellen. Allerdings bedarf es bei viermonatiger Anlage in Indien schon der Erzielung eines um 3% höheren Zinssatzes allein dazu, um einen etwaigen Kursverlust von 1% auszugleichen. Indessen, bei viermonatiger Ausleihung im Februar wird der europäische Kapitalist nur selten riskieren, ein volles Prozent am Kurse zu verlieren, und überdies pflegt die Diskontdifferenz zwischen Europa und Indien im Februar bedeutend größer zu sein als 3%. Im Jahre 1902 z. B. waren Mitte Februar, als die Bankrate in Indien eben auf 8% erhöht war, Wechsel auf Indien (Councilbills auf Kalkutta) zu $16\,^{1}/_{32}$d p. Rupie zu kaufen und Mitte Juni konnten in Kalkutta telegraphische Anweisungen auf London zu $15\,^{29}/_{32}$d gekauft werden. Der Kursverlust betrug also nur $^{4}/_{32}$d = zirka $^{4}/_{5}$%. Auf der anderen Seite betrug die Diskontdifferenz, da der Londoner Privatdiskont im Februar auf $2\,^{7}/_{8}$% stand, $5\,^{1}/_{8}$. Der Darlehnsgeber erzielte also bei dem Ankauf indischer Wechsel einen Zinsgewinn von 5% für 4 Monate oder von $1\,^{2}/_{3}$% im ganzen, während sein Verlust am Kurse sich auf $^{4}/_{5}$% stellte. Das ergibt einen Überschuß von $^{13}/_{15}$% abzüglich der Spesen. Wäre aber auch der Kurs auf das Minimum von $15\,^{7}/_{8}$d zurückgegangen, so hätte sich der Kursverlust immer nur auf $^{5}/_{32}$d = zirka 1% (etwas weniger) gestellt und wäre auch dann noch ein Gewinn von $^{2}/_{3}$% abzüglich der Spesen übrig geblieben. Ein solcher Gewinn mit der Aussicht auf eine erhebliche Steigerung im Falle einer günstigeren Gestaltung des Kurses dürfte aber unter normalen Verhältnissen (d. h. so lange in Europa normale Verhältnisse herrschen) groß genug sein, um Kapital zu vorübergehender Anlage nach Indien zu locken. Die Vermeidung eines Steigens des Bankdiskonts über den von Law angegebenen Satz von 8% hinaus ist daher in normalen Zeiten in der Tat wahrscheinlich.

Welche Bedeutung es für die indische Produktion, speziell die Industrie hat, wenn der Bankdiskont ermäßigt wird, ergibt sich aus dem Folgenden. Der indische Baumwollspinner kauft seine Rohware im Frühjahr ein, um sie selbst auf Lager zu nehmen. Der erforderliche Geldbetrag wird ihm von der Bank zu 1 % über Bankdiskont vorgeschossen. Er zahlt denselben bis zum Herbst, sagen wir in 8 Monaten, allmählich zurück[1]). Da das ganze Darlehen allmählich zurückgezahlt wird, dürfte anzunehmen sein, daß der erforderliche Zinsaufwand dem für die ganze Zeit berechneten Zinsbetrage für die Hälfte der angeliehenen Summe gleichkommt. Eine Spinnerei mit einem Jahreserzeugnis von 4800000 lbs Garn, wie sie z. B. bei der Manchester Baumwollenquete im Jahre 1888 mehrfach in Betracht gezogen ist, brauchte nun damals nach der Feststellung des Sachverständigen Comber 1 1/4 Pfund Baumwolle für je 1 Pfund Garn, im ganzen also 6000000 lbs. p. Jahr. Der Preis der Baumwolle war im Jahre 1898 4 Annas = 1/4 Rupie p. Pfund. Im ganzen mußten also 1500000 Rupien zum Ankauf verwendet und daher angeliehen werden. Ein festes Darlehn in der Höhe der Hälfte dieser Summe (750000 Rupien) für 9 Monat kostet zu 10 % 50000 Rupien Zinsen, während jedes Prozent weniger eine Ersparnis von 5000 Rupien bringt. Eine solche Ersparnis ist immerhin bedeutend, wenn sie auch bei einem Gesamtbetrage der Betriebskosten (ohne Zins- und Amortisations- und Rohstoffkosten) in Höhe von 525177 Rupien[2]) und bei einem Anlagekapital von 1397000 Rupien, wie es zum Betriebe einer Spinnerei von der angegebenen Größe im Jahre 1888 erforderlich war, nicht besonders stark ins Gewicht fällt[3]).

---

[1]) Prot. 1898 §§ 8892 ff.

[2]) Die Betriebskosten (Kohlen, stores, Löhne, Verschiedenes) wurden von Comber (vor der Gold- und Silberkommission) per Pfund Baumwollgarn auf 1,86 d zum Kurse von 17 d p. R. = 0,109412 Rupie angegeben. Das sind für 4800000 Pfund Garn 525177 Rupien. Vergl. Manchester Protokolle S. 107.

[3]) Nach den Manchester Protokollen §§ 597, 603 waren zur Anlage 84000 Lstrl. (à 17 d per Rupie) = 1186000 Rupie und 80000 Rupien erforderlich. Das Betriebskapital ist in Höhe eines Viertels der jährlichen Betriebskosten (exkl. Rohstoffkosten), d. i. in Höhe von 525177 : 4 = 131000 Rupien angenommen. 1186000 + 80000 + 131000 = 1397000 Rupien.

3. Abschnitt: Die Erschwerung des Exports, die Erleichterung des Imports und die Schwächung der Konkurrenzfähigkeit der indischen Produzenten.

a. Allgemeine Vorbemerkungen.

Für die indischen Produzenten hat die Währungsreform eine höchst nachteilige Wirkung gehabt. Der Export ist erschwert, der Import erleichtert, die Konkurrenzfähigkeit der indischen Produzenten auf allen Märkten und gegenüber den Produzenten aller übrigen Länder geschwächt worden.

Gegenüber den Goldwährungsländern hat sich dieses Resultat daraus ergeben, daß der Kurs der Rupie von 14 5/8 d, dem Stande kurz vor Beginn der Reform, auf 16 d gestiegen ist; gegenüber den Silberländern, vor allem China, und gegenüber Japan, das bis zum 1. Oktober zu den Silberländern gehörte, dann aber zur Goldwährung übergegangen ist, daraus, daß der Rückgang des Silberpreises den Goldwert der Valuten dieser Länder herabdrückte, während der Goldwert der Rupie stieg, so daß nun aus doppeltem Grunde eine Valutadifferenz zu Gunsten derselben entstand[1]).

Eine Valutadifferenz wirkt aber bekanntlich für dasjenige Land, dessen Valuta sich entwertet, (besser: dessen Valuta gegenüber einer anderen im Werte (Preise) oder Kurse sinkt — denn nur darauf, daß das Wert- oder Preisverhältnis zu einer anderen Valuta sich verändert, kommt es an —) wie eine Exportprämie bezw. wie ein Schutzzoll, für dasjenige Land, dessen Valuta im Kurse steigt, in der entgegengesetzten Richtung. Die Konkurrenzfähigkeit der Produzenten des ersteren Landes muß dadurch erhöht, die Konkurrenzfähigkeit der Produzenten des letzteren geschwächt werden. Das geschieht freilich nicht immer in einem Grade, welcher der Größe der entstandenen Valutadifferenz entspricht. Die letztere wirkt ja wie eine allgemeine Exportprämie bezw. wie ein allgemeiner

---

[1]) Japan hat bei seinem Übergange zur Goldwährung einen Silberpreis von 29 3/8 d zu Grunde gelegt. Das entspricht einem Rupienkurse von 11 1/4 d. (Bericht der indischen Währungskommission 1898 S. 24, Anm. cf. App. 1898, S. 97.)

Schutzzoll für alle exportierten und exportfähigen bezw. gegenüber allen importierten und importfähigen Artikeln. Deshalb wird ihre Prämien- bezw. Schutzzollwirkung für die Produkte eines Produzenten durch die Prämien- bezw. Schutzzollwirkung für Artikel, die als Rohstoffe verarbeitet oder als Maschinen oder Hülfsstoffe gebraucht bezw. verbraucht werden, kurz durch die Einwirkung auf die Produktionskosten vielfach zum großen Teil kompensiert[1]). Eine solche Kompensation tritt aber in vielen Fällen überhaupt nicht ein und selbst dann, wenn die Produktionskosten sich lediglich aus Ausgaben für Export- und Importartikel zusammensetzen, bleibt immer noch eine restliche Exportprämien- bezw. Schutzzollwirkung bei gesunkenem Kurse bezw. die gegenteilige Wirkung bei gestiegenem Kurse übrig.

Diese Wirkung ist eine dauernde. Ein Sinken des Kurses wirkt wie eine dauernde Exportprämie bezw. wie ein dauernder Schutzzoll, ein Steigen des Kurses dauernd in entgegengesetzter Richtung. Die herrschende Ansicht, daß nur eine vorübergehende Wirkung eintrete, weil sich nach und nach alle Preise und Löhne an die entwertete bezw. im Werte gestiegene Valuta anpassen müßten, ist, wie in Abschnitt 3e3 näher nachzuweisen sein wird, falsch. Nur das ist richtig, daß im Laufe der Zeit eine Anpassung an die veränderten Verhältnisse stattfindet, ebenso wie es geschieht, wenn effektive Exportprämien gezahlt und effektive Schutzzölle eingeführt, bezw. wenn früher gezahlte Exportprämien und Schutzzölle aufgehoben werden.

Was speziell den Fall einer Valutaentwertung, der regelmäßig allein in Betracht gezogen wird, anlangt, so steigen bei dieser Anpassung an die veränderten Verhältnisse — vorausgesetzt, daß, wie gewöhnlich, die Preise der Export-

---

[1]) Der kompensierende Einfluß einer Valutaentwertung auf die Produktionskosten ist m. W. in Deutschland zuerst von Helfferich in seinem Aufsatze „Außenhandel und Valutaschwankungen in Schmollers Jahrbüchern Bd. XXI (1897) Heft 2 S. 1 ff. stärker betont und näher untersucht worden. Helfferich berücksichtigt aber in erster Linie nur Großbetriebe und kommt teils deshalb, teils aus anderen Gründen dahin, die Bedeutung einer Valutaentwertung sehr niedrig zu schätzen. Nach den folgenden Ausführungen ist das nicht richtig.

und Importartikel gestiegen sind — vor allem die Preise aller derjenigen Artikel, die zwar nicht zu den Export- und Importartikeln selbst gehören, die aber als Surrogate etc. mit denselben konkurrieren. Ferner steigen die Preise derjenigen Artikel, für welche Export- und Importartikel (oder andere im Preise gestiegene Güter) Produktionskostenelemente bilden, sowie derjenigen, welche in Folge der Ablenkung der Produktion auf die Herstellung von Export- und Importartikeln etc. in geringerer Menge erzeugt werden und daher in geringerer Menge zum Angebot kommen. Außerdem steigen, was besonders wichtig ist, die Preise der zur Produktion von Export- und Importartikeln oder anderen im Preise gestiegenen Produkten benutzten oder auch nur benutzbaren Grundstücke, sofern diese Produktion jetzt eine höhere Rente abwirft. Endlich steigen, teils infolge vergrößerter Nachfrage nach Arbeitskräften, teils infolge einer Verteuerung des Lebensunterhalts der Arbeiter, die Löhne. Diese „Anpassung" der Preise (anderer Güter als der Export- und Importartikel selbst) ist aber nicht eine direkte Konsequenz der stattgehabten Entwertung der inländischen Valuta, sondern sie ist die Konsequenz von deren Wirkung als Exportprämie bezw. als Schutzzoll (so daß sie nicht in Betracht gezogen werden kann, wenn man diese Wirkung feststellt!) oder eigentlich die Konsequenz der durch diese Prämien- bezw. Schutzzollwirkung herbeigeführten Steigerung der Preise der Export- und Importartikel. Sie bleibt aus, wenn irgend ein kompensierend wirkender Faktor, z. B. ein allgemeiner Preisfall im Auslande, wie er in der Zeit von 1873—1893 auf dem Weltmarkte eintrat, oder für Importartikel das Sinken von Fracht und Spesen oder die Aufhebung von Importzöllen im Inlande, bewirkt, daß trotz der Wirkung der Valutaentwertung als Exportprämie bezw. als Schutzzoll die Preise der Export- und Importartikel auf ihrem früheren Niveau verbleiben.

Der Beweis für diese allgemeinen Sätze kann an dieser Stelle nicht geführt werden. Teilweise wird das später geschehen. Es war aber nötig, dieselben zur Orientierung voraufzuschicken.

Im Folgenden soll nun speziell untersucht werden, in welchem Maße die durch die indische Währungsreform herbeigeführten oder doch ermöglichten Kursveränderungen, als Exportprämie bezw. als Schutzzoll zu Gunsten des Auslands, und als Importprämie bezw. als Exportzoll zum Nachteil Indiens wirkend, die Konkurrenzfähigkeit der indischen Produzenten geschwächt haben. Wir wollen hierbei speziell darauf Gewicht legen, festzustellen, in welchem Maße die entstandenen Kursveränderungen als Exportprämie oder Exportzoll gewirkt haben, m. a. W. welcher effektiven Prämie bezw. welchem effektiven Zolle diese Kursänderungen gleichkommen. Deshalb gehen wir davon aus, daß die oben erwähnte Anpassung an die veränderten Verhältnisse noch nicht stattgefunden hat Nur in Betreff des Arbeitslohns soll eine Ausnahme gemacht werden. Wir wollen annehmen, daß die Arbeiter, soweit sie Geldlohn beziehen, in den Ländern, deren Valuta sich entwertet hat, also in China und in Japan, sofort eine Erhöhung ihrer Löhne erlangt haben, die sie dafür schadlos hält, daß ihnen ihr Lebensunterhalt durch die Preissteigerung der Export- und Importartikel und deren Rückwirkung auf die Preise anderer Dinge verteuert wird. Eine derartige Schadloshaltung würde der Billigkeit entsprechen, und bei so starken Kursveränderungen, wie sie für China und Japan eingetreten sind, wird sie vielleicht auch sofort durchgesetzt werden. Diese Betrachtungsweise empfiehlt sich aus dem Grunde, weil im allgemeinen angenommen wird, daß die Vorteile, welche die Produzenten eines Landes mit entwerteter Valuta aus dieser Entwertung ziehen, lediglich auf Kosten der Arbeiter und nur für so lange Zeit gemacht werden, als der Arbeitslohn nicht den veränderten Verhältnissen entsprechend erhöht werde. Es wird sich zeigen, daß eine sehr erhebliche Wirkung auch dann noch übrig bleibt, wenn die Anpassung der Löhne, soweit diese überhaupt und als direkte Folge der durch die Valutaentwertung herbeigeführten Preissteigerung der Export- und Importartikel (nicht indirekt als Folge der dadurch etwa bewirkten Stimulierung der Produktion!) eintritt, sofort erfolgen sollte.

In welchem Maße der Lohn erhöht werden muß, um eine solche Schadloshaltung zu gewähren, hängt davon ab, wie stark die Preise durch den Kursfall in die Höhe getrieben werden. Werden die Preise überhaupt nicht in die Höhe getrieben, weil die Wirkung des Kursfalles durch andere Faktoren kompensiert wird, so ist eine Schadloshaltung, und ist eine diesbezügliche Erhöhung der Löhne natürlich überhaupt nicht erforderlich. Diese Ausnahme kommt hier aber nicht in Betracht, wir haben hier vielmehr mit dem regelmäßigen Falle zu rechnen. Würden in diesem Falle die Preise sämtlicher Artikel der Valutaentwertung entsprechend steigen, wie es der Theorie der „Anpassung aller Werte an die entwertete Valuta“ entspricht, so müßten die Löhne natürlich in ihrem ganzen Betrage der Valutaentwertung entsprechend erhöht werden. So liegt die Sache aber nicht. Es steigen im wesentlichen nur die Preise der Export- und Importartikel und auf die Dauer nicht einmal diese der Valutaentwertung entsprechend, während die Preise vieler anderer Dinge, z. B. die Preise eigenartiger Feldfrüchte (in Indien die Preise der Getreidesorten Gram, Bajra, Jawar, Ragi, Cholum), ferner die Preise von Fleisch und Fischen, endlich die Preise der Wohnungen, auch wohl der im Lande hergestellten Kleidung etc., weil diese Dinge nicht exportfähig bezw. nicht importiert oder importfähig sind, zunächst völlig unberührt bleiben und auch später nur in geringerem Maße steigen. Da nun die Arbeiter keineswegs ausschließlich Export- und Importartikel konsumieren; da ferner auch die Preise der Export- und Importartikel in der Regel nur kurze Zeit auf dem der Valutaentwertung entsprechend gesteigerten Niveau verharren, später aber durch die Vergrößerung des inländischen Angebots etc., wenigstens zum Teil, wieder etwas herabgedrückt werden, so wird es zur Schadloshaltung der Arbeiter in der Regel genügen, wenn die Löhne etwa zu 60 % ihres Betrages dem Kursfalle entsprechend erhöht werden. Ist der Kurs verschiedenen Ländern gegenüber in verschiedenem Maße gefallen, (wie in Japan und China gegenüber Indien und gegenüber den Goldwährungsländern) und ist er etwa gleichzeitig einem dritten Lande gegenüber gestiegen (wie in Japan gegenüber China), so wird man im allgemeinen die Kursgestaltung gegenüber den Goldwährungsländern zum Maßstab nehmen können, da deren Angebot und Nachfrage abgesehen von wenigen Artikeln (z. B. Reis) auf dem Weltmarkte den Ausschlag geben.

Hiernach werden wir im Folgenden von der Voraussetzung ausgehen, daß die Geldlöhne der Arbeiter in China und in Japan zu 60 % ihres Betrages dem Kursfalle des Tael bezw. des Yen gegenüber den Goldwährungsländern entsprechend erhöht worden seien. Für Indien machen wir die korrespondierende Annahme einer Herabsetzung der Löhne infolge der Steigerung des Kurses gegenüber den Goldwährungsländern nicht, weil bei einer Steigerung des Kurses, zumal wenn sie nicht bedeutender ist als in Indien, keineswegs notwendig ein Rückgang der Löhne eintritt. Es mag allerdings und wird ein Rückgang der Löhne eintreten, wenn infolge der stattgehabten Erschwerung der Konkurrenzfähigkeit der inländischen Produzenten die Produktion eingeschränkt wird und die Nachfrage nach Arbeitskräften zurückgeht. Das wäre aber eine Konsequenz der Wirkung der Kursveränderungen als Importprämie bezw. als Exportzoll und diese Konsequenz kann natürlich nicht in Betracht kommen, wenn wir, wie hier, die Größe dieser Wirkung erst feststellen wollen. Übrigens sind auch in Wirklichkeit die Löhne in Indien nicht zurückgegangen[1]).

Es bedarf noch einiger anderer Vorbemerkungen, ehe wir in unsere Untersuchung eintreten können.

Zunächst ist zu erwähnen, daß die Wirkung der entstandenen Kursdifferenzen für Indien teils abgeschwächt, teils verstärkt wurde durch die Stabilisierung des Kurses gegenüber den Goldwährungsländern bezw. durch die Aufhebung seiner früheren Stabilität gegenüber China und den anderen Silberländern, während im Verhältnis zu Japan durch den Übergang dieses Landes zur Goldwährung im Jahre 1897 der status quo wiederhergestellt worden ist. Die Stabilisierung des Kurses gegenüber den Goldwährungsländern hat für die Exportproduzenten günstig, für diejenigen Produzenten, welche mit den Importeuren konkurrieren, (die „Importproduzenten") ungünstig gewirkt, weil die Preise der Exportartikel in Indien, die vom Weltmarkte bestimmt werden, um den Betrag der weggefallenen Risikoprämie erhöht, die Preise der Importartikel um ebensoviel herabgesetzt werden konnten. Umgekehrt hat natürlich die Aufhebung der Stabilität des Kurses gegenüber China gewirkt.

---

[1]) Vergl. unten Abschnitt 6.

Dieser Umstand wird bei den folgenden Ausführungen nicht weiter berücksichtigt werden, da es ganz unmöglich ist, die Größe der weggefallenen Risikoprämie und das Maß des dadurch ausgeübten Einflusses auf die Preise zu bestimmen. Die Wirkung großer Kursdifferenzen kann dadurch nur unwesentlich abgeschwächt bezw. verstärkt, die Wirkung kleiner Kursdifferenzen dagegen beim Export vielleicht völlig kompensiert, beim Import stark erhöht werden.

Ferner bedarf es noch einer kurzen Darlegung dessen, daß es wirklich, wie angegeben, die Produzenten sind, welche von den Veränderungen des Kurses betroffen werden. Vielfach wird nämlich die Meinung vertreten, daß das Fallen oder Steigen des Kurses wenigstens beim Export, hauptsächlich den Kaufmann und die Mittelpersonen überhaupt treffe, den Produzenten aber nur wenig berühre[1]). Das ist ein Irrtum. Veränderungen des Kurses, die nicht nur in Schwankungen, sondern in Veränderungen des durchschnittlichen Niveaus (um die es sich hier handelt) bestehen, treffen im wesentlichen allein den Produzenten. Der Kaufmann erhält — abgesehen von dem Falle, daß Veränderungen nach dem Einkauf und vor dem Verkauf pp. eintreten, und abgesehen von den Konsequenzen eines Schwankens des Kurses um die gleiche Mittellinie — immer nur den normalen Zwischengewinn. Alle Kursveränderungen wirken sofort auf die Preise. Fällt der Kurs, so steigen sie (unter übrigens gleichen Umständen); steigt der Kurs, so gehen sie zurück. Das geschieht natürlich unmittelbar nur an den Haupthandelsplätzen, die mit dem Weltmarkte in naher Verbindung stehen. Die hier eingetretene Preisänderung überträgt sich aber bald weiter und beeinflußt auch die Preise im Innern. Bei einem Sinken des Kurses werden die Preise im Innern durch die Konkurrenz der Händler in die Höhe getrieben; bei einem Steigen des Kurses bietet jeder Händler ohne weiteres entsprechend weniger und läßt sich nur etwa durch die Konkurrenz zu einer (geringen) Wiedererhöhung bestimmen. Das Steigen und Fallen der

[1]) So noch Lexis in seinem Aufsatze: Agio on gold and international trade, Economic Journal Dezemberheft 1895 S. 546 cf. 540. Vergl. aber Lexis in Conrads Jahrbüchern N. F. Band XVIII S. 405/6.

Preise im Innern trifft aber unter allen Umständen und allein den Produzenten. Im wesentlichen und auf die Dauer trägt also der Produzent das Risiko des Kurses. Das ist schon früher von englischen und deutschen Autoren[1]) hervorgehoben worden und wird durch die Aussagen der verschiedenen Großkaufleute, welche die indische Währungskommission von 1898 vernommen hat, bestätigt[2]).

Ebenso wie beim Export, den wir hier zunächst ins Auge gefaßt haben, oder wenigstens annähernd ebenso, ist es aber auch beim Import. Bei einem Steigen des Kurses wird der Importeur, durch die Konkurrenz gezwungen, billiger anbieten. Bei einem Sinken des Kurses wird er (für die gleiche Ware!), soweit es irgend geht, mehr fordern. Dem Preise der Importeure muß aber natürlich auch der inländische Produzent, welcher konkurrierende Artikel produziert, seinen Preis anpassen.

Die Produzenten in Indien, welche hier in Frage kommen, sind zum größten Teil kleine Bauern. Indien ist ja noch ganz wesentlich Ackerbaustaat, — die ackerbautreibende Bevölkerung zählte im Jahre 1891 171,7 Mill. Köpfe bei einer Gesamtbevölkerung von 287,2 Mill. Menschen. Die Industrie ist allerdings in der Entwicklung begriffen und es gibt auch große Industriegesellschaften, welche mit einem bedeutenden Kapital nach den Grundsätzen des modernen Großbetriebs arbeiten und sogar stark exportieren, wie die Baumwollspinnereien in Bombay und die Jutefabriken in Kalkutta. Es gibt ferner auch große von Europäern gegründete Plantagenwirtschaften. Alle diese Produzenten stehen aber in ihrer Bedeutung weit zurück hinter der großen Masse der Bauern. In den Händen dieser Bauern liegt insbesondere die Produktion der großen Bulkartikel des Exports: Reis, Weizen, Jute, Baumwolle, Opium, ferner die Produktion aller nicht schon genannten Cerealien. Dagegen werden Thee, Kaffee und Indigo nur auf Plantagen im Großbetriebe und zum großen Teil von Ausländern produziert.

Die indischen Bauern besitzen in der Regel nur ein kleines Stück Land als Eigentümer oder Pächter und wirt-

---

[1]) Z. B. auch von Soetbeer in seinem Aufsatze über die Wirkungen der Silberentwertung in Conrads Jahrbüchern 1884 N. F. Bd. VIII. S. 338 ff.

[2]) Vergl. Prot. 1898 §§ 5048–51, 7807, 7011–15, 9161 ff. 11875.

schaften in primitiver Weise nach dem Familiensystem[1]. Fremde Hülfskräfte werden in der Regel nicht beschäftigt und Maschinen nicht oder wenig gebraucht. Nur die Säemaschine (welche importiert wird und etwa 2 Lstrl. kostet) findet seit 1892/93 etwas ausgedehntere Verwendung[2]). Soweit fremde Hülfskräfte beschäftigt werden, findet in der Regel Naturallöhnung statt, und zwar bei dem Anbau von Cerealien zumeist in der Weise, daß der Arbeiter einen Anteil an der Ernte erhält. Soweit letzteres geschieht, liegt der Fall nicht anders als dann, wenn überhaupt keine Arbeiter beschäftigt werden. Der Unternehmer erhält in diesem Falle bei jedem Kursstande als seinen Anteil (unter übrigens gleichen Umständen) den gleichen Ertrag. Bei einer Valutaentwertung steigt der Preis oder Tauschwert dieses Anteils dem Kursfalle entsprechend, bei einer Kurssteigerung sinkt er entsprechend herab, ohne daß infolge der Rückwirkung der Kursveränderung auf die Löhne in irgend einer Weise eine Kompensation stattfände[3]). Es könnte lediglich ein Kursrückgang den Gewinn, eine Kurssteigerung den Verlust des Produzenten noch erhöhen. Es könnte nämlich im ersteren Falle die Steigerung, im zweiten die Minderung des Werts des Arbeiteranteils zu einer Verringerung bezw. zu einer Vermehrung der Größe desselben Veranlassung geben, mit der Folge, daß für den Unternehmer mehr bezw. weniger übrig bliebe.

b. Das Verhältnis gegenüber den Goldwährungsländern.

In welchem Maße der Export Indiens nach den Goldwährungsländern erschwert, der Import der Goldwährungsländer nach Indien erleichtert und die Konkurrenzfähigkeit der indischen Produzenten, sowohl der Exportproduzenten als auch der Importproduzenten, diesen Ländern gegenüber

[1]) „India is a country of »petite culture«." App. 1893. S. 327.

[2]) Der Import an solchen Maschinen betrug in den Jahren 1898/99, 1899/1900 und 1900/1901 durchschnittlich 17500 Stück. Das ergibt sich, wennn man nach den im Handelsberichte für 1900/1901 S. 8 angegebenen Werten der Einfuhr auf Grund der Preisangabe p. Stück, welche der Handelsbericht von 1892/93 enthält, die Stückzahl berechnet.

[3]) Das scheint Helfferich a. a. O. S. 17 zu übersehen.

geschwächt worden ist, zeigen die folgenden Berechnungen, welche wir für Export- und Importartikel getrennt anstellen. In betreff der Beeinflussung der Konkurrenzfähigkeit berücksichtigen wir dabei zunächst nur die Konkurrenz einerseits auf den Märkten der Goldwährungsländer, andererseits auf dem indischen Markte. Die Eventualität der Konkurrenz auf fremden Märkten, speziell in China und Japan, wird später Beachtung finden[1]).

1. Exportproduzenten.

Der indische Weizenexporteur, welcher seinen Weizen auf dem Londoner Markte (oder in anderen Goldwährungsländern) verkauft, erlöst jetzt bei dem Kurse von 16d p. Rupie für je 100 Lstrl. des erzielten Preises (wenn wir die in Gold zu bezahlenden und daher von der Höhe des Kurses nicht abhängigen Spesen außer acht lassen) nur noch 1500 Rupien, während er vor Beginn der Währungsreform, speziell bei dem Kurse von 14⁵/₈d, wie er noch am 31. Mai 1893 galt, 1641 Rupien erhielt. Der Mindererlös beträgt 141 Rupien, etwa 8,6%. Ebensoviel weniger zahlt er natürlich dem Produzenten. Infolgedessen erhält nun auch der Exportproduzent, hier speziell der indische Bauer, welcher Weizen produziert, 141 Rupien für je 100 Lstrl. oder 8,6% (und zwar 8,6% des Preises in den Exporthäfen, nicht im Inneren!) weniger. Dieser Mindererlös findet aber keine Kompensation in einem entsprechenden Rückgang seiner Produktionskosten. Eine solche Kompensation würde nur dann stattfinden, wenn die Produktionskosten ebenfalls um 141 Rupien auf je 100 Lstrl. des Export-Erlöses zurückgegangen wären. Ein prozentual gleich großer Rückgang, hier also ein Rückgang um 8,6%, würde nicht genügen, da die Summe der Produktionskosten (um den Betrag des Gewinnes) kleiner ist als der Erlös[2]).

Die Produktionskosten des indischen Weizenproduzenten sind aber überhaupt nicht zurückgegangen. Ausgaben für ausländische Maschinen, deren Bezug billiger geworden ist,

---

[1]) Vergl. unten S. 137 ff.

[2]) 100 Lstrl. à 14⁵/₈d p. R. = 1641 R. Produktionskosten (geschätzt) 1400 R.

8,6% von 1641 R. = 141,126
8,6% von 1400 R. = 120,4
Differenz: 20,716 R.

kommen für ihn überhaupt nicht oder doch nur ganz unwesentlich in Betracht und die Löhne, soweit er überhaupt solche zahlt und soweit er sie nicht in natura, speziell durch Abtretung eines Anteils an der Ernte, sondern in Geld zahlt, sind eher noch gestiegen als gefallen. Die Zinsen sind gleich geblieben. Pacht und Landrente (Grundsteuer), die 20—33 1/3 % des durchschnittlichen Bruttoertrages ausmachen, werden allerdings, soweit die Pacht- bezw. Steuerperiode in der Zeit nach der Erreichung des Kursniveaus von 16d abgelaufen ist, den veränderten Verhältnissen angepaßt und daher dem geringeren Erlös entsprechend herabgesetzt sein. Ein Pachtnachlaß kommt ja aber nur für Pächter, nicht für Grundbesitzer in Frage, und abgesehen hiervon muß man bei der Beurteilung der Konsequenzen von Kursänderungen davon ausgehen, daß der Unternehmer unbeschränkter Eigentümer ist. Jede Veränderung des Ertrages eines Grundstücks trifft ja in letzter Linie immer nur die Rente, die der unbeschränkte Eigentümer selbst bezieht und die der Pächter mit dem Verpächter, und wenn Ertragssteuern erhoben werden, mit dem Staate teilt. Verpächter und Fiskus sind gewissermaßen nur die Gesellschafter des Unternehmers. Man würde über die Wirkung von Kursänderungen — ebenso wie über die Wirkung einer effektiven Exportprämie oder deren Aufhebung — zu einem ganz falschen Urteil gelangen, wenn man nicht von der Voraussetzung unbeschränkten Eigentums ausgehen und daher Pacht und Grundsteuer zu den Produktionskosten rechnen wollte.

Soweit der indische Weizenproduzent überhaupt keine Löhne zahlt oder soweit er sie in natura zahlt — und Geldlöhne sind tatsächlich sehr selten — stehen hiernach dem Mindererlöse von 141 Rupien für je 100 Lstrl. gar keine Kompensationen gegenüber. Demnach ist dem indischen Weizenproduzenten der Export in Höhe des ganzen Betrages dieser Differenz erschwert worden. Um denselben Ertrag zu erzielen, müßte er heute 141 Rupien à 16d = 9,4 Lstrl. für ein Quantum im Werte von 100 Lstrl. excl. Spesen mehr fordern. Rechnen wir die Spesen (inkl. Fracht) zu 20 % des Londoner Preises von 1893, also zu 20 Lstrl., so müßte demnach der Londoner Preis von 120 auf 129,4 Lstrl. oder im Verhältnis von 9,4 : 120, also um 7,83 %, heraufgesetzt werden, um den Kursverlust, den die Währungsreform gebracht hat, auszugleichen.

Im Gegensatz hierzu hat sich (infolge der indischen Währungsreform!) für die Produzenten der Goldwährungsländer die Lage nicht verändert. Dieselben können sich daher — unter übrigens gleichen Umständen — noch heute mit dem Preise von 1893 begnügen. Sie vermögen daher den Indier, wenn dieser einen Preis fordert, der ihm denselben Ertrag bringt wie vor Beginn der Währungsreform, also statt 100 Lstrl. plus Spesen = 120 Lstrl., 129,4 Lstrl., um 9,4 Lstrl. für je 129,4 Lstrl. zu unterbieten. Wenn nun der Indier infolge der Währungsreform, um nicht schlechter gestellt zu sein als früher, seinen Preis von 120 Lstrl. um 9,4 Lstrl. = 7,83 % erhöhen muß, während seine Konkurrenten in den Goldwährungsländern sich nach wie vor mit demselben Preise begnügen können, so folgt, daß die Konkurrenzfähigkeit des Indiers gegenüber den Produzenten der Goldwährungsländer durch die Währungsreform in demselben Verhältnis, also um 7,83 %, geschwächt worden ist.

Was hier für die Weizenproduzenten ausgeführt ist, gilt in demselben Maße auch von den Produzenten der übrigen großen agrarischen Exportartikel wie Reis, Jute, Baumwolle, Ölsaaten, da in dieser Beziehung hier die Verhältnisse nicht anders liegen. Für die Produzenten von Thee, Kaffee und Indigo liegt die Sache insofern günstiger, als für sie wenigstens auch die Produktionskosten teilweise ermäßigt worden sind. Die Theeproduzenten sind aber trotzdem in schlimmerer Lage, weil sie mit China konkurrieren und weil den chinesischen Produzenten der Absatz bedeutend erleichtert worden ist. Das wird im folgenden Abschnitt näher dargelegt werden. Am wenigsten geschädigt sind unter denjenigen Produzenten, die nach den Goldwährungsländern exportieren, die Jutefabrikanten in Kalkutta, da für diese, wie sich aus der folgenden Darlegung der Lage der Spinnereien ergeben wird, fast sämtliche Produktionskosten eine Ermäßigung erfahren haben.

2. Importproduzenten.

Der Import ist durch die Steigerung des Kurses der Rupie erleichtert, und zugleich ist die Konkurrenzfähigkeit der indischen Produzenten von Importartikeln bezw. deren Surrogaten (z. B. von Baumwollgarn) geschwächt worden. Im ganzen hat sich aber die Lage der Importproduzenten weniger verschlechtert als diejenige der Exportproduzenten. Der Grund liegt jedoch lediglich darin, daß es sich beim Import nicht um landwirtschaftliche Produkte, sondern um Industrieartikel handelt und daß für die Industrie bei einer Steigerung des Kurses eine Ermäßigung der Produktionskosten eintritt. Wir wollen hier speziell die Veränderung der Lage der indischen Baumwollspinner bei der Konkurrenz mit England auf dem indischen Markte erörtern.

Der englische Spinner, welcher Baumwollgarn nach Indien importiert, kann sich heute bei dem Verkauf seines Garns in Indien mit einem Preise von 100 Lstrl. à 16d per Rupie = 1500 Rupien begnügen, während er vor Beginn der Reform, bei einem Kurse von 14⁵/₈d, unter übrigens gleichen Umständen 100 Lstrl. à 14⁵/₈d p. Rupie = 1641 Rupien fordern mußte. Er kann also, und unter dem Drucke der Konkurrenz wird er tatsächlich sein Garn um 141 Rupien = 8,6% billiger anbieten als früher. Infolgedessen kann natürlich nun auch der indische Spinner nicht mehr 1641 Rupien fordern, wie es die englische Konkurrenz vor Beginn der Währungsreform zuließ, sondern er muß sich ebenfalls mit 1500 Rupien begnügen. Sein Erlös ist also jetzt um 141 Rupien oder 8,6% geringer. Diesem Mindererlöse steht nun hier aber eine bedeutende Ermäßigung seiner Produktionskosten gegenüber.

Zunächst sind die Maschinenkosten, d. h. die Amortisationskosten für die benutzten Maschinen, um 8,6% ermäßigt worden. Das ist ohne weiteres ersichtlich; denn ebenso wie das englische Garn werden natürlich auch englische Maschinen jetzt um 8,6% billiger angeboten. Dasselbe gilt von allerlei Materialien, welche der Spinner aus den Goldwährungsländern beziehen muß. Vor allem spart er aber an Rohstoffkosten. Das ergibt sich aus folgender Erwägung. Der indische Baumwollproduzent erhält beim Export seiner Baumwolle ebenso wie der Weizenproduzent für seinen Weizen infolge der Kurssteigerung der Rupie anstatt 1641 Rupien für je 100 Lstrl. des Londoner Nettopreises nur noch 1500 Rupien, also 141 Rupien oder 8,6% weniger. Diesen Verlust muß er auf sich nehmen; denn bei der übermächtigen Konkurrenz der Produzenten der Goldwährungsländer (insbesondere Amerikas und Egyptens) ist er nicht im stande, sich durch entsprechende Erhöhung des Verkaufspreises auf dem Weltmarkte schadlos zu halten. Bei dieser Sachlage wird er aber — unter dem Drucke der (inländischen) Konkurrenz — auch in Indien um 8,6% billiger anbieten. Das kommt dem indischen Spinner zu gute und deshalb gehen für diesen nun auch die Rohstoffkosten um 8,6% zurück. Dasselbe gilt von Kohlen, sowie von Schmieröl und Leuchtöl indischen Ursprungs, da deren Preise ebenfalls durch ihre Verwertbarkeit beim Export bestimmt werden. Damit sind wir freilich am Ende der Ersparnisse angelangt; denn die Löhne und die Zinsen (für Darlehen zum Einkauf von Rohmaterial etc.) sind gleichgeblieben, verschiedene andere Kosten, vor allem die bei den einheimisch-indischen Gesellschaften übliche Verkaufskommission von $^1/_4$ Anna für das Pfund Garn, nicht zurückgegangen.

Um wieviel die Produktionskosten im ganzen ermäßigt worden sind, ergibt sich aus dem folgenden.

Nach einer Publikation in den Times of India, welche im Engl. Bimetallist (Novemberheft 1900) abgedruckt ist, betrugen 1900 in Indien bei einem Garnpreise von 6 Annas p. Pfund die Kosten des Rohstoffes 4 Annas, der Spinnlohn 2 Annas. Wenn wir diesen Spinnlohn nach Maßgabe der Aussagen vor der Bombay & Lancashire Cotton Spinning Inquiry (d. h. der schon erwähnten Manchester Baumwollenquete im Jahre 1888), die freilich jetzt ziemlich veraltet sind, auf die einzelnen Posten verteilen, so kommen auf

Zins und Abschreibung für Maschinen	0,35	Annas =	17 $^1/_2$ %
Löhne	0,70	„	35 %
Kohle	0,10	„	5 %
Hülfsstoffe etc. „stores"	0,30	„ =	15 %
Verschiedenes	0,15	„ =	7 $^1/_2$ %
Kommission	0,25	„ =	12 $^1/_2$ %
Gewinn[1]) (inkl. Zinsen auf das Betriebskapital und den Rest des Anlagekapitals	0,15	„ =	7 $^1/_2$ %
Summe	2,00	Annas	100 %

[1]) Der Gewinn ist sehr niedrig gerechnet, um die Kommission noch unterzubringen. Das entspricht aber ungefähr der jetzigen Sachlage.

Hiervon unterliegen dem Einflusse des Kurses und sind durch die Kurssteigerung der Rupie ebenso wie der Garnpreis um 8,6% ermäßigt worden: die Posten 1, 3, 4, also $37\frac{1}{2}$%, während die übrigen Kosten und der Gewinn gleichgeblieben sind. Da der Garnpreis 6 Annas, also das dreifache des Spinnlohns beträgt, so bilden die ermäßigten $37\frac{1}{2}$% des Spinnlohns $12\frac{1}{2}$% vom Garnpreis. Rechnen wir die außerdem eingetretene Ermäßigung der Rohstoffkosten, welche bei einem Baumwollpreise von 4 Annas $66\frac{2}{3}$% des Garnpreises beträgt, hinzu, so ergibt sich eine Summe von $12\frac{1}{2} + 66\frac{2}{3}$ = rund 79% des Garnpreises. Von den gesamten Produktionskosten ist daher durch die Kurssteigerung und dieser entsprechend, also um 8,6%, ein Teil ermäßigt worden, welcher 79% des Garnpreises ausmacht. In Prozenten des Garnpreises ausgedrückt, beträgt diese Ermäßigung 79% × 8,6% = 6,794 oder rund 6,8%.

Infolge dieser Ermäßigung der Produktionskosten kann der indische Spinner sein Garn jetzt um 6,8% billiger anbieten als vor Beginn der Währungsreform. Nun kann aber der Engländer, wie wir gesehen haben, seinen Preis um 8,6% heruntersetzen. Daraus ergibt sich eine Differenz zu Ungunsten des indischen Spinners von 1,8% (des Garnpreises kurz vor Beginn der Währungsreform). Um so viel ist die Konkurrenzfähigkeit des indischen Spinners durch die Währungsreform geschwächt worden.

Für die indischen Spinnereien ist hiernach die schädigende Wirkung der Währungsreform nicht sehr bedeutend gewesen, owohl ein Minderertrag von 1,8% des Garnpreises immerhin beinahe ein Viertel des auf 10% berechneten Gewinnes einer Spinnerei mit einer Jahresproduktion von 4800000 Pfund Garn (genau 0,232%) ausmacht. Die Verhältnisse liegen aber in diesem Falle nur deshalb so — verhältnismäßig — günstig, weil bei der Spinnerei die Rohstoffkosten eine so bedeutende Rolle spielen. In anderen Industrien, in denen entweder keine Rohstoffe verarbeitet werden wie z. B. beim Kohlenbergbau, oder deren Rohstoffe nicht exportfähig (und auch nicht importiert und importfähig) sind wie bei der Rohrzuckerproduktion, ist die Sachlage bedeutend ungünstiger. Hier kommt die Schwächung der Konkurrenzfähigkeit derjenigen der Weizenexportproduzenten viel näher, da von den Produktionskosten dieser Produzenten nur die Ausgaben für Maschinen und einige aus den Goldwährungsländern bezogene oder dorthin exportfähige Materialien eine der Kurssteigerung entsprechende Ermäßigung erfahren haben.

c. Das Verhältnis gegenüber China und Japan.

Viel bedeutender als gegenüber den Goldwährungsländern ist die Konkurrenzfähigkeit der indischen Produzenten gegenüber China und den übrigen Silberländern (z. B. den Straits Settlements), sowie gegenüber Japan geschwächt worden. Diesen Ländern gegenüber ist ja eine viel größere Valutadifferenz entstanden. Der Kurs des chinesischen Tael ist von 306—307 Rupien für 100 Shanghai Taels auf zirka 185 Rupien (bei einem Silberpreise von $25^{1}/_{2}$ d p. Unze) und letzthin noch weiter zurückgegangen, der Kurs des japanischen Yen von 223 auf etwa 152 Rupien für 100 Yen gesunken. Dementsprechend ergeben sich natürlich viel größere Preisdifferenzen und infolgedessen, wenigstens für die landwirtschaftlichen Produzenten, viel ungünstigere Resultate.

Wie sich das Wertverhältnis der Valuten Chinas und Japans gegenüber Indien und den Goldwährungsländern seit Beginn der indischen Währungsreform gestaltet hat, zeigen die Tabellen auf S. 125—128.

(Anmerkungen zu der folgenden Tabelle 1 (S. 125).

[1]) Die Kurse des Tael bis 1894 und die Minimal- und Maximalkurse des Yen bis 1893 (inkl.) sind den österreichischen Tabellen zur Währungsstatistik Heft 6 (1896) S. 343 und 467 entnommen. Ob die Notiz für Bankwechsel, und ob sie für kurze oder lange Sichten gilt, ist hier nicht angegeben. Die späteren Kurse sind aufgemacht: für Shanghai nach den (von der Hongkong und Shanghai Banking Corporation Filiale Hamburg zur Verfügung gestellten) wöchentlichen Kurszetteln der Makler Andrew Burman bezw. A. Coutts in Shanghai, für Japan nach den unter der Aufsicht der Hiogo & Osaka Handelskammer zusammengestellten, in zweiwöchigen Zwischenräumen erscheinenden Hiogo und Osaka Prices Current and Market Reports und, soweit einzelne dieser Reports fehlten, nach den Notierungen des Maklers A. Milne in Hiogo & Osaka, welche ebenfalls von der Hongkong & Shanghai Banking Corporation in Hamburg zur Verfügung gestellt sind. Für die Jahre 1894 und 1895 war dieses Material nicht vollständig vorhanden, es ist deshalb der Minimum-Kurs für 1895 in Shanghai nach Maßgabe des bei dem niedrigsten Silberpreise dieses Jahres ($27^{3}/_{16}$ d) für das Jahr 1901 notierten Kurses eingestellt und sind die Minimum-Kurse für 1894 und 1895 in Japan nach Maßgabe der Notierungen für Warenwechsel 30 Tage Sicht auf Japan in Hamburg angegeben.

[2]) Die Monatsdurchschnittskurse des Tael im Jahre 1893 betrugen (nach den österreichischen Tabellen zur Währungsstatistik) nebst den gleichzeitigen Silberpreisen (nach Conrads Volkswirtsch. Chronik 1900 S. 484):

I. Ostasiatische Wechselkurse auf London.
Notierung in Shanghai bezw. Hiogo.

	China[1] (Shanghai) p. 1 Shanghai Tael						Japan[1] (Hiogo) p. 1 Yen						Silber in London. Preis im Jahresdurchschnitt
	Maximum		Minimum		Durchschn.		Maximum		Minimum		Durchsch.[3]		
	s	d	s	d	s	d	s	d	s	d	s	d	d p oz
1873	5	11	5	6 3/4	5	9,06	—		—		—		59 3/16
74	5	11 1/2	5	7 1/4	5	8,64	—		—		—		58 5/16
75	5	8 1/2	5	6	5	7,2	—		—		—		56 11/16
76	5	9	4	11 3/4	5	3,6	—		—		—		53 1/8
77	5	7 1/2	5	3 1/4	5	4,68	—		—		—		54 13/16
78	5	5 1/2	4	10 3/4	5	2,7	—		—		3	9 5/8	52 5/8
79	5	3 1/2	4	9 1/4	5	0,86	—		—		3	8	51 1/4
1880	5	3 3/4	5	1/2	5	2,07	—		—		3	9	52 1/4
81	5	2	5	3/4	5	1,32	—		—		3	8 1/2	51 5/8
82	5	2 1/2	4	11 1/4	5	1,4	—		—		3	8 7/8	51 13/16
83	5	2 1/2	4	11 3/4	5	0,57	—		—		3	8	50 9/16
84	5	1 3/4	4	10	5	0,12	—		—		3	7 7/8	50 11/16
85	4	11	4	7 1/4	4	9,15	—		—		3	6 1/8	48 9/16
86	4	8 1/2	4	2 3/4	4	6,18	3	5	3		3	3 1/4	45 3/8
87	4	8 1/2	4	3 1/4	4	4,56	3	4	3	1	3	2	44 11/16
88	4	3 1/4	4	1 1/4	4	2,64	3	2	3		3	3/4	42 7/8
89	4	5 1/2	1	1 1/2	4	2,88	3	3	3	1	3	7/8	42 11/16
1890	5	3	4	3	4	8,04	3	10	3	1	3	4 5/8	47 3/4
91	4	8 1/4	4	2 1/2	4	4,3	3	5	3	1	3	2 5/8	45 1/16
92	4	3	3	8 3/4	2	10,7	3	1	2	9	2	10 5/8	39 3/4
1893	3	9 1/4	3	1/2	3	3,1[2]	2	9	2	4	2	6 7/8	35 9/16
94	3	1 3/4	2	8	2	10,2	2	2 3/8	1	10 5/8(?)	2	1 1/4	28 15/16
95	3	3/4	2	8 1/4	—		2	2 1/2	1	10 3/4(?)	—		29 13/16
96	3	3 7/8	2	10 3/4	—		2	2 7/8[1]	2	7/8	—		30 13/16
97	2	11	2	3 1/4	—		2	1 3/8	1	11 3/4	—		27 9/16
98	2	8 7/8	2	5 3/8	—		2	1/2	2	1/16	—		26 15/16
99	2	9	2	7 3/8	—		2	3/4	2	1/4	—		27 7/16
1900	2	11 1/8	2	8 1/8	—		2	5/16	2	1/8	—		28 5/16
1901	2	10 3/8	2	5 1/4	—		2	5/8	2	3/16	—		27 3/16

	Januar	Februar	März	April
Taelkurs	3 s 8 1/2 d	3 s 8 1/4 d	3 s 9 d	3 s 9 1/4 d
Silber	38 9/16—38 1/8	38 1/2—38 1/4	38 1/8—37 9/16	38 5/16—38
	Mai	**Juni**	**Juli**	**August**
Taelkurs	3 s 8 d	3 s 3 1/2 d	3 s 3 3/4 d	3 s 3 1/2 d
Silber	38 9/16—37 5/8	38 3/4—30 1/2	34 3/4—32 1/8	34 7/8—32 11/16
	September	**Oktober**	**November**	**Dezember**
Taelkurs	3 s 3 1/4 d	3 s 2 1/2 d	3 s 1 1/2 d	3 s 1/2 d
Silber	34 1/2—33 7/8	34 1/8—31 1/2	32 3/4—31 1/2	32 5/16—31 3/4

Der Kurs des Yen betrug zu Anfang Mai 1893: 2 s 8 1/4 d.

[3] Die Durchschnittskurse des Yen „d. d. on London“ sind der Broschure von Gundry: English Industries and Eastern competition 1895 S. 19 entnommen.

II. Wechselkurs auf China, Japan und die Straits in Indien (Bombay).

(Rupien p. 100 Taels etc.)

	Shanghai für 100 Taels	Hongkong für 100 Dollar	Japan für 100 Yen	Straits für 100 Dollar	Silberpreis in London	Rupienkurs auf London Jahresdurchschn. d
1873	306 [1])	228 [1])	—	—	59 3/16 [4])	22,35
74	306	223	—	—	58 5/16	22,16
75	306	223	—	—	56 11/16	21,63
76	310	227	—	—	53 1/8	20,51
77	308	226	—	—	54 13/16	20,79
78	310	223 1/2	—	—	52 5/8	19,79
79	305	223	—	—	51 1/4	19,96
1880	308	225	—	—	52 1/4	19,96
81	308	224	—	—	51 5/8	19,90
82	307	223 1/2	—	—	51 13/16	19,53
83	308	224	—	—	50 9/16	19,54
84	307	225	—	—	50 11/16	19,31
85	306	224	—	—	48 9/16	18,25
86	309	223 1/2	—	—	45 3/8	17,44
87	307	222 1/2	—	—	44 11/16	16,90
88	307 1/2	223	—	—	42 7/8	16,38
89	309	224	—	—	42 11/16	16,57
1890	307	221	—	—	47 3/4	18,09
91	307	221 1/2	—	—	45 1/16	16,73
92	307 (?) [2])	221 1/2 (?) [2])	—	—	39 3/4	14,99

1893 bis Mitte Mai	306[2]	221[2]	223[2]	223[2]	38	
1893 18. August		193			34	14,55
1894	200—250[3]	198—190[3]	199—188[3]	200—188[3]	31 3/4—27	13,10
1895	270—256	200—190	200—190	200—190	31 3/8—27 3/16	13,64
1896	266—227	192—165	192—165	192—165	31 15/16—29 3/4	14,45
1897 bis 1. Sept.	233—175	169—137	169—153 1/2	169—139 1/2[5]	29 13/16—23 3/4	
1897 Sept.—Dezbr.	175—222	137—161 1/2	153—165[6]	139 1/2—161	28 5/16—27 1/4	15,35
1898	185—204	139—150	153—155 1/2	139—151	25—28 5/16	15,98
1899 I. Semester	201—205 1/2	148—151	155	149—152	27 5/8—28 7/8	
1899 II. "	196 1/2—204 1/2	144—151	155—153	152—145	27 13/16—26 11/16	16,07
1900 I. "	201 1/2—213	146—151 3/4	151—152	146—150 1/4	27 3/4—28 9/16	
1900 II. "	209 1/2—221	150 1/2—159	152—153	150 1/2—162	27 3/4—30 3/16	15,98
1901 I. "	216—202	154—146 1/2	151—153	157—146 1/2	29,56—26,94	
1901 II. "	200 1/2—186 1/2[7]	146 1/4—138 1/2	156—149	147—137 1/2	27,25—24,94	15,99

[1] Die Zahlen für 1873—1891 sind dem App. 1893 S. 279 entnommen.

[2] Für 1892 haben sichere Zahlen nicht ermittelt werden können, wahrscheinlich war aber der Kurs ebenso hoch wie in den Vorjahren. Die Zahlen für 1893 beruhen auf Mitteilungen der Hongkong & Shanghai Banking Corporation Filiale Hamburg. Nach Vithaldas (vergl. unten S. 128 ff.) war der Kurs des Taels nicht 306, sondern 307, der Kurs des Yen nicht 223, sondern 225.

[3] Für die Zahlen von 1894 an bilden die wöchentlichen Kursberichte der Hongkong & Shanghai Banking Corporation Filiale Bombay die Grundlage. Die Zahlen geben den höchsten und den tiefsten Stand des Kurses für Bank Bills demand in der betreffenden Zeit an. Die Voranstellung des höchsten Kurses soll, wo geschehen, die sinkende Tendenz des Kurses zum Ausdruck bringen, und umgekehrt. Der niedrigste Kurs des Hongkong Dollars war nach Prot. 1898 § 9736 (im August 1897) nicht 137, wie oben angegeben, sondern 133. Die Durchschnittskurse des Dollars waren nach O'Conor im Review of the Trade of British India 1901/02 S. 25

1892/93	1893/94	1894/95	1895/96	1896/97	1897/98	1898/99	1899/1900	1900/01	1901/02
222	205	188	191	181	155	143	146	150	143

[4] Vergl. bis 1896 den Bericht des amerikanischen Münzdirektors für das Jahr 1900 S. 204. Die Ziffern für den 18. Aug. 1893 sind nach dem Diagramm in App. zu Prot. 1898 S. 146 eingestellt. Die Zahlen für 1897—1901 sind Conrads Volkswirtsch. Chronik 1900 S. 484 und 1901 S. 603 entnommen.

[5] Am 26. Aug. 1897 erreichte der Preis des Silbers in London seinen (bis Mai 1902) tiefsten Stand mit 23 3/4 d p. oz.

[6] Am 1. Okt. 1897 wurde in Japan die Goldwährung eingeführt.

[7] Die monatlichen Schwankungen des Kurses gegenüber China ergeben sich aus folgender Zusammenstellung des Wechselkurses auf Hongkong in Bombay, die aus den Protokollen von 1898 § 12136 entnommen ist. (Rupien p. 100 Dollar.)

	April	Mai	Juni	Juli	August	Sept.	Okt.	Nov.	Dez.	Januar	Februar	März
1893/94	—	—	—	197 4/7	198 17/27	197 19/27	197 5/36	190 9/11	190 22/23	188 19/24	189 20/21	175 1/23
94/95	185 8/23	195 31/50	195 31/50	197 16/25	195 3/32	194 2/3	195 4/21	192 67/100	190 71/88	190 25/48	187 37/60	183 11/26
95/96	194 6/23	197	197 31/50	199 7/27	199 2/25	198	196 3/22	195 23/32	188 12/23	187 3/4	186 4/23	186 6/13
96/97	188 9/23	190 31/50	190 13/25	189 2/3	186 47/50	183 9/32	179 11/18	169 8/21	167 7/16	167 12/25	166 27/40	163 87/100
97/98	162 2/23	164 24/25	164 31/43	157 3/4	143 7/12	141 2/25	149 9/35	151 7/40	157	147 7/44	143 5/24	141 1/14

III. Tageskurse für telegraphische Banküberweisungen in Shanghai[1]).

	Nach London p. 1 Tael s d	Indien p. 100 Tael Rupien	Japan p. 100 Tael Yen	New-York p. 100 Tael Dollar	Österreich p. 100 Tael Kronen	Rußland p. 100 Tael Rubel	Silber in London d
1900 5. Nov.	2 11 1/8	219 3/4	69 3/4	71	—	—	29 15/16
29. Dez.	2 10 1/2	214	70 3/4	69 3/4	—	—	29 1/2—29 9/16
1901 23. Jan.	2 9 5/8	208 3/4	72 1/2	68	—	—	28 15/16
28. „	2 9 1/4	206 1/2	73 1/4	67 1/4	—	—	28 9/16—28 5/8
11. Febr.	2,8 7/8—2,9	204 1/2	74	66 1/2	—	—	28 13/16
25. „	2 8 7/8	204 1/2	74	66 1/2	—	—	28 5/16
25. März	2 8 3/4	204 1/2	74 1/4	66	—	—	27 3/4
8. April	2 8	200 1/2	75 3/4	?	—	—	26 15/16
15. Mai	2 8 1/2	203	74 3/4	65 3/4	—	—	27 1/2
3. Juni	2 8 1/4	202	75 1/2	65 1/2	—	—	27 1/2
24. Juli	2 7 1/2	197 3/4	78 1/4	63 3/4	—	—	26 15/16—27
4. Sept.	2,7 3/4—2,7 7/8	198	77 3/4	64 1/4	319	—	27—26 15/16
7. Okt.	2 7 3/8	195 3/4	78	63 1/2	315	—	26 3/4
30. „	2,7 1/4—2,7 3/8	195	78	63 1/4	312	124 3/4	26 5/8
13. Nov.	2 7	193 1/4	78 1/2	62 3/4	310	123 1/4	26 3/8
18. „	2,6 1/2—2,6 1/4	190 1/4	79 3/4	61 7/8	305	121 1/2	26 1/8—26
27. „	2,5 3/8—2,5 1/4	183	79 3/4	59 1/2	300	117 1/2	25 5/8—25 1/2
11. Dez.	2 5 5/8	185	82 1/4	60	305	119 3/4	25 1/4—25 3/16

In welchem Maße die Konkurrenzfähigkeit Indiens gegenüber Japan in China geschwächt worden ist, hat im Jahre 1900 ein indischer Großkaufmann, Vithaldas Damodher Thackersey, speziell für die indische Baumwollindustrie festzustellen versucht, indem er die Lage des indischen und des japanischen Baumwollgarnspinners beim Export nach China

[1]) Diese Tabelle ist nach den von der Hongkong & Shanghai Banking Corporation zur Verfügung gestellten Kurszetteln des Wechselmaklers Coutts in Shanghai aufgemacht. Die Verschiedenheit der Kurse bei gleichem Silberpreise (vergl. 15. Mai und 3. Juni bezw. 24. Juli und 4. September) und die Gleichheit des Kurses bei verschiedenen Silberpreisen (vergl. z. B. für Indien 11. und 25. Februar, 25. März, für Japan 18. und 27. November) zeigen, daß der Silberpreis nicht der einzige bestimmende Faktor ist.

Aus einer Vergleichung mit Tabelle II geht hervor, daß die Notierungen des Taelkurses in Rupien in Shanghai und Bombay nicht unwesentlich differieren. Nach Tabelle II war der niedrigste Kurs für 1901 in Bombay 186 1/2, nach Tabelle III in Shanghai 183. Die Differenz ist nicht allein darauf zurückzuführen, daß in Tabelle II die Kurse für Bank Bills demand, in Tabelle III die Kurse für telegraphische Banküberweisungen angegeben sind, da die Kurse dieser beiden Gattungen von Banktratten nur ganz wenig von einander verschieden sind. Die in Bombay notierten Kurse für Bank „Wires“ und Bank demands auf London differieren in der Regel nur um 1/32 d, also um zirka 2 ‰.

zu Anfang des Jahres 1893 und im Jahre 1900 verglich und die Veränderung an einem praktischen Beispiele rechnerisch darlegte. Diese Berechnungen sind zuerst in den Times of India veröffentlicht worden und dann von dem englischen Bimetallist (im Novemberheft 1900) nachgedruckt. Sie sollen hier mit einigen unwesentlichen Änderungen (und einer kurzen Einleitung) wiedergegeben werden[1]).

Vithaldas legt zunächst dar, welchen höheren Preis der indische Spinner für sein Baumwollgarn in China im Jahre 1900 habe fordern müssen, nachdem der Kurs der Rupie von 307 Rupien für 100 Shanghai Taels im Jahre 1893 auf 200 Rupien zurückgegangen sei (a). Sodann berechnet er, welchen Bruttoerlös der japanische Spinner, der mit dem indischen konkurriert, bei dem gleichen Verkaufspreise in China erzielt (b). Hierauf wird untersucht, um wieviel sich die Produktionskosten des japanischen Spinners infolge der Verteuerung des Bezugs der Rohbaumwolle aus Indien erhöht haben (c)[1]). Endlich wird das Fazit gezogen, welches die Benachteiligung des indischen Spinners gegenüber dem Japaner zur Anschauung bringt (d).

Zu Grunde gelegt ist ein Baumwollpreis von 160 Rupien p. candy (784 lbs.), wie er zwar nicht im Jahre 1900 bestand — denn der Durchschnittspreis dieses Jahres war nach dem Stat. Abstract rel. to Brit. India für 1900/01 214 Rupien 13 Annas —, wie er aber dem Durchschnitt der vier Jahre 1896—1899 entspricht. Der Garnpreis ist mit 6 Annas (1 R. = 16 Annas) p. Pfund eingesetzt, wobei unter Annahme eines Rohstoffverlustes beim Verspinnen von 19 % 4 Annas für den in dem Garn enthaltenen Rohstoff, 1½ Annas als Verspinnungskosten und ½ Anna als Gewinn des Spinners in Ansatz gebracht sind. Mehrere Sachverständige sollen die Berechnung geprüft und richtig befunden haben[2]).

[1]) In Japan selbst wächst nur wenig Baumwolle. Prot. 1898 § 1120. Im Jahre 1893 waren nur 71431 Tchô (1 Tchô = 99 Ar) damit bebaut.

[2]) Die auf diese Berechnungen gestützten Behauptungen Vithaldas' sind in mehreren folgenden, ebenfalls im „Bimetallist" (November und Dezember 1900) abgedruckten Artikeln angegriffen worden. Alle diese Angriffe gehen aber fehl. Die vorgebrachten Argumente sind zum Teil überhaupt falsch, zum Teil beweisen sie nur: einerseits, daß zu dem Niedergang der indischen Baumwollindustrie auch noch andere Faktoren mitgewirkt haben als die Währungsreform, andererseits, daß Indien Japan gegenüber in betreff der

a.

Die Kosten des Imports von 100 Ballen Baumwollgarn nach Shanghai belaufen sich für den indischen Exporteur auf 16200 Rupien, wenn man den Einkaufspreis mit 6 Annas p. Pfund annimmt. Diese Kosten setzen sich, wie folgt, zusammen:

100 Ballen Garn = 40000 lbs. à 6 Annas . . .	15000 R.
Fracht = 13 1/2 R. p. Ton[1]) netto	450 „
Versicherung	25 „
Beschädigung à 8 Annas p. Ballen	50 „
6 % Zinsen für 4 Monate	300 „
Kommission 2 1/2 %	375 „
	16200 R.

Um diese Kosten zu decken, mußten die 100 Ballen in China verkauft werden: vor 1893 bei einem Kurse von 307 R. für 100 Tael zu 5516 Tael
1899 1900 bei einem Kurse von 200 R. für 100 Tael zu 8339 „
Differenz . . 2823 Tael,

denn	16200 R. à 307 R. p. 100 Tael . .	5277 Tael
	Importzoll Shanghai . .	239 „
		5516 Tael
	16200 R. à 200 R. p. 100 Tael . .	8100 Tael
	Importzoll Shanghai . .	239 „
		8339 Tael.

Um 6 Annas für das Pfund Baumwollgarn zu erlösen, wie vor 1893, mußte deshalb der indische Exporteur nach der Währungsreform bei einem Taelkurse von 200 Rupien 2823 Taels = 51,18 % mehr fordern als früher.

b.

Der Preis von 5516 Taels in China, welcher nach a vor 1893 hinreichend war, um die Kosten des Exports von 100 Ballen Baumwollgarn aus Indien zu decken, brachte dem japanischen Konkurrenten Indiens bei dem damaligen Kurse von 71 1/2 Tael für 100 Yen: 7380 Yen.

Der Preis von 8339 T., welcher jetzt gefordert werden muß, um das gleiche Nettoresultat zu erzielen, bringt dem Japaner bei einem Kurse von 74 1/2 T. für 100 Yen, wie im Jahre 1899 und vorübergehend auch im Jahre 1900, 10872 Yen, also 3492 Yen mehr, denn

5516 T. — 239 T. (Zoll) = 5277 T à 71 1/2 T. p. 100 Yen = 7380 Yen[2])
8339 T. — 239 T. (Zoll) = 8100 T à 74 1/2 T. p. 100 Yen = 10872 „ [2])
Differenz 3492 Yen.

Kosten seiner Produktion an sich günstiger gestellt ist. Die Frage der Schädigung Indiens durch die Währungsreform, um die es sich handelt, wird gar nicht berührt. Das ist in den folgenden Artikeln a. a. O. richtig hervorgehoben worden und kann schon deshalb hier unerörtert bleiben.

[1]) Die Fracht ist hier offenbar nach Schiffstonnen (à 40 Kubikfuß) berechnet. 40000 lbs. zu einem Satze von 13 1/2 Rupien für die Gewichtstonne würden nur 240 Rupien kosten, da 40000 lbs. zirka 18 Gewichtstonnen sind. Nach einer Auskunft des Norddeutschen Lloyd in Bremen wird die Fracht für „leichtere Artikel, Manufakturwaren etc." immer nach Schiffstonnen berechnet.

[2]) Die im Bimetallist angegebenen Zahlen lauten etwas anders, weil Vithaldas ver-

c.

Der japanische Spinner bezieht seine Rohbaumwolle zum großen Teil aus Indien. Dieser Bezug ist ihm natürlich durch den Kursfall des Yen erschwert bezw. verteuert worden. Seine Rohware kostet deshalb jetzt mehr als früher. Das ist im folgenden berechnet.

Um 100 Ballen Baumwollgarn No. 20 (40000 lbs.) herzustellen, muß der japanische Spinner in Indien 49386 lbs. — 63 candies Rohbaumwolle einkaufen, da auf zirka 19 % Verlust beim Verspinnen zu rechnen ist. Diese 63 candies Rohbaumwolle kosten bei einem Preise von 160 R. p. candy inkl. Fracht etc. frei Japan 10802 Rupien.

63 candies Rohbaumwolle à 160 R.	10080 R.
Fracht	578 „
Versicherung	27 „
Beschädigung	63 „
Kommission $1\frac{1}{2}$ %	54 „
	10802 R.[1])

10802 R. kosteten bei dem Kurse vor 1893, nämlich 225 R. p. 100 Yen	4801 Yen
bei dem jetzigen Kurse von 151 R. p. 100 Yen dagegen	7154 „
also mehr . .	2353 Yen.

d.

Nach den Rechnungen unter b und c erlöste der japanische Spinner

im Jahre 1893 für 100 Ballen Baumwollgarn in China .	7380 Yen
während seine Rohstoffkosten betrugen . . .	4801 „
der Überschuß war . .	2579 Yen.

Dagegen betrugen im Jahre 1900

der Erlös	10872 Yen
die Rohstoffkosten	7154 „
der Überschuß . .	3718 Yen.

Der Überschuß im Jahre 1900 ist also um 3718 — 2579 = 1139 Yen größer als im Jahre 1893[2]).

1139 Yen zum Kurse von $74\frac{1}{2}$ Taels für 100 Yen sind 848,55 Taels[3]).

Der Japaner kann also bei einem Preise von 8339 Taels, den der Indier fordern muß, diesen jetzt um $848\frac{1}{2}$ Taels, d. h. um etwas mehr als 10 % unterbieten, während er früher auf gleichem Fuße konkurrierte.

---

gessen hat, den Betrag des Zolles, der ja nicht remittiert wird, abzuziehen. Anstatt auf 7380 bezw. 10872 Yen wird der Erlös des Japaners im Jahre 1893 auf $7714\frac{2}{3}$, im Jahre 1900 auf 11193 Yen berechnet.

[1]) Zinsen sind (im Gegensatz zu a) nicht gerechnet. Wahrscheinlich ist Barzahlung Handelsgebrauch. Die Kommission beträgt, richtig gerechnet, nur 50,4 R., also 3,5 Rupien weniger.

[2]) Vithaldas rechnet infolge des unter b gerügten Fehlers nur 1126 Yen heraus.

[3]) Vithaldas rechnet bei 1126 Yen Differenz rund $83\frac{1}{3}$ Tael p. Ballen = $833\frac{1}{3}$ Tael im ganzen.

Diese Rechnung bringt den Einfluß der Kursänderungen nicht in der richtigen Weise zur Darstellung. Vithaldas hat u. a. zu berücksichtigen vergessen, daß außer dem Rohstoff für den Japaner infolge des Kursfalles des Yen auch die Kosten der Verzinsung und Amortisation der Maschinen größer geworden sind, während sie für den Indier eine Verminderung erfahren haben; ferner daß die Lohnausgaben des Japaners infolge der Erhöhung der Löhne in Japan gestiegen sind, während die Lohnausgaben des Indiers gleich blieben. Außerdem ist nicht beachtet worden, daß der indische Spinner, ebenso allerdings auch der Japaner, jetzt an Rohstoffkosten aus dem Grunde spart, weil der Preis der Rohbaumwolle in Indien durch die Steigerung des Kurses herabgedrückt worden ist. Werden diese Punkte berücksichtigt, so ergibt sich ein ganz anderes Resultat. Wir kommen später (S. 150ff.) näher hierauf zurück.

Vithaldas hat nun aber zur Illustration der Schädigung Indiens gegenüber den ostasiatischen Ländern denjenigen Fall herausgegriffen, bei welchem diese Schädigung am geringsten war, den Fall der Veredelungs-Industrie. Außerdem hat er seinen Berechnungen einen Kurs zu Grunde gelegt, der einem Silberpreise von ungefähr 27 d entspricht, während der Preis des Silbers jetzt erheblich weiter zurückgegangen ist. Endlich leidet seine Darstellung, wie bereits erwähnt, an mehreren Fehlern. Abgesehen hiervon bedarf es, um eine Anschauung von den Wirkungen der Reform zu gewinnen, auch der Berücksichtigung anderer Fälle, so der Konkurrenz Indiens mit den Chinesen in China selbst, in Japan und in Europa, sowie der Konkurrenz des Chinesen bezw. des Japaners mit dem Indier auf dem indischen Markte. Es wird daher erforderlich sein, die Sachlage von neuem und selbständig zu prüfen. Das ist in den folgenden Beispielen geschehen. Dabei ist zugleich darauf Bedacht genommen, zu zeigen, in welchem Maße dem Indier die Konkurrenz mit den Produzenten der Goldwährungsländer in China und Japan erschwert worden ist, um nachzuholen, was im vorigen Abschnitt übergangen wurde.

Bei der Berechnung dieser Beispiele sind für China Kurse zu Grunde gelegt worden, welche einem Silberpreise von 25 1/2 d, dem ungefähren Durchschnitt des Preises in der Zeit vom 1. Juli 1901 bis zum 1. Juli 1902, entsprechen. Bei diesem Silberpreise betragen, nach dem Durchschnitt der Börsennotierungen in Shanghai, die Kurse für telegraphische Banküberweisungen (bei denen nicht wie sonst Zinsbeträge in Abzug kommen!):

von China nach	Indien	100 Tael	=	185 Rupien
„ „ „	Japan	81 „	=	100 Yen
„ „ „	England	1 „	=	2 s $5^3/_4$d.[1])

Der Goldkurs des Yen (der jetzt von dem Silberpreise unabhängig ist) betrug zu derselben Zeit (nach der Börsennotierung in Hiogo vom 30. November 1901) für telegraphische Überweisungen nach London $24^1/_4$d. Der Rupienkurs des Yen war nach den Dezembernotierungen der Hongkong & Shanghai Banking Corporation in Bombay zirka 151 Rupien p. 100 Yen (ebenso hoch, wie Vithaldas für 1900 rechnet).

I. Erschwerung des Opiumexports nach China.

Die Erschwerung des Opiumexports nach China war einer der Hauptbeschwerdepunkte der Gegner der indischen Währungsreform. Sie wurde auch von den dissentierenden Mitgliedern der Währungskommission von 1898 als besonders bedenklich hervorgehoben. Die letzteren führten in ihrem Separatvotum (Bericht S. 24) an, daß der Opiumexport von Indien nach China von 1892 bis 1897 um 25 % abgenommen habe, obwohl der Preis in China von 397 auf 556 Taels per Picul, also um etwa 40 %, gestiegen sei. Dementsprechend sei auch der indische Preis von 1202 Rupien p. Kiste auf 1114 Rupien zurückgegangen. — Die hierin zum Ausdruck kommende Benachteiligung des Opiumhandels war insofern noch von ganz besonderer Wichtigkeit, als die indische Regierung aus dem Opiumhandel große Einnahmen zieht (zirka $4^3/_4$ Mill. Lstrl.[2]). Diese Einnahmen sind teils Monopoleinnahmen, teils Steuern oder eigentlich Zölle, die beim Übergang des in den Eingeborenenstaaten gebauten „Malwa“ Opiums auf britisches Territorium erhoben werden[3]).

[1]) Die hier zu Grunde gelegten Kurse lauten, nach den von der Hongkong & Shanghai Banking Corporation zur Verfügung gestellten Notierungen des Maklers Coutts in Shanghai

1901	Silber in London p. Unze	Kurse von Bank T T nach London p. 1 Tael	Indien p. 100 Tael	Japan p. 100 Yen
27. Novbr.	$25^5/_8$ d—$25^1/_2$ d	2 s $5^3/_8$d—2 s $5^1/_4$d	183 Rupien	$79^3/_4$ Taels
2. Dezbr.	$25^3/_8$ d—$25^7/_{16}$d	2 s $5^1/_2$d	$183/_4$ „	$82^1/_2$ „
16. Dezbr.	$25^7/_{16}$d—$25^1/_2$ d	2 s 6d —2 s $6^1/_8$d	$187^1/_4$ „	81 „
24. Dezbr.	$25^7/_{16}$d—$25^1/_2$ d	2 s $6^1/_8$d	188 „	$80^3/_4$ „

[2]) Vergl. oben S. 94.

[3]) Im britischen Indien — soweit das Monopol der Regierung reicht — ist die

Die Monopoleinnahmen werden durch einen Rückgang des Preises direkt affiziert, die Zölle wenigstens dann, wenn es sich infolge der Erschwerung der Ausfuhr erforderlich erweist, ihren Betrag herabzusetzen, wie es in Indien tatsächlich geschehen ist.

Ob und in welchem Maße der Opiumexport erschwert worden ist, zeigt sich, wenn wir die Lage des Produzenten ins Auge fassen, und zwar nicht die Lage des Produzenten in den Monopolgebieten, der von der Regierung einen fixen Preis erhält, sondern die Lage des Produzenten von Malwa-Opium in den Eingeborenenstaaten, der keinen fixen Preis erhält, sondern vom Markte abhängig ist.

1. Erschwerung des Exports für den indischen Opiumproduzenten.

Der Durchschnittspreis des indischen Opiums in Indien war nach den offiziellen Handelsberichten im Jahre 1892/93 für (versteuertes) Malwa-Opium 1200 Rupien p. Kiste. Zehn Kisten versteuertes Opium brachten hiernach dem indischen Produzenten kurz vor Beginn der Währungsreform beim Verkauf in Indien und daher auch beim Export nach China 12000 Rupien, wovon ihm nach Abzug der Steuer (40 Lstrl. = 656 Rupien p. Kiste, also 6560 Rupien für zehn Kisten) 5440 Rupien als Roheinnahme verblieben. Um bei einem Export nach China diesen Erlös zu erzielen, mußte er damals in China den Taelbetrag von 12000 Rupien zuzüglich der Exportkosten zum Kurse von 307 Rupien für 100 Taels fordern.

Über die Höhe der Exportkosten[1]) beim Opiumexport ist näheres nicht bekannt. Wie können dieselben aber auf Grund der von Vithaldas für den Export von Baumwollgarn nach China angegebenen Zahlen ungefähr schätzen. Die Fracht ist nicht bedeutend. Sie beträgt für zehn Kisten, selbst wenn wir einen Frachtsatz von 20 Rupien p. Tonne zugrunde legen, da die Kiste Opium nach den Angaben in den Tables rel. to the Trade of Brit. India 1899/1900 S. 24 zirka 1,38 Cwts wiegt[2]), nicht mehr als 13,8 Rupien[3]).

Opiumkultur nur in Teilen von Bengalen und der Nordwestprovinzen, sowie im Punjab gestattet. Der Produzent hat das rohe Produkt gegen einen fixen Preis (früher 5 Rupien, seit 1895 6 Rupien p. Seer à 2 lbs) an Agenten abzuliefern, welche dasselbe unter Kontrolle nach den Staatsfabriken in Patna und Ghazipur senden. Hier wird es raffiniert und dann allmonatlich auf Auktionen in Kalkutta verkauft. Dieses (Monopol-)Opium ist das Bengal Opium. Außerdem wird aber in einzelnen Eingeborenen-Staaten Opium gebaut, das Malwa Opium. Dieses Opium muß bei dem Übergange auf britisches Territorium eine hohe Steuer (bis Dezember 1894 40 Lstrl. p. Kiste, von da bis Juli 1896 43 1/3 Lstrl., dann wieder 40 Lstrl. und seit Oktober 1897 33 1/3 Lstrl.) bezahlen. Der Markt für diese Sorte ist Bombay. Vergl. Moral and Material Progress & Condition of India Bd. 37 1900/01 S. 82.

[1]) Die Exportkosten brauchten im vorigen Abschnitt nicht besonders berücksichtigt zu werden, weil sie in Gold zu zahlen sind und daher beim Export nach England bezw. beim Import von dort 1893 und jetzt mit gleichen Beträgen von dem Londoner Goldpreise bezw. von dem Erlöse in Sterling in Abzug kommen. Hier ist die Sache anders. Es wäre aber auch falsch, die Exportkosten und die auf deren Beträge entstandenen Kursdifferenzen überhaupt außer acht zu lassen. Beim Opium würden sich daraus allerdings nur kleine Fehler ergeben, die nicht schaden würden. Anders aber in denjenigen Fällen, in welchen die Exportkosten relativ bedeutender sind, z. B. bei der Kohle, beim Baumwollgarn etc. Vergl. unten S. 145 ff. S. 150 ff., 158.

[2]) 1,38 Cwts sind 154,56 lbs. In dem Statement e. the Moral & Material Progress & Condition Bd. 37, 1900/01, S. 82 wird das Gewicht einer Kiste Opium auf nur 140 lbs angegeben.

[3]) Der Frachtsatz von 20 Rupien p. Tonne dürfte reichlich hoch sein, da die Fracht

Wir wollen 14 Rupien rechnen. Die Versicherung veranschlagen wir ungefähr ebenso hoch wie für Baumwollgarn (zirka 1 3/4 %) auf etwa 21 Rupien. 6 % Zinsen für 4 Monate kosten 240 Rupien. Die Kommission wird bei einem Artikel wie Opium nur etwa 1 %, also 120 Rupien betragen. Die gesamten Exportkosten wären hiernach auf 14 + 21 + 240 + 120 = 395 Rupien zu veranschlagen. Demzufolge konnte der indische Opiumproduzent im Jahre 1892/93 zehn Kisten Malwa Opium für 12000 + 395 = 12 395 Rupien nach China liefern. 12 395 Rupien sind bei dem damaligen Taelkurse von 307 Rupien für 100 Taels 4037 Taels (d. h. Shanghai Taels). Zehn Kisten indisches Malwa Opium konnten daher in China zu 4037 Shanghai Taels (zuzüglich des chinesischen Einfuhrzolles) verkauft werden[1]).

Jetzt, nachdem der Kurs des Shanghai Taels auf 185 Rupien zurückgegangen ist, ergibt der frühere Verkaufspreis von 4037 Taels für zehn Kisten Opium nicht mehr 12 395 Rupien wie 1892/93, sondern nur noch 7468 Rupien, also 4927 Rupien weniger.

4037 Tael à 185 Rupien p. 100 T. = 7468 Rupien.

Um den früheren Erlös von 12 395 Rupien zu erzielen, müßte der Indier seinen Preis jetzt auf 6700 Taels hinaufsetzen.

12 395 R. à 185 R. p. 100 Tael = 6700 T.

Nun kann sich allerdings der Indier jetzt mit einem geringeren Erlöse begnügen. Es ist nämlich die Steuer von 40 Lstrl. = 656 Rupien auf 33 1/3 Lstrl. = 500 Rupien, also um 156 Rupien p. Kiste herabgesetzt worden. Außerdem haben sich die Ausgaben an Fracht und Versicherung etwas ermäßigt; denn Fracht- und Versicherungsprämien sind in Gold, nicht in Rupien zu zahlen und die Rupie ist in Gold jetzt ca. 10 % mehr wert als 1892/93. Dieser letztere Umstand kommt aber bei den geringen Beträgen, um die es sich hier handelt, (14 bezw. 21 Rupien für 1892/93) nicht in Betracht. Im übrigen sind die Kosten des indischen Opiumproduzenten unverändert geblieben. Insbesondere sind die Produktionskosten nicht zurückgegangen, denn die Opiumkultur liegt in Indien in den Händen kleiner Bauern, die ohne Maschinen und ohne fremde Hülfskräfte arbeiten.

Hiernach kann der indische Opiumproduzent seine Forderung jetzt ohne Schaden um den Betrag der Ersparnis an Steuer herabsetzen. Diese Ersparnis ist keineswegs unbedeutend. Bei einem Steuerunterschiede von 156 Rupien p. Kiste beträgt sie für 10 Kisten 1560 Rupien. Deshalb kann der Indier sich heute mit einem Erlöse von 12 395—1560 = 10 835 Rupien begnügen. 10 835 Rupien sind bei einem Taelkurse von 185 Rupien p. 100 Taels 5857 Taels. Der indische Opiumproduzent muß also heute, nach Abschluß der Währungsreform, trotz einer Steuerermäßigung um 1560 Rupien, immer noch 5857 Taels für 10 Kisten Opium in China fordern, wenn er denselben Gewinn erzielen will, den er vor Beginn der Währungsreform bei einem Ver-

---

von Indien nach England für Weizen im Jahre 1898 nur 23,66, im Jahre 1899 20,72 Rupien betrug und in diesen Jahren noch besonders hoch war.

[1]) Nach der chinesischen Importstatistik war der Preis in Wirklichkeit 397,6 Haikwan Taels, d. s. 439 Shanghai Taels per Picul à 133 1/3 lbs, also erheblich höher. (Vergl. unten S. 176.) Die Differenz ist nicht aufzuklären. Darauf kommt es aber auch hier, wo es sich nur um die Feststellung des Einflusses der Kursveränderung nach 1893 handelt, nicht an,

kaufe zu 4037 Taels erlangte. Der Unterschied beträgt 1820 Taels, d. s. 45,1% des früheren Preises (4037 Taels).

In diesem Maße ist die Lage des indischen Opiumproduzenten in Wirklichkeit und im ganzen verschlechtert worden. Wenn wir aber lediglich die Folgen der Reform ins Auge fassen, so ergibt sich eine stärkere Verschlechterung, denn dann dürfen wir nicht in Betracht ziehen, daß die Steuer von 40 Lstrl. auf 33 1/3 Lstrl. herabgesetzt worden ist. Diese Steuerherabsetzung war ja keine (direkte) Folge der Reform, sondern sie war eine Folge der Verschlechterung der Lage der indischen Opiumproduzenten durch die Reform, und diese Verschlechterung wollen wir hier in ihrer Größe erst feststellen. Bei dieser Sachlage müssen wir, um richtig zu verfahren, fingieren, daß die Steuer noch jetzt 40 Lstrl. beträgt. Dann kommt als kompensierendes Moment lediglich in Betracht, daß der *Rupien*aufwand zur Bezahlung dieser in Gold fixierten Steuer (von 40 Lstrl.) entsprechend der Steigerung des Rupienkurses von 14 5/8 d auf 16 d) von 656 Rupien auf 600 Rupien, also um 56 Rupien p. Kiste, zurückgegangen ist.

Hiernach hat die Währungsreform nur bewirkt, daß der indische Opiumproduzent sich jetzt mit einem um 56 Rupien p. Kiste geringeren Rupienerlöse begnügen kann. Bei dieser Sachlage muß der Indier, um denselben Gewinn wie zu Anfang 1893 zu erzielen, für 10 Kisten Opium in China jetzt 12395 — 560 = 11835 Rupien zum Kurse von 185 Rupien p. 100 Taels fordern. Das sind 6397 Taels. Der Unterschied gegen früher beträgt 6397 — 4037 = 2360 Taels, also 58% des früheren Preises. Um soviel ist der Opiumexport *durch die Währungsreform* (im Vergleich mit dem status quo) *erschwert* worden.

2. Die Lage des chinesischen Opiumproduzenten.

Im Gegensatz hierzu hat die Lage des *chinesischen* Opiumproduzenten, der mit dem indischen konkurriert, wenn er auch nur schlechtere Qualitäten liefert, sich nicht verändert. Dieser kann sich also noch heute mit demselben Preise begnügen wie 1892/93. An sich wäre ja freilich denkbar, daß seine Produktionskosten gestiegen wären, denn infolge des Sinkens des Taelkurses ist der Bezug von Maschinen aus den Goldwährungsländern verteuert worden und überdies sind in China die Löhne gestiegen (was hier wenigstens in dem Maße in Rechnung gestellt werden müßte, als es sich nur um eine Schadloshaltung der Arbeiter handelt). Indessen, der chinesische Opiumproduzent braucht weder Maschinen, noch zahlt er Löhne, denn Opium wird in China, ebenso wie in Indien, in bäuerlich-landwirtschaftlichen Kleinbetrieben gewonnen, in welchen der Bauer lediglich die eigene Arbeitskraft und diejenige seiner Familienangehörigen verwendet.

Der chinesische Opiumproduzent kann hiernach auch jetzt noch sein Opium zu demselben Preise auf den Markt liefern wie 1892/93. Wenn nun dieses Opium auch von schlechterer Qualität ist als das indische und daher zu gleichen Preisen nicht mit dem letzteren konkurrieren kann, so ist doch eine Konkurrenz zu niedrigeren Preisen möglich und hat eine solche tatsächlich immer stattgefunden. Wenn nun der Indier gezwungen ist, seinen Preis um 45,1% (wenn wir den Steuernachlaß berücksichtigen) heraufzusetzen, während das qualitativ geringere Opium des chinesischen Produzenten zu demselben Preise angeboten wird wie früher, so werden natürlich viele Konsumenten, die früher indisches Opium rauchten, infolge der starken Verteuerung des letzteren, sich von diesem abwenden und die jetzt bedeutend billigeren chinesischen Sorten vorziehen. Außerdem werden durch den stark erhöhten Preis der besseren Sorten die chinesischen Produzenten veranlaßt, größere Kosten aufzuwenden, um ihrerseits bessere Qualitäten zu erzeugen, die dem indischen Opium mehr und mehr gleichkommen, und bei der großen Verteuerung des indischen Opiums werden sie auch diese besseren und mit größeren Kosten erzeugten Qualitäten immer noch billiger anbieten können als der indische Produzent die seinigen.

Bei dieser Sachlage ist die Konkurrenzfähigkeit des Indiers durch die Währungsreform stark geschwächt worden und befindet sich der letztere trotz des Steuernachlasses von 6 2/3 Lstrl. p. Kiste immer noch in sehr viel schlechterer Lage als früher.

II. Erschwerung der Konkurrenz mit Amerika und China bei der Lieferung von Baumwolle nach Japan.

Indien liefert in Konkurrenz mit Amerika und China Rohbaumwolle nach Japan an die dortigen Spinnereien[1]). Diese Lieferung ist dem Indier, wie schon aus dem von Vithaldas angeführten Beispiel (S. 131) hervorgeht, durch das Sinken des Yenkurses gegenüber Indien stark erschwert worden, während sie dem Amerikaner weniger erschwert und dem Chinesen durch das Sinken des Taelkurses gegenüber dem Yen sogar noch erleichtert worden ist. Hierdurch ist natürlich die Konkurrenzfähigkeit des Indiers gegenüber beiden Konkurrenten geschwächt worden. In welchem Maße das geschehen ist, ergibt sich aus folgender Rechnung.

1. Erschwerung des Exports für den indischen Baumwollproduzenten.

Der Preis der Rohbaumwolle in Indien betrug im Durchschnitt der Jahre 1892 und 1893 185 Rupien p. candy, 1892 etwas weniger (171 Rupien), 1893 etwas mehr (199 R.). Die zur Herstellung von 100 Ballen Baumwollgarn erforderlichen 63 candies Rohbaumwolle kosteten also damals, kurz vor Beginn der Währungsreform in Indien, 11655 Rupien und konnten zu diesem Preise von dem indischen Baumwollproduzenten natürlich auch exportiert werden. Die Exportkosten nach Japan betrugen damals nach Vithaldas (oben S. 131) bei dem von ihm angenommenen Baumwollpreise von 160 Rupien p. candy 722 Rupien; sie betragen, wenn wir die Kommission von 1/2 %, die Versicherung mit 2,7 ‰ und die Beschädigung mit 6,3 ‰ nach dem hier eingestellten höheren Werte der Baumwolle berechnen, 740 Rupien[2]). Preis und Exportkosten zusammen machen 12395 Rupien. Bei dem damaligen Kurse von 225 Rupien für 100 Yen[3]) waren das 5509 Yen.

Der indische Baumwollproduzent konnte also im Jahre 1892/93 das für 100 Ballen Baumwollgarn erforderliche Quantum Baumwolle mit dem üblichen

[1]) Die Versorgung Japans mit Rohbaumwolle geschah im Jahre 1898 zu 54 % von Indien, 32 % von Amerika, 11 % von China. Trade of Brit. India 1898/99. S. 41.

[2]) Zinsen stellen wir nach dem Vorgange von Vithaldas nicht in Rechnung.

[3]) Wir nehmen hier den von Vithaldas angegebenen Kurs. Nach den Ziffern unserer Tabelle S. 127 war der Kurs zwei Rupien niedriger, nämlich 223 Rupien p. 100 Yen.

Gewinn zu 5509 Yen nach Japan liefern, wobei er nach Abzug der Exportkosten 11655 Rupien für seine Ware erhielt.

Nun ging der Kurs des Yen auf 151 Rupien für 100 Yen zurück. Um auch jetzt noch 11655 Rupien netto bezw. 12395 Rupien unter Einschluß der Exportkosten zu erlösen, muß der Indier in Japan statt 5509 Yen 8209 Yen fordern, also 2700 Yen, 49% mehr, denn 12395 R. à 151 R. p. 100 Yen = 8209 Yen. Mit einem wesentlich geringeren Rupienbetrage kann aber der indische Baumwollproduzent sich jetzt nicht begnügen, weil seine Kosten fast ganz unverändert geblieben sind. Die Exportkosten haben sich freilich insofern ermäßigt, als Fracht und Versicherung infolge der 10%igen Steigerung des Goldwerts der Rupie um zirka 60 Rupien = 40 Yen geringer geworden sind. Die Produktionskosten sind aber noch ebenso hoch wie vor Beginn der Währungsreform. Die Baumwollkultur in Indien liegt ja, wie bereits erwähnt, in den Händen kleiner Bauern und wird in der primitivsten Weise ohne fremde Hülfskräfte und ohne europäische Maschinen betrieben. Auch die Reinigung der Baumwolle (die bekanntlich nur sehr mäßig ist) geschieht und geschah besonders noch im Jahre 1892/93 zumeist unter Benutzung der alten indischen Handmaschinen, selten in den nur sporadisch zu findenden, mit amerikanischen Maschinen ausgerüsteten Entkörnungsanstalten[1]). Der indische Baumwollproduzent benutzt also weder Importartikel (Maschinen), noch zahlt er Löhne und außerdem erwachsen ihm natürlich auch keine Ausgaben für Rohstoffe. Unter diesen Umständen können seine Produktionskosten in keiner Weise durch die Kursänderung beeinflußt worden sein. Sind aber nur die Exportkosten und auch diese nur um 60 Rupien = 40 Yen für 63 candies Baumwolle ermäßigt worden, so kann er, um denselben Gewinn zu erzielen wie 1892/93, jetzt nur um 40 Yen billiger, als oben berechnet, anbieten und muß daher zwar nicht 8209, aber doch 8169 Yen fordern, 49% mehr als früher, wo er sich mit 5509 Yen begnügen konnte.

2. Die Lage des amerikanischen Produzenten.

Der Amerikaner erlöste im Jahre 1892/93, wenn er für seine Rohbaumwolle in Japan denselben Preis wie der Indier forderte, also 5509 Yen für die gleiche Qualität bezw. entsprechend mehr für bessere Qualität, bei dem damaligen Goldkurse des Yen von 2 3/4 s: 757 Lstrl. bezw. den entsprechenden Betrag in amerikanischem Goldgelde.

5509 Yen à 2 3/4 s p. Yen = 757 Lstrl.

Um jetzt, nachdem der Kurs des Yen auf 24 1/4 d zurückgegangen ist, 757 Lstrl. zu erlösen, muß er seine Forderung auf 7492 Yen erhöhen.

757 Lstrl. à 24 1/4 d p. Yen = 7492 Yen.

Weniger als 757 Lstrl. kann er aber — unter übrigens gleichen Umständen — nicht fordern, weil seine Produktions- und Exportkosten durch das Sinken des Silberpreises und die damit zusammenhängenden Kursrückgänge in Ost-

[1]) Über die Bauwollkultur in Indien vergl. Prot. 1898 §§ 500, 6123 und Kuhn, Die Baumwolle, ihre Kultur, Struktur und Verbreitung (Wien 1892) S. 64, 65, 66, 74, 82, 84. In letzter Zeit ist die Zahl der Reinigungsanstalten bedeutend gewachsen. Im Jahre 1899 waren 779 mit einem Kapital von 55,9 Millionen Rupien, 1900 813 vorhanden, während es 1892 nur 451 mit einem Kapital von 22,7 Millionen Rupien gab.

asien nicht gemindert worden sind. Immerhin braucht er aber nicht 2660 Yen mehr zu fordern, wie der Indier, sondern nur die Differenz von 7492 und 5509, also 1983 Yen; nicht 48 %, mehr wie jener, sondern nur 36 %. Der Unterschied zu Ungunsten des Indiers beträgt also 12 %.

Ist hiernach der Indier schon gegenüber dem Amerikaner in schlechterer Lage als vor Beginn der Währungsreform, so gilt das in noch viel höherem Maße von seinem Verhältnis gegenüber dem Chinesen.

3. Die Lage des Chinesen.

Der Chinese erlöste im Jahre 1892/93, wenn er für seine Rohbaumwolle in Japan denselben Preis forderte wie der Indier, nämlich 5509 Yen, bei dem damaligen Taelkurse von 71½ Taels p. 100 Yen 3939 Taels, denn

5509 Yen à 71½ T. p. 100 Yen = 3939 Taels.

Derselbe Yenbetrag bringt ihm aber bei dem jetzigen Kurse von 81 Taels p. 100 Yen 4462 Taels, also 523 Taels mehr. Dieser Mehrerlös bildet fast in seinem ganzen Betrage einen Mehrgewinn. Die Produktionskosten des Chinesen sind ja bei der dortigen Betriebsweise (bäuerliche Wirtschaft ohne fremde Hülfskräfte und ohne Maschinen) nicht gestiegen, ebensowenig wie sie in Indien bei steigendem Kurse zurückgegangen sind. Nur die Exportkosten sind größer geworden, weil die Fracht in Gold zu zahlen ist und weil bei dem höheren Erlöse Zinsen und Kommission sich erhöhen. Die Fracht ist aber bei der kurzen Entfernung zwischen China und Japan naturgemäß niedrig und Kommission und Zinsen werden bei der Steigerung des Erlöses um 523 Taels nur wenig erhöht.

Nach den Angaben des Konsulatsberichts über Shanghai für das Jahr 1900 im Deutschen Handelsarchiv von 1902 Heft I Teil 2 S. 59 betrug die Fracht von Shanghai nach Kobe im Jahre 1900 25 Cents p. Picul à 133⅓ lbs., d. s. 4,2 Dollar p. Ton, für Kohle 2 D. p. Ton. Rechnen wir 3 Dollar p. Ton, so sind das in Taels ungefähr 2¼ Taels, die bei dem durchschnittlichen Taelkurse des Jahres 1900 (2¾ s.) 6¼ s. galten. Da nun 63 candies Rohbaumwolle = 22,4 Tonnen sind, so würde im Jahre 1900 die Fracht 22.4 × 6¼ s. = 7 Lstrl. betragen haben. Legen wir diese Zahl zu Grunde, so mußte der Chinese zu Anfang 1893 bei einem Kurse von ca. 3⅔ s. für ein (Shanghai) Tael, um 7 Lstrl. an Fracht zu bezahlen, 38 Taels aufwenden, bei dem jetzigen Kurse von ca. 2½ s. aber 56 Taels, also 18 Taels mehr. Hierdurch vermindert sich der früher auf 523 Taels berechnete Mehrgewinn auf 505 Taels.

Um denselben Gewinn wie im Jahre 1892/93 zu erzielen, kann der Chinese jetzt also sich mit einem Preise begnügen, der um den Yenbetrag von 505 Taels = 623 Yen niedriger ist als früher, also niedriger als 5509 Yen.

505 T. à 81 T. p. 100 Yen = 623 Yen.

Der Chinese kann daher seine rohe Baumwolle jetzt bei einem Taelkurse von 81 T. p. 100 Yen zu 5509 — 623 = 4886 Yen anbieten, ohne im Vergleich zu 1892/93 etwas an Gewinn einzubüßen.

Während also der Indier infolge der veränderten Kursgestaltung gezwungen ist, für seine Rohbaumwolle in Japan statt wie früher 5509, jetzt 8169 Yen, also 2660 Yen mehr zu fordern, kann der Chinese, statt wie früher zu 5509, jetzt zu 4886 Yen, 623 Yen billiger anbieten. Während dem Indier der Absatz im Verhältnis von 2660 : 5509 = um 48 Prozent erschwert worden ist, ist derselbe dem Chinesen im Verhältnis von 623 : 5509 = um 11,3 Prozent erleichtert worden. Da der Chinese bei einem Preise von 4886 Yen jetzt noch den üblichen Gewinn erzielt wie früher, so ist also der Indier, der 8169 Yen fordern muß, um dasselbe Resultat zu erzielen, um 8169 — 4886 = 3283 Yen im Nachteil. Der Chinese kann ihn jetzt um nicht weniger als 40,2 Prozent unterbieten, während er früher denselben Preis fordern mußte.

III. Erschwerung der Konkurrenz Indiens mit China auf den Märkten der Goldwährungsländer, speziell in England, bei der Lieferung von Thee.

Indien konkurriert mit China auf den Märkten der Goldwährungsländer in Thee. Der in Indien und in Ceylon produzierte Thee ist nach den Aussagen der von der Währungskommission von 1898 vernommenen Sachverständigen besser und ausgiebiger als der chinesische, weil er besser behandelt wird. Er wird daher in England höher bezahlt. Die Durchschnittspreise für Thee in London waren seit 1888/89 nach den Angaben des Theemaklers Thompson (Prot. 1898 § 8591) bezw. der Sachverständigen Cruickshank, Christie und Leake (Prot. §§ 9411. 4838) für das englische Pfund

	Indischer Thee	Ceylon Thee	Chinesischer Thee
1888/89	10¼ d.	11 d.	9 d.
1889/90	10½	11	9
1890/91	11	11	9½
1891/92	10	9½	9
1892/93	11	9	8½
1893/94	9½	8½	8
1894/95	10¼	8½	7¾
1895/96	9¼	8	7½
1896/97	9½	7¾	7
1897/98	9	7½	6
1898	8,68	7	

1. Die Lage der indischen Theeproduzenten.

Die Lieferung von Thee auf den Londoner Markt ist für den indischen Theeproduzenten und ebenso für den Produzenten in Ceylon, den wir hier speziell ins Auge fassen wollen[1]), durch die Kurssteigerung der Rupie von 14⅝ d im Jahre 1893 vor Beginn der Währungsreform auf 16 d natürlich erschwert bezw. verteuert worden. Das gilt freilich weniger von den englischen Produktionsgesellschaften, die mit englischem Kapital arbeiten und einen Gewinn in Gold erzielen müssen, als von den einheimischen Produzenten. Die letzteren bilden aber in Ceylon immer noch die große Mehrzahl; denn die Kulturfläche der englischen Gesellschaften umfaßt (nach Prot. 1898 § 4851) nur 65000 acres, während im ganzen 360000 acres mit Thee bestellt sind.

[1]) Ceylon hat dieselbe Währung wie Indien und hat die gleiche Reform vorgenommen.

Wir wollen hier zunächst nur die Lageveränderung der einheimischen Gesellschaften[1]) prüfen.

Der indische oder vielmehr der Ceylon-Theeproduzent erhält für seinen Thee, wenn derselbe, wie im Jahre 1898, in London für 7 d p. Pfund brutto verkauft wird, netto 5 3/4 d, da die in Gold zu entrichtenden Exportkosten (Fracht und Spesen) circa 1 1/4 d p. Pfund betragen[2]) [3]). 5 3/4 d bringen ihm bei dem jetzigen Kurse von 16 d p. Rupie (nicht ganz) 0,36 Rupie. Dagegen würden sie ihm bei dem Kurse von 14 5/8 d, welcher unmittelbar vor Beginn der Währungsreform bestand, (etwas mehr als) 0,393 Rupie eingetragen haben, also circa 0,033 Rupie für das Pfund Thee mehr. Für 1000 Pfund Thee beträgt daher sein Mindererlös infolge der Kurssteigerung der Rupie 33 Rupien. Dieser Nachteil wird aber wenigstens teilweise durch die Ermäßigung der Produktionskosten ausgeglichen.

Von den Produktionskosten unterliegen dem Einflusse des Kurses unter allen Umständen die in Gold zu entrichtenden bezw. zu berechnenden Kosten. Das sind hier die Zins- und Amortisationsquote für die aus Europa bezogenen Maschinen und die laufenden Kosten für sonstiges aus den Goldwährungsländern bezogenes Material. Diese Kosten betragen nach den Angaben des Sachverständigen Cruickshank (Prot. 1898 §§ 9487, 9610) circa 10% der gesamten Produktionskosten. Letztere wurden auf 4 d p. Pfund Thee geschätzt[4]). Darnach betragen diese Kosten 0,4 d p. Pfund Thee.

Die Remittierung von 0,4 d nach England kostete im Jahre 1893 bei einem Kurse von 14 5/8 d p. Rupie 0,02735 Rupie, jetzt dagegen bei einem Kurse von 16 d nur 0,025 Rupie. An diesem Posten werden also 0,00235 Rupie p. Pfund Thee, für 1000 Pfund 2,35 Rupien gespart.

Außerdem könnten die Lohnausgaben geringer geworden sein. Es handelt sich hier einerseits um das Salär der europäischen Aufsichtsbeamten, andererseits um den Lohn der Kulis. Der Lohn der Kulis in Ceylon ist derart, daß der Kuli 1 2/3 Rupie p. Woche (für 5 Tage Arbeit) erhält, wovon ihm für 1 Rupie = 60% 1/4 bushel Reis geliefert werden muß[5]). Die Aufseher erhalten Geldlöhne. In Wirklichkeit sind nun die Lohnausgaben nicht geringer geworden, weder für den Kuli, noch für den (europäischen) Aufseher[6]). Soweit die Löhne in Geld bestehen, ist das ohne weiteres erklärlich,

---

[1]) Nach einer Notiz in den Financial Times vom 6. Oktober 1902 bestehen in Ceylon und im eigentlichen Indien zusammen ungefähr 170 englische Theegesellschaften mit einem Kapital an Aktien und Obligationen von ca. 19 Mill. Lstrl. Der Marktwert dieser Aktien und Obligationen war am 1. Juli 1897, dem Zeitpunkte der Höchstnotiz, 24 Mill. Lstrl. Anfang Oktober 1902 war derselbe um etwa 50%, nämlich auf 12,3 Mill. Lstrl. zurückgegangen.

[2]) Prot. 1898 §§ 4822, 4826, 4843.

[3]) Wir gehen hier vom Jahre 1898 aus, statt die Verhältnisse von Anfang 1893 zugrunde zu legen, weil in der Zwischenzeit eine große Veränderung in der Produktion und in der Marktfähigkeit des indischen Thees sich vollzogen hat. Die Preise für indischen Thee sind trotz der ungünstigen Kursgestaltung um mehr als 20% herabgesetzt worden (obwohl im Jahre 1898 eine Überproduktion, wie sie jetzt besteht, noch nicht zu starker Herabsetzung der Preise zwang) und der indische Thee hat den chinesischen vom englischen Markte fast ganz verdrängt.

[4]) Prot. 1898, §§ 4843, 4846.

[5]) Prot. 1898 §§ 4710, 4713.

[6]) Prot. 1898 §§ 4723 ff., 5474.

obwohl die Kaufkraft der Rupie gegenüber Export- und Importartikeln etwas gestiegen ist; denn aus diesem Anlaß allein pflegt eine Minderung der Geldlöhne nicht einzutreten. Es ist aber zu beachten, daß die Löhne der Kulis zu 60% in Reis bestehen. Der Preis des Reises mußte unter dem Einfluß der ca. 10%igen Kurssteigerung herabgedrückt werden. In Wirklichkeit ist nun zwar der Preis nicht gesunken, weil andere Faktoren, die hier nicht in Betracht kommen, entgegengewirkt haben. Es empfiehlt sich aber, um die Folgen der Kurssteigerung der Rupie richtig zu schätzen, für unser Beispiel anzunehmen, daß die Theeproduzenten am Preise des Reises der Kurssteigerung der Rupieentsprechend, etwa 8,6% (wie beim Weizen)[1]) und da die Reislieferung 60% des Lohns der Kulis ausmacht, etwa 5,16% an der Lohnausgabe für Kuli-Arbeit gespart haben.

Die Löhne bilden bei einer Theepflanzung den Hauptposten der Produktionskosten (Prot. § 9485). Wir werden kaum fehlgehen, wenn wir die Lohnausgabe für Kuli-Arbeit, zu der dann die unveränderte Ausgabe von Geldlöhnen für Aufseher und Beamte noch hinzukommt, auf zwei Drittel der gesamten Kosten, d. h. der Betriebskosten schätzen. 5,16% von zwei Dritteln der Betriebskosten würden ca. 3,4% der ganzen Summe der Betriebskosten sein. Da nun die gesamten Betriebskosten, die, wie oben angegeben, auf 4 d p. Pfund Thee geschätzt werden, 0,25 Rupie (4 d à 16 d p. Rupie = 0,25 Rupie) oder, wie an anderer Stelle (Prot. § 4833—35) geschätzt ist, 0,26 Rupie für das Pfund Thee betragen, so würde die Ersparnis an Lohn mit 0,034 × 0,25 R. = 0,0085 bezw. mit 0,034 × 0,26 R. = 0,00884 Rupie, und wenn wir den Durchschnitt nehmen, mit 0,00867 Rupie für das Pfund Thee in Rechnung zu stellen sein. Für 1000 Pfund Thee würde das 8,67 Rupien ausmachen.

Die sonstigen Produktionskosten sind nicht verändert worden. Das gilt insbesondere auch von den Zinsen für inländisches Kapital, die durch die Ermöglichung größerer Konkurrenz des ausländischen Kapitals herabgedrückt sein könnten. Tatsächlich war aber der Zinsfuß vor Beginn der Währungsreform sogar eher niedriger als jetzt.

Hiermit kommen wir zu dem Resultate, daß dem durch die Kurssteigerung der Rupie verursachten Mindererlös von 33 Rupien für 1000 Pfund Thee eine Kostenersparnis von 2,35 + 8,67 = 11,02 Rupien gegenübersteht, so daß der Schaden des Theeproduzenten sich auf 33 — 11,02 = 21,98 oder rund 22 Rupien für 1000 Pfund Thee reduziert. Ein Londoner Preis von 7 d p. Pfund Thee hätte daher dem Ceylon-Theeproduzenten kurz vor Beginn der Währungsreform bei dem damals um ca. 10% niedrigeren Kurse für 1000 Pfund Thee einen um 22 Rupien größeren Erlös bringen müssen, als jetzt bei einem Kurse von 16 d.

Konnte nun der Theeproduzent seinen Thee bei einem Kurse von 16 d im Jahre 1898 zu 7 d p. Pfund, also zu 29,167 Lstrl. p. 1000 Pfund, in London anbieten, so war er zu Anfang 1893, als er infolge des günstigeren Kursstandes von 14 5/8 d p. R. 22 Rupien mehr erlöste, imstande, um 22 Rupien à 14 5/8 d p. Rupie = 1,505 Lstrl. billiger zu liefern. Er konnte

[1]) Vergl. oben S. 118. Wahrscheinlich ist aber der Preisdruck beim Reis geringer gewesen. Vergl. unten Kap. VII Abschn. 1.

also seinen Preis p. 1000 Pfund auf 29.167 — 1.505 = 27,662 Lstrl., p. 1 Pfund auf 6,639 d (statt 7 d), d. i. 0,361 d, niedriger stellen. Wenn er aber kurz vor Beginn der Währungsreform sich mit 6,639 d p. Pfund begnügen konnte und jetzt infolge der 10%igen Steigerung des Kurses 0,361 d mehr fordern muß, so ist ihm der Absatz durch die Währungsreform, welche diese Kurssteigerung ermöglichte, im Verhältnis von 0,361 d zu 6,639 d, also um 5,4% erschwert worden¹).

2. Die Lage der chinesischen Theeproduzenten.

Im Gegensatz hierzu ist dem chinesischen Theeproduzenten, der mit dem Indier in London konkurriert, der Absatz im Vergleich mit der Zeit vor Beginn der indischen Währungsreform infolge des Kursfalles des Tael noch erleichtert worden.

Bei einem Preise von 7 d für das Pfund Ceylon-Thee wird der chinesische Thee (Durchschnittssorte) in England nach Maßgabe des Preisunterschiedes in den früheren Jahren (s. S. 140) zu (mindestens) 5½ d p. Pfund verkauft werden können. Die in Gold zu bezahlenden Kosten an Fracht und Spesen sind für den Chinesen wohl etwas höher als für den Indier bezw. Ceylonesen, aber nicht viel, da nur Fracht und Zinsen (infolge des längeren Transports) sich etwas erhöhen, die Spesen aber gleich bleiben. Sie werden — wenn die Exportkosten für den Ceylon-Produzenten, wie S. 141 angegeben, 1¼ d betragen — mit 1½ d p. Pfund gewiß nicht unterschätzt sein. Setzen wir 1½ d von dem Preise von 5½ d ab, so bleiben 4 d p. Pfund als nach China zu remittierender Betrag übrig. Bei dem durchschnittlichen Kurse des Jahres 1898, dessen Theepreise zu Grunde gelegt sind, nämlich 2 s 6 d, ergab die Remittierung von 4 d nach China 0,1333 Tael.

Vor Beginn der indischen Währungsreform, im Mai 1893, hätte der Chinese, um ebenfalls 0,1333 (genauer 0,1⅓) Tael für ein Pfund Thee zu erzielen, bei dem damaligen Taelkurse von 3 s 8⅔ d statt 4 d netto 5,95 d fordern müssen, denn

0,1⅓ Tael à 3 s 8⅔ d für 1 Tael = 5,95 d.

Die Differenz beträgt 1,95 d. So viel mehr hätte er allerdings nur dann zu fordern brauchen, wenn er damals seinen Preis so stellen mußte, daß er netto ebenfalls 0,133 Tael für das Pfund Thee erhielt.

Es wäre nun denkbar, daß der Chinese sich im Jahre 1893 mit einem geringeren Taelbetrage begnügen konnte. Das würde der Fall sein, wenn seine Produktionskosten damals geringer waren als 1898, m. a. W. wenn seine Produktionskosten infolge des Kursfalles des Tael gestiegen sind. Letzteres ist aber nicht der Fall. Abgesehen von den Exportkosten, die wir (durch Abzug von 1½ d von dem Londoner Preise) schon berücksichtigt haben, sind die Kosten des Chinesen gleich geblieben. Der Chinese benutzt nämlich keine ausländischen Maschinen bei der Theeproduktion und es erwachsen ihm auch keine Lohnausgaben, die gestiegen sein könnten, da die

---

¹) Im Anhang zu den Protokollen von 1898 S. 92 ist die Schädigung der Theepflanzer auf Ceylon ungefähr ebenso hoch geschätzt. Es wird dort ausgeführt, daß das Steigen des Kurses von 13,3 d auf 15 d den Gewinn des Pflanzers bei einem Nettopreise von 7½ d bezw. bei einem Bruttopreise von 9 d p. Pfund in London „nur" um ½ d, d. s. 5,56%, geschmälert habe.

Theekultur in den Händen kleiner Bauern liegt, die ohne fremde Arbeitskräfte und ohne Maschinen produziren[1]).

Bei gleichen Produktionskosten hätte hiernach der Chinese im Jahre 1893 kurz vor Beginn der indischen Währungsreform, um ebenso viel zu verdienen wie 1898, wirklich 1,95 d p. Pfund mehr fordern müssen als im Jahre 1898. Da er im Jahre 1898 zu $5\frac{1}{2}$ d anbieten konnte, so hätte er deshalb 1893 seinen Preis auf $5\frac{1}{2}$ d + 1,95 d = 7,45 d stellen müssen.

Nachdem nun der Kurs seit 1898 noch weiter gefallen ist — auf 2 s $5\frac{3}{4}$ d (im Durchschnitt des Jahres vom 1. Juli 1901 bis 1. Juli 1902) —, kann der Chinese jetzt noch etwas billiger anbieten als 1898. Um den Taelbetrag von 0,133 ($0{,}1\frac{1}{3}$) Tael wie im Jahre 1898 nach Indien zu remittieren, sind ja bei dem Kurse von 1 s $5\frac{3}{4}$ d p. 1 Tael nicht mehr 4 d wie 1898, sondern nur 3,967 d nötig, denn

0,1333 ($0{,}1\frac{1}{3}$) Tael à 2 s $5\frac{3}{4}$ d p. T. = 3,967 d.

Auf der anderen Seite sind die Kosten des chinesischen Theeproduzenten, abgesehen von den durch Abzug vom Londoner Preise berücksichtigten Exportkosten (1,5 d), auch jetzt noch nicht gestiegen. Der Chinese braucht daher jetzt sogar nur noch 3,967 d + 1,5 d = 5,467 d p. Pfund Thee zu fordern.

Konnte er aber im Jahre 1893 nur zu 7,45 d anbieten, während er sich jetzt (d. i. 1901/02) mit 5,467 d begnügen kann, so ist ihm der Absatz um 1,983 d p. Pfund Thee oder im Verhältnis von 1,983 d zu 7,45 d, d. i. um 26,6% erleichtert worden.

Während also der Indier nach der Währungsreform und infolge derselben für seinen Thee 5,4% mehr fordern muß als früher, kann der Chinese um 26,6% billiger anbieten. Daraus ergibt sich eine Differenz von zirka 32% zu Ungunsten des Indiers.

* * *

Etwas günstiger liegen die Verhältnisse für die englisch-indischen, mit Goldkapital arbeitenden Theegesellschaften. Diese sind freilich dadurch, daß dem Chinesen, wie hier berechnet, die Konkurrenz um 26,6% des im Jahre 1893 zu fordernden Preises erleichtert worden ist, nicht weniger geschädigt worden. Sie sind aber den einheimischen Produzenten in Indien bezw. Ceylon gegenüber insofern im Vorteil, als die Bezahlung von Zinsen auf ihre Sterling-Obligationen jetzt weniger Rupien kostet und als die Remittierung des erzielten Gewinnes — falls ein solcher erzielt wird! — jetzt einen größeren Sterlingbetrag ergibt. Sehr bedeutend aber ist — relativ betrachtet — dieser Vorteil nicht. Das zeigt folgende Rechnung.

Wenn der Ceylonproduzent, wie früher berechnet, bei dem Kurse von 16 d im Jahre 1898 0,36 Rupien für ein Pfund Thee erlöste und wenn die Produktionskosten — abgesehen von Zinsen und Amortisation — 0,25 oder 0,26 Rupie betrugen, so stellte sich der Bruttogewinn auf 0,11 bezw. 0,10 Rupie. Wir wollen hier ebenso wie früher den Durchschnitt mit 0,105 Rupie zugrundelegen[2]). Von diesem Bruttogewinn ist ein Teil auf die Verzinsung von Bankkredit etc. und die Amortisierung von Rupienkapital zu rechnen.

---

[1]) Vergl. Prot. 1898 § 4619 und § 9597.

[2]) Nach Acworth (Prot. 1898 § 7407) ist ein Bruttogewinn von $1\frac{2}{3}$ Annas = 0,104 Rupie p. Pfund schon recht hoch.

Dann mögen 80 % = 0,084 Rupie p. Pfund Thee zur Bezahlung von Zinsen auf die (regelmäßig bedeutende) Obligationenschuld und als Gewinn übrig bleiben.

Ein Betrag von 0,084 Rupie hatte im Jahre 1898 bei dem Kurse von 16 d einen Wert von 1,344 d, im Jahre 1893 bei dem Kurse von 14⅝ d dagegen nur einen Wert von 1,2285 d. Die Differenz beträgt 0,1155 d. Um denselben Sterlingbetrag an Sterlingkosten und Gewinn auf ein Pfund Thee nach London zu remittieren wie im Jahre 1893, brauchte also der anglo-indische Theeproduzent im Jahre 1898 0,1155 d p. Pfund Thee weniger aufzuwenden als 1893. Um soviel ist er dem einheimischen Theeproduzenten gegenüber im Vorteil. Mußte der letztere im Jahre 1898 für seinen Thee 0,361 d per Pfund mehr fordern als 1893, so konnte deshalb der englisch-indische Produzent sich mit einer Mehrforderung von 0,361 d — 0,1155 d = 0,2455 d begnügen. Gehen wir von dem Jahre 1898 und dessen Theepreise von 7 d aus, so konnte hiernach der englisch-indische Theeproduzent im Jahre 1893 zu 7 d — 0,2455 d = 6,7545 d anbieten, um denselben Gewinn (in Gold) zu erzielen wie 1898. Für ihn ist der Export daher nicht im Verhältnis von 0,361 d : 6,639 d = 5,4 % wie dem einheimischen Theeproduzenten, sondern nur im Verhältnis von 0,2455 : 6,7545 = um 3,6 % erschwert worden.

Der Unterschied zu Gunsten der englisch-indischen Theegesellschaften beträgt hiernach 5,4 — 3,6 = 1,8 % des im Jahre 1893 vor Beginn der Währungsreform unter gleichen Marktverhältnissen wie im Jahre 1898 in London zu erzielenden Preises. Um soviel ist die Konkurrenzfähigkeit der englisch-indischen Theegesellschaften weniger geschwächt worden als diejenige der einheimischen Produzenten. Da aber beiden gleichmäßig die Erleichterung der chinesischen Konkurrenz um 26,6 % des 1893er Preises gegenübersteht, so will dieser Unterschied nicht viel bedeuten.

IV. Erschwerung der Konkurrenz Indiens mit Japan und England in Indien beim Kohlenhandel.

1. Die Lage der japanischen Kohlenproduzenten.

Japan importiert Kohle nach Indien. Der Import betrug im Jahre 1892/93 1900 Tonnen, im Jahre 1899/1900 dagegen 81 938 Tonnen. Dieser Import ist durch die indische Währungsreform bedeutend erleichtert worden. Um wieviel, ist leider nicht genau festzustellen, da genauere Daten über die Exportkosten und die Produktionskosten fehlen. Wir müssen uns daher mit einer ungefähren Rechnung begnügen.

Der Preis der Kohle in den indischen Importhäfen war im Jahre 1899/1900, wie sich bei einer Vergleichung der Mengen und Wertziffern des Imports ergibt, im ganzen Durchschnitt 19,185 Rupien p. Tonne, der Preis der englischen Kohle 20,4, der Preis der japanischen Kohle, die offenbar nicht so gut ist wie z. B. die englische, 15,4 Rupien p. Tonne[1])[2]). 1000 Tonnen japanische Kohle erzielten also 15400 Rupien.

[1]) Vergl. die Tables relating to the Trade of British India 1899/1900 S. 57. Der Wert

Die Höhe der Exportkosten ist nicht näher bekannt. Insbesondere finden sich über die Fracht keine näheren Angaben[1]). Die Mitteilung von Vithaldas über die Fracht für rohe Baumwolle beim Export von Indien nach Japan (zirka 26 Rupien p. Tonne) können wir nicht zugrunde legen, denn die Kohlenfracht ist jedenfalls niedriger. Bei einer Fracht von 26 Rupien und einem Preise von 15,4 Rupien p. Tonne hätte ja der Japaner noch zuzahlen müssen, anstatt etwas zu erlösen! Selbst die Weizenfracht von Indien nach England betrug im Jahre 1898 nur 23,66, im Jahre 1899 sogar nur 20,72 Rupien p. Tonne und war früher noch viel billiger! Nun ergibt sich aber aus einer Vergleichung des Importwerts der englischen Kohle in Indien mit dem englischen Kohlenpreise im Jahre 1898/99, daß die Fracht nebst den übrigen Exportkosten für englische Kohle damals $16^2/_3$ s p. Tonne = $12^1/_2$ Rupien betrug. Hiervon mögen $11^1/_2$ Rupien auf Fracht und Versicherung entfallen, da Zinsen und Kommission bei dem verhältnismäßig niedrigen Werte der Kohle keine große Rolle spielen können. Berücksichtigen wir nun einerseits, daß die Seereise von England nach Indien bedeutend länger ist und auch wegen der Suezkanalgebühren verhältnismäßig viel mehr kostet als die Seereise von Japan nach Indien, andererseits, daß in England größere Konkurrenz herrscht und daß der Zeitverlust beim Ein- und Ausladen gleich ist, so werden wir die Fracht von Japan nach Indien inklusive Versicherung nicht höher als mit 8 Rupien p. Tonne ansetzen können. Dieser Annahme entspricht auch die Tatsache, daß nach dem Konsulatsberichte über Shanghai für das Jahr 1900 (Deutsches Handelsarchiv Januarheft 1902 II S. 50) die Fracht für Kohle von Japan nach Shanghai im ersten Quartal 1900 2 (Hongkong-)Dollars p. Tonne (später bis 2,5 Dollars) kostete, wenn man berücksichtigt, daß Indien (Bombay bezw. Kalkutta) zirka sechs- bezw. fünfmal soweit von Japan entfernt ist wie Shanghai und daß der Hongkong-Dollar zu Anfang 1900 zirka $1^1/_2$ Rupien wert war. Wir werden daher, ohne in Gefahr zu sein, einen großen Fehler zu machen, diese Zahl (8 Rupien p. Tonne) zugrunde legen können.

Bei einem Frachtsatze von 8 Rupien für die Tonne Kohlen waren für 1000 Tonnen 8000 Rupien an Fracht und Versicherung zu entrichten und blieben zur Deckung der sonstigen Kosten und als Erlös (frei Bord Japan) 7400 Rupien übrig.

7400 Rupien ergeben bei dem jetzigen Kurse des Yen (151 Rupien = 100 Yen) 4900 Yen. Ziehen wir hiervon $^1/_2$ % Kommission und 6 % Zinsen für vier Monate ab, so bleiben zirka 4780 Yen als Bruttoerlös des Japaners übrig.

---

ist hier — im Gegensatz zu früheren Jahren — in Lstrl. angegeben. Er ist daher nach dem Kurse von 1 R. = 16 d oder 15 R. = 1 Lstrl. in Rupien umzurechnen.

In der indischen Preisstatistik (Prices and Wages in India 1900 S. 201) sind nur die Preise für englische Kohle (Welsh Hartley) angegeben, und zwar auch nur für Juli 1899 (mit $15^1/_2$ Rupien p. Tonne) und für Januar 1900 (mit 20 Rupien p. Tonne).

[2]) Wir müssen hier von dem Jahre 1899/1900 ausgehen, weil die statistischen Angaben für 1892/93 nicht zuverlässig erscheinen. Nach diesen Angaben würde die japanische Kohle damals einen Preis von 20 Rupien p. Tonne erzielt haben, die englische nur einen solchen von 17,8 Rupien. Das dürfte der Wirklichkeit nicht entsprechen.

[1]) Über die Höhe dieser Fracht war nichts in Erfahrung zu bringen.

Hätte der Japaner zu Anfang 1893, vor Beginn der indischen Währungsreform, und bei dem damaligen Yenkurse von 225 Rupien für 100 Yen 4780 Yen netto für 1000 Tonnen Kohle erzielen wollen, so hätte er seinen Preis in Indien bedeutend **höher** stellen müssen.

4780 Yen, oder sagen wir gleich 4900 Yen, indem wir Zinsen und Kommission hinzurechnen, würden bei dem damaligen Kurse den Wert von 11025 Rupien repräsentiert haben.

4900 Yen à 225 Rupien p. 100 Yen = 11025 R.

Außerdem hätte sich die in Gold zu entrichtende Fracht (die auch von den japanischen Transportgesellschaften in gleicher Höhe gefordert wird!) in Anbetracht des geringeren Goldwerts der Rupie (14 5/8 d) um 752 Rupien höher gestellt, sodaß der Japaner zur Deckung der Fracht statt 8000 Rupien 8752 Rupien hätte in Ansatz bringen müssen.

8000 R. à 16 d p. R. = 533 1/3 Lstrl.
533 1/3 Lstrl. à 14 5/8 d p. R. = 8752 R. } Differenz: 752 R.

Demnach hätte der Japaner 11025 + 8752 = 19777 Rupien zu fordern gehabt anstatt 15400 Rupien wie jetzt, also 4377 Rupien mehr.

Nun ist freilich zu berücksichtigen, daß die **Produktionskosten** des Japaners zu Anfang 1893 noch nicht so hoch waren wie jetzt; denn er hat jetzt höhere Löhne zu zahlen und mehr Yen zur Verzinsung und Amortisation der Maschinen und zur Bezahlung anderer Materialien, die aus den Goldwährungsländern bezogen, aber im Betriebe verbraucht werden, zu verwenden, weil der Goldwert des Yen inzwischen von 2 3/4 s auf 24 1/4 d, also 26,5 % gefallen ist.

Um wieviel die Löhne in Wirklichkeit gestiegen sind, kann hier außer Betracht bleiben. Wir haben, wenn wir den Einfluß des Kursfalles als solchen auf die Konkurrenzfähigkeit ermitteln, nur diejenige Lohnsteigerung in Ansatz zu bringen, die eintrat oder eintreten muß, um die Arbeiter für die durch den Kursfall bewirkte Verteuerung der Export- und Importartikel etc. **schadlos zu halten**. Nach den früheren Ausführungen (S. 113) gehen wir davon aus, daß diese Schadloshaltung stattgefunden hat und daß zu diesem Zwecke der Geldlohn der Arbeiter zu 60 % seines früheren Betrages dem Kursfalle des Yen gegenüber den Goldwährungsländern entsprechend erhöht worden ist. Dem Kursfalle des Yen gegenüber den Goldwährungsländern, der, wie bereits erwähnt, zirka 26,5 % beträgt, entspricht eine Steigerung von 36 %; denn um 36 % müssen die Preise der Export- und Importartikel im Inlande bei einem Kursfalle von 26,5 % steigen, wenn die Wirkung desselben in vollem Maße zur Geltung kommt[1]. Wenn nun dementsprechend die Löhne für 60 % ihres Betrages um 36 % erhöht werden, so ergibt das eine Erhöhung der ganzen Lohnsumme um 21,6 %. War aber die Lohnsumme im Jahre 1900 um 21,6 % höher als 1893 und ist sie dementsprechend

---

[1] Das zeigt sich, wenn man ermittelt, welche Summen sich ergeben, wenn man den gleichen Betrag Goldes, sagen wir 100 Lstrl., zu dem fruheren und dem um 26,5 % gefallenen Kurse in Landeswährung umrechnet. Beispiel:

100 Lstrl. à 2 3/4 s = 33 d p. 1 Yen = 727,2 Yen,
100 Lstrl. à 24 1/4 d p. 1 Yen = 989,7 Yen
Differenz 262,5 Yen.

262,5 : 727,2 = 36,1 %.

auch noch jetzt um soviel höher, beträgt sie also statt 100 121,6 %, so war die Ausgabe des Japaners an Lohn im Jahre 1893 im Verhältnis von 21,6 : 121,6, also um 17 3/4 % niedriger.

Die Maschinenkosten sind natürlich nach Maßgabe des Kursfalles des Yen gegenüber den Goldwährungsländern gestiegen, also um 36 %. Dasselbe gilt von allerlei Materialien, die entweder aus den Goldwährungsländern bezogen werden oder die zu den Exportartikeln nach diesen Ländern gehören. Die im Betriebe verbrauchte (selbstgewonnene) Kohle ist jedoch natürlich nur insoweit teuerer geworden, als ihre Produktionskosten gestiegen sind. Wenn nun die Maschinen- und die Materialkosten sich um 36 % erhöht haben, also von 100 auf 136 gestiegen sind, so betrugen sie im Jahre 1893 26,5 % weniger als jetzt.

Welchen Prozentsatz der ganzen Summe der Produktionskosten oder des Preises die Lohnausgaben, die Maschinenkosten und die sonst von dem Kursfalle beeinflußten Kosten für Materialien etc. in Japan ausmachen, hat nicht festgestellt werden können. Wir werden aber kaum fehlgehen, wenn wir annehmen, daß die Lohnausgaben nicht mehr als 50 % der Einnahme, also auch des Preises, betragen, und werden uns sicherlich keiner Unterschätzung schuldig machen, wenn wir weitere 30 % auf diejenigen Ausgaben rechnen, welche sich dem Kursfalle entsprechend erhöhen. Dann bleiben ja nur 20 % als Dividende und zur Deckung der nicht vom Kurse abhängigen Kosten übrig. Bei dieser Annahme sind, wenn der Bruttoerlös des Japaners, wie früher berechnet, nach Abzug sämtlicher Exportkosten 4780 Yen für 1000 Tonnen Kohle beträgt, als Lohnausgabe 50 % von 4780, also 2390 Yen, und als sonstige, dem Kurse entsprechend sich erhöhende Ausgaben 30 % von 4780, also 1434 Yen, in Rechnung zu stellen. Wenn nun die ersteren im Jahre 1893 um 17 3/4 %, die letzteren um 26,5 % niedriger waren, so ergibt das eine Kostendifferenz von 424 + 380 = 804 Yen.

Hiernach konnte sich der Japaner im Jahre 1892/93 mit einem um 804 Yen niedrigeren Preise begnügen. Er brauchte also anstatt 4780 Yen + Exportkosten wie jetzt, nur 3976 Yen + Exportkosten zu fordern. Abgesehen von dieser Verringerung der Hauptsumme und infolgedessen stellten sich auch die Exportkosten etwas niedriger, weil Zinsen und Kommission von einer geringeren Hauptsumme zu berechnen waren, nämlich anstatt auf 120 Yen auf 101 Yen. Außer Fracht und Versicherung waren daher nur 3976 + 101 = 4077 Yen statt wie jetzt 4900 Yen zu fordern.

4077 Yen zu dem Kurse des Jahres 1892/93 — 225 Rupien p. 100 Yen — sind 9173 Rupien. Rechnen wir hierzu die oben S. 147 auf 8752 Rupien berechnete (höhere) Fracht inkl. der Versicherung, so ergibt sich, daß der Japaner zu Anfang 1893 wegen des damaligen höheren Yen-Kurses seine Kohlen nur für 9173 + 8752 = 17925 Rupien p. 1000 Tonnen nach Indien zu liefern vermochte, wenn er denselben Gewinn erzielen wollte wie jetzt.

Konnte er sich nun im Jahre 1899/1900, und kann er sich deshalb, da das Kursniveau das gleiche ist, auch noch jetzt mit 15400 Rupien (2525 Rupien weniger) begnügen, so ist ihm der Import durch den Kursfall des Yen im Verhältnis von 2525 : 17925, also um 14 %, erleichtert worden.

2. Die englische Konkurrenz.

Auch dem Engländer ist die Lieferung von Kohlen nach Indien erleichtert worden, wenn auch nicht in dem gleichen Maße.

Die englische Kohle erzielte im Jahre 1899/1900 in den indischen Einfuhrhäfen nach Maßgabe der Mengen und Wertziffern der Einfuhr, wie bereits bemerkt, einen Preis von 20,4 Rupien p. Tonne. 1000 Tonnen brachten also 20400 Rupien. Das sind zum Kurse von 16 d p. Rupie 1360 Lstrl. Um den gleichen Erlös zu Anfang 1893, vor Beginn der indischen Währungsreform, zu erzielen, hätte der englische Importeur wegen des niedrigeren Rupienkurses, der damals nur 14 5/8 d betrug, 22318 Rupien fordern müssen, also 1918 Rupien mehr.

1360 Lstrl. à 14 5/8 d p. R. = 22318 Rupien.

Mit einem geringeren Bruttoerlös hätte er sich (unter übrigens gleichen Umständen) nicht begnügen können, denn seine (in Gold berechneten) Import- und Produktionskosten sind durch die Kurssteigerung der Rupie von 14 5/8 d auf 16 d nicht berührt worden. Mußte aber der Engländer kurz vor Beginn der Währungsreform für 1000 Tonnen Kohle 22318 Rupien fordern, während er sich jetzt infolge der Kurssteigerung der Rupie mit einem um 1918 Rupien geringeren Preise begnügen kann, so ist ihm die Konkurrenz im Verhältnis von 1918 : 22318 Rupien, d. i. um 8,6% erleichtert worden.

3. Die Lage des indischen Kohlenproduzenten.

Mit dem Japaner und dem Engländer konkurriert der indische Kohlenproduzent.[1] Ob die indische Kohle von guter oder weniger guter Qualität ist und ob sie sich daher der englischen oder der japanischen im Preise nähert, ist nicht festgestellt. Wir wollen annehmen, daß sie der japanischen gleichkommt, indem wir berücksichtigen, daß England wegen der großen Frachtkosten nur die beste, oder doch nur eine sehr gute Qualität nach Indien exportieren kann. Hiernach ist davon auszugehen, daß der Indier für seine Kohle im Jahre 1900 ebenso wie der Japaner einen Preis von 15400 Rupien für 1000 Tonnen erlöste.

Die Produktionskosten des Indiers waren im Jahre 1892/93 nur unwesentlich höher als jetzt. Die inzwischen eingetretene Kurssteigerung der Rupie von 14 5/8 d auf 16 d hat allerdings seine Maschinenkosten und die Ausgaben für europäische „stores“ entsprechend verringert, aber dadurch ist keine bedeutende Ersparnis erzielt worden, und seine Ausgaben an Lohn, die den größten Teil seiner Produktionskosten ausmachen, sind überhaupt nicht zurückgegangen. Nehmen wir an, daß die Maschinenkosten und die Kosten für europäische stores für ihn ebenso wie für den japanischen Kohlenproduzenten 30% des erzielten Preises ausmachen, so belief sich deren Summe im Jahre 1899/1900 auf 30% von 15400 Rupien, also 4620 Rupien. Das sind bei dem jetzigen Rupienkurse von 16 d 308 Lstrl. Im Jahre 1893, vor Beginn der Währungsreform, bei einem Kurse von 14 5/8 d p. Rupie wären zur Bezahlung von 308 Lstrl. 5054 Rupien, also 434 Rupien mehr, nötig gewesen. Mit Rücksicht hierauf hätte der indische Kohlenproduzent im

[1] Die Kohlenproduktion Indiens hat von Jahr zu Jahr zugenommen, der Import abgenommen. Im Jahre 1899 betrug die Produktion 4 367 000 Tonnen, der Import 422 400 Tonnen, im Jahre 1901/02 die Produktion 6 635 727, der Import für Privatrechnung 230 000, der ganze Import 286 000 Tonnen.

Jahre 1893, vor Beginn der Währungsreform, einen um 434 Rupien höheren Preis, also statt 15400 Rupien für 1000 Tonnen 15834 Rupien fordern müssen. Durch die Währungsreform ist er daher in den Stand gesetzt worden, seine Kohle im Verhältnis von 434 : 15834, also um 2,8% billiger anzubieten.

Hiermit kommen wir zu dem Resultate, daß infolge der durch die indische Währungsreform herbeigeführten oder doch ermöglichten Kursänderungen der Japaner seine Kohle in Indien jetzt um 14% billiger anbieten kann als vor Beginn der Währungsreform, der Engländer um 8,6, der Indier um 2,8%. Demnach ist die Konkurrenzfähigkeit des Indiers auch in dieser Branche nicht unbeträchtlich geschwächt worden.

V. Erschwerung der Konkurrenz Indiens mit Japan, England und China beim Export von Baumwollgarn nach China.

Wir kommen jetzt auf Vithaldas Beispiel (oben S. 130 ff.) zurück. Das Resultat der dort aufgestellten Rechnung war, daß der indische Spinner bei der Lieferung von 100 Ballen Baumwollgarn nach China statt 5516 Taels wie vor der Währungsreform jetzt 8339 Taels, also 2823 Taels **mehr** fordern müsse, während der japanische Spinner nur 8339 — 849 = 7490 Taels, d. i. nur 1974 Taels mehr zu fordern habe. Diese Zahlen sind, wie bereits bemerkt, aus mehreren Gründen anfechtbar. Zunächst schon nach dem Ergebnisse unserer Rechnung im vorigen Abschnitt (S. 123). Hier ergab sich, daß der indische Spinner nicht unbeträchtlich an den Produktionskosten spart. Diese Ersparnis betrug 8,6% auf 79% des Garnpreises, d. s. vom ganzen Garnpreis 6,79%. Bei solcher Ersparnis kann er natürlich in China entsprechend billiger anbieten. Dadurch erlangt er allerdings über den Japaner keinen (erheblichen) Vorteil; denn die Ersparnis resultiert zum größten Teil aus der Verbilligung des Rohstoffes und diese kommt natürlich auch dem Japaner zu gute, da dieser seinen Rohstoff in Indien kauft. Immerhin stellt sich die Rechnung doch schon aus diesem Grunde etwas anders. Außerdem ergibt sich infolge der Erhöhung des Goldwerts der Rupie eine, freilich nur geringe Ersparnis an Fracht. Endlich erhöhen sich für den Japaner, was Vithaldas nicht berücksichtigt, die Spinnkosten. Das wird sich im folgenden näher zeigen.

a) Die Lage des indischen Spinners.

Legen wir bei der Beurteilung der Lage des indischen Spinners die Rechnung von Vithaldas für Anfang 1893 (oben S. 130) zu Grunde, so muß die Rechnung für 1900, wenn wir die vorhin erwähnten Punkte berücksichtigen, folgendermaßen lauten:

Preis des Baumwollgarns in Indien im Jahre 1893 (nach Vithaldas)	15000 R.	
Ersparnis 6,79%	1018,5	
		13981,5 R.
Fracht 1893: 450 R. à 14 5/8 d = 27 1/2 Lstrl.		
„ 1900: 27 1/2 Lstrl. à 16 d		412,5
Versicherung 1 2/3 ‰		23,3
Beschädigung 3 1/3 ‰		46,6
Zinsen von 13981,5 R. 6% für 4 Monat		279,6
Kommission 2 1/2% von 13981,5 R.		349,5
		15093 R.

15093 R. à 200 R. p. 100 Tael	=	7546,5 Taels
Shanghai-Zoll		239 „
		7785,5 Taels.

Hiernach hätte der indische Spinner im Jahre 1900 bei einem Taelkurse von 200 R. p. 100 Taels, wie ihn Vithaldas zu Grunde legt, um denselben Gewinn wie 1893 zu erzielen, nicht 8330 Taels, wie Vithaldas berechnet, sondern nur 7785,5 Taels zu fordern brauchen.

Nachdem der Kurs inzwischen auf 185 Rupien per 100 Taels zurückgegangen ist, hat er jetzt, da sich im übrigen Änderungen nicht ergeben haben, 15093 Rupien à 185 R. p. 100 Taels + Zoll, also 8397 Taels zu fordern; denn

15093 R. à 185 R. p. 100 Taels	=	8158 Taels,
Shanghai-Zoll	=	239 „
		8397 Taels.

b) Die Lage des japanischen Spinners.

Für den Japaner, der im Jahre 1893 nach Vithaldas (verbesserter) Rechnung (S. 131) bei 4801 Yen Rohstoffkosten zu dem damaligen chinesischen Preise von 5516 Taels 7380 Yen erlöste, hat die Sachlage sich folgendermaßen gestaltet.

Ein Chinapreis für das Garn von 7785,5 Taels inkl. Shanghai-Zoll bezw. von 7546,5 Taels exkl. Zoll, wie ihn der indische Spinner nach der berichtigten Rechnung von Vithaldas im Jahre 1900 fordern mußte, brachte dem Japaner bei dem damaligen Kurse von 74½ Taels p. 100 Yen 10129 Yen.

7546,5 Taels à 74½ Tael p. 100 Yen = 10129 Yen.

Ein China-Preis von 8397 Taels inkl. Zoll bezw. von 8158 Taels exkl. Zoll, wie der Indier ihn jetzt bei einem Kurse von 185 R. p. 100 Taels fordern muß, bringt dem Japaner bei dem entsprechenden Taelkurse von 81 Taels p. 100 Yen 10072 Yen.

8158 Taels à 81 Taels p. 100 Yen = 10072 Yen.

Demnach ist der Erlös des Japaners gesteigert worden: für 1900 um 10129 — 7380 = 2749 Yen, für jetzt um 10072 — 7380 = 2692 Yen.

Die Kosten des Japaners haben sich gegen 1893 bedeutend erhöht. Zunächst die Kosten des Bezugs der Rohbaumwolle aus Indien. Kostete die Rohbaumwolle im Jahr 1893 nach Vithaldas frei Hafen Japan 10802 Rupien = 4801 Yen, so stellen sich die Kosten jetzt, obwohl die Rohbaumwolle in Indien um 8,6% billiger eingekauft werden kann, auf 6537 Yen. Das zeigt folgende Rechnung.

Preis der Rohbaumwolle in Indien		
im Jahre 1893 (nach Vithaldas)	10080 R.	
Ersparnis 8,6%	867 „	9213 R.
Fracht 1893 578 R. à 14,58 d = 35¼ Lstrl.		
„ 1900: 35¼ Lstrl. à 16 d p. R		529
Versicherung ca. 2,7‰		25
Beschädigung ca. 6,3‰		58
Kommission ½%		46
		9871 R.

9871 Rupien sind bei einem Yenkurse von 151 Rupien p. 100 Yen, wie er schon im Jahre 1900 galt und wie er noch jetzt gilt, 6537 Yen.

Der Bezug des Rohstoffes aus Indien ist also sowohl für 1900 als auch für jetzt um 6537 — 4801 = 1736 Yen teuerer geworden.

Man könnte nun meinen, daß der Japaner imstande wäre, durch den Wechsel der Bezugsquelle dieser Verteuerung überhaupt zu entgehen oder sie zum wenigsten herabzumindern. Diese Annahme liegt sehr nahe, weil der Chinese infolge des Kursfalles des Tael gegenüber dem Yen imstande ist, seine Rohbaumwolle in Japan billiger anzubieten als 1893, und weil dem Amerikaner in Anbetracht dessen, daß der Kurs des Yen gegenüber den Goldwährungsländern weniger gefallen ist als gegenüber Indien, die Lieferung von Baumwolle nicht so sehr erschwert worden ist als dem Indier. Indessen, dem letzteren Umstande haben wir bereits Rechnung getragen, indem wir annahmen, daß der Indier seine Baumwolle um 8,6% billiger abgibt, als er es bei einem Rupienkurse von $14^5/_8$ d wie vor Beginn der Währungsreform getan haben würde, und der Chinese macht natürlich von der Möglichkeit, billiger zu liefern als 1893, keinen Gebrauch, sondern hält seine Preise aufrecht, da die Konkurrenz das zuläßt[1]). Demnach würde auch der Wechsel der Bezugsquelle den Japaner nicht vor der berechneten Verteuerung seines Rohstoffes bewahrt haben.

Außer den Rohstoffkosten sind die Exportkosten des Japaners gestiegen. Diese Kosten spielen allerdings keine große Rolle. Im Jahre 1900 betrug die Fracht zwischen China und Japan nach dem schon erwähnten Konsularbericht für Shanghai (Handelsarchiv Januarheft 1902 II. S. 50) 25 Cents p. Picul à $133^1/_3$ lbs. = 4,2 Dollar p. Tonne. Die Fracht p. Tonne war aber wahrscheinlich billiger, auch für Baumwollgarn, da die Kohlenfracht nur 2 Dollar p. Tonne betrug. Rechnen wir 3 Dollar p. Tonne, so waren das nach dem damaligen Dollarkurse von ca. 2 s etwa 6 s per Tonne. 100 Ballen Baumwollgarn im Gewichte von 40000 lbs. = ca. 18 Tonnen kosteten also an Fracht 108 s = 5 Lstrl. 8 s, inkl. Versicherung ca. 6 Lstrl. Um 6 Lstrl. zu bezahlen, hatte der Japaner zu Anfang 1893 bei dem damaligen Yenkurse von $23^3/_4$ s nur 43,6 Yen aufzuwenden, während er bei dem seit 1898 geltenden Kurse von $24^1/_4$ d 59,4 Yen, also etwa 16 Yen mehr, bezahlen muß[2]).

[1]) Daß die Sache wirklich so liegt, wird bewiesen durch die Wertziffern des chinesischen Exports an Baumwolle (abgedruckt im Stat. Abstract for the Principal and other Foreign Countries). Hiernach betrug der Wert eines Piculs ($133^1/_3$ lbs.) exportierter Baumwolle 1891 10,8 Haikwan Taels 1898 11,5 Haikwan Taels,
1892 10 „ „ 1899 10,8 „ „

Der Wert in chinesischer Währung war also im Jahre 1899 ebenso hoch, 1898 noch etwas höher als 1892, während der Preis der amerikanischen Baumwolle in London um etwa 25% zurückgegangen ist. Der Preis der letzteren betrug nach Sauerbeck p. Pfund
1891 $4^{11}/_{16}$ d, 1892 $4^3/_{16}$ d, 1898 $3^5/_{16}$ d, 1899 $3^9/_{16}$ d.

Den Preis in Gold hat der Chinese natürlich heruntersetzen müssen, weil dazu die Konkurrenz zwang. Weiter ist er aber nicht mit dem Preise heruntergegangen, obwohl das wegen der Entwertung des Tael möglich gewesen wäre. Die Entwertung des Tael ist ihm zu gute gekommen. Das zeigen die absolut gleich gebliebenen, relativ höheren Preise in China.

[2]) In Wirklichkeit wird die Fracht wahrscheinlich nach Schiffstonnen à 40 Kubikfuß bezahlt. (Vergl. oben S. 130 Anm. 1). Hierfür fehlen aber die Angaben. Der Fehler, welcher bei der obigen Berechnung gemacht wird, dürfte nicht groß sein.

Die Erhöhung der Beschädigungsvergütung, welche letztere bei dem kurzen Transport von Japan nach China zweifellos mit einem noch geringeren Betrage berechnet wird als mit 46,6 Rupien, die nach S. 150 der indische Spinner in Ansatz bringt, können wir außer acht lassen. Dagegen darf die Erhöhung der Zinsen und der Kommission, die jetzt von einem größeren Kapitalbetrage zu berechnen sind, nicht übergangen werden. Die Zinsen betragen wahrscheinlich ebenso wie für den Indier 6 % für 4 Monate = 2 % des Kapitalbetrages, die Kommission 2 1/2 %. Da der Kapitalbetrag im Jahre 1900 bezw. jetzt um den Unterschied des von China remittierten Bruttoerlöses, d. i. um 10129 bezw. 10072 Yen minus 7380 Yen, also um 2749 bezw. 2692 Yen, abzüglich des Mehrbetrages der Fracht (16 Yen), demnach um 2733 bezw. 2676 Yen größer ist als 1893, so sind deshalb an Zinsen ca. 54 Yen, an Kommission ca. 67 Yen mehr in Rechnung zu stellen. Hiernach beläuft sich der Mehrbetrag der Exportkosten im ganzen auf 16 + 54 + 67 = 137 Yen.

Endlich sind die Spinnkosten des Japaners größer geworden. Für europäische und amerikanische Artikel (Maschinen etc.), sowie für Kohlen und andere exportfähige Hülfsstoffe ist ja infolge des Kursfalles des Yen jetzt mehr zu bezahlen und überdies sind die Löhne gestiegen. Die Maschinenkosten (Zins und Amortisation) und die Kosten für importierte oder exportfähige Hülfsstoffe betragen nach unserer früheren, für indische Verhältnisse aufgemachten Rechnung (S. 122) 37 1/2 % des Spinnlohns, die Löhne 35 %. Diese Rechnung dürfte im wesentlichen auch für japanische Verhältnisse zutreffen. In Japan fällt jedoch die Kommission von 1/4 Anna weg. Deshalb muß dieser Betrag auf andere Posten verteilt werden. Hierbei wird aber in der Hauptsache der Gewinn erhöht werden müssen, da der Gewinn für Indien (wie es den thatsächlichen Verhältnissen entspricht) sehr niedrig gerechnet ist. Ein Teilbetrag wird auf Lohnkonto entfallen, da die kaufmännischen Dienste der indischen Agenten anderweitig ersetzt werden müssen. Wir wollen deshalb hier den Lohnposten auf 37 1/2 % des Spinnlohns erhöhen.

Der Spinnlohn des Japaners belief sich im Jahre 1893 (vor Beginn der indischen Währungsreform) p. 100 Ballen Baumwollgarn auf 2579 Yen; denn der Erlös aus dem Verkauf dieses Garns stellte sich damals nach Vithaldas auf 7380 Yen, während für die rohe Baumwolle 4801 Yen bezahlt werden mußten. Für Maschinenkosten, Kohle und Stores etc. einerseits und für Löhne andererseits waren daher damals je 37 1/2 % von 2579 = 967 Yen in Ansatz zu bringen. Die Maschinenkosten etc. sind dem Kursfalle des Yen gegenüber den Goldwährungsländern entsprechend um 36 % gestiegen[1]). Die diesbezügliche Ausgabe des Japaners hat sich also um 36 % von 967 Yen, d. i. um 348 Yen erhöht. Die Lohnsteigerung ist, wie in Beispiel IV S. 147 ausgeführt, mit 21,6 % von 967 Yen in Rechnung zu stellen, also mit 209 Yen.

Im ganzen sind hiernach die Kosten des Japaners gestiegen:

Rohstoffkosten um	1736 Yen
Exportkosten um	137 „
Spinnkosten:	
Maschinen, Hülfsstoffe etc. um . .	348 „
Löhne um	209 „
Summa	2430 Yen.

[1]) Vergl. Beispiel IV S. 147.

Wenn nun der Erlös des japanischen Spinners aus dem Verkaufe seines Garns in China zu dem von dem Indier zu fordernden Taelpreise im Jahre 1900 nach dem damaligen Taelkurse, wie S. 151 berechnet, 2749 Yen, nach dem jetzigen Taelkurse (d. h. nach dem Kurse von 185 R. = 100 Taels) 2692 Yen mehr betrug als 1893, so ergibt sich als Resultat, daß infolge der Steigerung der Produktions- und Exportkosten um 2430 Yen von dem Mehrerlöse des Japaners im Jahre 1900 nur noch 2749 — 2430 = 319 Yen übrig bleiben, jetzt sogar nur noch 2692 — 2430 = 262 Yen. Während Vithaldas diesen Mehrerlös auf 1126 Yen berechnete[1]), gelangen wir also zu dem Resultate, daß derselbe in Wirklichkeit nur 319 bezw. 262 Yen beträgt.

Bei dieser Sachlage hat die Währungsreform dem indischen Spinner gegenüber dem Japaner nur geringen Nachteil gebracht und seine Konkurrenzfähigkeit gegenüber diesem nur wenig geschwächt. Allerdings vermag ihn der Japaner bei einem Taelkurse von 200 Rupien p. 100 Taels und 74½ Taels p. 100 Yen, wie ihn Vithaldas zugrunde legt, immer noch um den Taelbetrag von 319 Yen à 74½ Taels p. 100 Yen, also um 238 Taels, und bei einem Taelkurse von 185 Rupien p. 100 Taels und 81 Taels p. 100 Yen um den Taelbetrag von 295 Yen zum Kurse von 81 Taels p. 100 Yen, also um 212 Taels, zu unterbieten. Das sind aber bei einem Preise von 7785,5 Taels im Jahre 1900 bezw. von 8397 Taels jetzt, nur 3,06 bezw. 2,52 %, während Vithaldas 1126 Yen à 74½ Taels p. 100 Yen = 849 Taels : 8339 Taels, also 10,2 % herausrechnet.

c) Die Lage des englischen Spinners.

Auch dem englischen Garnfabrikanten, der nach China exportiert, ist die Lieferung natürlich erschwert worden. Nehmen wir an, daß derselbe zu Anfang des Jahres 1893 bei dem damaligen Taelkurse von 3 s 8 d = 44 d sein Garn zu gleichem Preise wie der Indier anbot, also zu 5516 Taels für 100 Ballen inkl. 239 Taels Shanghai-Zoll, so erlöste er damals 5516 — 239 = 5277 Taels exkl. Zoll, die ihm zum Kurse von 44 d p. 1 Tael 967,5 Lstrl. einbrachten. Um jetzt, nachdem der Taelkurs (bei einem Silberpreise von 25½ d), einem Rupienkurse von 185 R. = 100 Taels entsprechend, auf 2 s 5¾ d = 29¾ d zurückgegangen ist, wieder 967,5 Lstrl. zu erlösen, müßte er 7805 Taels exkl. Shanghai-Zoll, also 8044 Taels inkl. Zoll fordern.

967,5 Lstrl. à 29¾ d p. Tael =	7805 Taels
Shanghai-Zoll =	239 „
	8044 Taels.

Mit einem geringeren Erlöse vermag er sich aber nicht zu begnügen und einen größeren Erlös braucht er nicht zu beanspruchen, da seine Kosten völlig gleichgeblieben oder doch durch die eingetretenen Kursveränderungen nicht beeinflußt worden sind. Daß sie nicht vermindert werden konnten, liegt auf der Hand. Man könnte aber meinen, daß sie vergrößert worden wären, weil der englische Spinner, soweit er seine Rohbaumwolle aus Indien bezieht, infolge der Kurssteigerung der Rupie einen höheren Goldpreis für dieselbe bezahlen müsse. Das trifft aber nicht zu. Die Folgen der Kurssteigerung der Rupie hat, wie schon früher erörtert, der indische Baumwoll-

[1]) Vergl. oben S. 131.

produzent auf sich nehmen müssen, da er ebenso wie der Weizenproduzent in Anbetracht der übermächtigen Konkurrenz der Goldwährungsländer (Amerikas und Egyptens) nicht imstande gewesen ist, seinen Verlust am Kurse auf den Londoner Preis draufzuschlagen. Tatsächlich ist denn auch die indische Baumwolle, wenn wir von dem exzeptionellen Jahre 1900 absehen, seit der Zeit der Herstellung des jetzigen Rupienkurses, d. h. seit 1898, in London (ebenso wie die konkurrierende amerikanische Baumwolle) sogar noch billiger angeboten worden als früher[1], — obwohl die angebotene Menge kaum noch den dritten Teil des Durchschnitts der Jahre 1891/92 und 1892/93 und im Vergleich mit früheren Jahren noch viel weniger beträgt[2].

Bei dieser Sachlage kann sich der englische Spinner unter übrigens gleichen Umständen auch noch heute mit dem Sterlingpreise des Jahres 1892/93 begnügen. Er darf aber auch nicht weniger fordern, wenn er noch jetzt den gleichen Gewinn wie damals (vor Beginn der indischen Währungsreform) erzielen will. Um den gleichen Sterlingpreis zu erlangen, muß er aber seinen Taelpreis, wie eben berechnet, von 5516 auf 8044 Taels, also um 2528 Taels = 45,8 %, heraufsetzen.

d) Der chinesische Spinner.

In China gab es im Jahre 1893 noch keine nennenswerte Baumwollindustrie. Seither sind aber Spinnereien gegründet worden[3] und bei den Verhandlungen der indischen Währungskommission von 1898 wurde mit Recht die Bedrohung der indischen Spinnereien durch diese neue Konkurrenz befürchtet. Es ist daher von Interesse, zu untersuchen, ob und in welchem Maße das Aufkommen dieser Konkurrenz durch die indische Währungsreform begünstigt worden ist.

Bei dieser Untersuchung ist davon auszugehen, daß der chinesische Spinner im Jahre 1893 vor Beginn der indischen Währungsreform, wenn er damals schon mit dem Indier in Konkurrenz getreten wäre, denselben Preis wie der Indier, also 5516 Taels für 100 Ballen Garn, erlöst haben würde. Einen Zoll bezw. eine Steuer hat der chinesische Spinner, der in Shanghai domiziliert ist, beim Absatz in Shanghai selbst nicht zu zahlen, sondern nur dann, wenn er von Shanghai aus sein Garn nach dem Inneren versendet[4]. Beim Absatz in Shanghai selbst, wovon wir hier ausgehen wollen, hätte er also im Jahre 1893 vor Beginn der indischen Währungsreform 5516 Taels erlöst.

Wenn er jetzt denselben Preis fordert wie der Indier, so erzielt er, da der indische Preis, wie auf S. 151 berechnet, 8397 Taels beträgt, 8397 — 5516 = 2881 Taels mehr als 1893.

[1] Die Preise für indische Baumwolle in England waren nach Sauerbeck

1891	3 1/4,	1892	3,	1893	3 9/16,
1898	2 1/2,	1899	2 3/4,	1900	4 3/16 d p. Pfund.

[2] Der Baumwollexport Indiens nach England betrug in tausend (engl.) Zentnern

1889/90	1890/91	1891/92	1892/93	1897/98	1898/99	1899/1900
2166	1520	710	528	206	217	133

Trade of India 1892/93 S. 26. Review 1899/1900 S. 21.

[3] Im Jahre 1895 eröffneten die ersten drei Spinnereien in Shanghai den Betrieb. Im Jahre 1898 waren acht Spinnereien im Betriebe. Prot. 1898 §§ 12485, 12493. Im Jahre 1901 war die Zahl schon auf 14 angewachsen mit 460000 Spindeln und einer Jahresproduktion von zirka 60 Mill. Pfund Garn (No. 10. 12. 14. 16). Vergl. den engl. Konsularbericht über China (No. 2912), publ. im November 1902, S. 16.

[4] Prot. 1898 §§ 12507—12513.

Diesem Mehrerlöse steht aber eine erhebliche Steigerung seiner Produktionskosten gegenüber.

Zunächst sind die Kosten der Rohbaumwolle gestiegen.

Die Rohbaumwolle bezieht der chinesische Spinner zum größten Teil aus dem Inlande[1]), zum kleinen Teil aus Indien[2]) und vielleicht auch aus Amerika. Wie dem auch sein mag, jedenfalls muß er sie jetzt dem Kursfalle gegenüber den Goldwährungsländern entsprechend teuerer bezahlen, denn um soviel ist der Bezug der amerikanischen und indischen Baumwolle teuerer geworden und in demselben Maße ist bei der Exportfähigkeit der einheimischen Baumwolle der Preis der letzteren gestiegen. Wir wollen hier annehmen, daß einheimische Baumwolle versponnen wird.

Der Markt für exportierte chinesische Baumwolle ist vor allem Japan, wo die chinesische Ware mit der indischen konkurriert. Wenn nun die indische Baumwolle nach Vithaldas vor Beginn der Währungsreform in Japan 4801 Yen (für ein zur Herstellung von 100 Ballen Garn genügendes Quantum) kostete, so erlöste der Chinese damals (für die gleiche Qualität) den gleichen Betrag. 4801 Yen waren bei dem damaligen Kurse von 71 1/2 Taels p. 100 Yen 3433 Taels. Jetzt erlöst der Chinese, wenn er den gleichen Betrag fordert wie der Indier, nämlich 6537 Yen (wie oben S. 152 berechnet), bei dem Kurse von 81 Taels p. 100 Yen 5295 Taels, also 1862 Taels mehr. Ebensoviel mehr fordert er natürlich auch in China. Deshalb muß der chinesische Spinner für seinen Rohstoff jetzt 1862 Taels p. 100 Ballen Baumwollgarn mehr bezahlen.

Außer den Rohstoffkosten haben sich aber auch die Spinnkosten erhöht.

Der Spinnlohn (Spinnkosten + Gewinn) betrug im Jahre 1893 als Differenz zwischen Bruttoerlös und Rohstoffkosten 5516 — 3433 = 2083 Taels. Verteilen wir diesen Spinnlohn ebenso wie für den japanischen Spinner (S. 153) auf die verschiedenen Conti, so kommt auf diejenigen Kosten, welche direkt durch den Kurs beeinflußt werden, (Maschinenkosten, Kohlen und andere importierte oder exportfähige Artikel) einerseits, und auf die Löhne andererseits je ein Anteil von 37 1/2 % = 781 Taels, während der Rest aus dem Gewinn und aus solchen Kosten besteht, die unverändert bleiben.

Die Maschinenkosten etc. sind nun, wie nicht weiter ausgeführt zu werden braucht, dem Kursfalle des Tael gegenüber den Goldwährungsländern entsprechend, in ihrem ganzen Betrage, die Löhne, wenn die Arbeiter für die Verteuerung des Lebensunterhalts durch die Preissteigerung der Export- und Importartikel schadlos gehalten werden, zu 60 % ihres Betrages in diesem Maße erhöht worden. Bei den Maschinenkosten etc. (781 Taels) beträgt diese Erhöhung, da der Goldkurs des Tael kurz vor Beginn der Währungsreform 3 s 8 2/3 d = 44 2/3 d war, während er jetzt auf 2 s 5 3/4 d = 29 3/4 d gefallen ist, 392 Taels; denn

781 Taels à 44 2/3 d . . . . = 34885 d
34885 d à 29 3/4 d p. 1 T. . . . . . = 1173 T.
1173 — 781 . . . . = 392 T.

---

1) Über die chinesische Baumwollproduktion cf. Prot. 1898 § 12466. Man hat die Behauptung aufgestellt, daß die chinesische Baumwolle nicht gut sei, aber dieser Behauptung ist stark widersprochen worden. Vergl. Prot. 1898 §§ 1120, 9597, 9642.

2) 1901 02 559241 engl. Zentner. Trade of India 1901 02 S. 27.

Bei den Löhnen, die nur um 60 % ihres Betrages dem Kursfalle entsprechend gestiegen sind, beträgt die Erhöhung 60 % von 392 = 235 Taels.

Hieraus folgt, daß die Produktionskosten des chinesischen Spinners im ganzen gestiegen sind:

Rohstoffkosten um	1862 Taels
Maschinenkosten etc.	392 „
Löhne	235 „
	2489 Taels

Bei dieser Sachlage steht dem Mehrerlöse des chinesischen Spinners im Betrage von 2881 Taels für 100 Ballen Garn eine Erhöhung der Produktionskosten um 2489 Taels gegenüber. Die Differenz beträgt 392 Taels.

Um denselben Gewinn zu erzielen wie im Jahre 1893, kurz vor Beginn der indischen Währungsreform, muß hiernach der chinesische Spinner statt 5516 Taels jetzt 5516 + 2489 = 8005 Taels, d. s. 45,1 % mehr fordern. Er kann aber den Indier, der 8397 Taels fordern muß oder doch fordern müßte, um den gleichen Gewinn zu erzielen wie vor Beginn der Währungsreform, um 392 Taels, d. i. um 4,67 % unterbieten.

Ergebnis.

Hiernach ist der indische Spinner durch die Währungsreform zwar nicht in dem Maße, wie Vithaldas berechnet hat, (gegenüber dem Japaner) geschädigt, aber doch allen seinen Konkurrenten gegenüber benachteiligt worden. Bei einem Silberpreise von 25 ½ d p. Unze und den entsprechenden Taelkursen müßte er, um den gleichen Gewinn zu erzielen wie 1893, statt 5516 Taels für 100 Ballen Baumwollgarn 8397 Taels fordern, also seinen Preis um 2881 Taels = 52,2 % heraufsetzen. Dagegen braucht der Japaner, da er um 212 Taels im Vorteil ist, nur auf 8185 Taels (8397 — 212) zu gehen und deshalb den Preis von 1893 (5516 Taels) nur um 2669 Taels (2881 — 212) = 48,4 % heraufzusetzen. Der Engländer kann sich mit einer Preiserhöhung von 45,8 %, der Chinese mit einer solchen von 45,1 % begnügen. Die Differenz beträgt gegenüber dem Japaner 52,2 — 48,4 = 3,8, gegenüber dem Engländer 52,2 — 45,8 = 6,4, gegenüber dem Chinesen 52,2 — 45,1 = 7,1 % des 1893er Preises.

Wahrscheinlich wird schließlich das Preisangebot des Engländers den Ausschlag geben[1]). Wenn dann der Indier sich mit dem englischen Verkaufspreise von 8044 Taels begnügen muß, während er, um den gleichen Gewinn wie 1893 zu erzielen, 8397 Taels erlösen sollte, so beträgt sein Schaden 353 Taels à 185 R. p. 100 T. = 653 Rupien für je 100 Ballen Garn. Da 100 Ballen Garn nach Vithaldas 40000 englische Pfund wiegen, so ist das ein Verlust von 0,2612 Anna p. Pfund Garn, mehr als die Hälfte des — nach Vithaldas — im Jahre 1900 erzielten „Gewinnes" von 0,5 Anna. Da

[1]) In den Protokollen der Währungskommission von 1898 § 8769 (8771) findet sich die Angabe eines anglo-indischen Exporteurs, daß indisches Garn in China im November 1892 zu 60 Dollar p. Ballen, im Juli 1897 dagegen zu 90 Dollar p. Ballen verkauft worden sei. Darnach war der Preis in Wirklichkeit um 50 % heraufgesetzt worden (während die Rohbaumwolle in Indien ungefähr 3 % teuerer eingekauft worden war). Der Kurs des Tael im Juli 1897 schwankte zwischen 200 ½ und 218 Rupien p. 100 Taels. Dem a. a. O. angegebenen Kurse des Hongkong-Dollars von 151 ½ Rupien p. 100 Dollar entspricht ein Taelkurs von ungefähr 206 Rupien p. 100 Taels.

dieser Gewinn nicht der Reingewinn ist, sondern der Rohgewinn, aus dem noch allerlei Abschreibungen etc. gedeckt werden müssen, so ist der Verlust in diesem Falle recht bedeutend. Bei einer Jahresproduktion von 4800000 lbs beträgt derselbe nicht weniger als 78360 Rupien oder, auf das für einen solchen Betrieb erforderliche Anlagekapital von 1397000 Rupien[1]) berechnet, 5,6 %. Beachtenswert ist, daß dieser Verlust nicht aus der japanischen Konkurrenz, die Vithaldas beklagt und die auch sonst als ruinierend hingestellt wird, sondern aus der englischen Konkurrenz in China entsteht.

Vergleichen wir diesen Verlust mit demjenigen, den nach unserer Rechnung auf S. 123 der indische Spinner infolge der Erleichterung der englischen Konkurrenz auf dem indischen Markte erleidet, so muß der große Unterschied auffallen. Dort nur eine Schädigung von 1,8 % des Garnpreises (6 Annas), d. i. 0,108 Anna auf das Pfund Garn, hier eine solche von 0,2612 Anna; dort bei einer Produktion von 4800000 lbs im Jahre nur ein Verlust in Höhe von 0,232 % auf das angelegte Kapital, hier ein solcher von 5,6 %. Der Grund liegt darin, daß der indische Spinner beim Export nach China nicht nur einen Kursverlust an dem Preise des Garns, sondern auch an Zinsen und Kosten erleidet, der ihm bei dem Absatze in Indien erspart bleibt. Zinsen und Kosten betragen aber nach unserer Rechnung auf S. 150 für 100 Ballen = 40000 lbs nicht weniger als 1111 ½ Rupien, die Kursdifferenz darauf 441 ½ Rupien.

1111 ½ R. à 307 R. p. 100 T. . . . = 362 T.
362 T. à 185 R. p. 100 T. . . . . = 670 R.
1111 ½ R. — 670 R. . . . . = 441 ½ R.

Auf das Pfund Garn berechnet beträgt diese Kursdifferenz 0,147 Anna, was dem oben konstatierten Unterschiede von 0,1532 A beinahe gleichkommt.

Ist unsere Rechnung richtig, so ist festzustellen, daß die indische Baumwollindustrie, soweit sie für den Export arbeitet, durch die Währungsreform mehr geschädigt worden ist, als soweit sie den indischen Markt versorgt, obwohl der Grund in beiden Fällen in der Verschlechterung der Konkurrenzbedingungen gegenüber dem englischen Spinner liegt. Dieses Resultat stimmt mit der Tatsache überein, daß sich in Indien die Exportspinnereien in ungünstiger Lage befinden, während die Inlandsspinnereien mit hinreichendem Nutzen arbeiten[2]).

Diese Beispiele ließen sich noch um viele vermehren, und um die Wirkung der durch die Währungsreform herbeigeführten oder doch ermöglichten Kursänderungen im Vergleich mit dem status quo in allen ihren Variationen zu zeigen, müßten sie auch noch um viele vermehrt werden. Die wichtigsten Punkte haben aber Beachtung gefunden und das wird für unsere Zwecke genügen.

---

[1]) Vergl. oben S. 108 Anm. 3.

[2]) Vergl. Prot. 1898 §§ 8768 ff., 320, 321.

d. Übersicht über die gewonnenen Resultate.

Nach den Ergebnissen der in den beiden letzten Abschnitten angestellten Rechnungen ist durch die indische Währungsreform der Export aus Indien bedeutend erschwert, der Import nach Indien bedeutend erleichtert, die Konkurrenzfähigkeit der indischen Produzenten bedeutend geschwächt worden. Die Schwächung der Konkurrenzfähigkeit zeigt sich in jeder Branche, gegenüber jedem Konkurrenten und auf jedem Markte, aber freilich je nach der Größe der in Betracht kommenden Kursdifferenzen, und je nachdem, ob gleichzeitig die Produktionskosten der einzelnen Konkurrenten beeinflußt worden sind, oder nicht, in verschiedenem Maße.

Am meisten ist nach unseren Beispielen die Konkurrenzfähigkeit derjenigen Produzenten geschwächt worden, welche vegetabile Stoffe für den Export produzieren, vor allem für den Export nach China und Japan, und besonders in denjenigen Fällen, in denen sie chinesischen Konkurrenten gegenüberstehen. Beim Export von Opium nach China beträgt diese Schwächung gegenüber dem Chinesen, der Erschwerung des Exports für den Indier entsprechend, volle 58% des im Jahre 1892/93, kurz vor Beginn der Währungsreform, erzielten Preises[1]), beim Export von Baumwolle nach Japan, wiederum dem Chinesen gegenüber, noch etwas mehr[2]); oder, wenn wir zum Maßstab nehmen, um wieviel der Chinese den Indier, wenn dieser einen den Verhältnissen vor 1893 entsprechenden Preis fordert, unterbieten kann, zirka 40%. Aber auch beim Export nach England zeigt sich, wenigstens gegenüber China (im Theehandel), eine bedeutende Schwächung (zirka 32%)[3]), während die Schädigung in Konkurrenz mit Produzenten der Goldwährungsländer (so beim Weizen und bei der Baumwolle) sich auf 8,6% beschränkt[4]). Die ausländischen (anglo-indischen) Produzenten bezw. Produktionsgesellschaften, welche mit Goldkapital arbeiten, sind etwas besser daran. Beim Thee ist ihnen der

---

[1]) Vergl. oben S. 136.

[2]) Vergl. oben S. 140 (48 + 11,3% zirka).

[3]) Vergl. oben S. 144.

[4]) Vergl. oben S. 118—120.

Export nicht um 5,4 %, wie den einheimischen Produzenten, sondern nur um 3,6% erschwert worden[1]). Das will aber gerade hier nicht viel bedeuten, weil die Schwächung der Konkurrenzfähigkeit in der Hauptsache auf die Erleichterung des Exports für den Chinesen (um 26,6%) zurückzuführen ist und weil hierunter beide in gleichem Maße zu leiden haben. Außer Thee kommen aber als Gegenstand der Produktion für ausländische Gesellschaften im wesentlichen nur noch Kaffee und Indigo in Betracht.

Die Industriellen sind im allgemeinen in erheblich besserer Lage, schon deshalb, weil durch die Steigerung des Kurses gegenüber den Goldwährungsländern auf 16d ihre Produktionskosten mehr oder weniger ermäßigt worden sind. Das gilt besonders von denjenigen Industriellen, die exportfähige inländische (oder importierte) Rohstoffe verarbeiten, wie die Baumwollspinner, da in diesem Falle außer den Maschinenkosten und den Ausgaben für importierte oder exportfähige Hülfsstoffe, „stores" etc., auch die Rohstoffkosten, der Kurssteigerung gegenüber den Goldwährungsländern entsprechend, um 8,6% ermäßigt worden sind. Soweit die indischen Industriellen mit Chinesen und Japanern in Konkurrenz treten, kommt hinzu, daß für diese die Produktionskosten eine bedeutende Erhöhung erfahren haben. Beim Export, wenigstens nach China und Japan, liegen die Verhältnisse jedoch ungünstiger als bei der Konkurrenz auf dem indischen Markte, weil in diesem Falle eine starke Kursdifferenz auf Zinsen und Spesen hinzukommt. Für die Baumwollspinner, die sich unter allen Industriellen (mit Ausnahme der Jutefabrikanten) in der günstigsten Lage befinden, ist die Konkurrenz auf dem indischen Markte gegenüber den hier allein in Betracht kommenden Produzenten der Goldwährungsländer nur um 1,8% des zu Anfang 1893 geltenden Preises erschwert worden, die Konkurrenz in China gegenüber den Produzenten der Goldwährungsländer um 6,4, gegenüber Japanern um 3,8, gegenüber Chinesen um 7,1%[2]).

Bei der Feststellung dieser Resultate ist schon in vollem Umfange, soweit es nach Sachlage erforderlich und zulässig

[1]) Vergl. oben S. 145.
[2]) Vergl. oben S. 157.

war, berücksichtigt worden, daß die Löhne in China und Japan, soweit sie in Geld bestehen, gestiegen sind, worauf insbesondere die Währungskommission von 1898 so großes Gewicht legt. Wir sind dabei sogar von der Voraussetzung der völligen Schadloshaltung der Arbeiter ausgegangen. Dieser Umstand hat sich, soweit er in Betracht kam, so z. B. beim Export von Baumwollgarn nach China und beim Import von Kohle aus Japan, als ein bedeutsamer kompensierender Faktor erwiesen. Es hat sich aber gezeigt, daß derselbe gerade auf den wichtigsten Konkurrenzgebieten überhaupt nicht in Betracht kommt, weil in China (und wohl auch in Japan) Thee, Rohbaumwolle, Opium, Reis etc. von kleinen Bauern erzeugt werden, welche ihre Äcker ohne Zuhülfenahme fremder Arbeitskräfte bebauen und daher überhaupt keine Löhne zahlen. Mögen immerhin die Geldlöhne in China um 15%, wie im Anhange zum Bericht der Währungskommission von 1898 konstatiert wird, oder mehr — wir haben in unseren letzten Beispielen für Japan 21,6% gerechnet — in die Höhe gegangen sein, — was nützt das, wenn der chinesische Produzent keine Löhne zahlt? Wenn er aber Löhne zahlt und wenn er Geldlöhne zahlt, wie es z. B. der Baumwollspinner in den Städten tun muß, so ergibt sich aus deren Steigerung nur eine schwache Kompensation gegenüber der Wirkung der Kursänderungen, da die Löhne immer nur einen Teil der Produktionskosten ausmachen und da sie nur zu etwa 60% ihres Betrages dem Kursfalle entsprechend erhöht werden müssen, um volle Schadloshaltung zu gewähren. Viel wichtiger ist die wenigstens für die Industrie eintretende Kompensation infolge der Preisänderung der Rohstoffe, welche die Währungskommissionen nicht einmal erwähnen. Für Indien ist ja aber nicht die Lage der Industrie, sondern die Lage der Rohstoffproduzenten in erster Linie entscheidend!

Änderungen der Zoll- und Steuergesetzgebung in Indien, welche in der Zeit nach 1893 vorgenommen sind, haben die nachteiligen Folgen der Währungsreform für die Produzenten einzelner Branchen teilweise abgeschwächt. Für den Export kommt in dieser Beziehung allerdings nur die Herabsetzung der Opiumsteuer um $6^2/_3$ Lstrl. p. Kiste in Betracht, die jedoch eine recht erhebliche Erleichterung geschaffen hat.

Für die Konkurrenz auf dem indischen Markte sind dagegen in vielen Produktionszweigen Kompensationen eingetreten, da im Jahre 1894 auf eine große Reihe von Artikeln Wertzölle in Höhe von zumeist 5% gelegt sind und da der Import von bonifiziertem Zucker durch die Auferlegung von Ausgleichszöllen im Jahre 1900 noch besonders erschwert worden ist. Sehr bedeutend aber ist hierdurch die Lage der indischen Produzenten nicht verbessert worden. Es ist nämlich der wichtigste Konkurrenzartikel: Baumwollgarn, vom Zolle überhaupt freigeblieben oder vielmehr später wieder befreit worden, und der Zoll auf baumwollene Gewebe ($3^1/_2$% vom Werte) wird durch eine gleich hohe innere Steuer ausgeglichen. Die übrigen Artikel aber, welche dem Zolle unterworfen sind, spielen abgesehen von Zucker als Konkurrenzartikel keine große Rolle. Kohlen sind frei, ebenso Maschinen. Letzteres ist auch aus dem Grunde hier noch besonders zu erwähnen, weil Maschinen und Kohlen als Produktionskostenelemente in Betracht kommen.

Unsere Rechnungen zeigen aber die Veränderung der Verhältnisse nur für den Fall, daß der Silberpreis $25^1/_2$d beträgt, wie im ungefähren Durchschnitt des Jahres vom 1. Juli 1901/02. Nachdem das Silber in letzter Zeit noch weiter, bis auf $22^1/_2$d, zurückgegangen und dementsprechend der Kurs des chinesischen Taels noch tiefer gesunken ist, haben die Valutadifferenzen gegenüber China natürlich ein noch größeres Maß erreicht. Dadurch ist der indische Export nach China noch mehr erschwert, der Import Chinas nach Indien noch mehr erleichtert, die Konkurrenzfähigkeit der indischen Produzenten gegenüber den Chinesen noch mehr geschwächt worden. Eine solche vermehrte Schwächung der Konkurrenzfähigkeit ist vor allem in denjenigen Fällen eingetreten, in denen die Produktionskosten des Chinesen wenig oder garnicht von den Kursveränderungen berührt werden, so z. B. beim Absatz von Opium in China, von Rohbaumwolle in Japan, von Thee in England. Dagegen dürfte sich auf dem industriellen Gebiete, wenigstens in der Veredelungsindustrie, ein wesentlicher Unterschied nicht ergeben haben, weil hier zugleich die Produktionskosten des Chinesen stark gestiegen sind. Deshalb wird z. B. die Konkurrenzfähigkeit des indischen Spinners bei dem Absatze von

Baumwollgarn auf dem chinesischen Markte nicht erheblich beeinträchtigt worden sein. Gegenüber den Japanern und den Produzenten der übrigen Goldwährungsländer ist die Konkurrenzfähigkeit natürlich nicht noch mehr geschwächt worden, da diesen der Export nach China ebenso stark erschwert und der Absatz in anderen Ländern nicht erleichtert worden ist. Das wird nach den vorausgegangenen Ausführungen einer näheren Darlegung nicht bedürfen.

*　　*
*

Es ist nun noch ein Umstand zu erwähnen, der die bisher gewonnenen Resultate etwas abschwächt. Wir haben nämlich noch zu berücksichtigen, daß Kursänderungen durch ihre Einwirkung auf die Preise der Export- und Importartikel die Konkurrenzfähigkeit der Produzenten in den Ländern mit entwerteter bezw. mit im Werte gesteigerter Valuta auch in der Weise beeinflussen können, daß sie dieselben zwingen, auf eine Steigerung ihres Nettogewinnes Bedacht zu nehmen, bezw. daß sie ihnen gestatten, sich mit einem geringeren Nettoerlöse zu begnügen, weil für sie selbst, ebenso wie für ihre Arbeiter, die Kosten des Lebensunterhalts gestiegen bezw. gesunken sind. Daß ein solcher Einfluß ausgeübt werden kann, liegt auf der Hand. Jedenfalls kann es nicht zweifelhaft sein, daß der Produzent bei sinkendem Kurse so viel mehr verdienen muß, als die ihm aus der Preissteigerung der Export- und Importartikel erwachsenden Mehrkosten seines und seiner Familie Lebensunterhalts ausmachen, bezw. daß der Produzent bei steigendem Kurse in der Lage ist, sich mit einem entsprechend geringeren Verdienste zu begnügen. Sieht sich nun infolgedessen der Produzent in dem Lande mit gesunkenem Kurse gezwungen, die Preise für seine Produkte überhaupt oder mehr, als es sonst (infolge der Steigerung seiner Produktionskosten) nötig gewesen wäre, heraufzusetzen, so wird dadurch natürlich die im übrigen etwa eingetretene Steigerung seiner Konkurrenzfähigkeit abgeschwächt. Kommt auf der anderen Seite der Produzent in dem Lande mit gestiegenem Kurse in die Lage, die Preise seiner Produkte überhaupt oder mehr, als es sonst (infolge der Ermäßigung seiner Produktionskosten) möglich gewesen wäre, herabzusetzen, so wird die sonstige Schwächung seiner Konkurrenzfähigkeit dadurch gemindert. Trifft beides zusammen (wie hier etwa bei der Konkurrenz des Indiers mit dem Chinesen oder Japaner), so wirken beide Umstände in gleicher Richtung und wird der sonstige Einfluß der Kursänderungen auf die Konkurrenzfähigkeit aus doppeltem Grunde abgeschwächt. Bei dieser Sachlage erscheint es keineswegs ausgeschlossen, daß mit Rücksicht hierauf unsere früheren Sätze über die Schwächung der Konkurrenzfähigkeit der indischen Produzenten durch die Währungsreform erheblich modifiziert werden müssen. Ist das wirklich erforderlich?

Betrachten wir zunächst ausschließlich den Fall, daß die Valuta eines Landes (wie hier bei China und Japan) im Kurse gefallen ist. Hier ist zunächst zu beachten, daß das Maß der Verteuerung des Lebensunterhalts, welche ein Kursfall von bestimmter Größe zur Folge hat, bei den einzelnen Produzenten sehr verschieden ist. Für einen Baumwollspinner in einer Hafenstadt, der viel Export- und Importartikel konsumiert, ohne einen erheblichen Teil der konsumierten Artikel selbst zu produzieren, und für den überdies, was den selbst produzierten Teil anlangt, auch die Produktionskosten noch erhöht werden, wird sich der Lebensunterhalt bei jedem größeren Kursfalle recht bedeutend verteuern. Dagegen bleibt für den Produzenten von Reis oder Weizen auf dem Lande, obwohl er vielleicht noch mehr an Export- und Importartikeln konsumiert (da er von Reis bezw. Weizen lebt), der Kursfall fast ohne Einfluß. Für einen solchen Produzenten wird ja der Konsum an Reis bezw. Weizen nicht verteuert, da er nach wie vor mit denselben Kosten dasselbe Quantum für seinen Konsum gewinnt[1]), und sein Verbrauch an sonstigen Export- oder Importartikeln ist minimal. Zwischen diesen beiden Extremen liegen viele andere Fälle. Im allgemeinen werden die Kosten des Lebensunterhalts nur insoweit erhöht, als Export- oder Importartikel konsumiert werden, die der Produzent nicht selbst produziert, sondern kaufen muß, oder die er jetzt nur noch mit größeren Kosten produzieren kann.

---

[1]) Vergl. oben S. 118 ff.

Falls nun die Kosten des Lebensunterhalts sich erhöhen, wie vor allem für diejenigen Export- und Importproduzenten, welche andere Dinge produzieren als Cerealien, wie z. B. für die Produzenten von Opium und Thee und für die Industriellen, welche mit importierten Maschinen exportfähige oder importierte Rohstoffe verarbeiten, — werden sich dann diese Produzenten gezwungen sehen, die Preise für ihre Produkte mit Rücksicht hierauf höher zu stellen, als es sonst geschehen wäre? Können also z. B. in unserem Falle die chinesischen Opiumproduzenten ihr Opium in China nicht mehr zu den früheren Preisen, die chinesischen Theeproduzenten ihren Thee in London, die chinesischen Spinner ihr Garn in China nicht zu den Preisen, die oben berechnet sind, anbieten, weil sie selbst zur Deckung der erhöhten Kosten ihres Lebensunterhalts einen größeren Nettogewinn als früher erzielen müssen? Die Antwort lautet: Vielleicht, vielleicht auch nicht. Kann der Produzent seinen Absatz ausdehnen und dadurch die Mehrkosten seines Lebensunterhalts hereinbringen, so ist eine Erhöhung der Preise nicht nötig; ist er hierzu nicht im stande, so muß er darauf Bedacht nehmen, höhere Preise zu fordern. Ob das eine oder andere zutrifft, hängt von den Umständen ab. Im allgemeinen wird aber in Anbetracht der eingetretenen Erleichterung der Konkurrenz eine Ausdehnung des Absatzes in der Regel möglich und daher eine Erhöhung der Preise nur in der Minderzahl der Fälle nötig sein, während in anderen Fällen vielleicht die inländische Konkurrenz eine solche Erhöhung nicht zuläßt.

Während hiernach in einem Lande, dessen Valuta im Kurse gefallen ist, die Export- und Importproduzenten vielleicht nur ausnahmsweise gezwungen sein werden, ihre Preise mit Rücksicht auf die Verteuerung ihres eigenen Lebensunterhalts zu erhöhen, wird es in einem Lande, dessen Valuta im Kurse gestiegen ist, die Regel bilden, daß die Produzenten mit Rücksicht auf die eingetretene Verbilligung ihres Lebensunterhalts im stande sind, ihre Preise ohne Schaden herabzusetzen bezw. mehr herabzusetzen, als es etwa ohnehin (infolge der Ermäßigung ihrer Produktionskosten) möglich ist. Eine Ausnahme bilden jedoch auch hier wieder die Produzenten von Cerealien, die von selbstgebautem Getreide leben, da deren Produktionskosten gleich bleiben und deshalb auch ihre Unterhaltskosten sich nicht (wesentlich) verringern.

Soweit hiernach überhaupt für den Produzenten des Landes mit entwerteter Valuta der Zwang vorliegt, mit Rücksicht auf die Verteuerung des eigenen Lebensunterhalts die Preise zu erhöhen, und soweit in dem Lande mit gestiegener Valuta überhaupt die Möglichkeit gegeben ist, die Preise aus diesem Grunde herabzusetzen, wird die Erhöhung bezw. die Herabsetzung der Preise im allgemeinen gering sein. Das ergibt sich, wenn man beachtet, in welchem Verhältnis der Verbrauch des Produzenten zu seinem Gewinne (der ja in der Regel auch noch zur Anlage von Reserven und zur Vermögensbildung dient), und in welchem Verhältnis dieser Gewinn, d. i. der Nettogewinn, zu der Summe der Preise für die abgesetzten Produkte, also zu dem Bruttoerlöse, steht. Deshalb kann durch die Einwirkung der Kursveränderung auf die Kosten des eigenen Lebensunterhalts der Produzenten ein wirklich bedeutender Einfluß auf die Konkurrenzfähigkeit nicht ausgeübt werden.

Soweit die Produzenten keine physischen Personen, sondern Aktiengesellschaften sind, kann natürlich von einem solchen Einflusse überhaupt nicht die Rede sein.

Bei Anwendung dieser allgemeinen Sätze auf unseren speziellen Fall werden wir zu dem Resultate kommen, daß unsere früheren Sätze über die Schwächung der Konkurrenzfähigkeit der indischen Produzenten keiner irgendwie erheblichen Modifikation bedürfen. Wenn auch die Kursänderungen die Kosten des Lebensunterhalts für die meisten indischen Produzenten etwas ermäßigt, und die Kosten des Lebensunterhalts ihrer chinesischen und japanischen Konkurrenten in Thee, Opium, Garn etc. erhöht haben, so wird doch dadurch der Einfluß der eingetretenen Kursänderungen auf die Konkurrenzfähigkeit (zu Gunsten der Indier und zu Ungunsten der Chinesen bezw. Japaner) nur sehr wenig abgeschwächt worden sein.

---

c. Kritik des Urteils der indischen Währungskommissionen über den Einfluß der Währungsreform auf die Lage Indiens gegenüber China und Japan.

Bei den Verhandlungen der indischen Währungskommissionen hat lediglich die Verschlechterung der Lage der indischen Produzenten gegenüber China und Japan Beachtung gefunden, während die Erschwerung der Konkurrenz gegenüber den Produzenten der Goldwährungsländer garnicht weiter in Betracht gezogen ist. Den Bedenken, welche in dieser Beziehung geltend gemacht waren, wurde aus verschiedenen Gründen keine entscheidende Bedeutung beigelegt. Es wird erforderlich sein, auf diese Gründe, die in den Berichten der Kommission von 1892/93 § 113 ff. und der Kommission von 1898 § 24 ff. dargelegt sind, etwas näher einzugehen.

1. Verschiedene spezielle Momente.

Die Währungskommission von 1893 wollte der Begünstigung Chinas durch seine Valutadifferenz gegenüber Indien u. a. deshalb keine große Bedeutung beilegen, weil in China das Aufkommen der Produktion durch lokale Lasten und Zölle sehr erschwert, und weil bei dem schlechten Stande der Transportwege, insbesondere bei dem Mangel an Eisenbahnen, der Export stark behindert sei. Diese Tatsachen sind an sich richtig. Es ist aber zunächst die erstere — die Höhe der Abgaben — ganz ohne Bedeutung oder sollte eigentlich gerade in entgegengesetzter Richtung wirken. Die chinesischen Binnenzölle (likin) sind anscheinend nach der Menge bemessen, nicht nach dem Werte. Wenigstens trifft das für Thee zu, von welchem ein Exportzoll von etwas über 2 Taels p. Picul ($133^1/_3$ lbs.) erhoben wird[1]. Wenn nun der Exportwert des Thees infolge des jetzt (seit Anfang 1893) zirka $33^1/_3$ prozentigen Kursfalles des Tael gegenüber den Goldwährungsländern, der wie eine Exportprämie von 50% wirkt[2]), um 50% des Preises in den Aus-

[1]) Prot. 1898 § 8257.

[2]) Der Kurs des Tael zu Anfang 1893 war 3 s $8^2/_3$ d, während er jetzt, einem Silberpreise von $25^1/_2$ d entsprechend, auf 2 s $5^3/_4$ d (in den letzten

fuhrhäfen gehoben wird, so muß diese Werterhöhung dem Theeproduzenten natürlich dem Betrage nach den gleichen, prozentual aber sogar einen um so größeren Mehrgewinn bringen, wenn er stark mit Abgaben belastet ist, deren Höhe gleich bleibt! Für den Export wird daher die Wirkung des Kursfalles durch die Steuerbelastung zum wenigsten nicht abgeschwächt. Dasselbe gilt, was den absoluten Betrag der Gewinnsteigerung anlangt, für den Import. Was aber die Transportschwierigkeiten wegen des Mangels von Eisenbahnen anlangt, so wird dadurch allerdings die Ausdehnung des chinesischen Exports stark behindert. Es ist aber nicht zu vergessen, daß China viele gute Wasserverbindungen hat und daß bei einer 50%igen Exportprämie, wie sie der Kursfall des Tael bietet, schon recht bedeutende Transportschwierigkeiten überwunden werden können. Im übrigen handelt es sich sowohl bei den Produktionsabgaben als auch bei dem Mangel an Eisenbahnen nicht um unüberwindliche Hindernisse und die Überwindung derselben wird natürlich um so leichter, je mehr Handel und Verkehr, durch das Sinken des Kurses stimuliert, an Bedeutung und Einfluß gewinnen. Tatsächlich sind in den letzten Jahren bereits erhebliche Fortschritte gemacht worden. Schon im Jahre 1898 waren Anzeichen dafür vorhanden, daß die Regierung die Verbesserung der Produktionsverhältnisse Chinas direkt begünstigte (Prot. 1898 § 9597 S. 57), und nach dem eben beendigten europäischen Kriege wird unter dem Drucke Europas anscheinend ein schnelleres Tempo eingeschlagen. Die Aufhebung oder doch die Ermäßigung der Likinzölle ist schon jetzt in Aussicht genommen und für die Anlage von Eisenbahnen ist eine Reihe von Konzessionen bereits erteilt.

Wenn man ferner der für Indien ungünstigen Kursgestaltung zwischen Indien und China deshalb keine so große Bedeutung hat beimessen wollen, weil man sich sagte: China werde, wenn es aus seinem Kursfalle durch die Vergrößerung seines Exports und die Erlangung höherer Tael-

---

Monaten noch tiefer) gesunken ist. Die Remittierung von 100 Lstrl. nach China ergibt bei dem Kurse von 3 s 8 2/3 d 536,5, bei dem Kurse von 2 s 5 3/4 d 806,7 Taels. Die Differenz beträgt 270,2 Taels = zirka 50% von 536,5 Taels.

preise im Verkehr mit den Goldwährungsländern Nutzen ziehe, indische Waren um so teuerer bezahlen können und wirklich bezahlen, so ist dieser Gedanke an sich beachtenswert. Zu Gunsten Indiens kommt aber diese Eventualität nur für die Artikel Opium und Reis in Betracht. Beim Import anderer Artikel nach China hat Indien in den Goldwährungsländern und in Japan starke Konkurrenten und kann daher seine Preise nicht höher stellen als diese. Da aber diesen Ländern (in Anbetracht des geringeren Kursfalles ihnen gegenüber) die Konkurrenz weniger erschwert ist als Indien, so werden sie ihre Preise natürlich nicht so stark erhöhen, wie es erforderlich sein würde, wenn der Indier auf diese Weise schadlos gehalten werden sollte. Abgesehen hiervon ist zu berücksichtigen, daß gerade in denjenigen Artikeln, welche Indien nach China exportiert, die einheimische Produktion in China unter dem mächtigen Schutze des Kursfalles sich regt und auch ihrerseits eine gefährliche Konkurrenz in Aussicht stellt. Die Produktion von Opium und von Baumwolle ist bereits in starkem Wachstum begriffen, die Theekultur wird verbessert und die Industrie erhebt ihr Haupt. Schon im Jahre 1895 waren in Shanghai acht Baumwollfabriken gegründet, und wenn diese auch zunächst keine großen Erfolge aufzuweisen hatten[1]), so lag das doch nur an ihrer mangelhaften Organisation, an der (auch für Indien selbst verlustbringenden) Überschwemmung des Marktes mit indischer Ware und vielleicht auch an der durch die plötzliche Steigerung der Nachfrage herbeigeführten, aber nur vorübergehend starken Steigerung der Löhne[2]). Seitdem sind bis 1901 sechs neue Fabriken gegründet[3]). Andere Fabriken werden folgen, und wenn dann, was wahrscheinlich ist, europäische oder aber japanische Leiter an die Spitze treten, so erscheint deren Erfolg bei den großen natürlichen Vorteilen und bei der Handfertigkeit der Chinesen gesichert[4]).

Wenn endlich von den Währungskommissionen geltend gemacht wurde, daß der Handel Indiens mit den Silberländern

[1]) Prot. 1898 §§ 12485, 12493 4.

[2]) Prot. §§ 9642, 9597.

[3]) Vergl. oben S. 155 Anm. 3.

[4]) Prot. 1898 12488, 12494 ff.

mit Rücksicht auf seine Größe weniger in Betracht komme als der Handel mit den Goldwährungsländern, so ist auch diesem Umstande eine gewisse Bedeutung nicht abzusprechen. Es ist aber zunächst der Handel mit den Silberländern und mit Japan, welches ja durch den Kursfall nicht viel weniger begünstigt ist, nach Maßgabe der Ziffern in der folgenden Tabelle durchaus nicht etwa nur gering, und überdies hat gerade dieser Handel eine besonders große Bedeutung für Indien. Indien verwendet nämlich die großen Überschüsse, welche es bei seinem weitaus überwiegendenden Export nach diesen Ländern bisher jährlich erzielt hat, dazu, um einen Teil seiner Schulden gegenüber den Goldwährungsländern durch Überweisung zu bezahlen. Es wird behauptet, daß in der Zeit vor 1893 volle 10 Mill. Lstrl. Goldschulden p. Jahr auf diese Weise getilgt worden seien[1]), und die folgende Tabelle (S. 171) beweist, daß Indien jetzt sogar eine noch größere Summe aus dem Verkehr mit diesen Ländern zu dem gleichen Zwecke verwenden kann.

Bezüglich des für Indien, besonders auch als Einnahmequelle der Regierung so wichtigen Opiumhandels nach China war die Kommission von 1893 der Ansicht, daß ein erheblicher Rückgang des Exports nicht zu befürchten sei, weil es sich um eine Ware für chinesische Feinschmecker handle, welche nicht auf den Preis sehen würden. Diese Ansicht hat sich aber, worauf im Jahre 1899 schon die Kommissionsmitglieder Campbell und Muir in ihrem Separatgutachten hinwiesen, nicht bestätigt. Der indische Opiumexport ist schon jetzt, wie im folgenden Kapitel noch näher darzulegen sein wird, stark beeinträchtigt worden. Die Opiumkultur in China ist unter dem Schutze des Kursfalles, nachdem die Konkurrenzfähigkeit Indiens, wie oben berechnet, um nicht weniger als 45% geschwächt worden ist, in starker Steigerung begriffen[2]) und die Aussichten für indisches Opium sind nach dem Berichte des Generaldirektors der chinesischen Seezölle über das Jahr 1901 (S. 3) „nicht ermutigend“.

[1]) Vergl. Prot. 1893 § 740.
[2]) Prot. 1898 § 12516.

Warenhandel Indiens mit China, Japan und den Straits[1][2]

in 1000 Rx. (10000 Rupien).

	1890/91	1891/92	1892/93	1893/94	1894/95	1895/96	1896/97	1897/98	1898/99	1899/1900	1900/01	1901/02
China												
Export nach China (exkl. Durchfuhr)	14295,9	13711,9	14402,3	10989,2	12548,7	13778,1	13681,9	12082,6	12707,9	14065,5	11742,8	17556,0
Import von China	2420,3	2877,1	2842,5	3542,6	2663,0	2805,9	2149,1	1691,0	1691,9	1596,4	2547,2	1791,9
Überschuß d. Exports	11875,6	10834,8	11559,8	7446,6	9885,7	10972,2	11532,8	10391,6	11016,0	12469,1	9195,6	15765,1
Japan												
Export nach Japan (exkl. Durchfuhr)	1210,3	1289,8	1610,5	1404,4	1663,7	2789,4	4075,9	4158,0	5215,6	6336,7	2084,6	6952,4
Import von Japan	57,7	65,7	91,2	252,1	288,9	417,2	547,4	534,5	545,0	500,0	788,4	711,2
Überschuß d. Exports	1152,6	1224,1	1519,3	1152,3	1374,8	2372,2	3528,5	3623,5	4670,6	5836,7	1296,2	6241,2
Straits Settlements												
Export nach d. Straits (exkl. Durchfuhr)	5499,5	4997,8	4440,5	4529,3	5239,0	5845,9	5008,0	4293,6	5644,4	5493,1	6858,1	6339,0
Import von den Straits	2300,3	2358,6	2371,6	2524,6	2103,2	2075,2	1842,1	2409,8	2006,2	1935,6	2317,0	2381,9
Überschuß d. Exports	3199,2	2639,2	2068,9	2004,7	3135,8	3770,7	3165,9	1883,8	3638,2	3557,5	4541,1	3957,1
Summe aller Übersch.												
in 1000 Rx.	16227,4	14698,1	15148,0	10603,6	14396,3	17115,1	18227,2	15898,9	19324,8	21863,3	15032,0	25963,4
in 1000 Lstrl.	12231,4	10245,7	9454,9	6428,4	7857,9	9727,1	10974,3	10168,7	12859,1	14630,2	10022,0	17309

[1]) Statistical Abstract relating to British India 1898/99 S. 235 ff., 1900/01 S. 180 ff. Tables of the Trade of British India 1901/02 S. 99 ff. Der für die Jahre 1899 ff. in Lstrl. angegebene Wert ist nach dem Kurse (1 Lstrl. = 1½ Rx) umgerechnet.

[2]) Bei China ist Hongkong eingerechnet.

2. Der angebliche Mangel eines statistischen Beweises für die exportstimulierende und die importhemmende Wirkung eines Kursfalles.

Einer der Hauptgründe für die verhältnismäßig geringe Einschätzung des Einflusses der durch die Währungsreform ermöglichten Kursveränderungen gegenüber China und Japan war der Umstand, daß beide Währungskommissionen in der indischen Statistik keinen Beweis für die stimulierende Wirkung eines Kursfalles auf den Export und für die hemmende Wirkung desselben gegenüber dem Import hatten entdecken können[1]). Hierbei hatten die Kommissionen speziell die Zeit des Kursfalles der Rupie, von 1871/72 angefangen bis 1892/93, im Auge gehabt. Nun ist freilich zugegeben, daß sich aus den von der Kommission von 1892/93 in § 27 ihres Berichts beigebrachten Zahlen, welche auch die Kommission von 1898/99 zur Grundlage ihrer Behauptung macht, nur schwer in dieser Beziehung etwas erkennen läßt. Es sind aber zunächst diese Zahlen, d. h. die zusammengestellten Perioden, recht willkürlich gewählt und werden exzeptionelle Jahre (z. B. 1871/72 und 1876/77) mit einander verglichen. Sodann wird als Gegenbeweis gegen die Stimulierung des Exports (fälschlich) die Tatsache angeführt, daß der indische Export in der Zeit des stabilen Kurses von 1878/79—1884/85 bedeutend stärker gestiegen sei, als in den vorhergehenden Jahren, in denen der Kurs sank. Hieraus ist aber schon deshalb kein Gegenbeweis zu entnehmen, weil die Wirkung eines Kursfalles keineswegs in dem Augenblicke ihr Ende findet, in dem der Kurs zu fallen aufhört. Sie dauert vielmehr in der Folgezeit fort. Deshalb mußte in der Periode des stabilen Kurses von 1878/79—1884/85 die Wirkung der früher entstandenen Valutadifferenz, gefördert durch die Stabilität des Kurses, jetzt erst recht zur Geltung kommen! Die stärkere Zunahme des Exports in dieser Zeit war also nur natürlich und notwendig! Ferner sind allgemein bei Feststellung der Grundzahlen die Fehler gemacht worden, daß nicht die Ziffern des Verkehrs mit den Goldwährungsländern allein, denen gegenüber allein der Kurs fiel, sondern

---

[1]) Bericht 1893 § 27, 1899 § 25.

die Ziffern des gesamten Handels über See zu Grunde gelegt, und daß, obwohl ein stetiger Preisfall auf dem Weltmarkte eingetreten war und obwohl auch die indischen Preise sich bedeutend geändert hatten, die Wertziffern an Stelle der Mengenziffern in Betracht gezogen sind.

Abgesehen hiervon ist beim Export nicht beachtet worden, daß die Preise des Weltmarktes, und daß die Veränderungen der Fracht die Nachfrage beeinflussen mußten und daß die ganz unregelmäßige Aufschließung Indiens durch die Anlage von Eisenbahnen und Kanälen im Laufe der Zeit einen ganz verschiedenen Einfluß auf das Angebot ausübte. Endlich ist doch ein Beweis für die Stimulierung des Exports nicht schon dann nicht vorhanden, wenn der Export nicht zunimmt; denn trotz der Stimulierung des Exports wird eine Vergrößerung desselben nicht eintreten, wenn die Wirkung des Kursfalles durch einen gleichzeitigen Preisfall auf dem Weltmarkte kompensiert wird. Das ist aber gerade in der Zeit des Sinkens des Rupienkurses bei vielen Waren tatsächlich geschehen. Ebenso kann von dem Mangel eines Beweises für die hemmende Wirkung des Kursfalles gegenüber dem Import nicht schon dann gesprochen werden, wenn der Import zunimmt. Denn dafür kann der Grund einerseits wiederum darin liegen, daß der Preis der Importartikel auf dem Weltmarkte zurückgeht (weil dadurch der Import erleichtert wird), sowie darin, daß immer weitere Gebietsteile des Inlands für den Absatz aufgeschlossen werden, andererseits darin, daß der Export (!) sich vergrößert und daß dieser vergrößerte Export nicht mit Edelmetall oder Wertpapieren, sondern mit Waren bezahlt wird, oder darin, daß ein Kapitalzufluß nach dem Inlande stattfindet, und daß das (zur Investierung bestimmte) Kapital in der Form von Waren überführt wird, die, wie Maschinen, im Inlande nicht produziert werden können. Außerdem ist es eine bekannte Tatsache, daß bei einer Erschwerung des Imports der Importeur seine Lieferungen, soweit möglich, nicht einschränkt, sondern daß er schlechtere Ware liefert, und dann kann natürlich trotz der Hemmung des Imports die Größe desselben auch unter übrigens gleichen Umständen nicht abnehmen.

Ein statistischer Beweis für die Wirkung eines Kursfalles bezw. einer Valutaentwertung auf Export und Import ist nicht leicht zu erbringen. Das erklärt sich daraus, daß so viele verschiedene Faktoren einwirken; daß so viel von Faktoren abhängt, die nicht immer genau registriert sind (z. B. für den Export von der Größe des Anbaues und der Ernte); daß ferner bei der notwendigen Berücksichtigung des Preises und der Frachten sehr häufig nur mit Durchschnittsziffern für längere Perioden gerechnet werden kann; daß endlich beim Import die direkte hemmende Wirkung des Kursfalles durch die indirekte, aus der Vergrößerung des Exports resultierende steigernde Wirkung mehr oder weniger kompensiert wird. Es läßt sich aber die stimulierende Wirkung des Kursfalles auf den Export auch aus der indischen Statistik bis 1892/93 erkennen, wenn man z. B. die Entwicklung des Handels mit Jute und Leinsaat nach den Goldwährungsländern, nach Gewicht (nicht nach dem Werte!) unter Berücksichtigung der Preisbewegung in London und Indien und der Frachten feststellt, und es läßt sich für die Schutzzollwirkung des Kursfalles gegenüber dem Import — nur auf diese kommt es an — auch aus der indischen Statistik ein Beweis erbringen, wenn man, besonders für die Zeit des starken Kursfalles von 1884—1894, unter gleichzeitiger Berücksichtigung der Frachten die Preise der indischen Exportartikel oder vielmehr die Bewegung dieser Preise in Indien mit derjenigen in London und anderen Goldwährungsländern, z. B. Amerika und Australien, vergleicht.

Auf alle diese Punkte näher einzugehen, ist an dieser Stelle nicht möglich. Die gemachten Bemerkungen werden aber auch bereits genügen, um erkennen zu lassen, wie oberflächlich die Währungskommissionen verfahren sind und wie wenig Berücksichtigung ihre Behauptung verdient, daß die indische Statistik keinen Beweis für die exportstimulierende und die importhemmende Wirkung eines Kursfalles biete.

Fassen wir die Zeit nach Beginn der Währungsreform ins Auge, so läßt sich die Wirkung der eingetretenen Kursveränderungen im Verkehr mit den Goldwährungsländern nur sehr schwer statistisch nachweisen, weil es sich hier um verhältnismäßig kleine Differenzen handelt, deren Wirkung unter den vielen anderen Ursachen schlecht zu erkennen ist. Dagegen bietet der Handel mit China bei den großen Kursdifferenzen, die hier stattgehabt haben, ein verhältnismäßig günstiges Beobachtungsgebiet. Hier zeigt sich denn auch deutlich die importhemmende Wirkung des Kursfalles für China bezw. die exporthemmende Wirkung desselben für Indien in dem Rückgange des indischen Opiumexports nach China und in der Steigerung des chinesischen Opiumpreises. Auf diesen Punkt müssen wir etwas näher eingehen, um so mehr, als der indische Statistiker O'Conor in seinem letzten Handelsberichte behauptet und, wie er meint, zahlenmäßig aus der Statistik bewiesen hat, daß der Kurs überhaupt keinen Einfluß ausübe.

Der indische Opiumexport, welcher sich ausschließlich nach Silberländern, und zwar hauptsächlich nach China und zu etwa 20% nach den Straits richtet, hat sich folgendermaßen gestaltet:

Opiumexport.[1][2]

Menge in Kisten à zirka 1,38 Cwts.[3]

	1887/88	1888/89	1889/90	1890/91	1891/92
Gesamtexport:	90096	87789	85166	85753	87558
Davon nach China:	70815	72891	70102	70855	70805
	1892/93	1893/94	1894/95	1895/96	1896/97
Gesamtexport:	75384	70839	68834	60860	62258
Davon nach China:	59771	52442	51815	45617	45133
	1897/98	1898/99	1899/00	1900/01	1901/02
Gesamtexport:	56069	67128	67350	69708	65603
Davon nach China:	41965	50223	48651	48655	44456

Wie hoch in dieser Zeit die Preise, und zwar die Preise für Malwa-Opium (das ausschließlich von Bombay exportiert

---

[1]) Vergl. Review of the Trade of Brit. India 1894/95, 1897/98, 1898/99, Tables of the Trade in den folgenden Jahren.

[2]) In der chinesischen Importstatistik wird der Import von Opium für die Kalenderjahre in Piculs à $133^1/_3$ lbs., wie folgt, angegeben:

1892	1893	1894	1895	1896
70782	68108	63125	51306	48994
1897	1898	1899	1900	1901
49309	49752	59161	49279	49484

Von diesem Import kamen auf indisches Opium im Jahre 1900 etwa 90, im Jahre 1901 etwas über 91%. Vergl. den Bericht des chinesischen Generalzolldirektors für 1901. S. 17.

[3]) Über das Gewicht der Kisten vergl. oben S. 134 Anm. 2.

wird), einerseits in Indien und andererseits in China waren, ergibt sich aus der folgenden Tabelle:

	Preis in Indien[1]) Rupien p. Kiste	Preis in China[2]) exkl. Zoll- und Spesenaufschlag Haikwan Taels p. Picul	Dollar-Kurs[3]) auf Hongkong Rupien p. 100 D.
1889/90	1282	424,9	222
1890/91	1165	396,4	222
91/92	1152	388,2	222
92/93	1200	397,6	222
1893/94	1167	496,8	205
94/95	1297	553	188
95/96	1394	584,8	191
96/97	1344	623,2	181
97/98	1209	649,5	155
98/99	1082	602,7	143
99/00	1223	638,6	146
1900/01	1349	625	150
1901/02	1301	688	143

Hiernach ist der indische Opiumexport, speziell auch der Export nach China, von 1892/93 an (also schon vor der Währungsreform beginnend!), besonders aber nachher, als der chinesische Kurs fiel, stark zurückgegangen. Im Jahre 1897/98 hat er sein Minimum erreicht und ist dann wieder gestiegen. Den früheren Umfang hat er aber auch jetzt noch nicht wiedergewonnen, obwohl der Preis in China um nicht weniger als 73 % in die Höhe gegangen ist.

Der Rückgang des Exports im Jahre 1892/93 kann nun natürlich auf die Währungsreform und die dadurch ermöglichten Kursänderungen nicht zurückgeführt werden. Der spätere Rückgang findet aber wohl zweifellos, wenigstens zum Teil, in dem Kursfalle des Tael bezw. des Hongkong-Dollar seine Ursache. Auf andere Weise ist es garnicht zu erklären, daß der Rückgang eintrat, obwohl der Preis in

[1]) Trade of India 1892/93 S. 24, 1898/99 S. 37, 1901/02 S. 24.

[2]) Berechnet nach den Mengen und Wertangaben im Stat. Abstract for the Principal and other Foreign Countries bezw. in dem Berichte des chinesischen Generalzolldirektors für 1901 S. 10. Nach den Angaben des letzteren Berichts S. 6 wird der Wert des Imports in der Weise berechnet, daß von dem Marktpreise die Zölle und 7 % für Spesen abgesetzt werden.

Ein Haikwan Tael = 1,114 Shanghai Tael.

[3]) Trade of India 1901/02 S. 25.

China bis zum Jahre 1897/98 um 63,5, und bis 1901/02 um 73 % stieg. Daß der Kursfall wirklich die Ursache war oder doch mitwirkte, wird übrigens auch in dem offiziellen indischen Handelsberichte für 1897/98 S. 31 zugegeben. Wenn der Export von 1898/99 an wieder zunahm, so hatte das für 1898/99 seinen Grund in einer Fehlernte in China bei gleichzeitigem Preisrückgange in Indien (der vielleicht wegen reichlicher Ernte eintrat) und in den folgenden Jahren teils in Fehlernten in China, teils in der (hierdurch mitveranlaßten) außerordentlichen Preissteigerung besonders im Jahre 1901/02[1]).

In letzter Zeit hat nun O'Conor (in dem offiziellen Handelsbericht für 1901/02 S. 24/25) die Behauptung aufgestellt, daß der Kurs ohne Einfluß sei. Er beruft sich dafür auf die Tatsache, daß der indische Preis für Opium im Jahre 1901/02 trotz gleichen durchschnittlichen Wechselkurses um 219 Rupien p. Kiste höher gewesen ist als 1898/99. Wären die Umstände im übrigen gleich geblieben, so würde diese Preissteigerung allerdings viel beweisen. O'Conor läßt aber völlig außer acht, daß der Preis auch in China gestiegen ist. Nur deshalb konnte sich der Preis in Indien im Jahre 1901/02 trotz gleichen durchschnittlichen Wechselkurses um 219 Rupien p. Kiste höher stellen als im Jahre 1898/99! Das ergibt sich aus dem Folgenden. Die Steigerung des Preises in China betrug nach unserer Tabelle nicht weniger als 85 Haikwan Taels = 94,7 Shanghai Taels per Picul. Das sind bei dem Gewichtsunterschiede zwischen Picul (133 1/3 lbs) und Kiste (1,38 Cwts = 154 1/2 lbs) zirka 110 Shanghai Taels per Kiste. 110 Shanghai Taels zu dem durchschnittlichen Kurse des Jahres 1901 (200 Rupien = 100 Taels) nach Indien remittiert geben 220 Rupien. Das ist ebensoviel wie der Preisunterschied in Indien (219 Rupien), der hiernach durch die Kursdifferenz völlig aufgeklärt wird. Damit fällt O'Conors Beweisführung in sich zusammen. Übrigens läßt sich der Einfluß des Kurses auch aus dem Umstande beweisen, daß der indische Preis in den Jahren 1892/93 und 1897/98 ungefähr gleich hoch war, während bei einem Rückgange des Dollarkurses von 222 auf 155 Rupien p. 100 Dollar

[1]) Daß die chinesischen Ernten von 1898/99 bis 1900 schlecht gewesen sind, wird in den indischen offiziellen Handelsberichten angegeben.

der Preis in China eine Steigerung um 64 % erfahren hatte. Wenn trotz dieser Preissteigerung in China der Import abnahm, während der Kurs des chinesischen Tael bezw. Dollar fiel, so muß in Ermanglung anderer Ursachen der Grund in dem Fallen des Kurses liegen. Die importhemmende bezw. die Schutzzollwirkung eines Kursfalles kann garnicht besser demonstriert werden!

Was den Handel Indiens mit China im ganzen anlangt, so ist, wie die Tabelle auf den Seiten 180 und 181 beweist, der Export seit 1893/94 zunächst scharf zurückgegangen und hat bis zum Jahre 1900/01 den früheren Umfang nicht wiedererreicht, während der Import im Jahre 1893/94 wesentlich gestiegen und dann wieder gefallen ist.

Hier zeigt sich der Einfluß des Kursfalles des Tael im Jahre 1893/94 sehr deutlich in dem plötzlichen Rückgange des Exports und dem Steigen des Imports. Für die spätere Zeit erscheint es auffällig, daß der (an sich unbedeutende) Import wieder zurückgeht, obwohl er durch den Kursfall stimuliert werden mußte. Diese Tatsache wird aber wahrscheinlich darin ihren Grund finden, daß China Indien nicht viel zu bieten vermag. Dagegen ist der Rückgang des Exports wohl zum größten Teil auf die konkurrenzerschwerende Wirkung des Rückgangs des Taelkurses zurückzuführen. Daß der Grund nicht in einer Verringerung der Aufnahmefähigkeit Chinas liegt, wird dadurch bewiesen, daß der Handel Chinas im ganzen, und speziell auch sein Import, seit 1893, in Gold berechnet, wenigstens nicht zurückgegangen, 1899 sogar stark gestiegen, und in Taels berechnet, wenn man das Kriegsjahr 1900 ausnimmt, stetig gestiegen ist. (Siehe Tabelle S. 179.)

Die für Indien nachteilige Wirkung des Sinkens des Taelkurses tritt noch besonders darin hervor, daß im Gegensatz zu dem Rückgange des Exports Indiens nach China der Export Japans nach China in der Zeit von 1895 bis 1899 sich vervierfacht hat[1]). Letzteres will umsomehr

[1]) Der Export Japans nach China ist von 1895 bis 1899 von 989636 Lstrl. auf 4100573 Lstrl. gestiegen. Vergl. den engl. Konsularbericht über Japans Handel für 1900 (Annual Series No. 2595) S. 27. Im Jahre 1900 ist der Export infolge der Boxerunruhen auf etwa 3 Mill. Lstrl. (31871581 Yen) zurückgegangen, im Jahre 1901 aber wieder auf etwa 4,3 Mill. Lstrl. (42,93 Mill. Yen) gestiegen.

Chinas Warenaußenhandel[1])
(unter Ausschluß von Hongkong).

	1885	1886	1887	1888	1889	1890	1891	1892	1893	1894	1895	1896	1897	1898	1899	1900[2])	1901[2])
								Millionen Lstrl.									
Import .	23,34	29,12	24,82	29,31	26,22	32,97	32,94	29,41	29,80	25,92	28,08	33,77	30,21	30,24	39,85	32,94	39,62
Export .	17,20	19,34	20,84	21,71	22,92	22,60	24,82	22,33	22,96	20,48	23,43	21,85	24,36	22,94	29,47	24,82	25,05
								Millionen Haikwan Taels									
Import .	88,20	87,48	102,26	124,78	110,88	127,09	134,—	135,10	151,36	162,10	171,70	202,59	202,83	209,58	264,75	211,07	268,30
Export .	65,01	77,21	85,86	94,40	96,95	87,14	100,95	102,58	116,63	128,11	143,29	131,08	163,50	159,04	195,79	158,997	169,66

[1]) Statistical Abstract for the Principal and other Foreign Countries 1894 95 S. 138, 1898 99 S. 153. Über den Handel von Hongkong sind in den engl. Stat. Abstracts Angaben nicht enthalten.

In den Jahren 1890—1894 ist der Handel mit Korea nicht berücksichtigt.

[2]) Die Ziffern für die Jahre 1900 und 1901 sind dem Report on the trade of China für 1901, published by order of the Inspector General of Customs (Shanghai) entnommen und nach dem durchschnittlichen Kurse (1 Haikwan Tael = 35,44 bezw. 37,46 d) in Lstrl. umgerechnet.

Warenhandel Indiens mit China (inklusive Hongkong)[1]).

I. Export nach China unter Ausschluß der Durchfuhr.

Jahr	Baumwolle roh		Baumwollgarn		Opium		Jute roh		Jute-Säcke		Jutestoffe		Andere Artikel Wert	Wert des ganzen Exports
	1000 Cwts.	1000 Rx.	1000 lbs.	1000 Rx.	1000 Kisten	1000 Rx.	1000 Cwts.	1000 Rx.	1000 Stück	1000 Rx.	1000 Yards	1000 Rx.	1000 Rx.	1000 Rx.
1890/91	119,1	319,8	151 050	5794,2	70,9	7729,6	26,8	18,4	7321	83,3	2663,6	29,2	321,4	14 295,9
91/92	110,2	266,1	145 558	5161,7	70,8	7803,9	—	—	10278	123,4	2305,9	21,8	334,9	13 711,9
92/93	46,4	126,9	176 860	6290,6	59,8	7317,6	35,8	28,4	12328	172,4	2209,6	23,9	442,4	14 402,3
1893/94	3,6	9,7	120 887	4449,9	52,4	5977,2	16,1	15,4	9376	124,2	2178,9	27,3	385,5	10 989,2
94/95	39,4	68,1	145 178	5139,5	51,8	6819,1	21,9	19,5	6656	98,1	3087,6	34,3	370,1	12 548,7
95/96	60	149,7	174 710	6336,1	45,6	6353,8	27,9	22	Wert 254 559 Rx.				661,9	13 778,1
96/97	163	393,8	186 073	6762,5	45,2	5880,0	?	?	Wert f. Hongkong allein 160 539 Rx.				645,6	13 681,9
97/98	151	353,9	189 472	6554,5	41,97	4654,7	20,1	13	Wert 187 452 Rx.				318,8	12 082,6
98/99	284	609,5	208 976	6237,1	50,2	5360,5	40,6	28	4693	65,2	3985	36,3	370,7	12 707,9
99/1900	285	663	231 571	6589,1	48,7	6043,4	35,1	27,5	10274	138,2	14123	142,2	461,9	14 065,5
1900/01	109	318,2	108 559	3799,6	48,7	6743,7	58,1	51,3	16063	220,2	22040	233,8	376	11 742,8
1901/02	559	1439	260 234	8848,1	44,5	6127,3	32,7	29,7	28116	423,2	22696	233,1	455,5	17 556,0

[1]) Die Tabelle ist nach den offiziellen indischen Handelsberichten zusammengestellt. Vergl. Reviews of the Trade of Brit. India 1898/99 S. 60, 1894/95 S. 61, 1892/93 S. 39/40. An den letzterwähnten Stellen ist eine Übersicht über den Handel mit China nach dem Werte unter Hervorhebung der wichtigsten Artikel bis zurück zum Jahre 1868/69 gegeben. Soweit die Zahlen der Tabelle sich an den

II. Import aus China.

Jahr	Seide roh		Seidenstoffe [2])		Thee		Kupfer		Zucker		Droguen, bes. Camphor und Cassia lignea	Andere Artikel Wert	Wert des ganzen Imports
	1000 lbs.	1000 Rx.	1000 Yards	1000 Rx.	1000 lbs.	1000 Rx.	1000 Cwts.	1000 Rx.	1000 Cwts.	1000 Rx.	1000 Rx.	1000 Rx.	1000 Rx.
1890/91	1796,5	813,1	4322,2	430,9	3940,6	277,7	40,1	155	195,9	261,4	115,1	367,1	2420,3
91/92	2093,7	983,9	5173,1	533,6	4680,2	351,9	83,4	307,5	177,4	216,7	91,0	392,5	2877,1
92/93	1707,8	725	6191,4	629,6	4795,5	384,3	34,1	129,7	349,1	475,5	97,9	400,5	2842,5
1893/94	2380,1	1072	6333,0	638,7	6016,2	472,6	90	322,4	351,3	513,3	112,7	400,9	3542,6
94/95	2093,7	899,1	6374,1	547,8	4630,3	328,3	36,8	136,8	220,5	295,1	113,5	342,4	2663
95/96	2353,5	938,3	8002,1	626,5	5890,1	410,6	48,4	129,1	206	266,2	104,1	327,1	2805,9
96/97	1809,7	662,6	?	420,1	?	436,9	?	103,4	139,3	179,2	91,6	255,3	2149,1
97/98	1546,4	480,2	4707	373,3	1689,6	118,1	2,6	12,5	291,2	334,8	103,3	268,8	1691
98/99	1782	610,2	4448	357,6	1751,6	92,9	6,5	28,8	185,7	209,9	108,3	284,2	1691,9
99/1900	1297,1	442,8	3036,5	281,4	1921,8	109,7	0,04	0,4	317	365,5	84,1	312,5	1596,4
1900/01	1995,7	836,8	4365,6	392,4	2548,1	139,0	0,56	2,6	487,4	575,4	88,7	512,3	2547,2
1901/02	1630,1	630,1	4224,3	348,9	1732,7	97,2	11,5	56,5	182,6	211,0	76,5	370,7	1790,9

genannten Stellen nicht angegeben finden, sind sie den „Tables", d. h. den speziellen Übersichten der betreffenden Jahre entnommen. Vergl. die Nachweise No. 11 und No. 15 in jedem Jahre. Die hier angegebenen Ziffern stimmen mit einander und mit den Zahlen des Stat. Abstract 1900/01 S. 179 nicht immer genau überein, weil in den summarischen Übersichten einzelne Posten weggelassen sind etc.

[2]) Inkl. Stoffe aus Halbseide. Die letzteren betragen aber nur wenige Prozente des ganzen Imports an Seidenstoffen (1901/02 zirka 2 %).

sagen, als dieser Export zum großen Teil in Baumwollgarn und Baumwollgeweben besteht, in denen Japan mit Indien konkurriert und die der japanische Produzent aus Rohbaumwolle anfertigt, welche er zumeist erst vom Auslande, zum Teil aus Indien selbst, beziehen muß[1]).

Es fehlt an Raum, um auf diese Punkte hier noch näher einzugehen. Wir dürfen aber diesen Gegenstand nicht verlassen, ohne noch einige Tatsachen zu berühren und aufzuklären, die scheinbar mit der Behauptung der Erschwerung des Exports durch das Sinken des Kurses in Widerspruch stehen. Das sind: die starke Zunahme des Exports von Baumwollgarn und Baumwollstoffen nach China und die ebenso starke Zunahme des gesamten Exports und speziell des Exports von roher Baumwolle nach Japan.

Der Export Indiens an Baumwollgarn und Baumwollstoffen, der sich hauptsächlich nach China richtet, zeigt, wie die folgende Tabelle erkennen läßt, wenn man die abnormalen Jahre 1892/93—1894/95 und 1900/01 (1892/93: große Überspekulation, 1893/94: Rückschlag, 1894/95: Krieg zwischen China und Japan, 1900/01: europäischer Krieg) ausnimmt, eine stetige Zunahme, die nach dem Sinken des Taelkurses keineswegs geringer geworden ist.

Export von Baumwollgarn aus Indien (1000 lbs) [2]) [3]).

	1883/84	1884/85	1885/86	1886/87	1887/88	1888/89	1889/90
Totalexport	49876	65897	78242	91804	113451	128907	141950

	1890/91	1891/92	1892/93	1893/94	1894/95	1895/96	1896/97
Totalexport	169275	161253	189175	134066	158854	184362	195996
nach China	151050	145558	176860	120887	145178	174710	186073

	1897/98	1898/99	1899/1900	1900/01	1901/02
	199946	219624	240693	118081	272468
	189472	208976	231571	108559	260234

[1]) Über den Export Japans an Baumwollgarn und den Import an Baumwolle vergl. unten S. 184/85 Anm.

[2]) Vergl. Trade of British India für 1892/93 S. 30/31 1894/95 S. 46, 1898/99 S. 45, 1899/1900 S. 25, 1900/01 S. 27, 1901/02 S. 30. Für die Jahre 1900/01 und 1901/02 ist der Export nach China a. Gr. der Angaben in den Tables of the Trade of India unter No. 11 ermittelt.

[3]) Die Zahlen für die Jahre 1883/84—1889/90 geben nur den Gesamtexport von Baumwollgarn an. Hiervon ging jedoch der größte Teil nach China. Vergl. auch Trade of Brit. India für 1892/93 S. 30. In dem Jahre 1900/01 betrug der Export nach China 95 %.

Es ist jedoch zu berücksichtigen, daß diese Zunahme des Exports begleitet war von einer heftigen Krisis in der indischen Baumwollindustrie. Der Export dehnte sich aus trotz mangelnden Profits, wie es in den Handelsberichten für 1898/99 S. 45 und für 1899/1900 S. 23, 24 heißt. Der Grund lag in dem fehlerhaften System der Honorierung der beteiligten Finanzgesellschaften und Agenten, die nach der Größe der Produktion bezahlt wurden ohne Rücksicht auf deren Verwertung, wodurch bewirkt wurde, daß sehr viel Konsignationsware nach China ging. Bei dieser Sachlage kann aber der Zunahme des Exports an sich schon keine erhebliche Bedeutung beigemessen werden. Außerdem ist zu berücksichtigen, daß China in dieser Zeit dem Außenhandel immer mehr erschlossen worden ist; daß es im Jahre 1897 schon eine 50%ige Preiserhöhung zugestanden hatte[1]) und daß gerade bei dem Artikel Baumwollgarn zwar der Export nach China, nicht aber die Konkurrenz mit den Produzenten anderer Länder in China den indischen Spinnern, wie wir (oben S. 157) gesehen haben, stark erschwert worden ist[2]).

Die zweite Tatsache, welche der Erklärung bedarf, ist die Entwicklung des ganzen Exports und die Entwicklung des Exports von Rohbaumwolle nach Japan.

Die Wertziffern des gesamten Exports Indiens nach Japan ergeben sich aus der Tabelle auf Seite 171. Der Export an Rohbaumwolle hat sich (nach den indischen offiziellen Handelsberichten) folgendermaßen entwickelt:

(Tausend Zentner)

1890/91	1891/92	1892/93	1893/94	1894/95	1895/96
78	401	444	368	465	856

1896/97	1897/98	1898/99	1899/1900	1901/02
1499	1311	1941	2319	2526

1) Vergl. oben S. 157 Anm.

2) Der Export von Baumwollstoffen nach China zeigt keineswegs die gleiche Entwicklung. Derselbe ist abgesehen von den Jahren 1895/96 und 1896/97 stark zurückgegangen. Es wurden exportiert (in 1000 yards)

1890/91	1891/92	1892/93	1893/94	1894/95	1895/96	1896/97
5538	7351	13506	11371	9649	21492	14506

1897/98	1898/99	1899/1900	1900/01	1901/02
4802	4361	6627	1188	1415

Für Stoffe ist China überhaupt nur ein kleiner Abnehmer. Dieselben werden zumeist nach der Ostküste von Afrika, Aden, den Straits und nach Ceylon exportiert.

Hiernach hat der Export Indiens nach Japan, und zwar sowohl der Gesamtexport (dem Werte nach) als auch der Export von Rohbaumwolle, abgesehen von einer Unterbrechung, die in das Jahr des Beginns der indischen Währungsreform (1893/94) fällt, stetig zugenommen, obwohl von 1893/94 bis Mitte 1897 der Rupienkurs des Yen von zirka 223 Rupien für 100 Yen auf 153 Rupien zurückgegangen ist und sich seitdem nicht erholt hat. Diese Erscheinung ist aber leicht zu erklären.

Die Zunahme des Exports von Rohbaumwolle trotz seiner Erschwerung findet nämlich ihren Grund in der Entwicklung der japanischen Baumwollindustrie, die in den 80er Jahren begann und von 1893/94 an durch das Sinken des Yenkurses und des Taelkurses und die dadurch bewirkte Erschwerung des indischen Garn-Exports nach Japan und nach China noch besonders gefördert wurde[1]). Es ist ja Tatsache, daß Japan, durch die Valutadifferenz (wie oben S. 151 ff. berechnet) begünstigt, Indien auf dem Baumwollgarnmarkt in China eine starke Konkurrenz bereitet hat[2]). Bei dieser Entwicklung der Bauwollindustrie in Japan mußte der Import Japans an Rohbaumwolle notwendig zunehmen, da

---

[1]) In den Nachrichten für Handel und Industrie No. 182 für 1902 sind folgende Zahlen über die Entwicklung der Baumwollindustrie in Japan angegeben:

	Anzahl der Spinnereien	Zahl der Spindeln	Garnproduktion in engl. Pfund
1862	1	5456	?
1871	2	7456	?
1880	5	12204	?
1890	30	277895	43508343
1893	40	381781	89124596
1899	78	1086721	300606620
1901	79	1202006	262812800

[2]) Der Export Japans an Baumwollgarn, der sich hauptsächlich nach China richtet, betrug:

(Tausend Kins à 1,325 lbs)

1889	1890	1891	1892	1893	1894
4	10	17	33	316	3539
1895	1896	1897	1898	1899	1900
3533	12975	42035	68834	102361	62620

(Engl. Stat. Abstract for the Principal and other Foreign Countries.)

im Lande selbst nur wenig Baumwolle wächst[1]). Ein Teil davon aber entfiel auf Indien, weil Indien — natürlich — seine Baumwolle nicht teuerer anbot als seine amerikanischen und chinesischen Konkurrenten.

Ist hiernach die Zunahme des indischen Exports an Baumwolle nach Japan auf eine besondere Ursache zurückzuführen, so erklärt sich die Zunahme des gesamten Exports nach Japan aus der Zunahme des Exports an Baumwolle. Setzt man nämlich von den Wertziffern des ganzen Exports den Wert der exportierten Baumwolle ab, so bleibt nur eine ganz geringe Zunahme übrig. Im Jahre 1892/93 war der Wert des Baumwollexports 1,27, der Wert des ganzen Exports 1,6 Mill. Rx. Für Jahr das 1899/1900 lauten die entsprechenden Zahlen 5,6 bezw. 6,3 Mill. Rx. Die Differenz des Baumwollexports in beiden Jahren ist 4,33 Mill. Rx. Zieht man diese Summe von der Wertziffer des Gesamtexports im Jahre 1899/1900 (6,3 Mill. Rx) ab, so bleibt als Rest 1,97 Mill. Rx. Gegenüber 1893/94 (1,6 Mill. Rx) bebeträgt hiernach, abgesehen von dem (durch die Valutadifferenz indirekt begünstigten) Export von Rohbaumwolle, die ganze Zunahme nur 0,37 Mill. Rx. Diese Zunahme ist aber verschwindend gering, ja sogar auffallend klein, wenn man beachtet, welche Entwicklung Japan in dieser Zeit genommen, und daß sich der Warenimport Japans im ganzen beinahe verdreifacht hat. Der Wert des gesamten Warenimports betrug nämlich im Jahre 1893 nur 11652000 Lstrl., im Jahre 1897 dagegen schon 22829000 Lstrl., im Jahre 1898 28305000 Lstrl. und im Jahre 1900 29324000 Lstrl.[2]).

Sehr deutlich zeigt sich der Einfluß des sinkenden Yenkurses in der Zunahme des Imports Indiens aus Japan, da dieser Import (nach der Tabelle auf S. 171) von 91210 Rx im Jahre 1892/93 ganz plötzlich auf 252096 Rx im Jahre

[1]) Der Import Japans an Baumwolle betrug im ganzen:

(Millionen Kins à 1,325 lbs)

1889	1890	1891	1892	1893	1894
23,2	26,1	50,1	78,6	93,8	108,4
1895	1896	1897	1898	1899	1900
134,5	168,1	222,1	250,3	334,4	246,7

[2]) Diplomatic and Consular Reports No. 564 Miscellaneous Series (September 1901 S. 7).

1893/94, dem ersten Jahre des Kursfalles, hinaufspringt und dann unter stetiger Zunahme bei weiterem Fallen des Kurses bis 1896/97 sich verdoppelt, während er nach dem Übergange Japans zur Goldwährung bei gleichbleibendem Kurse sich auf der erreichten Höhe hält, um nach vorübergehendem Rückgange im Jahre 1899/1900 um weitere 50% zu steigen.

3. Angeblich vorübergehende Wirkung eines Kursfalles wegen der Anpassung der Preise und Löhne an die entwertete Valuta.

Der hauptsächliche Grund, aus welchem die indischen Währungskommissionen und mit ihnen die indische Regierung den Kursänderungen gegenüber China und Japan keine besonders große Bedeutung beilegten, war ihre Ansicht, daß ein Kursfall nur vorübergehend wirke, so lange, bis in dem Lande, dessen Valuta im Kurse gefallen sei, die Preise und Löhne an den niedrigeren Wert der Valuta wie an einen entwerteten Wertmaßstab sich angepaßt hätten und dadurch der status quo wiederhergestellt sei[1]). Diese Ansicht, die auch bei den Verhandlungen der indischen Währungskommissionen immer und immer wieder vertreten worden ist und die auch durchaus der herrschenden Meinung entspricht, ist unrichtig. Im Rahmen dieser Arbeit ist es leider nicht möglich, diese Behauptung ausführlich zu beweisen. Es sollen aber doch mit einigen Worten wenigstens die Hauptpunkte angedeutet werden.

Der Ansicht, daß bei einem Kursfalle in einem Silberlande durch die Anpassung der Preise und Löhne an die entwertete Valuta der status quo über kurz oder lang wiederhergestellt werde, liegt nicht immer ein klarer Gedankengang zu Grunde. Die meisten argumentieren folgendermaßen: Gold ist der allgemein giltige Wertmaßstab der ganzen Welt. Wenn das Silber, wie sein Preisfall auf dem Weltmarkte beweist, dem Golde gegenüber im Werte sinkt, so erleiden die Silbervaluten aller Silberländer in der ganzen Welt eine gleich große innere Entwertung, auch in ihrem eigenem Währungsgebiete. Da nun die Werte der Waren eines Silberlandes durch die Entwertung der Valuta

[1]) Bericht 1893 § 27, 1898 §§ 24 ff.

materiell nicht berührt werden, so müssen die Preise und Löhne als die nominellen Bezeichnungen dieser Werte, indem sie sich dem gesunkenen Geldwerte anpassen, in größeren Ziffern zum Ausdruck kommen, also nominell steigen, ebenso wie bei der Verkürzung eines Längenmaßstabes die nominellen Bezeichnungen der in Wirklichkeit unverändert gebliebenen Längen größere Ziffern darstellen. Ist dieser Anpassungsprozeß vollendet, so muß in dem Verhältnis der Güter unter einander der status quo wiederhergestellt sein; denn eine materielle Veränderung des Werts der Güter hat ja nicht stattgefunden.

Diese Argumentation ist, wie sich auf den ersten Blick ergibt, höchst oberflächlich. Auf den inneren Zusammenhang der Dinge wird gar nicht weiter eingegangen. Als ob sich Preisveränderungen nur so mechanisch vollzögen! Die Voraussetzungen, daß bei einem Preisfalle des Silbers auf dem Weltmarkte der Wert der Silbervaluta eines Landes in diesem Lande selbst eine gleich große innere Entwertung erfahre und daß die Warenwerte in dem Silberlande in einem solchen Falle materiell unverändert bleiben, sind falsch. Das wird sich im folgenden noch näher zeigen.

Wer tiefer nachdenkt, stützt sich auf das Gesetz der internationalen Preis- oder Wertgleichheit aller internationaler Handelsartikel und nimmt daraufhin an, daß, wenn das Silber auf dem Weltmarkte im Preise falle oder sich entwerte, die aus Silber bestehenden Valuten der Silberländer auch im eigenen Lande und in gleichem Maße sich entwerten müßten. Im übrigen ist die Argumentation ziemlich gleich. Die Entwertung der Silbervaluta im eigenen Lande, heißt es näher, kommt zunächst in dem Wechselkurse zum Ausdruck — „a depreciation of the standard of value, resulting in a fall in the exchange“, schreibt die Kommission von 1898 in § 25 ihres Berichts —, zeigt sich darauf in der Preissteigerung der Export- und Importartikel, die am ehesten reagieren, und ergreift von hier aus immer weitere Güterkreise, in letzter Linie die Löhne, bis nach Abschluß dieses „inevitable adjustment“ der status quo wiederhergestellt ist.

Hier liegt der Irrtum in erster Linie in der falschen Anwendung des Gesetzes der internationalen Preis- oder Wertgleichheit aller internationalen Handelsartikel. Diese

Wertgleichheit besteht allerdings, aber nur zwischen Gütern, die gegen einander ausgetauscht werden. Wenn das Silber auf dem Weltmarkte im Preise fällt, so kann es auch in den Silberländern selbst den Weltmarktsartikeln gegenüber seinen früheren Preis nicht behaupten. Es muß also gegenüber dem Golde und gegenüber allen sonstigen Export- und Importartikeln auch in diesen Ländern selbst im Preise zurückgehen, und zwar ebenso stark wie auf dem Weltmarkte. Es kann aber anderen Gütern gegenüber, die nicht den Gegenstand des internationalen Güteraustausches bilden, wie z. B. gegenüber Fleisch und Fischprodukten, ferner gegenüber einzelnen Getreidesorten (in Indien: Jawar, Bajra, Gram, Ragi) und vor allem gegenüber der Ware „Arbeitskraft", die im Lohn gewertet wird, seinen Preis behaupten oder gar steigen. Diesen Gütern gegenüber kann eine Entwertung des Geldes nur dann eintreten, wenn die Preissteigerung der Export- und Importartikel, oder besser die in dieser Preissteigerung zum Ausdruck kommende Verschiebung der Bedingungen des Auslandsverkehrs direkt oder indirekt auf Angebot und Nachfrage zurückwirkt und durch eine Beschränkung des Angebots oder eine Vergrößerung der Nachfrage im Inlande ihren Preis in die Höhe treibt, kurz nicht anders, als wenn in einem Lande mit Goldwährung eine Verbesserung der Konjunktur eintritt und die ursprünglich auf einzelne Güter beschränkte Preissteigerung weitere Kreise zieht.

Eine „innere" Entwertung des Geldes von anderer Art als diejenige, welche auf diese Weise, d. h. auf dem Wege einer Änderung der Warenpreise, herbeigeführt wird, gibt es nicht. Ändern sich aber die Preise, so sind das materielle Veränderungen, die das Wertverhältnis der inländischen Güter effektiv und dauernd verschieben, nicht nur „nominelle", welche das materielle Wertverhältnis unverändert lassen. Die Exportartikel können jetzt auf dem Wege des Exports in eine größere Summe inländischen Geldes umgesetzt, die Importartikel nur unter Aufwendung einer größeren Summe inländischen Geldes beschafft werden. Dagegen bleibt vielleicht die Verwertbarkeit, und bleiben die Beschaffungskosten von Fleisch und Fischen, von allerlei Gegenständen für den inländischen Gebrauch, von Wohnungen und von fremder Arbeitskraft völlig unberührt oder erleiden doch nur eine geringere Veränderung. Infolgedessen muß sich das Wertverhältnis dieser Güter unter einander materiell verschieben. Die Export- und Importartikel sind eben wertvoller geworden, die übrigen Artikel in ihrem Werte mehr oder weniger unverändert geblieben.

Wenn die Sache aber so liegt, dann ist die Annahme, daß nach und nach durch Anpassung aller Preise und Werte an den innerlich entwerteten Wertmaßstab des Geldes der status quo wiederhergestellt werde und daß deshalb eine Valutaentwertung anders als jede sonstige Veränderung der Konjunktur nur vorübergehend wirke, falsch. Dann kann eine „Anpassung an den entwerteten Wertmaßstab" in der Weise und in dem Maße, wie man es sich vorstellt, schon deshalb nicht eintreten, weil eine entsprechende (!) innere Entwertung der Silbervaluta nicht stattfindet. Es kann ferner eine „Anpassung" überhaupt nicht eintreten, wenn etwa gleichzeitig mit der Entwertung des Silbers auf dem Weltmarkte eine entsprechende Entwertung aller übrigen internationalen Handelsartikel außer dem Golde, m. a. W., wenn gleichzeitig ein allgemeiner Preisfall auf dem Weltmarkte eintritt, wie es in der Zeit des Kursfalles der Rupie tatsächlich, wenn auch nicht ohne Ausnahme geschehen ist, oder wenn etwa andere Momente, z. B. ein Rückgang der Fracht für die Importartikel, die Wirkung der Entwertung der Valuta kompensieren. In diesem Falle bleiben auch die Preise der Exportartikel und der Importartikel im Inlande völlig gleich. Eine Anpassung irgend einer Art findet dann überhaupt nicht statt. Und doch wirkt der Kursfall auch hier genau so, wie wenn den Produzenten eine effektive Exportprämie gewährt, bezw. wenn zu ihren Gunsten ein effektiver Schutzzoll eingeführt worden wäre![1])

Schon der letztere Fall, der allerdings nur ausnahmsweise eintritt, der aber gerade für Indien und für die Zeit des Kursfalles der Rupie praktische Geltung erlangt hat, beweist zur Genüge, wie unrichtig es ist, sich einer Valutaentwertung

---

[1]) Vergl. Anm. S. 191.

gegenüber mit der Bemerkung zu trösten, daß dieselbe wegen der Anpassung aller Werte an den entwerteten Maßstab in dem Lande, dessen Valuta sich entwertet hat, schlimmstenfalls nur vorübergehend wie eine Exportprämie bezw. wie ein Schutzzoll wirke. Diese Ansicht ist falsch. Jede Valutaentwertung wirkt in dem Maße, in welchem der Einfluß auf den Preis der Produkte nicht durch den Einfluß auf die Produktionskosten kompensiert wird, ebenso dauernd wie eine effektive Exportprämie bezw. wie ein effektiver Schutzzoll von entsprechender Größe.

Hätten die indischen Währungskommissionen das erkannt, so würden sie wahrscheinlich Untersuchungen angestellt haben wie wir bei unseren früheren Rechnungen, und wenn sie dann gefunden hätten, daß der Export von Opium nach China und der Export von Baumwolle nach Japan dauernd ebenso stark erschwert werden würden, wie wenn China bezw. Japan Importzölle in Höhe von mehr als 50% des früheren Preises dieser Artikel (und zwar des Preises in Hafenstädten) eingeführt hätten, dann würden sie wahrscheinlich die Frage der Entstehung der Valutadifferenzen gegenüber dem Osten nicht so leicht genommen haben!

f. Die Konkurrenzfähigkeit ist nur vorübergehend geschwächt worden.

Trotz der im vorigen Paragraphen dargelegten Unrichtigkeit ihrer Auffassung über die Wirkung einer Valutaentwertung, oder sagen wir besser: eines Kursfalles als Exportprämie bezw. als Schutzzoll haben die indischen Währungskommissionen und mit ihnen die herrschende Meinung im wesentlichen recht, wenn sie derselben nur eine vorübergehende Bedeutung beilegen. Es findet nämlich in der Tat eine Anpassung, ein „inevitable adjustment“ statt, welche verhütet, daß die Schwächung der Konkurrenzfähigkeit ewig dauert. Diese Anpassung ist nur nicht eine Anpassung aller Werte und Preise an die „entwertete Valuta“ als den entwerteten „Wertmaßstab“, sondern eine Anpassung an die veränderten Verhältnisse, wie sie immer stattfindet und wie sie auch dann eintritt, wenn effektive Exportprämien gezahlt bezw. beseitigt oder effektive Schutzzölle eingeführt bezw. aufgehoben werden.

Eine solche Anpassung setzt freilich, wie schon im vorigen Paragraphen bemerkt, voraus, daß sich die Verhältnisse auch wirklich verändert haben, nicht nur in der Richtung, daß das Verhältnis der inländischen zu den ausländischen Valuten ein anderes geworden, daß der Kurs der inländischen Valuta entweder gestiegen oder gefallen ist, sondern auch in der Richtung, daß diese Kursänderung einen Einfluß auf die Preise der Export- und Importartikel ausgeübt, bei gefallenem Kurse dieselben in die Höhe getrieben, bei gestiegenem Kurse dieselben herabgedrückt hat. Unterbleibt diese Preisänderung, weil andere Faktoren (wie z. B. bei einem Sinken des Kurses ein allgemeiner Preisfall im Auslande) entgegenwirken und die Wirkung desselben kompensieren, dann kann eine Anpassung nicht eintreten, in keiner Weise, und die Wirkung der Kursveränderungen dauert für alle Zeiten fort[1]). In diesem letzteren Falle wird sich im Laufe der Zeit allerdings ebenfalls eine „Anpassung" vollziehen, aber diese Anpassung (die dann ausschließlich im Auslande eintritt!) ist eine Anpassung an diejenigen Veränderungen, welche die Wirkung der Kursänderungen kompensiert haben, und hängt mit dem Kurse in keiner Weise zusammen.

---

[1]) In diesem Falle kann die Wirkung der Kursveränderung für das begünstigte Land allerdings nur darin bestehen, daß die Produzenten desselben vor einem Schaden, der sonst eingetreten wäre, bewahrt bleiben. Darin liegt aber vielfach sogar ein noch größerer Gewinn. Wenn Lexis (Artikel Papiergeld im Handwörterbuch der Staatswissenschaften II. Aufl. 1901 Bd. VI S. 19) behauptet, daß von einer „eigentlichen Ausfuhrprämie" bei einer Valutaentwertung dann nicht gesprochen werden könne, wenn den ausführenden Produzenten (wie in dem hier erwähnten Falle) nur ermöglicht werde, „sich auf dem auswärtigen Markte bei ungünstigen Bedingungen trotz starker Konkurrenz noch mit dem normalen Gewinn Absatz zu verschaffen", so ist dieser Ansicht wohl kaum beizutreten. Die Konsequenz würde sein, daß man behaupten müßte, die deutschen Zuckerproduzenten hätten keine effektive (versteckte bezw. offene) Exportprämie erhalten; denn es ist ihnen durch diese Exportprämie lediglich ermöglicht worden, ihren Zucker auf dem Londoner Markte noch mit dem normalen Gewinn zu verkaufen, während der Preis des Zuckers von 21½ Shilling p. Zentner im Jahre 1882 allmählich bis auf 10 Shilling im Jahre 1895 zurückging.

Wir haben hier nur Veranlassung, den Fall ins Auge zu fassen, daß die Wirkung der Kursveränderung nicht kompensiert wird. In diesem Falle tritt eine Anpassung in mehrfach verschiedener Weise ein. Zunächst in dem Lande, dessen Valuta im Kurse gefallen ist. Hier wird die Produktion stimuliert und das Angebot der inländischen Produzenten im Auslande und im Inlande vergrößert. Infolgedessen geht dann vor allem der Preis der Importartikel bezw. der Surrogate derselben im Inlande wieder zurück. Hinsichtlich der Exportartikel geschieht vielfach dasselbe, jedoch nur dann, wenn der Anteil des Inlands an der Versorgung des Weltmarkts so groß ist, daß durch die Vergrößerung des inländischen Exports der Weltmarktspreis gedrückt wird. Je größer der ursprüngliche Kursgewinn der inländischen Produzenten, und je größerer Ausdehnung die inländische Produktion fähig ist, um so eher und in um so größerem Maße wird diese Minderung der ursprünglichen Preissteigerung im Inlande eintreten.

In zweiter Linie muß die Steigerung der Preise der Exportartikel und der Importartikel (einschließlich derjenigen, die nun exportfähig werden oder ihre Importfähigkeit verlieren) die Preise anderer Waren im Inlande in die Höhe treiben. In dieser Hinsicht kommen einerseits diejenigen Waren in Betracht, für welche die Export- und Importartikel Produktionskostenelemente bilden, andererseits diejenigen, welche als Surrogate etc. mit jenen konkurrieren (wie die nur im Inlande verwertbaren Feldfrüchte, Fische, Fleisch etc.) oder die etwa infolge einer Ablenkung der Produktion jetzt in geringerer Menge zum Angebot kommen. Ferner steigen, teils infolge größerer Nachfrage nach Arbeitskräften, teils infolge der Verteuerung des Lebensunterhalts, die Löhne. Endlich bewirkt der Umstand, daß sich die Einnahmen aller an der Produktion beteiligten Personen erhöhen, besonders dann, wenn infolge der Steigerung der Löhne und der Einnahmen eines zahlreichen Bauernstandes der Geldbesitz der großen Masse der Bevölkerung wächst, daß die Preise aller Bedarfsartikel dieser Kreise und deren Produktionskostenelemente noch besonders steigen, soweit sie nicht in hinreichend großer Menge zu dem bisherigen Preise angeboten werden können und soweit die Konkurrenz unbeschränkt ist.

Diese Preisveränderungen wirken natürlich mehr oder weniger dahin, die Produktionskosten der Produzenten von Export- und Importartikeln noch weiter, als es bisher schon geschehen ist, zu erhöhen, und schwächen dadurch die ursprünglich gesteigerte Konkurrenzfähigkeit dieser Produzenten wieder ab. Das geschieht vor allem in der Industrie, ferner in solchen Betrieben der anderen Produktionszweige, in denen große Ausgaben an Löhnen gemacht werden müssen. Es geschieht aber nicht oder doch nur ganz wenig in der kleinbäuerlichen Produktion, die in Indien und in China, überhaupt im Osten, eine so große Rolle spielt. Abgesehen hiervon mögen — und das würde allerdings auch die Kleinbauern treffen — die Zinsen steigen. Das ist aber, wenigstens in Ländern mit offener Silberwährung wie China, nicht notwendig, zumal da (wie S. 249 darzulegen) Silber importiert wird, sobald sich Gelegenheit zu lohnender Verwendung desselben als Geldkapital bietet.

In umgekehrter Richtung vollzieht sich eine Anpassung an die gefallenen Preise der Export- und Importartikel in demjenigen Lande, dessen Valuta im Kurse gestiegen ist, hier in Indien. Diese Anpassung ist aber, wenigstens bei geringer Kurssteigerung, weniger sicher. Vor allem wird die Anpassung der Löhne, wenn nicht gerade vorher eine besondere Erhöhung stattgefunden hat, auf Schwierigkeiten stoßen. Letzteres gilt auch für Indien und für ganz Ostasien überhaupt, hier vielleicht nicht aus dem Grunde, weil die Arbeiter sich einer Lohnreduktion, welche ihr Kulturniveau bedroht, auf das äußerste widersetzen, wie es bei uns geschehen würde, aber deshalb, weil im Osten die Gewohnheit so mächtig ist.

Würde lediglich eine Anpassung in der bisher dargelegten Weise stattfinden, dann müßte, vor allem bei der kleinbäuerlichen Betriebsweise und bei dem weitverbreiteten Naturallohnsystem in Ostasien, für die Landwirtschaft eine Ausnahme gemacht werden und müßte die Konkurrenzfähigkeit der landwirtschaftlichen Produzenten, die ja in diesen Agrarstaaten eine Hauptrolle spielen, dauernd verändert, in Indien die Konkurrenzfähigkeit der Produzenten von Reis, Weizen, Baumwolle, Ölsaaten, Opium, dauernd geschwächt sein. Es findet aber noch eine Anpassung in anderer Richtung statt, die auch diese Betriebe und sie in erster Linie erfaßt. Das ist die Anpassung der Preise der bestehenden Produktionsanlagen und des für neue Anlagen benutzbaren Bodens an die durch den Betrieb zu erzielende, bei sinkendem Kurse gesteigerte, bei steigendem Kurse herabgeminderte Rente.

Diese Anpassung tritt in der Weise ein, daß in demjenigen Lande, welches durch den Kursfall begünstigt ist, (hier: China) die Preise der Produktionsanlagen und des hierzu benutzbaren Grund und Bodens steigen, und daß in demjenigen Lande, dessen Produzenten durch das Steigen des Kurses ihrer Valuta benachteiligt werden, (hier: Indien) die Preise dieser Anlagen bezw. des Grund und Bodens fallen. Die Konkurrenz bringt es ja mit sich, daß jede materielle Verbesserung der Erwerbsbedingungen in letzter Linie ausschließlich denjenigen zu Gute kommt, die der Konkurrenz nicht oder weniger stark ausgesetzt sind, und das sind, abgesehen von den Inhabern rechtlicher Monopole, die Eigentümer der Produktionsanlagen und des Grund und Bodens. Diesen fällt aber nicht nur der Gewinn zu, sondern sie haben (im wesentlichen) auch den Verlust zu tragen. Verschlechtern sich die Erwerbsverhältnisse, so geht der Preis der Produktionsanlagen bezw. des Grund und Bodens zurück, so weit, als es nötig ist, um zu ermöglichen, daß ein neuer Erwerber bei Wiederaufnahme des Betriebes unter den veränderten Verhältnissen den normalen Unternehmergewinn erzielt. Diese Anpassung vollzieht sich in dem Lande, dessen Produzenten benachteiligt worden sind, möglicherweise unter dem Eintritt einer Krise mit folgenden Konkursen und Liquidationen. Hierdurch wird dann, soweit erforderlich, zugleich eine Entschuldung der Realien infolge des Ausfallens der Hypothekengläubiger herbeigeführt, so daß diese letzteren ebenfalls an dem Verluste beteiligt werden.

Hat auch diese Anpassung in den beiden in Betracht kommenden Ländern stattgefunden, dann stehen die beiderseitigen Produzenten einander wieder völlig gleich. Dann sind die Kosten der Produzenten in dem Lande, dessen Valuta im Kurse gefallen ist, infolge der Steigerung der festen Lasten (Zinsen für Kaufgelder oder Erbschuld, Pachten etc.) gestiegen und die Kosten der Produzenten in dem anderen Lande wegen der Verminderung der festen Lasten (infolge billigeren Erwerbs oder infolge von „Abschreibungen") zurückgegangen. Dann ist der status quo in betreff der Konkurrenzfähigkeit völlig wiederhergestellt.

Spätestens muß so der „status quo" im Falle eines Besitzwechsels infolge Verkaufs oder Todesfalls bezw., wenn der Produzent Pächter war, nach Abschluß eines neuen Pachtvertrages wiederhergestellt werden. Aktiengesellschaften, welche in dem benachteiligten Lande domiziliert sind, werden die Anpassung schon früher durch buchmäßige „Abschreibungen", eventuell durch Herabsetzung ihres Grundkapitals herbeiführen.

Wie stark bei dieser Anpassung die Preise der Produktionsanlagen bezw. des Grund und Bodens in dem durch die Kursveränderung begünstigten Lande steigen bezw. in dem benachteiligten Lande zurückgehen, ist zwar in erster Linie von der Größe der Kursveränderung abhängig, wird aber nicht ausschließlich durch diese bestimmt. Auch insoweit findet keine Anpassung an die entwertete bezw. (wenigstens relativ) im Werte gesteigerte Valuta statt! Maßgebend ist, wie sich schließlich die Verhältnisse des Auslandsverkehrs, wie sich als deren Resultat der Erlös der Produzenten, wie sich die Betriebskosten gestalten, und in welchem Maße dadurch die Rente beeinflußt wird. Je tiefer auf dem Absatzmarkte der Preis der Produkte durch die begünstigten Konkurrenten, eventuell durch nun erscheinende neue Konkurrenten herabgedrückt wird und je mehr die eigenen Betriebskosten steigen bezw. je weniger sie ermäßigt werden, um so geringer wird die Preissteigerung, bezw. um so größer der Preisrückgang sein. Näheres darüber kann hier nicht ausgeführt werden.

Eine dauernde Beeinträchtigung der Produktion für dasjenige Land, dessen Valuta im Kurse gestiegen ist, entsteht (wenn wir von den Personen der geschädigten Produzenten absehen) nur dann, wenn die erforderliche Anpassung der Produktionsbedingungen an den höheren Kurs oder vielmehr an die dadurch veränderten Verkehrsverhältnisse unmöglich ist, weil der Preis der Produktionsanlagen bezw. des Grund und Bodens nicht hinreichend zurückgehen kann, um die Fortsetzung bezw. die Wiederaufnahme der Produktion unter Erzielung des normalen Gewinnes zu gestatten. Dieser Fall liegt vor, wenn die Produktion bei den durch die Steigerung des Kurses reduzierten Preisen auch dann nicht mehr den normalen Gewinn abwerfen würde, wenn die ganze Produktionsanlage, bezw. wenn der zu Neuanlagen verfügbare und unter anderen Umständen dazu wirklich ausgenützte Boden nichts kostet. Das wird in der Industrie selten vorkommen, nicht nur deshalb, weil in der Industrie die Kosten der Amortisation und der Verzinsung des festgelegten Kapitals sehr hoch sind, so daß, wenn diese Kosten wegfallen, bei den schon vorhandenen Anlagen eine sehr bedeutende Ermäßigung der gesamten Kosten eintritt, sondern auch deshalb, weil in der Industrie, vor allem in der Veredelungsindustrie wie z. B. in der Spinnerei, auch der größte Teil der Betriebskosten, besonders die Ausgabe für den Rohstoff, sich bei einer Steigerung des Kurses dieser Steigerung entsprechend ermäßigt. In der Landwirtschaft dagegen wird sich in der Regel die Konsequenz ergeben, daß die Produktion auf den schlechtesten und auf den am ungünstigten gelegenen Grundstücken, welche bei dem niedrigeren Kurse noch mit Gewinn bebaut werden konnten, aufgegeben werden muß und daß eine weitere Ausdehnung der Produktion (unter übrigens gleichen Umständen!) unmöglich wird. Nur die Not, welche eine Reduktion der Löhne erzwingt bezw. welche die Unternehmer zwingt, sich mit einem geringeren Gewinn zu begnügen, kann hier eine Ausnahme bedingen.

Auch in Indien bezw. zu Gunsten Indiens in China und Japan etc. wird diese Anpassung sich vollziehen oder hat sie sich bereits vollzogen. Daß das auch hinsichtlich der Preise der Produktionsanlagen geschieht, wird u. a. dadurch bewiesen, daß der Marktwert der Aktien der anglo-indischen bezw. Ceylon-Theegesellschaften in London seit dem 1. Juli 1897 um zirka 50% zurückgegangen ist — was allerdings nicht allein auf die Anpassung an die durch die Kursveränderung geschaffenen neuen Verhältnisse zurückgeführt werden kann. Ebenso werden in Indien selbst, soweit nicht die Umstände sich geändert, die Produktionschancen aus anderen Gründen sich gebessert haben, die Preise aller vom Auslandsverkehr abhängigen Produktionsanlagen und des Grund und Bodens zurückgegangen sein bezw. zurückgehen, während in China und Japan eine entsprechende Steigerung eingetreten sein wird. Ist das aber geschehen, dann sind Licht und Schatten wieder gleich verteilt und findet die Konkurrenz wieder unter den gleichen Bedingungen statt wie zu der Zeit, als die Kursänderungen noch nicht eingetreten waren.

Für Indien kommt nun aber noch ein besonderer Umstand in Betracht, welcher speziell dazu beiträgt, die Wirkung der durch die Währungsreform ermöglichten Kursveränderungen auf die Konkurrenzfähigkeit seiner Produzenten, vom Standpunkte des ganzen Landes aus betrachtet, zu einer vorübergehenden zu machen. Das ist der Umstand, daß durch die stattgehabte Hebung und Stabilisierung des Kurses gegenüber den Goldwährungsländern direkt (durch die Verbilligung des Bezugs von Eisenbahnmaterial) und indirekt (durch die Heranziehung ausländischen Kapitals) die Erbauung von Eisenbahnen begünstigt wird. Die Erbauung von Eisenbahnen hat ja zur Folge, daß es vielen Produzenten, nämlich allen denjenigen, die in entfernteren Gegenden domiziliert sind, durch die Herabsetzung der Transportkosten erst ermöglicht, vielen anderen wenigstens erleichtert wird, mit dem Weltmarkte in Verbindung zu treten und ihre Bodenprodukte zu exportieren. Welch' große Bedeutung diesem Umstande beizumessen ist, geht u. a. daraus hervor, daß die Ermäßigung der Eisenbahnfracht für Weizen von Cawnpore nach Bombay in der Zeit von 1880—1886 nicht weniger als etwa 10% des 1880er Preises in den Ausfuhrhäfen, speziell in Kalkutta, betrug[1]). Um wieviel mehr werden aber die Transportkosten für diejenigen Produzenten ermäßigt, die ihre Produkte früher mehr oder weniger weit per Achse befördern mußten und nun dieser Notwendigkeit durch den Eisenbahnbau überhoben werden[2])! Freilich ist nicht zu vergessen, daß der Eisenbahnbau durch die eingetretenen Kursveränderungen nicht erst ermöglicht, sondern nur beschleunigt wird; daß die Eisenbahnfrachten infolge der Verbilligung des Bezuges von Eisenbahnmaterial

---

[1]) Vergl. Trade of India 1885/86. S. 46, 45.

[2]) Vergl. oben S. 103.

keineswegs etwa der Kurssteigerung entsprechend, hier also um 8,6% herabgesetzt werden können (weil die sonstigen Kosten nicht ebenfalls so stark zurückgehen), und daß selbst eine Frachtermäßigung um 8,6% in den oben angeführten Fällen nur etwa 2,75 bezw. 4% des Kalkuttaer Preises ausgemacht haben würde. Außerdem kommt in Betracht, daß Frachtermäßigungen durch Eisenbahnbau auch dem Importeur zu Gute kommen, so daß die Konkurrenzfähigkeit der inländischen Produzenten auf dem inneren Markte dadurch in der Regel nicht gehoben wird.

g. Die Schädigung der indischen Produzenten etc. durch die Schwächung der Konkurrenzfähigkeit Indiens.

Schwächung der Konkurrenzfähigkeit ist nicht gleichbedeutend mit einer entsprechenden Schädigung der betr. Produzenten. Wenn z. B., wie früher (S. 134ff.) berechnet, die Konkurrenzfähigkeit des indischen Opiumproduzenten gegenüber dem Chinesen um 45% des früheren Preises herabgesetzt worden ist, so bedeutet das nicht, daß der indische Opiumproduzent nun auch einen entsprechenden Schaden erlitten hat. Die inländischen Produzenten werden nur dann geschädigt, wenn sie infolge der eingetretenen Kursänderungen für ihr Produktionsergebnis im ganzen einen geringeren Erlös in inländischem Gelde erzielen, ohne daß sie durch eine Verringerung ihrer Produktionskosten (welche übrigens zu voller Schadloshaltung in Anbetracht des Größenunterschiedes zwischen Erlös und Kosten prozentual größer sein müßte!) für ihre Einbuße überhaupt oder doch in vollem Maße entschädigt werden. Die Erzielung eines geringeren Erlöses im ganzen kann ihren Grund haben: entweder in der Reduzierung des Erlöses pro Stück oder in der Reduzierung der abgesetzten Menge. Eins von beiden oder beides wird in der Regel eintreten. Notwendig ist das aber nicht, und wenn es geschieht, so wird sich daraus nicht immer eine Schädigung ergeben, welche dem Maße der Schwächung der Konkurrenzfähigkeit entspricht. Entscheidend ist, wie sich unter den veränderten Konkurrenzbedingungen die Preise auf dem ausländischen bezw. auf dem inländischen Absatzmarkte stellen, und ob etwa, und um wieviel der Absatz in seiner Größe zurückgeht. Diese Faktoren bestimmen — beim Export zusammen mit der Höhe des dem Absatzgebiete gegenüber geltenden Kurses — den Betrag des Bruttoerlöses. Außerdem kommt es dann noch darauf an, wie sich die Produktionskosten gestalten.

Näher kann das hier nicht ausgeführt werden. Es ist nur im allgemeinen darauf hinzuweisen, daß jeder Schaden abgewendet wird, wenn es gelingt, den Verkaufspreis der Produkte so zu gestalten (d. h. beim Export so stark zu erhöhen, gegenüber dem Import so wenig herabzusetzen), daß sich unter Berücksichtigung der etwaigen Verminderung der Produktionskosten bei gleichem oder geringerem Absatz doch wieder der frühere Nettoerlös ergibt. Diese Bedingung wird sich freilich nur höchst selten erfüllen. Es ist aber möglich, daß beim Export trotz der Erleichterung des Absatzes für die ausländische Konkurrenz (z. B. des Absatzes von Thee in London für den chinesischen Produzenten) der Preis im Auslande wenigstens nicht noch zurückgeht; daß beim Export im Falle einer Erschwerung des Absatzes für den inländischen Produzenten der Preis auf dem ausländischen Absatzmarkte mehr oder weniger steigt, ohne daß der Absatz entsprechend abnimmt; daß im Inlande trotz der Erleichterung des Imports für die ausländischen Konkurrenten der Preis nicht oder nicht entsprechend herabgedrückt wird. In allen diesen Fällen wird sich, wenn auch nicht der frühere Nettoerlös, so doch ein Nettoerlös von solcher Größe ergeben, daß der Schaden des inländischen Produzenten mehr oder weniger beschränkt wird, so daß er das Maß der Schwächung der Konkurrenzfähigkeit nicht erreicht.

Ob diese Fälle eintreten, hängt vor allem davon ab, ob die Konkurrenz das zuläßt. Hierbei kommt es natürlich in erster Linie auf das Verhalten der ausländischen Konkurrenten an, da diesen der Wettbewerb erleichtert wird. Es kommt aber auch die inländische Konkurrenz in Frage, wenigstens beim Absatz im Auslande. Beim Absatz im Auslande ist es ja zu einer Schadloshaltung erforderlich, daß der Preis erhöht wird. Eine Erhöhung des Preises wird aber in der Regel nicht ohne Verminderung des Angebots möglich sein und eine solche Verminderung wird die inländische Konkurrenz, so weit nicht einzelne Produzenten zu völliger Einstellung ihres Betriebes gezwungen werden, nicht immer gestatten. Beim Absatz im Inlande dagegen wird die inländische Konkurrenz die erforderliche Regulierung des Preises nicht hindern. In diesem Falle handelt es sich ja nur darum, zu erreichen, daß die Preise der Importartikel nicht um den vollen Betrag der Kursdifferenz zurückgehen, sondern nur um denjenigen Betrag, um welchen die inländischen Produzenten denselben wegen der (zumeist eintretenden) Ersparnis an den Produktionskosten ohne Schaden herabsetzen können. Das muß aber, wenn nur die ausländische Konkurrenz es zuläßt, unter allen Umständen gelingen; denn dazu ist eine Einschränkung des Betriebes der inländischen Produzenten nicht nötig.

Die Aussichten auf eine Schadloshaltung durch die Heraufsetzung der ausländischen Preise bezw. die Aussichten auf eine Verhütung von Schaden durch die Verhinderung einer zu starken Herabsetzung der inländischen Preise sind natürlich um so größer, wenn das durch die Kursveränderungen begünstigte Ausland garnicht im stande ist, die inländischen Artikel überhaupt oder doch in gleicher Qualität herzustellen, wie es z. B. für Indien bei Jute bezw. Opium zutrifft, oder wenn es (z. B. infolge von Mißernten) wenigstens vorübergehend eine hinreichende Quantität nicht auf den Markt zu bringen vermag. Außerdem kann es vorkommen, daß die ausländische Konkurrenz, zu einem Trust vereint oder sonst, ihren Vorteil darin findet, sich die erhöhten Auslandspreise für die Exportartikel des Inlands bezw. die nicht oder nicht entsprechend herabgesetzten Preise für Importartikel auf dem inländischen Markte auch für ihre Produkte bezahlen zu lassen, weil sich für sie auch im anderen Falle kein größerer Gewinn ergeben würde. Der Fall, daß eine Schädigung überhaupt nicht eintritt, wird aber selten vorkommen. In der Regel werden die inländischen Produzenten entweder durch eine Einbuße am Erlöse pro Stück oder durch eine Minderung ihres Umsatzes oder durch beides einen mehr oder weniger großen Schaden erleiden.

Gelingt es, wie gewöhnlich, den Exportproduzenten und den Importproduzenten nicht, den ihnen drohenden Schaden abzuwenden, so werden nun auch noch andere

Kreise der Bevölkerung in Mitleidenschaft gezogen; teils deshalb, weil die zunächst Betroffenen ihren Schaden abzuwälzen suchen, teils infolge der nun eintretenden mehr oder weniger allgemeinen Anpassung. In erster Linie werden die etwa nicht selbst produzierenden Eigentümer der Produktionsanlagen, auf welchen Export- und Importartikel hergestellt werden, geschädigt; sodann diejenigen Grundbesitzer, deren Grundstücke im anderen Falle zur Produktion von Export- oder Importartikeln benutzt worden wären. Außerdem erleiden in der Regel diejenigen Produzenten Schaden, welche Surrogate der Export- und Importartikel herstellen. Freilich ist es nicht ausgeschlossen, daß diese Produzenten, wenigstens die Industriellen unter ihnen, für den Rückgang der Preise ihrer Produkte durch die Minderung der Kosten des Bezuges von Produktionsmitteln (Maschinen!) aus dem Auslande voll entschädigt werden. Endlich entstehen im Falle einer Einschränkung der Produktion von Export- und Importartikeln in der Regel auch für diejenigen Produzenten Verluste, welche Hilfsartikel für diese Produktion herstellen. Auch diese sekundäre Schädigung wirkt dann natürlich wieder auf die Rente zurück, drückt den Bodenpreis herab und trifft daher in letzter Linie die Besitzer. Außerdem werden, wenigstens vorübergehend (so lange, bis die Anpassung sich vollzogen hat), die Arbeiter geschädigt, da die Arbeit verkürzt und der Lohn herabgesetzt wird. Außerhalb des Kreises dieser mehr direkt an der Produktion beteiligten Personen wird der Staat benachteiligt, da dessen Einnahmen an Einkommensteuer und vor allem an Ertragssteuern zurückgehen. Endlich erleiden in vielen Fällen Hypotheken- und andere Gläubiger Verluste, nämlich insoweit, als sie infolge der Verschlechterung der wirtschaftlichen Lage ihrer Schuldner mit ihren Forderungen ausfallen oder wenigstens Zins- und Kurseinbußen auf sich nehmen müssen.

Tritt eine Schädigung der inländischen Produzenten ein, so werden davon *dauernd* nur diejenigen getroffen, welche zur Zeit Eigentümer der Produktionsanlagen sind. Sind die Produzenten nur Pächter, so haben sie nur während der laufenden Pachtperiode den Verlust zu tragen, während nach Abschluß derselben infolge der Anpassung der Verlust auf die Eigentümer zurückfällt. Die *Nachfolger* der derzeitigen Produzenten bezw. Eigentümer erleiden — infolge der Anpassung der Erwerbspreise — keinen Schaden. Es ist aber leicht möglich, daß dauernd einerseits für Unternehmer, andererseits für Arbeiter, vor allem auf landwirtschaftlichem Gebiete, die Erwerbsgelegenheit eingeschränkt wird, weil einzelne Produktionsanlagen, deren Betrieb nunmehr weder Rente noch Arbeitsgewinn einbringt, aufgegeben werden müssen und eine Ausdehnung der Produktion — z. B. in Gebieten, welche erst jetzt durch Eisenbahnbau erschlossen werden — nicht in dem Maße erfolgen kann, wie es unter den früheren Verhältnissen möglich gewesen wäre. Beides wird vor allem dann geschehen, wenn die Schwächung der Konkurrenzfähigkeit zu einer Einschränkung des Exports führt. Das ist aber nicht der einzige Fall.

Daß sowohl die Schädigung der derzeitigen Produzenten und Eigentümer als die wenigstens relative Einschränkung der Produktion auch dem Lande als ganzem, vom volkswirtschaftlichen Standpunkte aus betrachtet, Nachteil bringt, ist selbstverständlich.

Es würde zu weit führen, näher zu untersuchen, ob und in welchem Maße die indischen Produzenten durch die mit der Währungsreform herbeigeführten bezw. ermöglichten Kursveränderungen geschädigt worden sind. Es mag hier nur noch auf einzelne Punkte aufmerksam gemacht werden.

Eine Heraufsetzung des Preises, welche die Wirkung der eingetretenen Kursveränderung vollkommen (und mehr als vollkommen) kompensierte, ist den indischen Opiumproduzenten bei dem Absatze nach China gelungen. Das ergibt sich, wenn wir die in unserer Tabelle auf S. 176 angegebenen chinesischen Preise für Opium (nach deren Umrechnung in Shanghai Taels) zu dem jeweiligen Jahresdurchschnittskurse in Rupien umrechnen und die Resultate mit dem Rechnungsergebniss für das Jahr 1892 vergleichen, wie es die folgende Tabelle (S. 203) ermöglicht.

Hiernach haben die indischen Opiumproduzenten, oder wenigstens die dem Monopol nicht unterworfenen Produzenten von Malwa-Opium, in der ganzen Zeit seit Beginn der Währungsreform mit alleiniger Ausnahme des Jahres 1898 sogar höhere Rupienpreise für ihre Ware erzielt als im Jahre 1892. Der Preis in China ist schließlich um nicht weniger als 73% gestiegen! Diese kompensierende Heraufsetzung des Preises hat aber mit einer Einschränkung des Exports erkauft werden müssen, denn der Export indischen Opiums nach China ist nach der Zusammenstellung auf S. 175 um etwa ein Viertel zurückgegangen. Im Resultate sind daher auch diese Produzenten geschädigt worden.

Opium.

	Preis in China (exkl. Zoll) p. Picul Haikwan Taels =	Shanghai Taels (1 H. T. = 1,114 Sh. T.)	Kurs des Shanghai Tael. Rup. p. 100 T. Jahresdurchschn.[1])	Bruttoerlös in Rupien p. Picul
1889	424,9	473,3	307	1453
1890	396,4	441,6	307	1355,7
91	388,2	432,5	307	1327,8
92	397,6	443	307	1360
1893	496,8	553,4	286	1582,7
94	553	616	261	1607,8
95	584,8	651,6	266	1733
96	623,2	694,2	246½	1711,2
97	649,5	723,5	204	1475,9
98	602,7	671,4	194½	1305,9
1899	638,6	711,4	201	1429,9
1900	625	696,3	211	1469,2
1901	688	766,4	201	1540,5

Im Gegensatz hierzu ist es z. B. den indischen Theeproduzenten nicht gelungen, den Theepreis in London heraufzusetzen, um sich dadurch für den Kursverlust, den die Steigerung des Goldkurses der Rupie zur Folge hatte, zu erholen. Es ist vielmehr sogar ein weiterer Rückgang des Londoner Preises eingetreten, welcher schweren Schaden bringen mußte. Die Ursache lag zweifellos hauptsächlich in der Zunahme und in dem Verhalten der inländischen Konkurrenz (Ceylon mit zu dem Inlande gerechnet). Es wird aber wahrscheinlich auch die chinesische Konkurrenz dazu beigetragen haben, die viel billiger anbieten konnte, da ihr ja der Absatz durch den Kursfall des Tael um 26,6%,

[1]) Der Jahresdurchschnitt ist durch Halbierung der Summe von Maximum und Minimum berechnet.

wie oben berechnet, erleichtert worden ist. Auch die indischen Baumwollspinner, welche in Konkurrenz mit Japan und England Garn nach China exportieren, haben schweren Schaden erlitten und auch dieser dürfte, wenigstens zum Teil, auf die Veränderungen des Kurses zurückzuführen sein. In beiden Produktionszweigen herrscht jetzt eine heftige Krisis[1]).

4. Abschnitt: Folgen für den Handel.

Für den Handel hat die Währungsreform teils ungünstige, teils günstige, überwiegend aber, besonders wenn man die Übergangszeit der Anpassung außer Augen läßt, günstige Folgen gehabt.

Ungünstig mußte die Erschwerung der Konkurrenzfähigkeit der indischen Produzenten im Auslande wirken, günstig, wenigstens für den Außenhandel, die Erleichterung der Konkurrenz des Auslands auf dem indischen Markte, welche die Veränderungen in der Höhe des Kurses zur Folge hatten. Die Konsequenzen dieser Veränderungen werden ja aber im Laufe der Zeit durch die Anpassung an die veränderten Konkurrenzbedingungen ausgeglichen!

Ausschließlich günstig und nicht nur vorübergehend hat dagegen die Herstellung eines stabilen Kurses gegenüber den Goldwährungsländern gewirkt. Die Stabilität des Kurses hat den Händler von dem Risiko des Kursverlustes befreit und die Unsicherheit beseitigt, welche in früheren Jahren, wenigstens in der Zeit der starken Kursschwankungen kurz vor dem Beginn der Währungsreform, so oft eine lähmende Wirkung ausübte[2]). Auf der hergestellten festen Basis kann sich der Handel mit den Goldwährungsländern jetzt ganz anders entwickeln. Der Anteil der Goldwährungsländer an dem indischen Außenhandel beträgt aber nicht weniger als 80 %. Abgesehen hiervon kommt noch in Betracht, daß die Herstellung der Stabilität des Kurses gegenüber den Goldwährungsländern auch insofern für den Handel günstige Folgen haben mußte, als dieselbe die

---

[1]) Vergl. auch unten Abschnitt 9 S. 268/69, 272. [2]) Vergl. oben S. 48ff.

Heranziehung von Kapital für den Eisenbahnbau erleichterte und auf diese Weise die Aufschließung Indiens unterstützte, sowie ferner insofern, als sie die Finanzierung des Handels und die Anlage und Verwendung von Kapital in Bankgeschäften seitens Europas begünstigte. Das alles mußte natürlich indirekt zur Ausdehnung des Handels beitragen.

Auf der anderen Seite soll im Verkehr mit den Silberländern, wenigstens mit China, wie O'Conor in seinem offiziellen Handelsberichte für 1901/02 S. 2 hervorhebt, die Währungsreform ebenfalls, und zwar gerade durch die Aufhebung der früheren Stabilität des Kurses, einen günstigen Einfluß ausgeübt haben, indem sie durch die Einführung eines spekulativen Elements dem Handel nach diesen Ländern, wenigstens dem Handel nach China, einen neuen Impuls gab. Ob diese Ansicht, nach welcher die vielbeklagte Unsicherheit des Verkehrs infolge der Kursschwankungen einmal günstig und ein anderes Mal ungünstig wirken würde, richtig ist, wollen wir hier nicht untersuchen. Tatsache ist, daß der Handel mit China, nachdem er bis 1898/1899, wie sich aus der Tabelle auf S. 180 ergibt, stagniert hatte und zurückgegangen war, in letzter Zeit, so im Jahre 1899/00 und nach Ablauf des Kriegsjahres 1900/01 im Jahre 1901/02, wieder einen bedeutenden Aufschwung genommen hat, — trotz der Erschwerung des indischen Exports durch die eingetretenen Veränderungen des Kurses.

Bei dieser Sachlage ist denn auch die allgemeine Depression, welche im Jahre 1892/93, kurz vor Beginn der Währungsreform, herrschte, verschwunden und ist der gesamte Handel über See, und zwar der Wareneigenhandel, der hauptsächlich durch die Währungsreform beinflußt werden mußte, nach Ausweis der folgenden Tabellen in erfreulichem Fortschritt begriffen. Dieser Fortschritt zeigt sich zunächst, wie Tabelle I ergibt, in der Zunahme des Werts. In den ersten Jahren nach der Herstellung des jetzigen Kurses, 1898/99 und 1899/00, finden wir zwar als Gesamtwert des Handels keine größeren Ziffern als im Jahre 1895/96, in welchem das Gelingen des Reformwerks noch sehr in Frage gestellt war. Das ist aber nicht maßgebend, weil der Kurs im letzteren Jahre zirka 15% niedriger war und weil deshalb bei der Rückwirkung des Kurses auf die indischen Preise die Wertziffern des Exports und des Imports für gleiche Mengen größer ausfallen mußten, als es bei dem Kurse von 16 d der Fall gewesen wäre. Überdies war der Handel im Jahre 1899/00 und ferner auch im Jahre 1900/01 durch Mißernte und Hungersnot in Indien, im letzteren Jahre auch durch den Krieg in China beeinträchtigt. Das Jahr 1901/02, in dem diese ungünstigen Faktoren nicht mehr wirkten, zeigt aber eine sehr bedeutende Zunahme und weist überhaupt die größten Ziffern auf, welche in Indiens Handelsgeschichte zu finden sind. Im Vergleich zu dem Jahre 1892/93, dem letzten vor Beginn der Währungsreform, beträgt die Zunahme nicht weniger als 394,6 Mill. Rupien. Gehen wir mit Rücksicht auf die Depression, welche kurz vor Beginn der Währungsreform herrschte, auf das Jahr 1891/92 zurück, so ergibt sich immer noch ein Plus von 337,6 Mill. Rupien. Dabei ist seit dieser Zeit der Import, wenn wir das Jahr 1893/94, in welchem die bevorstehende Zollerhöhung eine besondere Steigerung hervorrief, ausnehmen, zunächst nur wenig, in den beiden letzten Jahren aber stark gewachsen.

I.

Waren-Eigenhandel

(Für private

	1889/90[1]) Rx.	1890/91[1]) Rx.	1891/92[1]) Rx.	1892/93[2]) Rx.	1893/94[2]) Rx.	1894/95[2]) Rx.
Import . . .	65 560 121	69 034 900	66 587 457	62 605 030	73 956 957	70 167 438
Durchfuhr .	4 295 808	4 233 529	4 485 179	4 590 290	4 431 975	5 057 414
Netto Import	62 264 313	64 801 371	62 102 278	58 014 740	69 524 982	65 110 024
Netto Export	99 101 055	95 902 193	103 550 831	101 945 707	102 015 615	103 757 585
Gesamthandel	161 365 368	160 703 564	165 653 109	159 960 447	171 540 597	168 867 609
Überschuß des Exports .	36 836 742	31 100 822	41 448 553	43 930 967	32 490 633	38 647 561
Kurs der Rupie	16,566 d	18,090 d	16,733 d	14,985 d	14,547 d	13,101 d

[1]) Trade of Brit. India 1889/90 — 1892/93 S. 5, 52.

[2]) Trade of India 1897/98 Tables S. 4, 1899/1900 S. 1 Tables S. 4, Review 1901/02 S. 1. Die an diesen Stellen angegebenen Ziffern für den Import enthalten auch die Durchfuhr, während die Durchfuhr für den Export besonders angegeben ist. Daß die Importziffern wirklich die Durchfuhr mitenthalten, geht daraus hervor, daß die Differenz zwischen der Summe

Der Export ist zunächst, namentlich im Jahre 1895/96 (dessen Wertziffern jedoch des niedrigeren Kurses wegen, wie bereits erwähnt, zu groß erscheinen) gestiegen, dann in den Jahren 1896/97 und 1897/98, in denen der Kurs sich auf annähernd 16 d hob, bedeutend zurückgegangen, hierauf im Jahre 1898/99 (infolge der besonders günstigen Lage des Getreidemarktes) stark gestiegen und hat endlich, nach abermaligem Rückgange in den Jahren 1899/00 und 1900/01, die unter dem Zeichen der Mißernte standen, im Jahre 1901/02 den jetzigen bedeutenden Umfang erreicht.

In welchem Maße die Goldwährungsländer und die Silberländer an diesem Handel teilnehmen und wie sich derselbe auf die wichtigsten Warengattungen verteilt, zeigen die Tabellen II, III und IV.

Tabelle V gibt einen Überblick über die Entwicklung des Handels über die Landgrenze im Norden (nach Kandahar, Kabul, Kashmir, Thibet, Nepal, China, Siam, den Shan-Staaten etc.), wobei jedoch der Edelmetallhandel und die Durchfuhr eingeschlossen sind.

I.

Indiens über See.

Rechnung.)

1895/96[2])	1896/97[2])	1897/98[2])	1898/99[2])	1899/1900[2])	1900/01[2])	1901/02[2])
Rx.	Rx.	Rx.	Rx.	Rx.	Rx.	Rx.
69316395	71914697	69420120	68380341	70711864	76277885	81470817
4717516	4033637	3751172	3371196	3292491	3208531	3260321
64598879	67881060	65668948	65009145	67419373	73069354	78210496
109545624	99880660	93786101	100350277	105683696	104205348	121204502
174144503	167761720	159455049	174359422	173103069	177274702	199414998
44946745	31999600	28117153	44341132	38264323	31135994	42994006
13,638 d	14,451 d	15,354 d	15,978 d	16,068 d	15,973 d	15,992 d

des Exports inklusive Durchfuhr und der Summe des angegebenen Imports die am Schlusse der offiziellen Handelsberichte aufgeführten Ziffern der Handelsbilanz ergeben. Hiernach war zum Zwecke der Feststellung des indischen Eigenhandels die Durchfuhr, wie oben geschehen, von dem Import noch abzusetzen. — Für die Jahre 1899ff. sind die in Lstrl. angegebenen Werte in Rx. umgerechnet.

II.

Prozentualer Anteil[1])

der wichtigeren Länder am indischen Warenaußenhandel über See mit Unterscheidung der Gold- und Silberwährungsländer (nach dem Werte).

	1898/99		1899/1900		1900/01		1901/02	
	Import	Export	Import	Export	Import	Export	Import	Export
1. Goldwährungsländer und diesen gleichstehend:								
Großbritannien . . .	68,8	29,3	68,9	29,2	63,8	30,1	64,5	25,1
Deutschland	2,5	7,5	2,4	7,1	3,4	8,8	3,7	8,4
Frankreich	1,5	7,1	1,4	6,3	1,4	5,7	1,7	7,3
Belgien	3,3	4,3	2,6	3,2	3,2	3,4	3,7	3,9
Italien	?	3	?	2,5	?	2,9	?	2,4
Österreich-Ungarn . .	3,5	1,9	3,4	1,6	4,1	2,6	4,8	2
Rußland	3	?	3,4	?	3,7	?	3,9	?
Vereinigte Staaten . .	2	4,9	1,7	7,2	1,6	6,9	1,4	6,9
Egypten[2])	?	6,3	?	5,1	?	4,3	?	4,4
Japan	?	4,8	?	6	?	2	?	5,7
Ceylon	?	3,8	?	3,9	?	4,6	?	3,7
Mauritius	2,9	?	2,3	?	3,2	?	2,4	?
	87,5	72,9	86,1	72,1	84,4	71,3	86,1	69,8
2. Silberwährungsländer								
China	2,5	11,6	2,2	13,3	3,3	11,3	2,2	14,5
Straits Settlements . .	2,9	5,2	2,7	5,2	3	6,6	2,9	5,2
	5,4	16,8	4,9	18,5	6,3	17,9	5,1	19,7
Summe	92,9	89,7	91,0	90,6	90,7	89,2	91,2	89,5
Nicht nachgewiesen (Länder mit verschied. Währung: Gold-, Silber- oder Papierwährung[3])	7,1	10,3	9	9,4	9,3	10,8	8,8	10,5

[1]) Review of the Trade of Brit. India 1900/01, 1901/02. Der Export umfaßt nur indische Waren, nicht die Durchfuhr. Ceylon und Mauritius sind den Goldwährungsländern gleichgestellt, weil dort dieselbe Währung herrscht wie in Indien.

[2]) Egypten ist in der Hauptsache nur Durchgangsstation für Europa.

[3]) Die bedeutendsten dieser Länder sind — abgesehen von den oben mit einem Fragezeichen aufgeführten — folgende: Goldwährungsländer: Holland, Schweden, Türkei, Kapkolonie, Java, Australien; Silberländer: Arabien, Persien, Zanzibar, Siam, Cochinchina; Länder mit Papierwährung etc.: Spanien, Argentinien, Brasilien, Chile.

III. Import und Export nach Warengruppen.

(Millionen Rupien).

Import[1])	1891/92	1892/93	1898/99	1899/1900	1900/01	1901/02
Lebende Tiere (meist Pferde)	2,93	3,01	3,29	3,93	4,87	4,67
Nahrungsmittel und Getränke	81,77	79,51	91,90	92,37	120,73	117,07
Metalle, Metallwaren, Messerschmiedwaren, Maschinen, Eisenbahnmaterial	104,90	99,92	124,90	115,90	118,72	131,54
Chemikalien, auch Tabak, Farben und Gerbstoffe	15,35	16,15	20,13	19,31	22,26	24,10
Öle	26,36	29,19	35,52	34,26	37,57	42,19
Rohstoffe	38,28	36,04	29,72	36,90	37,08	38,16
Fabrikate und Halbfabrikate	396,28	362,23	378,34	405,34	421,56	456,99

Export[2])	1891/92	1892/93	1898/99	1899/1900	1900/01	1901/02
Lebende Tiere	1,019	1,373	—	—	—	—
Nahrungsmittel und Getränke	384,570	308,109	385,77	303,78	263,05	293,13
Metalle und Metallfabrikate	0,770	0,844	—	—	—	—
Chemikalien, Farben, Gerbstoffe etc.	138,724	145,752	113,34	123,62	128,88	118,61
Öle	5,838	5,956	—	—	—	—
Rohstoffe	361,793	393,176	391,44	408,86	427,16	538,40
Fabrikate und Halbfabrikate	142,794	164,248	191,98	207,75	209,48	249,85

[1]) Review of the Trade of Brit. India 1892/93 S. 7, 1899/1900 S. 3, 1901/02 S. 4.

[2]) Review of the Trade of Brit. India 1892/93 S. 19, 1901/02 S. 20.

IV.

Import und Export der wichtigsten Artikel nach dem Werte[1][2].

Importartikel.

(Millionen Rupien.)

	1891/92	1892/93	1898/99	1899/00	1900/01	1901/02
Baumwollstoffe	251,75	229,42	246,78	270,02	273,46	302,48[3]
Baumwollgarn	35,15	26,84	25,52	24,50	24,89	26,47
Wollfabrikate	17,62	15,23	15,24	17,58	21,13	19,70
Seidenfabrikate	17,51	18,02	13,62	11,30	16,66	14,85
Kleidungsstücke (inkl. Schuhe)	13,98	13,84	13,80	14,64	15,40	16,94
Regenschirme	4,15	4,41	2,43	2,73	2,70	1,8
Eisen	23,21	24,23	23,09	24,19	31,40	29,04
Stahl	4,60	3,85	10,26	10,01	14,33	19,65
Kupfer	20,89	17,69	11,21	5,29	9,17	10,80
Eisen- und Messerschmiedwaren	12,39	12,18	14,30	15,90	18,40	17,07
Maschinen und Fabrikmaterial	21,12	23,59	30,60	25,40	22,60	30,06
Eisenbahnmaterial	14,84	10,33	28,20	27,80	27,77	15,37
Baumaterial	1,73	1,40	2,02	1,91	2,14	2,09
Töpferwaren und Porzellan	2,74	2,52	1,87	1,99	2,01	2,60
Glas und Glaswaren	7,28	6,71	6,62	7,67	7,55	9,25
Kohlen	12,50	11,41	6,96	8,10	3,06	4,51
Mineralöl	23,68	26,90	32,45	31,80	34,63	38,38
Rohe Seide	12,64	10,16	7,98	5,76	10,17	8,10
Salz	6,28	5,77	6,61	6,12	5,66	7,77
Bier	4,45	4,55	4,81	4,56	4,70	5,09
Zucker	25,62	26,26	40,17	33,80	56,50	56,18
Spirituosen	6,56	6,82	8,57	8,56	8,63	8,72
Gewürze	7,97	6,24	8,89	9,17	8,79	8,48
Droguen und Arzneien	4,83	4,78	5,18	5,04	6,17	5,97
Chemikalien	2,86	3,08	4,25	4,49	5,52	5,72
Farb- und Gerbmaterial	5,98	6,45	7,77	6,43	6,76	6,58
Fertige Farben	2,93	2,995	3,34	3,47	4,04	4,29
Papier und Pappe	4,70	4,36	3,83	4,11	4,53	5,08
Bücher und Drucksachen	2,22	2,31	2,12	2,28	2,29	2,56
Wissenschaftliche Instrumente	1,22	1,15	2,08	2,40	3,23	3,35
Wagen und Fuhrwerk	0,81	0,72	3,17	2,65	2,35	3,10
Zündhölzer	3,32	3,59	3,80	3,48	3,98	4,37
Waffen u. Munition, Explosivstoffe etc.	2,07	2,26	2,89	2,53	2,35	2,72
Provisions	17,72	18,62	15,32	16,88	19,76	19,85

[1]) Zusammengestellt nach den offiziellen Handelsberichten (vergl. z. B. Review of the Trade 1901/02 S. 17/18) und dem Stat. Abstract 1900/01.

[2]) Über den Import aus Europa, England und Deutschland vergl. die Tabelle in Kap. VII Abschn. 1 b.

[3]) Darunter: ungebleicht 145,73, gebleicht 78,44, gefärbt 67,34 Mill. R.

Exportartikel[1]).

(Millionen Rupien)

	1891/92	1892/93	1898/99	1899/00	1900/01	1901/02
Getreide	286,96	205,63	271,98	180,98	140,31	182,88
Ölsaaten	122,08	116,31	118,47	101,—	90,14	167,79
Rohe Baumwolle	107,54	127,44	111,89	99,25	101,27	144,26
Rohe Jute	68,48	79,44	69,41	80,72	108,68	117,97
Baumwollgarn und Stoffe	70,35	81,—	77,89	82,74	57,03	108,65
Jutefabrikate	25,13	32,38	57,98	62,64	78,65	87,11
Opium	95,62	92,55	71,26	82,04	94,55	85,23
Häute und Felle	51,86	55,92	74,49	104,63	114,83	82,31
darunter gegerbte	28,19	29,56	32,94	35,75	44,24	26,54
Thee	59,68	62,92	80,45	90,92	95,51	81,49
Indigo	32,14	41,41	29,70	26,93	21,36	18,52
Kaffee	19,99	20,67	17,50	14,85	12,28	12,50
Holz	6,09	6,95	10,86	10,87	10,71	8,92
Lack	7,50	7,80	8,56	11,25	10,50	9,55
Seidefabrikate	1,84	1,97	1,28	1,29	1,25	1,05
Wollstoffe	0,95	1,20	2,29	2,53	2,96	2,70
Fabrikate aus Kokosfaser	2,45	2,32	2,98	3,32	4,02	3,77
Kleidungsstücke	1,19	1,45	1,52	1,60	2,02	2,10

V. Handel über die Landgrenze[2]).

(Waren und Edelmetalle.)

(1000 Rx.)

	Import	Export		Import	Export
1890/91	3758	3143	1896/97	5541	4800
91/92	4250	4068	97/98	5618	4891
92/93	3895	3595	98/99	6081	5230
1893/94	4351	3698	99/1900	7039	5581
94/95	4932	4254	1900/01	7099	6571
95/96	4974	4230	1901/02	7752	6610

Die Wertziffern des Handels geben aber kein richtiges Bild von seinem Umfange, da sie in hohem Maße von den herrschenden Preisen abhängen. Einen richtigeren Überblick erhalten wir durch die Vergleichung der ein- und aus-

¹) Vergl. Review of the Trade 1892/93 und 1901/2 S. 19, 30.

²) Trade of India 1901/2 S. 35, 1897/98, 1894/95. Die angegebenen Ziffern stimmen nicht immer überein. Vergl. z. B. die Ziffern für 1896/97 und 1897/98 in den Berichten für 1901/02 und für 1897/98.

Import und Export der wichtigsten Artikel nach der Menge[1]).
Import (inkl. Durchfuhr).

	Zucker 1000 Cwts. Rohrzuck.	Zucker 1000 Cwts. Rübenz.	Salz 1000 tons	Bier 1000 Gall. à 4,543 l.	Wein und Spirituos. 1000 Gall.	Thee 1000 lbs.	Eisen 1000 tons	Stahl 1000 tons	Kupfer 1000 Cwts	Petroleum 1 000 000 Gallonen	Kohle etc. 1000 tons	Baumwollgarn 1000 lbs.	Baumwollstoffe Mill. Yards
1891/92	2213		374	2974	1010	6353	184	38,7	511,1	58,1	737	50 404	1883
92/93	1960		360	3053	1057	6023	179,8	31	420,8	67,1	648,2	38 277	1808
1893/94	2128		413	2788	1067	7688	185,5	52	591,1	86,6	555,3	42 807	2129
94/95	2491		508	2514	1093	6326	162,5	45,3	354,1	53,4	823,4	41 483	2258
95/96	2730		407	3049	1187	7498	200	85,1	471,8	66,6	762	46 355	1715
96/97	1796	887[2])	328	3022	1180	7875	194,5	75,3	240,6	68,4	495	50 174	1997
97/98	2029	2206	487	2835	1206	3515	196,9	92,4	322,3	87,3	262,4	58 291	1861
98/99	2239	1526	412	3227	1263	3659	164,5	84,1	251,3	82	359	45 550	2069
1899/1900	2063	873	348	3207	1245	3203	149,1	72,6	90,8	70,35	408,7	42 620	2003
1900/01	3049	1793	417	3250	1253	4950	167	92,6	159,97	72,5	127,3	34 800	2190
01/02	2492	2936	516	3673	1120	3204	180,6	158,9	193,8	91,5	230	38 300	2189,1

[1]) Review of the Trade of India 1901/02, 1895/96 ff. Die Zahlen im Stat. Abstract 1900/01 stimmen häufig nicht ganz hiermit überein.

[2]) Hierbei ist angenommen, daß der Import aus Großbritannien zur Hälfte aus Rohr- und zur Hälfte aus Rübenzucker besteht. Diese Annahme wird jedoch in dem Berichte für 1901/02 selbst als unwahrscheinlich bezeichnet. Der Import aus Großbritannien ist aber nicht bedeutend. Die Hälfte, welche in Rübenzucker bestehen soll, wird angegeben für 1896/97 ff. auf 6,16, 23,2, 17,8, 32,7, 59,6, 94,2 Tausend Cwts. Der Rohrzucker kommt hauptsächlich aus Mauritius, China, Java und den Straits.

3) Der Import von Maschinen und Eisenbahnmaterial, welcher nur dem Werte nach angegeben ist, betrug in 1000 Rx.:

	Maschinen	Eisenbahnmaterial Privat	Eisenbahnmaterial Staat		Maschinen	Eisenbahnmaterial Privat	Eisenbahnmaterial Staat		Maschinen	Eisenbahnmaterial Privat	Eisenbahnmaterial Staat
1891/92	2111,6	1484,2	1021,3	1895/96	3237,4	1520,6	2019,5	1899/1900	2541,9	2777,1	2526,3
92/93	2359,1	1032,9	1289,1	96/97	3509,2	2558,6	2412,7	1900/01	2257,6	1341,1	2555,4
93/94	2518	1243	1091,6	97/98	2857,8	2758,6	2589,7	1901/02	3000	1537,2	3549,7
94/95	2442,4	1557	1246,2	98/99	3055,9	2824,8	2051,1				

Export (exkl. Durchfuhr)[1].

	Kaffee 1000 Cwts.	Reis 1000 Cwts.	Weizen 1000 Cwts.	Thee 1000 lbs.	Opium 1000 Kisten	Indigo 1000 Cwts.	Kohle 1000 Tons	Baumwolle 1000 Cwts.
1891/92	311,9	32740	30303	120149	87,6	125,3	4,5	4425
92/93	296,7	27395	14973	114722	75,4	126,7	15,7	4789
1893/94	278,7	24020	12157	126332	70,8	131,4	52,3	4789
94/95	281,3	33722	6888	129099	68,8	166,3	53,7	3385
95/96	290,9	34636	10003	137710	60,9	187,3	80,9	5248
96/97	210,8	27820	1911	148908	62,26	169,5	136,7	5216
97/98	225	26272	2393	151452	56,1	133,8	212,9	3723
98/99	270,1	37393	19520	157471	67,1	135,2	327,1	5411
1899/1900	281,4	31862	9704	175038	67,4	111,4	304,6	4373
1900/01	246,4	31066	50	190305	69,7	102,5	541,4	3576
01/02	255	33740	7322	179685	65,6	89,8	524,7	5700

	Häute und Felle 1000 Cwts. roh	Häute und Felle 1000 Cwts. gegerbt	Rohe Jute 1000 Cwts.	Ölsaaten 1000 Cwts.	Baumwollfabrikate: Baumwollgarn 1000 lbs.	Baumwollfabrikate: Baumwollstoffe 1000 Yards	Jutefabrikate: Jutesäcke 1000 Stück	Jutefabrikate: Jutegewebe 1000 Yards
1891/92	583,3	290,4	8532	19164	161253	73351	106251	37289
92/93	574,7	297,9	10537	16509	189175	79678	123975	40060
1893/94	583,7	266,5	8690	24229	134066	72715	131267	60670
94/95	650,8	315	12977	20887	158854	85247	143444	103117
95/96	746,5	367,7	12267	13672	184362	92662	168247	114181
96/97	654,7	341,7	11464	11398	195996	74577	165946	169410
97/98	908,9	366,2	15023	12553	199946	62252	197620	242951
98/99	812,6	297,5	9864	19280	219624	60619	180896	280382
1899/1900	1411,5	323,3	9725	15775	240693	69556	168324	307021
1900/01	1471,7	470	12414	10998	118081	69342	202908	365215
01/02	949,7	266,5	14755	22965	272468	72625	230126	418566

[1]) Reviews of the Trade of India 1894/95 ff. Die Zahlen für Häute und Felle sind dem Stat. Abstract entnommen, die aber die (unwesentliche) Durchfuhr mitenthalten.

geführten Mengen jeder einzelnen Warengattung, obwohl sich auch hieraus, wenigstens beim Import, nichts Sicheres entnehmen läßt, da die Qualitäten gewechselt haben können. Diese quantitative Ausdehnung des Handels zeigen die Tabellen auf S. 212 und 213.

Nach den letzten beiden Tabellen ergibt sich, auch bei ausschließlicher Berücksichtigung des nicht mehr von der Hungersnot und der Mißernte beeinflußten Jahres 1901/02, nicht in allen Fällen eine Zunahme gegenüber der Zeit vor Beginn der Währungsreform. In den meisten Fällen und besonders beim Export ist aber ein erheblicher Fortschritt zu bemerken.

Es wäre nun zweifellos unrichtig, die eingetretenen Änderungen ausschließlich oder auch nur in der Hauptsache auf die Währungsreform zurückzuführen. In sehr erheblichem Maße ist die fortschreitende Entwicklung des Landes, die zunehmende Aufschließung desselben durch Eisenbahnen — im Jahre 1892 betrug die Länge der Eisenbahnen 17894, 1901 25373 englische Meilen — die Ursache gewesen. Auch die fortschreitende Erziehung und Bildung, welche neue Bedürfnisse wecken, das Bestreben, eigene Industrien zu gründen, etc. haben einen Einfluß ausgeübt. Ferner haben Erfindungen im Auslande, so z. B. die Erfindung des künstlichen Indigos in Deutschland, sowie die besondere Preisgestaltung im Auslande, z. B. beim Zucker bezw. beim Kaffee, und beim Import die indische Zollgesetzgebung eingewirkt. Sodann hängt ja außerordentlich viel von dem Ausfall der indischen Ernten ab, wodurch wenigstens der Export stark beeinflußt wird. Endlich ist die für den Export ungünstige Wirkung der Reform, wie schon früher dargelegt[1]), durch andere Faktoren, so z. B. durch die Steigerung des Opiumpreises in China, durch das Aufblühen der beim Export nach China gegenüber Indien begünstigten Baumwollindustrie in Japan, ganz oder zum Teil kompensiert worden.

Den Anteil, den die Währungsreform an dieser ganzen Entwicklung gehabt hat, herauszuschälen, ist eine außerordentlich schwierige Aufgabe. Das gilt um so mehr, als beim Export nach den Goldwährungsländern die Hebung

[1]) Vergl. oben S. 176, 184.

des Kurses der Rupie auf 16d erschwerend, die Stabilisierung des Kurses aber erleichternd gewirkt hat, und da der Import aus den Goldwährungsländern, wenn er auf der einen Seite sowohl durch die Hebung als auch durch die Stabilisierung des Kurses erleichtert und gefördert wurde, auf der anderen Seite durch die Einführung von Zöllen im Jahre 1894 gehemmt worden ist. Am leichtesten ist der Einfluß der Reform natürlich im Verkehr mit China und Japan nachzuweisen, weil hier die größten Kursdifferenzen entstanden sind. Daß in der Tat der Handel mit diesen Ländern, wenigstens der Export nach China, beeinflußt worden ist, haben wir früher (S. 175 ff.) bereits gesehen. Eine weitere Prüfung kann an dieser Stelle nicht unternommen werden. Es ist nur noch im allgemeinen zu bemerken, daß es für eine statistische Beweisführung nicht genügt, die Wertziffern des Handels neben einander zu stellen und lediglich diese und die Kursentwicklung ins Auge zu fassen, wie die indische Währungskommission von 1893 in § 27 ihres Berichts es tut[1], sondern daß alle Faktoren, welche den Handel beeinflußt haben können, vor allem auch die Preise des Absatzmarktes, die Ernteverhältnisse und die Frachten in Betracht gezogen werden müssen.

* *
*

Bei dem besonderen Interesse, welches für Deutschland die Entwicklung des deutschen Handels mit Indien besitzt, mögen hierüber noch einige Worte hinzugefügt werden.

Nach der indischen Statistik nimmt Deutschland jetzt einen hervorragenden Platz unter den Ländern ein, mit denen Indien Handel treibt. Im Jahre 1901/02 stand es nach der folgenden, auf Grund der indischen Statistik aufgemachten Tabelle (welche zugleich die Ausdehnung des Handels mit Deutschland in den letzten Jahren zeigt) an dritter Stelle. Die Zunahme seit 1891/93 beträgt zirka 50%.

Beim Import hat Deutschland, wie die Tabelle auf S. 208 ergibt, in Konkurrenz mit Belgien den vierten, beim Export den dritten Platz.

Welches die wichtigsten Artikel sind, in denen dieser Handel sich vollzieht, und wie sich derselbe in den einzelnen Zweigen entwickelt hat, zeigt die zweite Tabelle auf S. 216.

---

[1]) Vergl. hierzu oben S. 172.

Gesamt-Handel Indiens mit einzelnen Ländern.

(Wert in Millionen Rupien.)

	1891/92	1892/93	1899/1900	1900/01	1901/02
Großbritannien . . .	828	773	805	807	837
China	167	174	158	144	195
Deutschland	66	79,8	92	118	132
Frankreich	120	101	76,9	71	103
Vereinigte Staaten .	50,8	56,6	88,6	84,8	95,6
Belgien	67,9	60,7	52,7	59,9	77,4
Österreich-Ungarn .	30,2	36,4	41	58,6	63,2

Handel Indiens mit Deutschland[1]).

(Tausend Rupien)

Import.

	1891/92	1892/93	1898/99	1899/00	1900/01
Kleidungsstücke	397	499	419,7	619,1	1350
Baumwollfabrikate	713	534	1003	1447,7	1769,1
Glas und Glaswaren	473	473	734	827,3	772,8
Eisen- und Messerschmiedwaren	765	794	1326	1604,1	2327,1
Bier, Wein, Spirituosen . . .	611	640	1018	975,8	1115,4
Metalle	961	805	948	1057,4	2492,7
Salz	1796	714	808	932,4	942,5
Zucker	2920	3673	4338	610,5	4574,1
Wollwaren	2932	2915	2345	3603,2	5382,6
Andere Artikel	3681	3465	4338	5171,2	5303,1
	15250	14513	17279	16848,7	26029,5

Export.

(Indische Waren.)

	1891/92	1892/93	1898/99	1899/1900	1900/01
Kokosfaserfabrikate . . .	230	310	791	1093,7	1340,7
Baumwolle, rohe . . .	18018	24191	17499	11434,3	17794,8
Indigo	3143	1875	1823	1573,7	1261,5
Rohe Häute und Felle .	6901	7222	12652	14521,5	18915,7
Jute, roh	7488	11443	16243	16336,5	21977,9
„ Säcke	229	457	1147	517,7	1107
„ Gewebe	4	12	343	210,3	2754,3
Lack	156	419	1209	1647,8	2017,6
Abfälle, Düngestoffe . .	219	391	1155	1629,2	1534,7
Reis	2312	2139	2632	2485,8	1590,6
Rapssaat	2320	4650	5926	4215,3	3167,7
Leinsaat	3262	2776	12654	11022,9	10069,2
Til (Sesam) o. Jinjili . .	428	1300	1845	1903,8	1599,6
Andere Artikel	6025	7986	6540	6546,4	6931,1
	50735	65172	82458	75135,9	92062,4
Fremde Waren	176	109	895	171,3	132,3

[1]) Stat. Abstract f. India 1900/01 S. 172/73. Vergl. Kap. VII Abschn. 1b.

In Wirklichkeit ist der Handel Indiens mit Deutschland aber wahrscheinlich noch größer und hat derselbe sich auch anders entwickelt, als es nach den angeführten Zahlen den Anschein hat. Das ergibt sich, wenn wir die Ziffern der deutschen Statistik (in der übrigens Indien erst seit 1900 von Ceylon und Malakka getrennt aufgeführt wird) zum Vergleich heranziehen. Es betrugen nämlich

	nach der indischen Statistik			nach der deutschen Statistik		
nach bezw. aus Deutschland	1899/1900	1900/01	1901/02	1899	1900	1901
	1000 Lstrl.			Millionen Mk.		
der Export Indiens	5021	6146	6775	211,75[1])	204,8	197,2
der Import „	1123	1735	2025	52,1[1])	56,3	67,1
Saldo für Indien	3897	4411	4750	159,65	148,5	130,1

Hiernach sind in der deutschen Statistik Export und Import ungefähr um 50—100% größer angegeben als in der indischen und ergibt sich für 1899 ein um etwa 80, für 1900 ein um etwa 60, für 1901 ein um 35 Mill. Mark größerer Saldo zu Gunsten Indiens!

Nun ist freilich zu berücksichtigen, daß die Wertberechnung für Indien anders ist als für Deutschland. Der Export Indiens nach Deutschland erscheint als Deutschlands Import in der deutschen Statistik wertvoller; denn bei der Wertberechnung in Indien bleiben Fracht und Spesen außer Betracht, da die indischen Preise zu Grunde gelegt werden, während sie in Deutschland eingerechnet werden, da die deutschen Preise in Betracht kommen. Umgekehrt erscheint der Import Indiens als Deutschlands Export aus dem gleichen Grunde in der deutschen Statistik kleiner. Infolge dessen ergibt sich natürlich nach der indischen Statistik ein kleinerer Saldo für Indien. Da Fracht und Spesen beim indischen Export, weil es sich hauptsächlich um spezifisch geringwertige Güter (Reis, Weizen, Ölsaaten, Jute etc.) handelt, etwa 20%, beim Import, bei dem es sich zumeist um Industrieprodukte handelt, allerdings weniger, aber doch wohl immer noch etwa 10% betragen, so ist die hierdurch veranlaßte Differenz bedeutend. Rechnen wir die Zahlen der indischen Statistik — durch Zuschlag von 20% beim Export und Abzug von 10% beim Import — so um, daß sich daraus diejenigen Werte ergeben, welche der deutschen An-

[1]) Export und Import von Ceylon und Malakka sind nach Maßgabe des Durchschnitts der für 1900 und 1901 angegebenen Ziffern abgesetzt.

schreibung, d. h. der Anschreibung als Import bezw. Export Deutschlands, entsprechen, so erhalten wir folgendes Resultat:

	1899/1900		1900/01 (1000 Lstrl.)		1901/02	
Export Indiens	5021		6146		6775	
Zuschlag 20 %	1004		1229		1355	
		6025		7376		8130
Import Indiens	1123		1735		2025	
Abzug 10 %	112	1011	174	1561	203	1822
Saldo		5014		5815		6308

Bei dieser Rechnung erscheinen die Differenzen erheblich reduziert, ja für 1901/02 verschwindend. Sie betragen aber für 1899/900 und für 1900/01 doch auch jetzt noch beim Export zirka 88 bezw. 53, beim Import 31 bezw. 24, p. Saldo 57 bezw. 39 Mill. Mark, und zwar ergeben sich auch hier wieder überall die größeren Zahlen nach den Anschreibungen der deutschen Statistik.

Ein Teil der Differenzen ist darauf zurückzuführen, daß die Zeiten, für welche die angegebenen Ziffern ermittelt sind, nicht genau übereinstimmen; denn in der indischen Statistik ist das am 1. April beginnende Finanzjahr, in der deutschen das Kalenderjahr zu Grunde gelegt. Dieser Unterschied ist deshalb von besonders großer Bedeutung, weil in die ersten drei Monate des Kalenderjahres der wichtigste Teil der indischen Exportsaison fällt. Hieraus allein können aber die auch bei der modifizierten Rechnung noch verbleibenden großen Differenzen für 1899 und 1900 sich nicht erklären, zumal da sämtliche Zahlen in der deutschen Statistik größer sind als in der indischen. Beim indischen Export könnte der Grund darin liegen, daß ein Teil des Exports nach Deutschland nicht als hierhin gerichtet aufgeführt worden ist, weil die Exporteure oder deren Abnehmer erst in Egypten oder gar erst in England über die zunächst hierhin „for orders" verschiffte und daher als Export nach diesen Ländern deklarierte Ware disponierten. Diese Erklärung würde aber beim Import nicht zutreffen.

Wahrscheinlich ist nun die deutsche Statistik richtiger und ist deshalb der deutsch-indische Handel größer, als vorhin angegeben. Selbst in der deutschen Statistik dürften aber noch nicht einmal alle Waren aufgeführt sein, die wir von Indien beziehen oder dorthin liefern; denn manche

Ware wird erst in den Eigenhandel eines anderen Landes, z. B. Großbritanniens, übergehen, ehe sie ihren Bestimmungsort erreicht. Immerhin erhält man ein klareres Bild von der Bedeutung des deutsch-indischen Handels, wenn man die deutschen Ziffern vergleicht. Es sind deshalb diese Ziffern für das Jahr 1901 (unter gleichzeitiger Angabe des Werts des gesamten Imports bezw. Exports Deutschlands in jedem einzelnen Handelszweige) für die wichtigeren Waren in der folgenden Tabelle noch hinzugefügt. Hieraus ergibt sich, daß der prozentuale Anteil Indiens an dem deutschen Import 3,45, am Export 1,5 % beträgt.

Handel Deutschlands mit Indien im Jahre 1901[1]).

(Wert in 1000 Mark.)

Import	aus Indien	insgesamt
Rohe Baumwolle . . .	34 151	296 248
Abfälle	5 114	19 538
Edelsteine, Korallen, Perlen	1 098	5 391
Mangan	1 030	9 746
Gummiarabicum, Tragant	629	3 565
Gummilack, Schellack .	3 601	4 814
Rindshäute, trocken . .	15 478	35 751
Schaf- und Ziegenfelle .	2 876	14 505
Indigo	2 958	4 264
Jute	32 068	32 912
Kaffee	3 254	147 740
Kautschuk und Guttapercha	1 570	48 226
Leinsaat	18 451	63 555
Mohn	5 554	6 874
Ölkuchen	976	61 037
Palmkerne, Koprah etc.	2 845	37 710
Pfeffer	3 429	6 412
Raps, Rübsaat etc. . .	24 454	35 183
Reis	16 971	39 036
Stuhlrohr	120	6 174
Zinn	597	30 080
Wert des ganzen Imports	197 200	5 710 300

Export	nach Indien	insgesamt
Alizarin	2 720	16 163
Anilin etc.	4 577	79 631
Baumwollw.: dichte Gewebe, gefärbt, bedruckt	1 738	69 515
Strumpfwaren	3 385	59 624
Bier	702	22 780
Eisen: schmiedbares in Stäben etc.	5 479	34 754
Feine Waren aus Guß- oder Schmiedeeisen .	2 915	77 914
Grobe Eisenwaren . . .	1 970	144 014
Nähnadeln	932	9 997
Eisenplatten und Bleche	2 882	32 239
Essenzen (Parfümerien) .	723	8 073
Baumwollgarn	857	28 537
Wollgarn	781	56 310
Holzwaren, feine . . .	521	29 946
Kleider, Leibwäsche etc. aus Baumwolle . . .	993	116 634
Kupfer in Stangen . .	739	8 288
Kupfer- u. Messingwaren	578	29 447
Halbseidene Zeuge, Tücher, Shawls . . .	2 080	85 496
Wollene Tuch- u. Zeugwaren, unbedruckt .	10 973	149 789
Zucker	1 717	202 826
Wert des ganzen Exports	67 100	4 512 600

[1]) Nach dem Statistischen Jahrbuch für das Deutsche Reich 1902.

5. Abschnitt: **Der Einfluß auf die Preise.**

a. Die wirklichen Konsequenzen der Reform.

Auf die Preise in Indien, besonders auf die Preise der Export- und Importartikel, hat die indische Währungsreform in doppelter Weise eingewirkt: zunächst durch die Veränderung der Höhe des Kurses, vor allem infolge der Entstehung der großen Valutadifferenzen zu Gunsten Chinas und Japans; sodann durch die Herstellung der Stabilität des Kurses gegenüber den Goldwährungsländern und durch die Beseitigung der früheren Stabilität gegenüber China. Die Erhöhung des Kurses mußte, von Ausnahmen abgesehen, zur Folge haben, daß die Preise in Indien sich relativ niedriger stellten, als sie sich unter übrigens gleichen Umständen bei dem Kurse von 14 5/8 d bezw. unter den Verhältnissen, wie sie kurz vor Beginn der Währungsreform herrschten, gestellt haben würden. Die Stabilisierung des Kurses gegenüber den Goldwährungsländern mußte bewirken, daß die Preise in Indien, soweit sie von den Verhältnissen auf dem Weltmarkte abhängen (wie z. B. die Preise der Exportartikel Weizen, Jute, Baumwolle, Ölsaaten etc.), der Bewegung der Weltmarktspreise mehr oder weniger genau folgen, während das früher nicht geschah. Die Beseitigung der früheren Stabilität gegenüber den Silberländern bewirkte, daß die Preise, soweit sie von den Marktverhältnissen der Silberländer abhängen wie beim Opium, der Bewegung der Preise in diesen Ländern nicht mehr genau folgen, während das früher geschah.

1. Die Konsequenzen der Erhöhung des Kurses.

Was zunächst den Einfluß der Erhöhung des Kurses anlangt, so läßt sich derselbe keineswegs ohne weiteres allgemein bestimmen. Es kommt in dieser Beziehung in erster Linie darauf an, wie sich unter dem Einflusse der Konkurrenz der verschiedenen begünstigten Lieferanten die Preise auf dem Absatzmarkte gestalten. Hierdurch sind, soweit es sich um Importartikel handelt, die Preise in Indien unmittelbar gegeben. Soweit es sich um Exportartikel handelt, kommt außerdem in Frage, welche Summe inländischen Geldes die Remittierung des auf dem ausländischen Absatzmarkte erzielten Preises bei dem veränderten Kurse ergibt, nachdem alle Spesen abgesetzt sind. Die Preise der Exportartikel werden ja immer, so lange noch ein Export stattfindet, von dem ausländischen Absatzmarkte diktiert. Unter diesen Umständen kann der Preis im Inlande nicht höher, aber auch nicht niedriger stehen, als eben angegeben. Daß der Preis sich höher stellt, ist — auf die Dauer — nur dann möglich, wenn der Export aufhört. Letzteres mag bei starker Steigerung des Kurses, und wenn eine kompensierende Erhöhung des Preises im Auslande wegen der ausländischen Konkurrenz nicht durchgesetzt werden kann, vereinzelt vorkommen. Es wird im allgemeinen aber selten geschehen. In Indien und infolge der Währungsreform ist dieser Fall nicht eingetreten. Wir lassen denselben deshalb hier außer acht.

Näheres darüber, wie sich unter dem Einflusse der durch die Währungsreform herbeigeführten bezw. ermöglichten Kursveränderungen die Preise der Exportartikel in Indien gestalten mußten, läßt sich schwer bestimmen. Man kann allgemein nur die Grenzen angeben, zwischen welche sie sich stellen mußten. Diese Grenzen liegen auf der einen Seite in der Erhaltung des früheren Niveaus, oder vielmehr in der Herstellung desjenigen Niveaus, auf welches sich unter übrigens gleichen Umständen die Preise bei dem früheren Kurse gestellt haben würden; auf der anderen Seite in dem Rückgange des Preises um den Betrag der vollen Kursdifferenz gegenüber demjenigen Lande, dem gegenüber die größte Valutadifferenz entstanden ist, hier also China. Befindet sich dieses Land nicht unter den Konkurrenten und handelt es sich auch nicht um Artikel, die nach diesem Lande exportiert werden, so scheidet dasselbe aus und dasjenige Land, dem gegenüber die nächstgrößte Valutadifferenz entstanden ist (vorausgesetzt, daß für dieses die genannten Bedingungen zutreffen), tritt dafür an die Stelle. So ist z. B. die Valutadifferenz gegenüber China nicht von Einfluß auf die Preise von Artikeln wie Jute, Indigo, Weizen, Ölsaaten, wohl aber, wenn auch nur wenig, bei Häuten und Baumwolle, in bedeutendem Maße bei Reis und Thee, ausschließlich bei

Opium. Beim Opium hätte der indische Preis möglicherweise um den vollen Betrag der Valutadifferenz gegenüber China zurückgehen können. Er hätte das auch getan, wenn nicht China höhere Preise bewilligt hätte, — vorausgesetzt, daß dann nicht etwa (was nicht anzunehmen ist) der indische Export aufgehört haben würde. Tatsächlich ist aber gerade in diesem Falle die andere Grenze berührt worden, d. h. der Preis hat sich, wenn auch nicht in allen Jahren, so gestellt, wie wenn eine Valutadifferenz überhaupt nicht entstanden wäre: er ist im Jahre 1899/1900 mit 1218 Rupien für die Kiste (ungefähr) ebenso hoch gewesen wie im Jahre 1892/93 (1227 Rupien) und er ist in den Jahren 1900/01 (1356 Rupien) und 1901/02 (1299 Rupien) sogar über diesen Betrag hinaus gestiegen.

Gelingt es beim Export den inländischen Produzenten, die Preise im Auslande um den Betrag ihres Kursverlustes abzüglich des Betrages der etwaigen Minderung ihrer Produktionskosten hinaufzusetzen, so müssen die inländischen Preise unter übrigens gleichen Umständen gleich bleiben. Das ist, wie bereits erwähnt, z. B. beim Opium mehr oder weniger geschehen. Trifft die erwähnte Bedingung nicht zu, ist aber wenigstens der ausländische Preis nicht herabgedrückt worden (wie es z. B. beim Weizen geschah, da die Konkurrenten Indiens nicht begünstigt wurden), so mußte der indische Preis um den Betrag der Valutadifferenz gegenüber dem betreffenden Absatzgebiete, beim Weizen also, weil sich der Absatzmarkt in den Goldwährungsländern befindet, der Steigerung des Goldkurses der Rupie von 14 5/8 d auf 16 d entsprechend, um 8,6 % gedrückt werden. Ist der ausländische Preis infolge der Begünstigung anderer Länder noch weiter herabgedrückt worden, wie z. B. beim Thee in London durch die erleichterte Konkurrenz Chinas, so mußte der indische Preis (obwohl auch hier der Absatzmarkt in den Goldwährungsländern liegt) noch weiter sinken.

Kommen beim Import nur Goldwährungsländer außer Japan in Frage, so kann der Preis im ungünstigsten Falle nur in dem Maße herabgedrückt worden sein, als der Kurs diesen Ländern gegenüber gestiegen ist, also um 8,6 %. Bei der starken Konkurrenz der Produzenten der Goldwährungsländer untereinander wird aber dieser ungünstigste

Fall die Regel bilden. Konkurrieren außerdem noch China und Japan (z. B. bei Kohle), so ist es möglich, daß der Preis noch weiter gedrückt ist. Falls aber China und Japan nur wenig importieren, wird das nicht geschehen sein, denn unter solchen Umständen werden die Chinesen und Japaner sich den höheren Preis gefallen lassen und den Kursgewinn einstecken. Soweit China allein Waren liefert, hätte der Preis bei Rohstoffen, die in China in bäuerlichen Betrieben hergestellt werden, (Seide?) um den vollen Betrag der Valutadifferenz gegenüber China herabgedrückt werden können (falls die Konkurrenz der Chinesen untereinander groß genug gewesen wäre). Bei Fabrikaten wäre das in Anbetracht dessen, daß die Produktionskosten der chinesischen Fabrikanten gestiegen sind, nicht möglich gewesen.

Es würde zu weit führen, diese Dinge noch weiter zu verfolgen und dann speziell für Indien zu untersuchen, inwieweit der jetzige Stand der Preise der Export- und Importartikel auf den Einfluß der durch die Währungsreform hervorgerufenen bezw. ermöglichten Kursveränderungen zurückzuführen ist. Es mag nur noch bemerkt werden, daß eine derartige Analyse der Preise im allgemeinen sehr schwierig ist, da ja außer den erwähnten, an sich schon sehr komplizierten Kursverhältnissen noch viele andere Faktoren: Änderungen in der Produktion und in der Konsumtion, Änderungen der Frachten und Zölle etc. im Inlande und im Auslande, vor allem auch Mißernten bezw. Überproduktion in Indien selbst, auf den Preis eingewirkt haben. Besonders schwierig ist die Untersuchung in denjenigen Fällen, in denen bei der Lieferung sowohl die Goldwährungsländer als auch China und Japan mit Indien in Konkurrenz treten, vor allem, soweit es sich um Industrieartikel handelt, wie bei dem groben, zum Export nach China bestimmten Baumwollgarn.

Tatsächlich stehen die Preise der indischen Export- und Importartikel, wie die folgende Tabelle mit ihren Indexziffern der Großhandelspreise in Kalkutta bezw. Bombay beweist, heute teils höher, teils niedriger als im Jahre 1892 und zu Anfang 1893, vor Beginn der Währungsreform.

Preise indischer Export- und Importartikel[1]).
(Indexziffern, 1893 = 100.)

Exportartikel.

1. Jahresdurchschnittspreise.

	Weizen Calcutta Club	Baumwolle (Dhollerah fair)	Leinsaat	Rapssaat	Seide Surdahs
1892	95	86	113	84	76
1898	92	71	87	91	69
1899	87	76	99	87	84
1900	105	108	140	119	80
1901	103	93	141	115	67

	Thee (Indian-Pekoe)	Indigo	Jute (prima)	Reis
1892	71	91	153	191
1898	48	67	121	144
1899	52	62	134	150
1900	55	66	152	153
1901	51	63	141	138

2. Januarpreise[2]).

	Baumwolle (Broach)	Baumwollgarn (20 s)	Reis (Ballam)	Reis (Rangoon)
1893	107	78	180	142
1899	59	52	153	122
1900	84	61	150	131
1901	88	69	171	122
1902	81	66	200	112

	Weizen Delhi No. 1	Opium (Bengalen)	Indigo (good)	Jute (Picked)
1893	95	96	114	192
1899	79	86	57	170
1900	115	99	74	194
1901	86	100	65	186
1902	95	94	65	178

	Jutesäcke	Leinsaat	Thee (fair Souchong)	Zucker (roh. Rohrzuck.)
1893	119	128	59	131
1899	87	92	39	108
1900	117	123	45	111
1901	105	161	30	94
1902	97	143	41	95

[1]) Stat. Abstract 1900/01 S. 248, 246/47.

[2]) Die Januarpreise des Jahres 1892 sind nicht verwertbar, weil der Kurs im Januar 1892 noch auf 16 3/8 d stand.

Importartikel.

Januarpreise [1]).

	Graue Shirtings 8—9 lbs.	Baumwollgarn Mule Twist ungefärbt	Baumwollgarn Orange Nr. 40—60	Kupfer (Braziers)
1893	77	74	76	83
1899	62	57	56	87
1900	85	64	70	110
1901	88	77	88	113
1902	81	65	78	101

	Eisen (Flat, Bolt etc.)	Zucker (Mauritius Nr. 1)	Petroleum
1893	94	89	74
1899	111	56	101
1900	124	64	129
1901	119	67	123
1902	104	56	102

Daß die Erhöhung des Kurses, wenn sie die Preise der Export- und Importartikel (wenigstens relativ) ganz oder teilweise entsprechend herabdrückte, auch auf die Preise anderer Güter einen Druck ausüben mußte, geht schon aus unseren früheren Erörterungen über die „Anpassung" (S. 190ff.) hervor. Soweit die Exportartikel im Preise zurückgingen, mußten vor allem auch die Grundstücke, auf denen Exportartikel produziert, die Anlagen, in denen solche hergestellt werden, hier z. B. die Theegärten, die Exportspinnereien und deren Aktien etc., im Preise sinken, — vorausgesetzt, daß, was hier zutraf, ein geringerer Gewinn erzielt wurde. Ferner mußten — unter dem Drucke der Konkurrenz — die Preise derjenigen inländischen Bedarfsartikel, wenigstens relativ, sich ermäßigen, die jetzt wie viele Fabrikate wegen der Verbilligung des Rohstoffes und der Maschinen billiger hergestellt werden können. Endlich mußte auch auf die Preise derjenigen Waren ein Druck ausgeübt werden, welche Surrogate der Export- und Importartikel bilden oder die, falls etwa die Produktion dieser Artikel eingeschränkt wurde, an deren Stelle produziert und infolgedessen in größerer Menge angeboten wurden. Diese nächsten Konsequenzen wirkten möglicherweise wieder auf die Produktion der Export- und Importartikel zurück, beeinflußten

[1]) Siehe Anm. 2 S. 224.

insbesondere deren Produktionskosten und in weiterer Folge vielleicht deren Preise, und dann wiederholte sich die Wechselwirkung von neuem.

Daß es sich hierbei nicht um eine Anpassung der Preise an die im Werte gesteigerte Valuta handelt, sondern um eine Anpassung an die veränderten Verhältnisse, ist bereits hervorgehoben worden (S. 190ff.).

2. Die Konsequenzen der Stabilisierung des Kurses gegenüber den Goldwährungsländern.

Durch die Herstellung des stabilen Kurses von 16d sind die Preise in Indien ebenso eng mit den Preisen auf dem Weltmarkte oder vielmehr auf dem Markte der Goldwährungsländer verbunden worden, wie z. B. die Preise in Deutschland oder in Amerika oder Australien. Im Gegensatz zu früher ist es jetzt ausgeschlossen, daß sich die Preise in Indien, wenigstens die Preise der Exportartikel, soweit letztere nach den Goldwährungsländern geliefert werden, anders bewegen, als es dort geschieht. Tritt in den Goldwährungsländern, m. a. W. tritt auf dem Weltmarkte ein Preisfall ein, so müssen jetzt — bei unverändertem Kurse — auch die indischen Preise fallen, und zwar, die Veränderungen von Fracht und Spesen abgerechnet, in der Regel, wenigstens annähernd, — wenn nicht die Konsumtion in Indien selbst zunimmt — in gleichem Maße. Steigen die Preise auf dem Weltmarkte, so müssen die Preise in Indien unter allen Umständen ebenfalls und ebenso stark steigen, wenn wir wiederum die Veränderungen von Fracht und Spesen außer acht lassen. Daß sie stabil bleiben, wenn solche Änderungen auf dem Weltmarkte vor sich gehen, ist — von dem Falle der gleichzeitigen Veränderung von Fracht und Spesen und von seltenen Ausnahmen beim Sinken der Preise auf dem Weltmarkte abgesehen — ausgeschlossen.

Früher, zur Zeit der offenen Silberwährung, als die Rupie noch keinen festen Goldkurs hatte, war das anders. Damals waren freilich die indischen Preise ebenfalls von den Preisen des Weltmarktes abhängig, aber trotz dieser Abhängigkeit leisteten sie vielfach keine Folge, weil die Preisbewegung auf dem Weltmarkte durch Änderungen des Kurses kompensiert wurde. Das hat jetzt aufgehört. Die indischen

Preise müssen sich jetzt — von Änderungen der Fracht etc. abgesehen — mehr oder weniger genau konform mit den Preisen des Weltmarktes bewegen. Nur bei den Exportartikeln und für den Fall, daß in Indien aus lokalen Ursachen die Nachfrage so stark steigt oder das Angebot so stark vermindert wird, daß der Export nicht mehr erforderlich ist, um das absatzsuchende Quantum unterzubringen, ist eine Ausnahme zu machen. In diesem Falle kann sogar der Preis in Indien steigen, wenn er auf dem Weltmarkte zurückgeht, und wird er zum mindesten weniger sinken.

Daß jetzt in der Tat eine größere Gleichartigkeit der Bewegung zwischen den Preisen in Indien und den Weltmarktspreisen besteht, zeigt für die Hauptexportartikel, wenn wir Weizen wegen der indischen Mißernten in den Jahren 1899 und 1900 ausnehmen, die folgende Tabelle. Ein Beweis läßt sich allerdings auf diese Zahlen nicht gründen. Dazu sind Durchschnittspreise für einen so langen Zeitraum wie ein ganzes Jahr (zumal, wenn wie hier die Veränderung der Fracht etc. unbeachtet bleibt) nicht zu verwenden. Anderes Material kann aber im Rahmen dieser Arbeit nicht herangezogen und verarbeitet werden. Auch aus den Jahresziffern läßt sich jedoch erkennen, daß die Bewegung der Preise in Indien im Vergleich mit den Weltmarktspreisen jetzt eine ganz andere ist als die Bewegung zur Zeit des Kursfalles, die unten S. 230/31 dargestellt ist.

Die Frage, ob die Herstellung dieser engeren Verbindung mit dem Weltmarkte als ein Vorteil oder als ein Nachteil anzusehen ist, wird im nächsten Abschnitt erörtert werden.

Preise indischer Exportartikel

in Kalkutta bezw. Bombay und London.[1])
(Jahresdurchschnitt; Indexziffern).

	Weizen		Baumwolle indische, Fair Dhollerah		Leinsaat (fine bold clean)	
	Kalkutta Sorte: Calcutta Club	London Sorte: engl. Gazette	Bombay	London	Kalkutta	London[2])
1898	92	62	71	37	87	16 3/4
1899	87	47	76	41	99	20
1900	105	49	108	62	140	30 1/2
1901	103	49	93	51	141	30

[1]) Nach dem Stat. Abstr. for India 1900/01 bezw. nach Sauerbeck.

[2]) Shilling p. Quarter, da Indexziffern nicht notiert.

	Indigo Bengal good		Jute		Reis	
	Kalkutta	London	Calcutta Bengal prima	London good medium	Calcutta Ngatsain and Ngakyouk	London Rangon
1898	67	48	121	58	144	72
1899	62	48	134	66	150	72
1900	66	48	152	75	153	73
1900	63	47	141	67	138	66

b. Keine Beseitigung früherer Stabilität der Preise.

Es wird behauptet, Indien habe zur Zeit seiner offenen Silberwährung und dadurch bedingt „stabile Preise“ gehabt[1]) und dieser Vorteil sei mit der Auflösung des Bandes zwischen der Rupie und dem Silber weggefallen. Ist das richtig?

Die Behauptung von der Stabilität der indischen Preise zur Zeit der offenen Silberwährung ist zweifellos nicht dahin aufzufassen, daß gemeint war, die Preise in Indien seien überhaupt keinen Schwankungen unterworfen gewesen, sondern nur dahin, daß der starke Preisfall, welcher in Europa und in allen Goldwährungsländern in der Zeit von 1873 an eingetreten ist, Indien wegen seiner Silberwährung im wesentlichen erspart geblieben sei. Daß die Preise in Indien überhaupt nicht geschwankt, und daß sie z. B. auch im Inneren stets das gleiche Niveau bewahrt hätten, ungeachtet dessen, daß in der Zeit von 1873—1893, um nur eines zu erwähnen, zirka 20000 englische Meilen Eisenbahnen gebaut worden sind und daß dadurch der Verkehr eine ungeheuere Ausdehnung erfahren hat, dürfte wohl niemand im Ernste haben behaupten wollen. Sollte das dennoch geschehen sein, so ist diese Behauptung durch zwei neuere Schriften: Atkinson Silver Prices in India (Journal of the Royal Statistical Society Märzheft 1897) und Arndt, Die Kaufkraft der Rupie (1897), an der Hand eines reichen Zahlenmaterials, das namentlich von Atkinson mit großem Fleiße zusammengetragen ist und alle Teile Indiens berücksichtigt, in der überzeugendsten

[1]) Vergl. z. B. Arendt: Herr Reichsbankpräsident Dr. Koch und die Währungsfrage. Berlin 1895. S. 52.

Weise widerlegt worden. In Wirklichkeit haben die Preise in Indien stark geschwankt, nach Atkinson (a. a. O. S. 93) bedeutend mehr als in den Goldwährungsländern, wenigstens in England, das von Atkinson allein berücksichtigt wird.

Wenn aber auch die Schwankungen der Preise in Indien gleich groß oder noch größer gewesen sind als in den Goldwährungsländern, so ist doch die Behauptung von der Stabilität der indischen Preise insofern richtig, als der Durchschnitt der Preise sich im ganzen mehr auf dem früheren Niveau gehalten hat als in den Goldwährungsländern. Das gilt wenigstens von dem Durchschnitt der Großhandelspreise der Exportartikel und der Importartikel in den Hafenstädten, welche direkt von den Vorgängen auf dem Weltmarkte beeinflußt werden und von lokalen Faktoren (Veränderungen der Binnenfracht etc.) weniger abhängig sind, die aber ihrerseits wieder, besonders bei den Exportartikeln, die Preise im Inneren und die Preise im Kleinhandel beeinflussen. Indien ist sogar, was seine Exportartikel anlangt, fast vollständig vor dem allgemeinen Sinken der Preise bewahrt geblieben, welches zur Zeit seiner offenen Silberwährung von 1873 an auf dem Weltmarkte, und nicht nur in Europa, sondern auch in anderen Goldwährungsländern, z. B. in den Vereinigten Staaten von Nordamerika und in Australien, stattfand. Hierüber kann nach der vorliegenden Statistik nicht wohl ein Zweifel herrschen. Das mag hier speziell für diejenigen Artikel, deren Preise auf dem Weltmarkte am meisten zurückgegangen sind, durch Vergleichung der betreffenden Preisziffern noch besonders nachgewiesen werden. Die folgende Tabelle, in welcher die indischen Preise bezw. die Indexziffern derselben mit den Preisen in England, und bei Weizen und Baumwolle bezw. bei Weizen allein mit den Preisen in New York und Australien zusammengestellt sind, gibt darüber Aufschluß. Die für Australien angegebenen Zahlen sind allerdings mit Vorsicht aufzunehmen und können nur im allgemeinen und nur für die Tendenz der Entwicklung als Beweis gelten, da diese Zahlen aus den Mengen- und Wertangaben über den Außenhandel der Einzelstaaten (!) Australiens berechnet werden mußten.

Großhandelspreise indischer Exportartikel.

Jahr	Weizen							Baumwolle			
	Indien (Kalkutta) Indischer Weizen		London		New-York [3])	Australien [4])		Indien [1]) (Bombay)	England		New-York [5])
	Index- [1]) ziffern 1873 = 100	Durchschn. Mai Aug. [2]) Annas p. maund à 82²/₇ lbs.	Indischer Weizen [2]) Durchschn. Mai—Aug. Sh. p. Quart. (492 lbs.)	Englischer Weizen Jahres-durchschnitt Indexziffer n. Sauerbeck	Amerikan. Weizen Jahres-durchschnitt Doll.p.bush. à 60 lbs.	Viktoria	Neu-Seeland	Fair Dhollerah. Indexziffern 1873 = 100	Indische Fair Dhollerah.	Amerikan. Middling	Middling. Cents p. Pfund
						Jahresdurchschnitt Shilling per Quarter à 492 lbs.			Indexziffern nach Sauerbeck		
1873	100	49,5	—	108	—	49,98	39,19	100	92	100	20,14
74	100	53	—	102	—	49,83	31,15	86	79	89	17,95
75	78	41,5	—	83	—	39,35	34,44	87	74	82	15,46
76	74	37	41	85	—	35,65	36,61	87	67	69	12,98
77	95	51	55	104	—	55	37,99	97	77	70	11,82
78	106	55½	45½	85	—	47	39,79	97	73	66	11,22
79	107	54½	43½	80	1,212	40	33,08	106	74	70	10,84
1880	91	43¼	48	81	1,270	38	32,45	102	78	77	11,51
81	86	42	44½	83	1,318	36	31,72	95	65	71	12,03
82	85	47¾	44½	83	1,278	44	36,89	97	64	74	11,56
83	79	45	38½	76	1,175	43	34,86	86	58	64	11,88
84	70	40¼	33	65	0,975	34,06	25,80	93	59	67	10,88
1885	69	37	32	60	0,964	31,2	21,38	98	63	62	10,45
86	73	41¾	30½	57	0,885	34,17	27,24	89	53	57	9,28
87	79	45½	31½	60	0,889	32,45	27,49	96	53	62	10,21
88	81	45	33	58	0,971	31,97	26,32	99	58	62	10,03
89	83	49	31½	55	0,883	34,32	29,08	104	61	66	10,65
1890	81	44½	33½	59	0,983	31,24	24,07	95	58	67	11,07
91	92	50½	37	68	1,094	31,48	30,55	84	48	52	8,60
92	95	54⅛	31	56	0,908	34,47	27,02	86	45	46	7,71
93	86	49½	28	48	0,739	25,43	20,98	100	53	51	8,56
[illegible]	[illegible]	[illegible]	[illegible]	[illegible]	[illegible]	[illegible]	[illegible]	89	39	42	6,94

Jahr	Leinsaat[1]) Kalkutta (fine bold clean)	Leinsaat[1]) London Black Sea, Russ. Azow	Rapssaat[1]) Kalkutta Yellow mixed	Rapssaat[1]) London Sorte: Kalkutta	Seide[3]) Kalkutta Surdahs	Seide[3]) London (Italian Trams)	Thee[4]) Kalkutta (Indian Pekoe)	Thee[4]) London (China Souchong)	Fracht[2]) für Weizen Kalkutta — London Durchschnitt Mai/Aug. Shilling p. ton	Fracht[2]) für Weizen Kalkutta — London Durchschnitt Mai/Aug. Annas p. maund[6])	Kurs[5]) der Rupie Dreimonat. Wechsel Mai—Aug. d
	Indexziffern. 1873 = 100										
1873	100	100	100	100	100	100	100	100	53,75	16,79	22 1/2
74	105	91	85	82	80	88	105	111	30	9,37	22 1/2
75	87	89	82	84	61	77	111	107	51,25	16,12	22 1/4
76	89	85	93	87	103	83	125	96	63,75	22,69	19 3/4
77	97	89	103	97	105	84	113	85	58,75	19,47	21 3/16
78	101	81	105	86	82	73	117	75	19	6,45	20 11/16
79	106	82	104	76	81	68	113	69	25	8,68	20 1/4
1880	99	88	93	75	81	72	108	70	59	20,22	20 1/2
81	91	80	86	77	84	64	115	80	57,5	20,33	19 7/8
82	81	71	89	80	87	66	94	72	44,5	15,35	20 3/8
83	83	69	104	87	76	63	68	72	40	14,19	19 13/16
84	91	71	95	76	69	62	85	75	26,25	9,21	20
1885	91	72	80	61	62	62	92	72	30	10,81	19 1/2
86	95	69	78	55	91	62	66	71	26,25	10,81	17 1/16
87	91	63	80	59	87	64	71	72	25	10,89	16 1/8
88	93	65	84	56	78	61	72	73	25,5	10,94	16 3/8
89	104	69	95	74	85	61	66	64	25,5	10,94	16 3/8
1890	99	71	98	73	85	66	55	63	24	8,82	19 1/8
91	99	70	102	72	79	59	65	67	34,5	13,90	17 7/16
92	113	65	84	62	76	51	71	44	13,75	6,34	15 1/4
93	117	69	103	61	90	64	62	39	19	8,67	15 3/8
94	121	64	91	51	78	44	79	35	21	11,31	13 1/16

[1]) Prices and Wages in India 1900 S. 232.
[2]) App. 1898 S. 189. Durchschnitt berechnet. Fracht = Dampferfracht.
[3]) Stat. Abstract of the United States 1900 S. 428. (Zahlen für die Jahre 1873—1879 sind auch früher nicht angegeben.)
[4]) Nach dem Stat. Abstract for the Colonial and other Possessions of the United Kingdom berechnet.
[5]) Stat. Abstract of the United States 1900 S. 426.
[6]) Berechnet.

Nach der folgenden, der bereits erwähnten Schrift von Arndt entnommenen, aus dem indischen Blaubuch Prices and Wages in India 1896 entstammenden Übersicht, welche den Durchschnitt der Kalkuttaer Preise für eine noch größere Anzahl von Artikeln in dem Jahrfünft 1871—1875 mit dem Durchschnitt in dem Jahrfünft 1891—1895 unter Einstellung der betreffenden Indexziffern vergleicht, sind die Preise im Durchschnitt sogar (fast) vollkommen stabil geblieben.

	Durchschnitt 1871—1875	Durchschnitt 1891—1895
	(Indexziffern)	
Weizen	85	86
Reis	107	155
Baumwolle	97	90
Baumwollgarn	93	69
Baumwolltuch	93	73
Thee	102	70
Seide	90	80
Jute	117	147
Leinsaat	98	114
Rapssaat	96	96
Kupfer	91	77 { 79 / 75
Eisen	85	85
	1154	1142

Abgesehen von der Tatsache dieser relativen Stabilität der Preise in Indien im Gegensatz zu der Preisgestaltung in Europa, Amerika und Australien, überhaupt in den Goldwährungsländern muß auch zugegeben werden, daß die Ursache derselben, wenigstens zum großen Teil, das Bestehen der indischen Silberwährung war. Nicht richtig ist es aber, daß die Preise in Indien deshalb stabil geblieben bezw. weniger gefallen sind als in den Goldwährungsländern, weil die Silberwährung als solche, wie behauptet wird, eine besondere Stabilität besitzt. Der Grund liegt vielmehr darin, daß die Wirkung des Preisfalles in Europa teils (aber natürlich nur für Exportartikel!) durch das Sinken der Fracht[1]), teils durch das Sinken des Kurses kompensiert worden ist[2]), während für Europa eine derartige Kompen-

[1]) Vergl. die Tabelle S. 231 Sp. 10/11.

[2]) Vergl. auch Arndt a. a. O. S. 58 ff.

sation nicht in Frage kam und für Amerika und Australien nur das Sinken der Fracht kompensierend wirken konnte. Daß die Silberwährung an sich selbst nicht die Eigenschaft der Stabilität besitzt, wird für ganz Indien durch die Zahlen von Atkinson, Arndt, sowie ferner auch durch die hier mitgeteilten Preisziffern, wenn wir die Preisbewegung für jede einzelne Ware besonders ins Auge fassen, deutlich genug bewiesen. Zur Ergänzung mag aber hier noch speziell darauf hingewiesen werden, wie die Großhandelspreise für Jute und Reis in Kalkutta und auch für Leinsaat seit etwa 1882 sich gestaltet haben. In der Zeit von 1882 bis 1892 sind nämlich, wie die folgende Tabelle zeigt, die Preise von Jute und Reis in London bedeutend stabiler, und ist der Preis von Leinsaat mindestens ebenso stabil gewesen wie in Kalkutta. Die Großhandelspreise in Kalkutta sind aber für die Beurteilung der indischen Verhältnisse in erster Linie maßgebend, weil auf sie, wie bereits bemerkt, die lokalen Faktoren, wie z. B. die Veränderungen der Binnenfracht, weniger einwirken. Näher kann das hier nicht ausgeführt werden. Es mag nur noch die Bemerkung Platz finden, daß es eine totale Verkennung aller Währungsgrundsätze beweist, wenn man einer Währung als solcher, mag sie Silber- oder Goldwährung sein, eine besondere stabilisierende Kraft beilegt. Das Geld ist zwar etwas mehr als eine bloße Zählnummer („a mere counter"), aber der Umstand, ob es aus Silber oder aus Gold geprägt ist, kommt doch — abgesehen von der Bedeutung des Metalles als Basis des Vertrauens (das in Indien gegenüber dem Silber genau so groß war wie bei uns gegenüber dem Golde) und abgesehen von seinem Einfluß auf die Menge des Geldes (der im folgenden gewürdigt werden wird) — lediglich insofern in Betracht, als bei einer Verschiebung des Wertverhältnisses zwischen dem Silber und dem Golde auf dem Weltmarkte infolgedessen, daß in dem einen Lande eine Silberwährung, in dem anderen eine Goldwährung herrscht, die Bedingungen des Handelsverkehrs zwischen diesen Ländern sich verändern und daß dadurch Veränderungen der Preise in einem von beiden oder in beiden hervorgerufen werden.

Großhandelspreise indischer Exportartikel.

(Indexziffern.)

	Jute		Reis		Leinsaat	
	Kalkutta[1])	London[2])	Kalkutta	London	Kalkutta	London
						s. p. qu.
1882	87	79	123	74	81	44
1883	93	75	142	81	83	42
1884	98	71	140	77	91	43
1885	86	63	132	70	91	44
1886	101	61	139	66	95	42
1887	109	64	142	68	91	38
1888	126	70	154	71	93	39
1889	151	79	156	72	104	42
1890	122	70	143	72	99	43
1891	127	68	173	79	99	42
1892	153	79	191	77	113	39
1893	(154	68)	(150	62)	(117	42)

Wenn nun aber auch nicht behauptet werden kann, daß die indische Silberwährung als solche die besondere Eigenschaft der Stabilität besessen habe, so bleibt doch immerhin die Tatsache bestehen, daß Indien durch diese Silberwährung vor einem gleichen Preisfalle, wie er in den Goldwährungsländern stattfand, bewahrt worden ist, weil das durch den Rückgang des Silberpreises hervorgerufene Sinken des Kurses kompensierend wirkte. Es ist auch nicht zu leugnen, daß hierin ein großer Vorteil lag; denn es wurden die Produzenten der betreffenden Artikel vor einem entsprechenden Zurückgehen ihrer Einnahmen bewahrt und es entstand deshalb keine „Not der Landwirtschaft“, welche in Indien nicht in der einfachen Weise der Erhebung von Schutzzöllen hätte bekämpft werden können. Sollte in Zukunft noch einmal ein derartiger Preisfall auf dem Weltmarkte eintreten, so würde nunmehr auch Indien unter demselben zu leiden haben. Wäre eine Wiederkehr der Zeiten nach 1873 zu erwarten, so würde hiernach in der Aufhebung der offenen Silberwährung und in der Herstellung des festen Goldkurses der Rupie zweifellos ein Nachteil erblickt werden müssen.

[1]) Nach dem Stat. Abstr. for Brit. India. 1873 = 100.

[2]) Nach Sauerbeck. Durchschnitt 1867—1877 = 100. Leinsaat: Shilling per Quarter.

Nun liegt aber die Sache so, daß eine Wiederkehr der Zeiten nach 1873 nicht zu erwarten steht. Der damalige allgemeine Preisfall, und besonders der Preisfall der Bodenprodukte, hatte seinen Grund in der raschen Erschließung neuer großer Produktionsgebiete, welche die plötzliche Entwicklung des Eisenbahnbaues und der Dampfschiffahrt mit ihrer enormen Verbilligung der Transportkosten ermöglichte. Damals war überdies die Bevölkerung noch nicht so groß und stand der Lohn der arbeitenden Klassen noch niedriger, so daß die Nachfrage nur zu viel niedrigeren Preisen entsprechend ausgedehnt werden konnte. Das ist jetzt alles anders geworden und überdies stehen ja jetzt die Preise auf dem damals herbeigeführten viel niedrigeren Niveau. Deshalb wird ein ähnlicher Preisfall wie damals vermutlich nicht noch einmal eintreten. Die Wahrscheinlichkeit spricht dafür, daß sich die Preise, wenigstens die Preise der indischen Exportartikel, (im Durchschnitt) mehr auf dem jetzigen Stande halten oder doch nicht mehr stark zurückgehen. Jedenfalls sind seit der Aufhebung der indischen Silberwährung, also seit 1893, bis jetzt die Preise nur noch in den ersten Jahren zurückgegangen, nachher aber gestiegen, während sie zur Zeit wieder etwa den Stand von 1893 einnehmen.

Unter diesen Umständen muß die Aufhebung der indischen Silberwährung mit der Folge der Herstellung eines festen Goldkurses der Rupie als ein Vorteil für Indien erscheinen. Das Fortbestehen der Silberwährung in Indien würde jetzt nur zur Folge gehabt haben, daß die Preise in Indien, während sie in den Goldwährungsländern, wenn wir 1901 mit 1893 vergleichen, stabil blieben, unter dem Einfluß des rückgängigen Silberpreises und des deshalb rückgängigen Kurses nicht stabil geblieben, sondern stark gestiegen wären. Das ist ja tatsächlich jetzt in China und Japan geschehen. Es ist aber auch früher schon in Indien selbst geschehen, soweit die Preise in den Goldwährungsländern nicht oder doch nicht stark fielen, sondern annähernd stabil blieben. Letzteres wird für die Artikel Jute und Reis und später auch für Leinsaat durch die Ziffern der früheren Tabellen (S. 234 und S. 231) mit aller Deutlichkeit bewiesen. Die Aufhebung der offenen Silberwährung in Indien und die Herstellung eines festen Goldkurses der Rupie haben daher, weit davon entfernt, die Stabilität der indischen Preise zu beeinträchtigen, im Gegenteil stabilisierend gewirkt.

c. Kein Einfluß auf die Preise durch die Beseitigung einer früheren Inflation.

Es wird u. a. von Atkinson (a. a. O. S. 110/111, 122) behauptet: die Währungsreform habe auch dadurch auf die Preise in Indien eingewirkt, daß sie mit der Schließung der Münzen bezw. mit der Aufhebung der Prägungsfreiheit für Silber dem fortwährenden, teils absoluten, teils wenigstens relativen Steigen der Preise infolge der Inflation des indischen Geldumlaufs ein Ende gemacht habe. Derselben Ansicht wird in Deutschland z. B. Wernicke sein[1]), welcher das Steigen bezw. das weniger starke Fallen der indischen Preise zur Zeit der offenen Silberwährung ebenfalls zum großen Teil auf die damalige Vermehrung des Geldumlaufs zurückführt. Endlich ist nach dem Berichte der indischen Währungskommission von 1892/93 §§ 31. 32. 30 anzunehmen, daß auch diese Kommission die erwähnte Ansicht billigen würde. Hier liegt aber ein Irrtum zu Grunde. Ein Land mit offener Währung, welches durch den freien Handel mit Geld versorgt wird, kann nur vorübergehend so viel Geld im Umlauf haben, daß von einer Inflation gesprochen werden kann, und außerdem kann eine Inflation allein, wie nach dem Vorgange von Nasse[2]) wenigstens für Goldwährungsländer jetzt wohl allgemein anerkannt ist[3]), eine Steigerung der Preise nicht herbeiführen.

Wenn in Silberländern durch Währungsvorgänge veranlaßt die Preise in die Höhe getrieben werden, so geschieht das lediglich durch das Sinken des Kurses, welches selbst nicht durch die Vermehrung der Geldmenge, sondern anderweitig verursacht wird. Diese Behauptung ist freilich schwer zu beweisen. Bei einem Sinken des Kurses und infolgedessen muß sich nämlich fast gleichzeitig die Geld-

---

[1]) Indien und die Silberentwertung. Conrads Jahrbücher III Bd. 12 (1896) vergl. z. B. S. 417 ff., 439.

[2]) Vergl. Schoenbergs Handbuch IV. Aufl. S. 366.

[3]) Vergl. Lexis' Artikel Papiergeld im Handwörterbuch der Staatswissenschaften (1901); Helfferich Studien (1900) S. 254; auch die Schriften des Verfassers: Der indische Silberzoll 1895, S. 42 Anm. und Irrtümer etc. (1900) S. 67.

menge vermehren, weil das höhere Niveau der Preise einen größeren Umlaufsbedarf erfordert und deshalb mehr Geld heranzieht. Deshalb sind Ursache und Wirkung schwer zu unterscheiden. Die Sache liegt im wesentlichen folgendermaßen. Wenn das Silber auf dem Weltmarkte im Preise sinkt, so sinkt damit zugleich der Kurs der Valuta des Silberlandes. Infolgedessen steigen nun aber ohne weiteres die Preise der Export- und Importartikel in dem Silberlande, da für die ersteren die Verwertbarkeit im Austausch gegen inländisches Geld auf dem Wege des Exports vergrößert, für die letzteren die Beschaffung verteuert wird. Das geschieht infolge telegraphischer Übermittlung der Kurse viel eher, als etwa die gleichzeitig angekaufte Menge Silber das Silberland erreichen und hier zu Geld ausgeprägt eine Inflation hervorrufen könnte. Infolge dieser Erhöhung der Preise und der gleichzeitig eintretenden Stimulierung des Verkehrs muß nun aber der Bedarf an Umlaufsmitteln zur Effektuierung der Umsätze im Warenverkehr zunehmen, besonders dann, wenn, wie in allen Silberländern, das Abrechnungswesen noch wenig ausgebildet ist und Barzahlung vorherrscht. Das zur Deckung dieses Mehrbedarfs erforderliche Geld wird den Banken entzogen. Infolgedessen steigt der Diskont oder zeigt er wenigstens die Tendenz zu steigen, und das veranlaßt die Banken, die nun mehr Kapital zu lohnendem Zinsfuß unterbringen können, mehr Silber einzuführen, um ihre Geldmittel und damit ihre Fähigkeit, Kredite zu erteilen, also Kapital auszuleihen, zu vermehren, — ganz analog dem entsprechenden Vorgange in Goldwährungsländern. Das Steigen der Preise in den Silberländern ist also Ursache, nicht Folge. Näher kann das hier nicht ausgeführt werden.

Atkinson kommt denn auch bei seiner Inflationstheorie zu ganz unhaltbaren Behauptungen. Er ist gezwungen, zu erklären, wie es kam, daß Indien seinen Export noch vergrößerte, obwohl im Auslande die Preise fielen, während sie in Indien selbst unter dem Einflusse der Inflation, wie er meint, stiegen oder gleich blieben, und das veranlaßt ihn zu ganz seltsamen Äußerungen. U. a. meint er (S. 120 und 121), die zu starke Silberaufnahme Indiens und die dadurch herbeigeführte Steigerung der Preise der indischen Exportartikel in Indien im Zusammenhange mit der Notwendigkeit für Indien, zu exportieren, um die Home charges zu bezahlen, seien die Ursache für den Preisfall des Silbers auf dem Weltmarkte gewesen. Das heißt nichts anderes als: wenn Indien weniger Silber aufgenommen hätte, dann wäre — trotz der dadurch bewirkten Verringerung der Nachfrage (!) — der Preis des Silbers weniger gefallen! Es würde zu weit führen, hierauf näher einzugehen. Wir wollen nur noch kurz Atkinsons Inflationstheorie an seinen eigenen Zahlen prüfen.

Nach Atkinsons Berechnungen war die Geldmenge in Indien am größten im Jahre 1892, kurz vor der Schließung der indischen Münzen. Atkinson selbst (a. a. O. S. 145) schätzt die Menge für das Jahr 1892 auf 1680,6, für 1894 auf 1618,5, für 1895 auf 1649,1 Millionen Rupien. Diesem Verhältnis der Geldmenge entsprechend und übereinstimmend mit der Quantitätstheorie waren nun tatsächlich, wenigstens nach Atkinson (S. 139), auch die Preise in Indien im Jahre 1892 am höchsten, während sie 1894 niedriger und 1895 noch niedriger standen. Die Generalindexziffern der Atkinsonschen Tabelle für diese Jahre sind 148 bezw. 131 und 128. Das spricht anscheinend für Atkinson, — vorausgesetzt, daß seine Zahlen überhaupt richtig sind bezw. ein richtiges Bild geben[1]). Hierin liegt aber nur scheinbar ein Beweis; denn in Wirklichkeit ist die erwähnte Preisgestaltung ganz anders zu erklären. Das ergibt sich aus dem folgenden. Im Jahre 1892 waren die Korn-Preise in Indien, wie Atkinson (S. 99) selbst konstatiert, wegen Mangels an Regen und, wie in dem offiziellen Handelsberichte für 1892/93 S. 21 festgestellt ist, wegen schlechter Reisernte in Südindien und schlechter Weizenernte im Punjab besonders hoch. Die Kornpreise sind aber von maßgebendem Einfluß auf die Höhe der Generalindexziffer der Atkinsonschen Preistabelle, da sie mehr als die Hälfte aller berücksichtigten Preise bilden (52 von im ganzen 100 Warennummern, wovon, der Bedeutung entsprechend, Reis 30, Weizen 5). Es ist daher ohne weiteres ersichtlich, daß die Höhe der Kornpreise im Jahre 1892 das ganze Schlußresultat auf einen hohen Stand bringen mußte. Da nun aber der Stand der Kornpreise im

[1]) Vergl. darüber Arndt a. a. O. S. 64.

Jahre 1892 sich aus ganz anderen Ursachen erklärt als aus der Vermehrung der Geldmenge, so müssen diese Preise bei der Beweisführung für den Einfluß der Geldmenge natürlich außer Betracht bleiben. Lassen wir aber diese Kornpreise und die von Atkinson in die gleiche größere Kategorie gerechneten Preise von Zucker (4 Nummern), Gewürze und Butter „Ghee" (je eine Nummer) und Fleisch (2 Nummern) außer acht und fassen wir lediglich die übrigen, d. h. die Preise der Rohstoffe und Materialien (29 Nummern) und der Fabrikate (11 Nummern), ins Auge, so zeigt sich, daß die Preise nicht im Jahre 1892, zur Zeit der größten Geldmenge, sondern in den Jahren 1894 und 1895 (zur Zeit des niedrigsten Kurses!) am höchsten standen[1]. Die Preise dieser Artikel hätten aber doch auch von der Veränderung der Geldmenge beeinflußt werden müssen, wenn diese überhaupt einen Einfluß hatte! Der Umstand, daß sie nach 1892 trotz der Verminderung der Geldmenge nicht nur nicht zurückgingen, sondern noch erheblich stiegen, spricht zweifellos gegen die Theorie von dem maßgebendem Einflusse der Vermehrung und der Verminderung der Geldmenge. Dagegen stimmt derselbe mit der hier aufgestellten Behauptung, daß das Sinken des Kurses die Ursache der Preissteigerung gewesen sei, überein.

Die Atkinsonschen Zahlen lauten folgendermaßen:

	Zirkulation. Millionen Rupien	Kurs der Rupie	Allgemeines Preisniveau (100 Nr.)	Preise von 52 Getreidearten etc. u. von Zucker, Gewürzen, Fleisch (60 Nr.)	Preise von Rohstoffen (29 Nr.)	Preise von Fabrikaten (11 Nr.)
1892	1680,55	14,99	141	161	116	97
1894	1618,51	13,1	131	141	119	109
1895	1649,07	13,64	128	132	126	111

Noch ein weiterer Punkt! Atkinson stellt auch Monatsdurchschnittspreise für die Jahre 1891 bis Mitte 1896 zusammen und behauptet zu deren Erklärung, daß schon die Schließung der indischen Münzen sich in einem deutlichen Fallen der Preise bemerkbar gemacht habe, weil der Verkehr den als Folge der Kontraktion des Geldumlaufs nach der

[1]) Vergl. auch die Tabelle oben S. 230, 231.

Schließung der Münzen mit Notwendigkeit zu erwartenden Preisfall eskomptierte (S. 112). Seine Tabelle zeigt, daß die Preise im ganzen von 141 im ersten Quartal des Jahres 1893 schon im April auf 138, im Juli auf 137, im Dezember auf 133 zurückgegangen sind, während sie sich im Jahre 1894 zwischen 134 und 129, im Jahre 1895 zwischen 126 und 130 bewegten[1]). Der Preisfall im April 1893 kann nun auf die Eskomptierung der preisdrückenden Wirkung der Schließung der Münzen gewiß nicht zurückgeführt werden. Im April war ja in dieser Beziehung noch gar nichts entschieden! Selbst der Bericht der Währungskommission von 1892/93, der vom 31. Mai datiert ist, war noch nicht einmal abgefaßt. Der spätere Preisfall aber beweist ebenso wenig. Dieser Preisfall ist wiederum im wesentlichen auf den Rückgang der Kornpreise, der, wie schon konstatiert, nicht in der Veränderung der Geldmenge seinen Grund fand, zurückzuführen. Den schlechten Ernten des Jahres 1892 folgten nämlich in den Jahren 1893 und 1894 bei sehr reichlichen Regenfällen, wie Atkinson (S. 97) selbst konstatiert, gute Ernten und überdies sanken in Europa die Preise für Weizen und besonders für Reis beständig[2]). Aus beiden Gründen mußte der indische Preis zurückgehen, und da Reis, seiner Wichtigkeit als Nahrungsmittel entsprechend, 30, Weizen 5 von den 100 Indexnummern in der Atkinsonschen Tabelle einnimmt, so mußte dadurch wiederum das Gesamtresultat maßgebend beeinflußt werden. Die Preise der übrigen Artikel aber, wenigstens die Preise der Rohprodukte und der Fabrikate, sind, wie die oben angeführten Jahresziffern beweisen, nicht nur nicht zurückgegangen, wie es nach der Atkinsonschen Theorie der Fall sein müßte, sondern noch gestiegen!

[1]) Die Zahlen für die einzelnen Monate des Jahres 1893 lauten (Januar ff.): 141, 141, 141, 138, 139, 138, 137, 137, 138, 137, 136, 133 (a. a. O. S. 111).

[2]) Preise in London. Indexnummern nach Sauerbeck.

	(engl.) Weizen	Reis		(engl.) Weizen	Reis
1892	56	77	1894	41	58
1893	48	62	1895	42	55

6. Abschnitt: Der Einfluß auf die Löhne.

Nach der herrschenden Theorie muß die indische Währungsreform die Löhne in Indien in der Weise beeinflußt haben, daß sie auf dieselben, soweit sie in Geld bezahlt werden, der Steigerung des Rupienkurses entsprechend einen Druck ausübte, um sie dem höheren Werte der Rupie als des Wertmaßstabes anzupassen. Daß dieser Lohndruck zu einem Sinken des Lohnbetrages geführt hätte, ist nicht erforderlich; denn die Anpassung der Löhne vollzieht sich — speziell auch nach der herrschenden Theorie — langsam und es wäre möglich, daß die angeblich vorausgegangene Anpassung an den Wertrückgang der Rupie, deren Kurs im Jahre 1873 noch auf 22,35 d stand, da sie den Ereignissen nachhinkt, im Jahre 1893 erst so weit gediehen gewesen wäre, daß der Geldbetrag des Lohnes gerade einem Kurse von 16 d wie dem jetzigen entsprach, so daß die Anpassung an den Wert der Rupie gerade in dem Gleichbleiben der Löhne zum Ausdrucke kommen würde. Es wäre sogar möglich — und die herrschende Theorie muß das behaupten, um zu verhindern, daß die tatsächliche Gestaltung der Löhne in der Zeit von 1873 bis 1893 zum Gegenbeweis verwendet wird —, daß im Jahre 1893 erst die Anpassung an einen Kurs von etwa 17½ d vollzogen war. Die Löhne standen nämlich damals nach O'Conors Diagramm in App. 1898 S. 178a im Durchschnitt erst um 20% höher als im Jahre 1873. Deshalb muß die herrschende Theorie behaupten, daß damals erst eine Anpassung an einen Kurs oder Goldwert der Rupie vollzogen gewesen sei, der um 20% niedriger war als der Kurs des Jahres 1873 (22,35 d), und das würde ein Kurs von 17½ d sein. In diesem Falle würde sogar ein Steigen der Löhne im Verhältnis des Kursunterschiedes von 17½ d und 16 d mit den Behauptungen der herrschenden Theorie vereinbar sein. Bei dieser Sachlage ist aus der tatsächlichen Gestaltung der Geldlöhne natürlich weder ein Beweis noch ein Gegenbeweis gegen die herrschende Theorie zu erbringen.

In Wirklichkeit findet nun eine Anpassung des Geldbetrages der Löhne an den Goldwert der Rupie überhaupt nicht statt. Arndt (a. a. O. S. 66) sagt ganz richtig, daß diese Behauptung „auf einem ganz falschen Gedankengange“ beruhe und daß nur von einer Anpassung der Löhne an die Preise gesprochen werden könne, so daß der Reallohn derselbe bleibe. Diese Ansicht ist auch hier vertreten worden. Es ist ferner (S. 113) darauf aufmerksam gemacht, daß bei sinkendem Kurse eine Anpassung in der Regel nicht mehr erfordere, als daß der Geldbetrag des Lohnes etwa zu 60 % dem Kursfalle entsprechend erhöht werde, weil die Arbeiter keineswegs ausschließlich Exportartikel und Importartikel konsumieren, sondern auch noch viele andere Ausgaben haben, die bei einem Kursfalle gleich bleiben oder doch nicht entsprechend größer werden. Bei steigendem Kurse und sinkenden Preisen kommt, wie ebenfalls bereits ausgeführt, noch hinzu, daß ein Sinken der Löhne, wie es die Anpassung an die Preise erfordern würde, wenn nicht eine Steigerung unmittelbar vorhergegangen ist, weniger leicht eintritt, zumal dann, wenn die Veränderungen der Preise verhältnismässig so wenig bedeutend sind wie diejenigen, welche die Hebung des Rupienkurses auf 16 d in Indien hervorgebracht hat.

Im allgemeinen werden die Löhne sich wesentlich nur dann ändern, wenn die Konjunktur sich ändert und dadurch Angebot und Nachfrage nach Arbeitskräften beeinflußt werden. Eine Verbesserung der Konjunktur bringt eine Steigerung der Nachftage nach Arbeitskräften und in der Regel höhere Löhne, eine Verschlechterung der Konjunktur eine Abnahme der Nachfrage nach Arbeitskräften und niedrigere Löhne. Derartige Änderungen werden um so eher eintreten, wenn die Preise, speziell die Preise der Bedarfsartikel des Arbeiters, gestiegen bezw. gesunken sind.

Die indische Währungsreform kann hiernach eine Änderung der Löhne einerseits dadurch veranlaßt haben, daß sie durch ihre Einwirkung auf die Höhe und die Stabilität des Kurses eine Änderung der Konjunktur und damit eine Verschiebung von Angebot und Nachfrage nach Arbeitskräften herbeiführte, andererseits dadurch, daß sie (durch diese Beeinflussung des Kurses) auf die Preise der Bedarfsartikel des

Arbeiters einen Druck ausübte. In Wirklichkeit mußte die Erschwerung der Konkurrenzfähigkeit der indischen Produzenten gegenüber dem Auslande so lange, bis die Anpassung des allgemeinen Preisniveaus an die veränderten Verhältnisse (nicht an den höheren Goldwert der Rupie!), die Abschreibung des Werts der Produktionsanlagen etc. vollzogen war — zumal wenn eine zeitweilige Einschränkung des Betriebes stattfand — ungünstig, dagegen die Belebung des Handels, welche die Herstellung des stabilen Goldkurses für alle Zeit mit sich brachte, dauernd günstig wirken. Soweit die Löhne während der Übergangszeit nicht herabgedrückt worden sind, — ganz einerlei aus welchem Grunde das nicht geschah — hat überdies die relative Ermäßigung des Preisniveaus der Export- und Importartikel günstig gewirkt. Soweit Naturallöhne gezahlt werden, ist den Arbeitern der letztere Umstand jedoch nicht zu Gute gekommen. Soweit der Naturallohn in einem Anteil an der Ernte besteht, wie es in Indien so viel vorkommt, sind die betreffenden Arbeiter sogar noch geschädigt worden, weil das Preisniveau der Exportartikel und deren Surrogate relativ herabgedrückt worden ist und dadurch ihr Ernteanteil an Werth verloren hat. Das ist allerdings nur insoweit geschehen, als die Arbeiter den ihnen überlassenen Ernteanteil nicht selbst konsumieren, sondern verkaufen.

Wie die Geldlöhne sich in Wirklichkeit gestaltet haben, zeigt die folgende Tabelle.

(Tabelle auf Seite 244).

Hiernach haben sich die Löhne ganz verschieden bewegt. Die Löhne der gelernten und der ungelernten Arbeiter sind in je 11 Fällen gesunken, in 9 bezw. 8 Fällen gestiegen und in 3 bezw. 2 Fällen gleichgeblieben. In Calcutta sind die Löhne der gelernten Arbeiter gestiegen, in Bombay gleichgeblieben, in Madras gefallen. In Karachi sind die Löhne sämtlich gefallen, in Rangoon sämtlich gestiegen. Im Inneren zeigen Delhi für gelernte und ungelernte Arbeiter eine Steigerung, Jubbulpore und Meerut ein Sinken, während in Cawnpore der Lohn der gelernten Arbeiter gestiegen, derjenige der ungelernten gefallen ist. Auch das Maß des Steigens und Fallens ist ganz verschieden.

Löhne in Indien[1]).

Geldlöhne p. Monat in Rupien.

(Durchschnitt in der zweiten Jahreshälfte.)

Provinzen und Distrikte	Kräftige Landarbeiter Durchschnitt		Gelernte Arbeiter (Maurer, Zimmermann, Schmied) Durchschnitt	
	1891 u. 1892	1900 u. 1901	1891 u. 1892	1900 u. 1901
Bengalen				
Calcutta	—	—	15	18—20
Patna	4—5	4—5	7—8	6—7
Bombay				
Bombay	11	11	27,5—42	27,5—42
Ahmadabad . . .	6,75	6	18,75	13—25
Ahmadnagar . . .	7,5	4,7	21,5	15—30
Belgaum	6,58	6	16,54	14
Karachi	15,5	10—16	31,25	20—35
Madras				
Madras	—	—	14,4	13—16
Bellary	5,78	4,72	18,27	15—16,87
Salem	3,54	3,47	11,84	13,5—15,94
Nordwestprovinzen				
Cawnpore	3,75	3,56—5	8,72	9,35
Meerut	5,5	4,5	13,5	10,43
Oudh				
Fyzabad	6,59	6	16,54	14
Punjab				
Amritsar	7	8	14,5	15
Delhi	5,62	7,63	12,3	15,25
Ravalpindi	6	7	22,5	20,75
Zentralprovinzen				
Jubbulpore	4,25	3,5	12,5	12,31
Nagpur	4	5	15	15
Raipur	5,25	4	12	8—10
Backergany	6,75	10,25	13,75	14,75
Rangpur	6—7,5	8	15—30	15
Burma				
Rangoon	12	15	30—45	45
Toungoo	14,5	15	27,5	27,5

[1]) Nach dem Stat. Abstract 1900/01 S. 244/45.

Die Ursachen dieser Bewegung im einzelnen zu ergründen, kann hier nicht versucht werden. Soweit die Löhne gefallen sind, haben zweifellos die Mißernten der Jahre 1899 und 1900 und haben ferner die z. Zt. herrschenden Krisen in einzelnen Industrien, die zum Teil auf die Währungsreform, zum Teil auf andere Ursachen zurückzuführen sind[1]), hierzu beigetragen. Soweit sie gestiegen sind, wird der Grund vielfach in der natürlichen Ausdehnung des Verkehrs, zum Teil auch in der Herstellung neuer Eisenbahnverbindungen seinen Grund finden.

---

7. Abschnitt: **Folgen für den Silberimport.**

Ein wesentlicher Grund für die Vornahme der indischen Währungsreform war die Furcht vor einer Überschwemmung Indiens mit Silber. Man fürchtete, infolge der bevorstehenden Aufhebung der Shermanbill in Amerika und der Einstellung der durch diese angeordneten Käufe von jährlich 54 Mill. Unzen Silber würde Indien, das schon jetzt der „dumping ground" für alles sonst nicht verwertbare Silber sei, noch viel mehr Silber aufnehmen müssen. Nach der Ansicht des damaligen Finanzministers Sir David Barbour sollte die Zunahme (!) nicht weniger als 80 Mill. Rupien (zirka 27,5 Mill. Unzen) p. Jahr betragen[2]). Nun war aber die Silbereinfuhr schon in den letzten Jahren recht bedeutend gewesen. In der Zeit von 1885/86—1889/90 hatte sie netto im Durchschnitt einen Wert von 96,4 Mill., in den drei folgenden Jahren sogar einen Wert von 120 Mill. Rupien erreicht. Bei weiterer Zunahme um 80 Mill. Rupien p. Jahr schien einerseits eine starke Inflation des Geldumlaufs bevorzustehen; andererseits hielt man Indien insofern für benachteiligt, als der Wert

---

[1]) Vergl. unten S. 272 ff.

[2]) Vergl. über Barbour oben S. 41 Anm. 2. 285 1/3 Rupien = 100 Unzen Silber. (Bericht des amerikanischen Münzdirektors 1901 S. 26).

dieses Silbers, das Indien mit seiner Ausfuhr voll bezahlen mußte, auf dem Weltmarkte immer mehr zurückging[1]).

Diese Argumentationen beruhten zum Teil auf irrtümlichen Annahmen. Vor allem wird die Anziehungskraft der offenen Münzen für Silber, wie auch der Bericht der Kommission von 1892 in § 29 hervorhebt, in der Regel bedeutend überschätzt. Abgesehen von Ausnahmefällen, in denen besondere Momente zu großer Spekulation Veranlassung geben (wie in Indien in den Jahren 1890 und 1893) ziehen die offenen Münzen auf die Dauer keineswegs mehr Silber an, als die Deckung des monetären Bedarfs erfordert. Das gilt auch für den Fall, daß der Silberpreis sinkt. Ein Indiz für diese Behauptung liegt darin, daß der indische Silberimport (und zwar der Nettoimport auf Privatrechnung, der hier allein in Betracht kommen kann) zur Zeit der offenen Silberwährung stark variiert hat und keineswegs immer bei niedrigeren Preisen größer gewesen ist als bei höheren. Der größte Jahresimport (im Werte von 186,69 Mill. Rupien) und die größten Durchschnittsimporte einer vierjährigen Periode (135 Mill. Rupien) haben, wie die folgende Zusammenstellung zeigt, zu einer Zeit stattgefunden, als das Silber noch den Preis von zirka $61^1/_2$ d per Unze behauptete, nämlich in der Zeit von 1862/63—1865/66. In dieser Zeit fand zugleich der größte Import von Gold statt, ein Beweis, daß damals nicht etwa nur ein anormaler Austausch von Gold gegen Silber vorgenommen wurde. Später sind diese Ziffern nie wieder erreicht worden, — trotz dem Anwachsen der Produktion auf das Achtfache, trotz der Demonetisierung des Silbers in Europa (1878) und trotz dem Sinken des Preises, selbst nicht in den letzten Jahren vor der Schließung der Münzen, in denen der Import, wie bereits erwähnt, durch spekulative Käufe noch besonders gesteigert war.

[1]) Vergl. u. a. den Bericht der Kommission von 1892 § 32.

Netto-Import Indiens an Silber[1]) und Gold[1])[3])
(auf Privatrechnung)

	Netto-Import an Silber Mill. Rupien à 0,34375 Unze feines Silber	Silberpreis in London [2]) (Kalenderjahre 1856 ff.) d	Silber-Produktion der ganzen Welt [2]) 1000 Unzen fein (Kalender-jahre)	Netto-Import an Gold Mill. Rupien
1856/57	110,73	61 5/16		20,91
57/58	122,19	61 3/4		27,83
58/59	77,28	61 5/16	Durchschnitt	44,26
59/60	111,48	62 1/16	29055	42,84
1860/61	53,28	61 11/16		42,33
61/62	90,86	60 13/16		51,84
62/63	125,50	61 7/16		68,48
63/64	127,97	61 3/8	Durchschnitt	88,98
64/65	100,79	61 3/8	35402	98,40
1865/66	186,69	61 1/16		57,24
66/67	74,37	61 1/8		38,42
67/68	61,37	60 9/16		46,09
68/69	84,31	60 1/2	Durchschnitt	51,59
69/70	73,37	60 7/16	43052	55,92
1870/71	15,76	60 9/16		22,82
71/72	65,87	60 1/2	Durchschnitt	35,65
72/73	7,39	60 5/16	63317	25,43
73/74	25,3	59 3/16	63267	13,83
74/75	46,75	58 5/16	55301	18,74
1875/76	16,4	56 11/16	62262	15,45
76/77	72,86	53 1/8	67753	2,07
77/78	147,32	54 13/16	62680	4,68
78/79	40,57	52 5/8	73385	(—8,97)
79/80	79,76	51 1/4	74383	17,51
1880/81	39,24	52 1/4	74795	36,55
81/82	53,81	51 5/8	79021	48,44
82/83	75,41	51 13/16	86472	49,31
83/84	64,34	50 9/16	89175	54,63
84/85	73,2	50 11/16	81568	46,72
1885/86	116,27	48 9/16	91610	27,63
86/87	71,92	45 3/8	93297	21,77
87/88	93,19	44 11/16	96124	29,92
88/89	93,28	42 7/8	108828	28,14
89/90	110,02	42 11/16	120214	46,15
1890/91	142,11	47 3/4	126095	56,36
91/92	91,66	45 1/16	137171	24,14
92/93	128,93	39 3/4	153152	(—28,13)

[1]) Anmerkungen siehe S. 248.

Anmerkungen zu Tabelle S. 247.

¹) Die Nettoimportziffern sind nach den offiziellen Angaben in App. 1898 S. 136 eingestellt. Die Zahlen für Silber zeigen, besonders für die Jahre 1866/67, 1867/68, 1868/69, 1870/71, wesentliche Abweichungen von den Ziffern Soetbeers (Geld- und Münzwesen S. 119) und Helfferichs (Deutsche Geldreform II S. 57), weil Soetbeer und Helfferich auch den Import und den Export der Regierung eingerechnet haben.

²) Bericht des amerikanischen Münzdirektors 1901. Die erste Produktionsziffer stammt aus Conrads Volkswirtsch. Chronik 1901 S. 478.

³) Im Anschluß hieran mag bemerkt werden, daß der größte Teil des importierten Silbers gemünzt wurde, auch soweit eine industrielle Verwendung etc. stattfand. Letzteres erklärt sich daraus, daß die Eingeborenen Wert darauf legten, den Feingehalt des Silbers durch den Stempel der Regierung verifiziert zu sehen. Nach dem Bericht der Währungskommission von 1892/93 S. 57, 54 betrugen in Millionen Rupien

		der Import	die Prägung
1870/71—1874/75	(Jahresdurchschnitt)	30,63	29,31
75/76— 79/80	„	70,54	84,94
1880/81—1884/85	„	60,81	44,8
85/86— 89/90	„	96,35	83,11
1890/91		141,75	131,63
1891/92		90,22	55,54
1892/93		128,64	127,05
1870/71—1892/93	Jahresdurchschnitt	71,84	66,31
1875/76—1892/93	„	83,28	76,58

Es wird von Interesse sein, wenn wir hier noch feststellen, in welcher Form das geprägte (und zumeist importierte) Silber den Münzen eingeliefert wurde und woher das eingelieferte Barrensilber etc. kam. Hierüber findet sich in dem offiziellen Handelsbericht für 1891/92 S. 40 folgende Aufstellung:

	1890/91	1891/92		1890/91	1891/92
	Unzen			Unzen	
London silver	9 371 089½	7 798 554	Cake silver from local sources	1 391½	832
Australian silver	1 604 621	1 265 400	Old sicca rupees local sources	197 527½	—
American	4 538 335	5 108 886	B. I. Government clipped, cut etc. rupees	3 437½	3 000
Genoa	1 793 239	618 527	Nagpur coins	—	7 147½
San Francisco silver	48 662	158 518	Holkari	—	2 160
Paris silver	—	35 803½	Nadari	1 654	—
Bar silver (country not stated)	290 606	—	Persian	937½	—
Sycee silver (China)	5 205 912	3 888 421	Turkish	337½	—
Mexican dollars	3 914 695½	669 882	Kutch koris	292 983½	127 980
Mexican chopped dollars	7 945 581	3 973 112	Jam 'Shahi koris	1 185½	450
Roumanian 5-lei pieces	3 563 596½	—	Devan	3 100½	6 208
Peruvian dollars	49 687½	—	Rana	210	—
Japanese yens	2 006 217	—	Bhopal rupees	469 455	—
Argentine Republic coins	85 312½	105 375	Broach	6 542	5 865
Maria Theresia dollars	919 462	23 926	Baroda	2 156	1 239
Country silver and ornaments	269 069	263 619		42 587 004	24 064 905

Auch bei Fortdauer der offenen Silberwährung wäre Indien trotz der Aufhebung der Shermanbill und trotz dem Sinken des Preises nicht mit Silber „überschwemmt“ worden. Zu industriellen bezw. Schmuckzwecken hätte es nicht wesentlich mehr importiert als jetzt. Im übrigen aber hätte es trotz der Offenhaltung der Münzen nicht mehr aufzunehmen gehabt, als der Mehrbedarf zu Umlaufszwecken, der sich infolge der Steigerung der Preise durch das Sinken des Kurses ergeben hätte, und die Versorgung des Landes mit Kapital erfordert haben würden, oder besser, nicht mehr, als nach Befriedigung des gesteigerten Umlaufsbedarfs von den Banken bei der Krediterteilung zu lohnendem Zinsfuß als Kapital hätte verwertet werden können. Denn auch bei einer offenen Silberwährung und sinkendem Silberpreise ist der Regulator des Silberimports zu monetärer Verwendung der Zinsfuß bezw. der Diskont, ebenso wie das in Goldwährungsländern für den Import von Gold zutrifft. Innerhalb der durch die Kaufkraft gegebenen Grenze der Aufnahmefähigkeit konkurriert das Silber auch bei den Silberländern mit dem übrigen Importartikeln. Darüber, was von beiden als Äquivalent für den Export importiert wird, entscheiden in letzter Linie die Chancen der Verwertung. Für diese ist bei dem monetären Silberimport die Höhe des Diskonts maßgebend[1]), ebenso

[1]) Der Nachweis dieser Behauptung, die allerdings nicht in der herrschenden Meinung, wohl aber in der Geld- und Preistheorie von Tooke eine Bestätigung findet, wird an anderer Stelle geführt werden. Ist dieselbe richtig, so muß die allgemeine Annahme, daß Indien (netto) mehr Silber aufgenommen haben würde und daß deshalb der Preis des Silbers höher gewesen wäre, wenn nicht die indischen Councilbills als Rimessen für Indien mit dem Silber in Konkurrenz getreten wären (vergl. z. B. Helfferich, Deutsche Geldreform I S. 419. II S. 329 ff.), aufgegeben werden. M. E. liegt die Sache, wenn man von der momentanen Wirkung absieht und den Einfluß im ganzen betrachtet, gerade umgekehrt. Die Councilbills haben dazu beigetragen, die Nettoaufnahme an Silber seitens Indiens zu vergrößern und infolgedessen den Preis des Silbers auf dem Weltmarkte zu stützen.

Das seit Anfang der 60 er Jahre stark vergrößerte Angebot der Councilbills mußte nämlich einen Druck auf den Kurs ausüben und dadurch bewirken, daß die Waarenpreise in Indien stiegen oder weniger zurückgingen, als es sonst der Fall gewesen wäre. Das hatte zur Folge, daß der monetäre Bedarf an Silber in Indien zunahm bezw. weniger abnahm. Daraus mußte sich die Konsequenz ergeben, daß von Indien im ganzen mehr Silber importiert,

wie in Goldwährungsländern. Der Diskont aber richtet sich nach dem Bedarf an Kapital bei kurzfristiger Kreditgewährung und nach der Fähigkeit der Banken, auf Grund ihrer Geldreserven solchen Kredit zu gewähren.

Auch Japan (bis 1897) und die Straits Settlements haben nach 1893 keineswegs übermäßig große Mengen Silber und vor allem nicht dauernd entsprechend größere Mengen als früher aufgenommen, obwohl ihre Münzen dem Silber geöffnet waren, und obwohl der Silberpreis niedriger war als früher. Für Japan ergibt sich das aus den offiziellen Import- und Exportziffern, deren Saldi im folgenden zusammengestellt sind. Für die Straits Settlements läßt die Bewegung des Imports aus London, die hierunter zur Darstellung gebracht ist, darauf schließen. Sowohl bei Japan als auch bei den Straits finden wir den größten Import im Jahre 1892 bei einem Silberpreise von $39^3/_4$ d, während in den folgenden Jahren bei 25 % niedrigerem Silberpreise viel weniger

und daß deshalb der Preis des Silbers in London weniger gedrückt wurde, als es sonst der Fall gewesen wäre. Zeitweilig und vorübergehend mag dabei immerhin die Konkurrenz der Councilbills als Rimessen für Indien den (Brutto-)Import beeinträchtigt und einen Druck auf den Preis des Silbers ausgeübt haben.

Ein Beweis für die Behauptung, daß die Vermehrung der Councilbills zu einer Einschränkung des indischen Silberimports geführt habe, ist bisher nicht erbracht worden. Der auffällige Rückgang des Silberimports in der Zeit nach 1865/66, auf den in dieser Beziehung verwiesen wird, erklärt sich, wenigstens für die nächsten Jahre, wie hier besonders konstatiert werden mag, nicht aus der Zunahme der Councilbills. Dieser Rückgang trat ein bei gleichzeitiger Abnahme der Councilbills, denn in den vier Jahren des starken Silberimports von 1862/63—1865/66 war der Betrag der begebenen Councilbills durchschnittlich um 15 Mill. Rupien größer als in den folgenden vier Jahren, in denen der Silberimport schon stark abflaute. Für diese Zeit und vielleicht überhaupt dürfte der Grund für den Rückgang des Silberimports vor allem darin zu suchen sein, daß der Import an Waren zunahm. In Indien waren offenbar das Verständnis und die Vorliebe für europäische Artikel gewachsen und deshalb mögen manche Leute, die ihre Einnahmeüberschüsse früher in Silber anlegten, dazu übergegangen sein, an Stelle des Silbers europäische Artikel zu kaufen. Für die erste Zeit nach 1865/66 wird der Wertrückgang des Exports, welcher die Kaufkraft Indiens verminderte, als ein weiterer Grund anzusehen sein. Tatsächlich war der Import an Waren, wie sich aus den folgenden Tabellen ergibt, in der Zeit von 1867/68—1870/71 durchschnittlich um 78,9 Mill. Rupien größer als im Durchschnitt der Periode von 1862/63—1865/66, während der Import an Silber (auf Privatrechnung) um 76,54, der Export (an Waren) um 88, der

importiert wurde. Bei Japan ergibt sich sogar für die Jahre 1894 und 1895 ein Überschuß des Exports und die Straits haben von 1894 an durchschnittlich weniger als den vierten Teil des 1892er Imports aus London importiert.

Japans Import und Export an Silber[1])

(in amerikanischen Dollars).

	Netto-Import	Netto-Export	Silberpreis
1889	8 502 803	—	42 11/16 d
1890	—	11 250 562	47 3/4
1891	12 382 864	—	45 1/16
1892	21 303 034	—	39 3/4
1893	703 247	—	35 9/16
1894	—	4 604 286	28 15/16
1895	—	19 665 495	29 13/16
1896	19 322 443	—	30 13/16
1897	3 428 877	—	27 9/16
Summe 1872(!)—1897	83 128 447	60 944 300	

Betrag der Councilbills um etwa 13,8, der Import an Gold um 34 Mill. Rupien geringer waren. Es betrugen nämlich (unter Ausschluß des Imports und des Exports der Regierung) der

	Netto-Import an Silber	Import an Waren	Export an Waren	Netto-Import an Gold	Councilbills 1000 Lstrl.	Kurs d
	Millionen Rupien					
1862/63	125,5	226,32	478,6	68,48	6641,6	23,92
63/64	127,97	271,46	656,25	88,98	8979,5	23,908
64/65	100,79	281,51	680,27	98,40	6789,5	23,877
65/66	186,69	295,99	654,91	57,24	6998,9	23,836
Summe	540,95	1075,28	2470,03	313,10	29409,5	
Durchschn.	135,24	268,82	617,51	78,28	7352,4 (73,6 Mill. Rup.)	23,883
1867/68	61,37	357,06	508,74	46,09	4137,3	23,189
68/69	84,31	359,90	530,62	51,59	3705,7	23,197
69/70	73,37	329,28	524,71	55,92	6980,1	23,267
70/71	15,76	344,69	553,36	22,82	8443,5	20,495
Summe	234,81	1390,93	2117,43	176,42	23 266,6	
Durchschn.	58,7	347,73	529,36	44,11	5816,7	23,394
Periode 67/70 vergl. mit					(59,8 Mill. Rup.)	
1862/65	— 76,54	+ 78,91	— 88,15	— 34,17	— 13,8 Mill. R.	

(Nach App. 1898 S. 136. 134. 135. 139. Für 1866/67 sind Export und Import [wegen einer Änderung in der Zeitrechnung] nur für 11 Monate nachgewiesen. Deshalb ist dieses Jahr hier nicht berücksichtigt.)

[1]) Bericht des amerikanischen Münzdirektors 1901. S. 200, 138.

Verschiffung von Silber aus London nach den Straits Settlements
(in 1000 Unzen)[1].

1889	8749	1893	10057	1897	5948
90	4245	94	9456	98	3342
91	10886	95	5610	99	2323
92	21370	96	5958	1900	6326

Die gleiche Erscheinung zeigt sich, wie die folgende Tabelle beweist, bei China. Auch hier finden wir, wenn wir (in Ermanglung anderer Ziffern) die Summen des Netto-

Silberimport Chinas (inkl. Hongkong) aus London und aus Amerika.

Jahr	Import aus London[2]) 1000 Dollar	Fiscaljahr 1. Juli bis 30. Juni	Import aus Amerika[3]) Hongkong 1000 Dollars	Vertragshäfen 1000 Dollars	Import im ganzen[4]) (London u. Amerika) 1000 Dollars	1000 Unzen[5])	Silberpreis in London d
1889	2 732	1889/90	9391	670	12 793	13 681	42 11/16
90	1 005	90/91	4036	38	5 079	5 121	47 3/4
91	1 163	91/92	7169	109	8 441	8 559	45 1/16
92	— 39	92/93	8437	50	8 448	10 001	39 3/4
93	11 635	93/94	9038	164	20 837	30 385	35 9/16
94	13 280	94/95	4500	3950	21 730	34 233	28 15/16
1895	8 041	1895/96	4679	3536	16 256	24 530	29 13/16
96	3 241	96/97	3827	1832	8 900	13 050	30 13/16
97	2 668	97/98	6825	973	10 466	18 182	27 9/16
98	3 612	98/99	3571	990	8 173	13 829	26 15/16
99	6 629	99/00	5979	2230	14 838	24 580	27 7/16
1900	11 249	1900/01	7623	625	19 497	31 213	28 5/16

1) Nach dem Bericht des amerikanischen Münzdirektors 1901 berechnet.

2) Nach dem Bericht des amerikanischen Münzdirektors 1901 S. 24 unter Absetzung der im Stat. Abstract for the United Kingdom als aus China importiert angegebenen Mengen berechnet.

3) Nach dem Stat. Abstract of the United States 1896, S. 70. 1902 S. 94/95. Das zu Grunde liegende Finanzjahr endigt am 30. Juni.

4) Die Summe stimmt nicht ganz, da der Londoner Export für das Kalenderjahr mit dem amerikanischen Export für das Finanzjahr zusammengerechnet ist.

5) Berechnet auf Grund des amerikanischen Silberpreises für das Fiskaljahr, und zwar nach dem Durchschnittspreise in New-York, der in dem Berichte des amerikanischen Münzdirektors für das betr. Jahr angegeben ist (z. B. 1901 S. 22 unten letzte Spalte).

imports aus London und Amerika vergleichen, daß der größte Import nicht zur Zeit des niedrigsten Silberpreises stattgehabt hat, sondern zur Zeit des größten Bedarfs, nämlich in den Jahren 1894 und 1900, in denen wegen des japanischen bezw. wegen des europäischen Krieges besonders viel Silber (zu monetären Zwecken) gebraucht wurde. Näher kann das im Rahmen dieser Arbeit nicht verfolgt werden.

Daß auch in Indien selbst der monetäre Silberimport nicht übermäßig groß gewesen sein würde, wenn die Münzen im Jahre 1893 nicht geschlossen worden wären, wird man sich eher vorstellen können, wenn man abschätzt, wie viel Silber (über den Bedarf zu Hoardszwecken hinaus) die offenen Münzen in den letzten Jahren vor 1893 angezogen haben. Dafür gewinnt man einen Anhaltspunkt, wenn man den Silberimport Indiens in den letzten fünf Jahren vor der Schließung der Münzen mit dem Import in den ersten fünf Jahren nach der Schließung vergleicht, da in den ersteren ein monetärer Import stattfand, in den letzteren nicht. Das ist in der folgenden Tabelle geschehen. Darnach betrug der Mehrimport vor der Schließung der Münzen netto nicht mehr als 10,6 Mill. Unzen (zirka 30,3 Mill. Rupien) per Jahr. Hierbei ist freilich zu berücksichtigen, daß der Preis des Silbers auf dem Weltmarkte nach der Schließung der Münzen um 12—20 d niedriger war als vorher. Der hierin liegende Reiz zur Einfuhr mußte aber zum Teil dadurch kompensiert werden, daß in Indien im Jahre 1894 ein 5%iger Wertzoll auf Silber eingeführt wurde. Außerdem wurde der Import des Jahres 1896/97 durch die damalige Mißernte ungünstig beeinflußt. Abgesehen hiervon kommt in Betracht, daß der Import vor der Schließung der Münzen durch spekulative Käufe forciert worden war, so daß er während dieser Zeit größer war, als er unter normalen Umständen gewesen sein würde. Unter normalen Umständen würde daher der Unterschied vielleicht noch weniger als 10,6 Mill. Unzen per Jahr betragen haben! Ein etwas größeres Resultat würde sich ergeben, wenn wir die Jahre 1887/88 und 1899/1900 noch miteinrechnen würden, da der Nettoimport des Jahres 1899/1900 nur 18,6 Mill. Unzen betrug (obwohl im letzteren Jahre schon ein — allerdings nur geringer — monetärer

Import stattfand). Bei dieser Rechnung würde sich aber ein falsches Bild ergeben, da der Import des Jahres 1899/1900 durch die Folgen der damaligen Mißernte beeinträchtigt war, die sich um so stärker geltend machen mußten, als geringere Mißernten in den Jahren 1896/97 und 1897/98 voraufgegangen waren.

Indiens Netto-Import an Silber.

(Millionen Unzen).

	1888/89	1889/90	1890/91	1891/92	1892/93
Import	37,8	43,9	56,2	38,2	54,2
Export	5,4	5,3	4,6	5,8	8,7
Nettoimport	32,4	38,6	51,6	32,4	45,5

	1894/95	1895/96	1896/97	1897/98	1898/99
Import	32,6	34,1	37,5	68,5	49,2
Export	5,6	7,1	11,9	24,2	26,—
Nettoimport	27,—	27,—	25,9	44,3	23,2

	Summe des Nettoimports	Durchschnitt
1888/89—1892/93	200,5	40,1
1894/95—1898/99	147,4	29,5
Mehrimport in 1888/89—1892/93	53,1	10,6

Wie groß der Silberimport Indiens bei Fortdauer der offenen Silberwährung gewesen wäre, haben wir hier aber nicht näher zu ermitteln. Da wir uns auf den Vergleich des jetzigen Zustandes mit dem status quo beschränken, so kommt für uns nur in Frage, ob die Währungsreform bewirkt hat, daß der Silberimport im Vergleich mit der Zeit vor 1893 geringer geworden ist, oder nicht. In dieser Beziehung ist bereits festgestellt, daß sich in den ersten fünf Jahren ein Minderimport von durchschnittlich 10,6 Mill. Unzen p. Jahr ergeben hat und daß das Jahr 1899/1900 mit einem Nettoimport von 18,6 Mill. Unzen (unter dem Einfluß der damaligen Mißernte) einen noch größeren Rückgang aufweist. Später, in den Jahren 1900/01 und 1901/02, ist der Import wieder gestiegen (auf 49,4 bezw. 39 Mill. Unzen netto), obwohl die Mißernten der Jahre 1899 und 1900 hemmend wirken mußten. Der Grund liegt darin, daß nun wieder ein bedeutender monetärer Import stattfand, da die Regierung, wie wir früher (S. 17) gesehen haben, sich gezwungen sah, in diesen Jahren nicht weniger als 171,2 Mill. Rupien neu zu prägen.

Eine genaue Übersicht über den Nettoimport von Silber seit Beginn der Währungsreform unter Mitangabe des Bruttoimports und des Exports gibt die folgende Tabelle[1]).

Import und Export Indiens an Silber.

	1000 Unzen			1000 Rupien			Preis des Silbers
	Import	Export	Netto-Import	Import	Export	Netto-Import	Durchschn. des Kalend.-jahres
1893/94	60328	5099	54329	153147	15949	137198	35 9/16
1894/95	32638	5598	27040	78249	14957	63292	28 15/16
1895/96	34083	7065	27018	83387	17565	65822	29 13/16
1896/97	37520	11591	25929	85934	27374	58560	30 13/16
1897/98	68536	24251	44285	132494	47759	84735	27 9/16
1898/99	49227	26061	23165	90556	50748	39808	26 15/16
1899/1900	50664	32017	18646	95249[2])	59482	35767	27 7/16
1900/01	64747	15311	49435	126787[2])	31715	95072	28 5/16
1901/02	66727	27722	39005	122938[2])	51010	71928	27 3/16

In Zukunft dürfte in Anbetracht dessen, daß die Rupienprägung fortgesetzt werden muß, ein bedeutender Minderimport im Vergleich mit der Zeit vor 1892/93 sich nicht ergeben; denn es ist ja weder die Verwendung von Silber zu Hoardszwecken durch die Reform beeinträchtigt worden, noch hat sich der Bedarf an Rupien zu Umlaufszwecken gemindert. Allerdings ist nicht anzunehmen, daß die Regierung in jedem Jahre gezwungen sein wird, so viel Rupien zu prägen und zu diesem Zwecke so viel Silber zu erwerben wie etwa im Jahre 1900/01, als der monetäre Silberimport nicht weniger als 44 Mill. Unzen betrug, aber ein monetärer Import in der Höhe der für die ersten fünf Jahre nach 1893 berechneten Differenz von 10,6 Mill. Unzen, welcher hinreicht, um ungefähr 30 Mill. Rupien zu prägen,

[1]) Stat. Abstract rel. to Brit. India 1900/01 S. 162—165. Review of the Trade 1901/02 S. 33, Tables S. 106. 108.

[2]) Der Import der Regierung betrug dem Werte nach:

1899/1900	142 440	Rupien.
1900/01	80 865 170	„
1901/02	9 430 430	„

dürfte keineswegs außerhalb des Bereichs der Möglichkeit liegen. Die Prägung des Jahres 1901/02 hat trotz der großen Prägungen des Vorjahres mehr als 43 Mill. Rupien betragen und in den ersten 5 Monaten des Jahres 1901/02 sind (für indische Rechnung!) wahrscheinlich sogar 50 Mill. Rupien geprägt worden.

Bei dieser Sachlage kann von einer erheblichen Beschränkung des indischen Silberimports durch die Währungsreform nicht die Rede sein. Was in den ersten Jahren gespart wurde, ist durch den Mehrimport der Jahre 1900/01 und 1901/02 ungefähr wieder ausgeglichen worden, und in Zukunft wird sich kaum ein Minderimport ergeben.

Ist es hiernach nicht gelungen, den Import von Silber einzuschränken und durch diese Einschränkung eine Ersparnis für Indien herbeizuführen, so ist doch zweifellos eine Zunahme des Silberimports und damit eine Zunahme der Zahlungen Indiens für Silber verhütet worden, was in erster Linie beabsichtigt war. Wenn nämlich auch aus den früher erwähnten Gründen nicht zugegeben werden kann, daß Indien bei Fortdauer der offenen Silberwährung über seinen Bedarf hinaus mit Silber „überschwemmt" worden wäre, so ist doch ebenso sicher, daß mehr Silber als jetzt importiert wäre. Denn das weitere Sinken des Kurses bis auf etwa 10 d würde durch die Steigerung der Preise den Umlaufsbedarf und infolgedessen auch den Bedarf zu Zwecken der Krediterteilung gesteigert haben, und dieser Mehrbedarf hätte gedeckt werden müssen. Das ist durch die Währungsreform verhütet worden und damit ist Indien davor bewahrt geblieben, diesen Mehrimport mit seinem Export zu bezahlen.

Liegt hierin aber ein großer Vorteil? Diese Frage dürfte selbst dann nicht zu bejahen sein, wenn wir, dem Beispiel der indischen Währungskommission von 1892/93 und der indischen Regierung folgend, lediglich auf den Preis und den Tauschwert des Silbers sehen und lediglich in Betracht ziehen, daß Indien bei Fortdauer der offenen Silberwährung, wenigstens in den ersten Jahren nach 1893, das Silber mit seinem Export verhältnismäßig hoch hätte bezahlen müssen, während der Preis später zurückgegangen wäre. Denn ganz abgesehen davon, daß das Silber vielleicht bald genug auf den tiefsten Preisstand gesunken wäre, ist zu berücksichtigen, daß durch die Aufhebung der offenen Silberwährung in Indien direkt und (durch die Veranlassung anderer Länder zu gleichem Vorgehen) indirekt der Preis des Silbers stärker herabgedrückt worden ist, als es sonst geschehen wäre, und daß dadurch die schon vorhandenen enormen Silberschätze Indiens eine Mehrentwertung erfahren haben, welche die denkbar mögliche Ersparnis durch Minderimport weit übertrifft.

Von diesem Gesichtspunkte aus darf aber die Frage überhaupt nicht beurteilt werden. Die Entwertung des Silbers auf dem Weltmarkte kann gar nicht in Betracht kommen, da das monetäre Silber, welches die offenen Münzen angezogen haben würden, nicht zur Wiederveräußerung, sondern zum Gebrauch bestimmt gewesen wäre. Als Gebrauchsgegenstand hätte aber das importierte Silber seinen Zweck vollkommen erfüllt, und wäre ebensowenig „zu hoch" bezahlt worden wie irgend ein anderer Gegenstand des Imports, der zu einer Zeit importiert und mit Exportartikeln bezahlt wurde, als er noch hoch im Preise stand, und dessen Preis im Laufe der Zeit zurückgegangen ist.

Ist schon hiernach der indischen Regierung und der Währungskommission von 1892/93 (aus doppeltem Grunde) unrecht zu geben, so kommt nun noch hinzu, daß die Unterdrückung des monetären Silberimports durch die Schließung der Münzen Indien in den Jahren 1897 und 1898 großes Unglück gebracht hat. Denn diesem Umstande ist es zuzuschreiben, daß damals jene Geldknappheit und Geldkrise entstand, welche infolge der starken Kreditbeschränkung und der Steigerung des Zinsfußes bis auf 13 und 24 % so viele Existenzen ruinierte[1]). Diese Krise wäre bei offenen Münzen und unverändertem monetären Silberimport vermieden worden! Freilich wäre dann auch die „Kontraktion" des indischen Geldumlaufs nicht eingetreten, die nach der Ansicht der indischen Regierung nötig war, um den Kurs der Rupie auf 16 d zu heben. Das hätte aber nicht geschadet, denn durch die Kontraktion ist, wie schon früher (S. 57 ff.) bemerkt, die Hebung des Kurses nicht bewirkt worden.

---

[1]) Vergl. unten S. 275 ff.

8. Abschnitt: **Die Entwertung der Hoards.**

Einen bedeutenden Nachteil hat die Währungsreform dadurch gebracht, daß sie die Entwertung der großen indischen „Hoards" ermöglichte, soweit diese aus ungeprägtem Silber bestehen. Infolge der Loslösung der Rupie von dem Silber, welche mit der Schließung der indischen Münzen eintrat, sank natürlich nicht nur der Goldwert, sondern auch der Rupienwert des Silbers in Indien. Während der Preis desselben noch im Juni 1893 auf 106 R 4 A per 100 Tolas stand, betrug er im Mai 1898 bei einem Londoner Preise von 25½ d nur noch 70 R 10 A[1]), obwohl inzwischen ein fünfprozentiger Schutzzoll eingeführt war. Das ist ein Preisfall von 34 %! Um ebensoviel hatten sich schon damals die indischen Hoards, soweit sie aus ungeprägtem Silber bestehen, entwertet, und seit jener Zeit hat die Entwertung infolge des weiteren Sinkens des Silberpreises noch zugenommen. Hierin liegt aber ein sehr wesentlicher Nachteil. Die Indier haben bekanntlich eine große Vorliebe für Schmuck. Dieser Schmuck dient ihnen zugleich als Sparfonds. Sie betrachten ihn als eine Reserve für die Zeiten der Not, die ja in Indien bei der Häufigkeit von Mißernten infolge von Dürre leider oft genug wiederkehren. Die Ersparnisse werden, insbesondere auf dem Lande, zum Ankauf von Silber (früher ausschließlich von Rupien, weil diese Silber von garantierter Feinheit enthielten) verwendet, und dieses Silber wird dann von umherziehenden oder ansässigen Silberschmieden (gewöhnlich unter den Augen des Besitzers) zu groben Schmuckstücken, Arm- und Beinspangen etc., geformt. Treten Zeiten der Not ein, so wandern diese Schmuckstücke zum Pfandleiher, der darauf Geld giebt.

Bei derartigen Beleihungen erhielten die Besitzer früher, zur Zeit der offenen Silberwährung, sehr hohe Prozente, weil der Geldgeber das beliehene Silber, das ja meistens, da aus Rupien gewonnen, von Standardfeinheit war, bei der nächsten Münze gegen Bezahlung von 2 % Prägegebühr zu vollwertigem Gelde ausprägen lassen konnte. Das ist jetzt anders geworden. Nach der Schließung der Münzen muß

[1]) App. 1898, S. 147.

der Besitzer von Silber dasselbe auf offenem Markte verkaufen, ist also von Angebot und Nachfrage abhängig und erhält selbst im besten Falle, der Entwertung des Silbers gegenüber der Rupie in Indien entsprechend, nur einen um 35—40% geringeren Preis. Die Folge ist, daß der Pfandleiher den Silberschmuck um etwa 50% niedriger beleiht als früher. Welch' ein Verlust hieraus für den einzelnen und gerade für den kleinen Mann, der auf die Anlage seiner Ersparnisse in Silber angewiesen war, erwachsen ist, liegt auf der Hand. Für viele wird das der Konfiskation eines bedeutenden Teils ihres Vermögens gleichgekommen sein!

Wahrscheinlich sind aus diesem Grunde die Folgen der Mißernten in den letzten Jahren um so viel schlimmer, und ist die Zahl der aus öffentlichen Mitteln unterstützten Personen um so viel größer gewesen. Bei der letzten schweren Hungersnot vor 1893, die im Jahre 1877 stattfand, wurde in 3 Jahren Silber im Werte von nicht weniger als 45 Mill. Rupien zur Münze gebracht[1]), und noch viel mehr werden damals die Pfandleiher behalten und später wieder zurückgegeben oder verkauft haben. Daraus ergiebt sich, wie viel Geld damals unter Verpfändung von Silberschmuck angeliehen worden ist. Wenn nun jetzt wegen der Entwertung nur halb so viel Geld als früher auf diese Weise beschafft werden konnte, so folgt daraus, daß um den Betrag der Differenz entweder die Not größer gewesen ist oder die Unterstützungen der Regierung haben erhöht werden müssen.

Nun ist freilich von der stattgehabten Entwertung derjenige Prozentsatz des gehoardeten Silbers nicht ergriffen worden, welcher in Münzen, d. h. in Rupienstücken etc., bestand, und dieser Teil soll ziemlich beträchtlich sein. Indessen, auch wenn wir diesen Teil abrechnen, bleibt doch noch ein großer Verlust übrig.

Wie groß, in Geld berechnet, der Verlust ist, welcher den Indiern durch die Entwertung der Hoards (soweit sie in ungeprägtem Silber bestanden) erwachsen ist, läßt sich sehr schwer schätzen. Nach offiziellen Schätzungen soll sich der Wert des vorhandenen ungeprägten Silbers auf 130 Mill. Lstrl., also zirka 2 Milliarden Rupien, nach anderen Angaben

[1]) Bericht 1893 § 106, vergl. App. 1893 S. 271.

auf 3 Milliarden Rupien, nach dem Gutachten eines hervorragenden (eingeborenen) indischen Bankiers „wahrscheinlich“ auf annähernd 10 Milliarden Rupien belaufen. Legen wir die Ziffer von 3 Milliarden, die im Jahre 1898 angegeben wurde, zu Grunde und berücksichtigen wir, daß in der Zeit von Mitte 1893 bis 1898 nur ein ganz kleiner Teil dieser Menge importiert worden ist, so beträgt der Verlust bei einem Preisrückgange von 106 1/4 auf 70 5/8 Rupien p. T. nicht weniger als zirka 1000 Mill. Rupien! Es wäre aber unrichtig, den Verlust nur in Geld zu schätzen. Das ist sicherlich nicht der richtige Maßstab, wenn dem kleinen Manne vielleicht der dritte Teil seines ganzen Vermögens verloren geht. Immerhin giebt aber die Geldschätzung einen gewissen Begriff von dem Umfange des ganzen Verlustes.

Die Tatsache der Entstehung dieses Verlustes war von um so ernsterer Bedeutung, weil derselbe die Folge einer Maßnahme der Regierung war. Die Indier haben das glücklicherweise nicht recht erfaßt, aber wenn sie zu der Erkenntnis gekommen wären, daß nicht ein unglücklicher Zufall oder ein „böser Zauberer“, wie sie annahmen, sondern die Regierung durch ihre Münzpolitik sie eines so großen Teils ihres Vermögens beraubt hätte, dann hätten sich leicht politische Verwicklungen ergeben können, welche die ohnehin nicht allzugroße Sicherheit des englischen Besitzes in Indien bedenklich erschüttert haben würden. Diese Gefahr ist glücklich vorübergegangen. Jetzt kommt daher dieser Umstand nicht mehr in Frage[1]).

---

9. Abschnitt: **Übersicht über die jetzige wirtschaftliche Lage.**

Im Allgemeinen zeigt die wirtschaftliche Entwicklung Indiens im Vergleich mit der Zeit vor Beginn der Währungsreform einen erfreulichen Fortschritt.

---

[1]) Interessante Bemerkungen über die Sitte des Hoarding und deren Ursprung finden sich im Engl. Bimetallist 1898 S. 154. Vergl. ferner Prot. 1898 z. B. §§ 6919, 6936, 5837 ff. Jetzt wird schon mehr Geld bei den Sparbanken eingezahlt. Die Reichen, insbesondere die Fürsten, kaufen auch indische Staatsanleihe. Bei der Konvertierung der Rupienanleihe im Jahre 1895 stellte sich heraus, daß 27 % des ganzen Betrages = 950 Mill. Rupien im Besitze von Eingeborenen gewesen waren. Return 1895/96, S. 118/19.

Die bestellte landwirtschaftliche Fläche ist von 187,75 bezw. 195,92 Mill. acres in den Jahren 1891 und 1892 auf 198,3 Mill. im Jahre 1900 gestiegen (wovon 30,056 Mill. (statt 27,2 bezw. 26,8) künstlich bewässert werden). Diese Zahlen bedürfen allerdings eines näheren Kommentars, der vielleicht ihre Bedeutung einschränkt. Es steht nämlich jetzt eine um 16 Mill. acres größere Fläche unter amtlicher Überwachung und hat der Umfang des kulturfähigen, aber nicht bebauten Landes von 89,99 bezw. 99,31 auf 104,46 bezw. 106,4 acres zugenommen, während der Umfang des nicht kulturfähigen Landes („not available for cultivation") um volle 27 bezw. 23 Mill. (also um mehr, als durch die Ausdehnung der Bewässerung erklärlich wäre!) abgenommen hat.

Der Anbau vieler Feldfrüchte ist ausgedehnt, der Anbau anderer allerdings eingeschränkt worden. Die mit den einzelnen Fruchtarten bestellte Fläche betrug (nach dem Stat. Abstract 1900/01 S. 118/19) in Millionen acres:

	1892/93	1900/01
Korn aller Art	180,17	182,83
darunter:		
Reis	65,74	70,09
Weizen	21,48	20,16
Gemüse etc.	6,54	6,54
Zucker	2,86	2,71
Kaffee	0,12	0,13
Thee	0,36	0,50
Ölsaaten	13,55	12,96
Baumwolle	8,94	9,61 [1])
Jute	2,18	2,12
Andere Spinnstoffe	0,62	0,51
Indigo	1,32	0,98
Opium	0,56	0,63
Taback	1,15	1,01
Futtergewächse	2,11	3,02

Diese Übersicht gibt aber kein ganz zuverlässiges Bild, teils weil die amtlich aufgenommene Fläche jetzt größer ist,

[1]) Nach einer in der Zeitschrift Cotton (vom 18. Januar 1902) in Bezug genommenen Publikation des India Office (III General Memorandum of the cotton crop of 1901/02) betrug die mit Baumwolle bestellte Fläche in ganz Indien — die Eingeborenenstaaten eingeschlossen — in den Jahren 1900/01 bezw. 1901/02 13,87 bezw. 13,32 Mill. acres, die Ernte 1,32 bezw. 1,36 Mill. Ballen à 400 lbs.

teils weil das Jahr 1900 unter den Folgen der Mißernte von 1899 litt, welche einen größeren oder geringeren Teil der Bevölkerung der Mittel zur Feldbestellung beraubte.

Wie groß die Ernten waren, und welcher Teil der Ernte im Inlande konsumiert, welcher exportiert wird, sowie ferner, wie groß der Import an Produkten gleicher Art nach Abzug der Durchfuhr („Netto-Import“) ist, zeigt die Zusammenstellung auf Seite 263.

Die mineralische Produktion betrug:

	1892	1900	1901
		(Tausend Mengeneinheiten)	
Kohlen [1]) (tons) . .	2999,5	5 475,7	6 038,1
Eisenerz „ . . .	23,2	60,2	?
Salz „ . . .	853,9	1 004,7	1 102,2
Salpeter „ . . .	231,8	230,5	250, (zirka)[2])
Petroleum (Gallonen)	8474,8	37 729,2	50 075,1
Gold (Unzen) . . .	160,45	493,34	504,35 [3])

In der wichtigsten Industrie des Landes, der Baumwollindustrie, wurden in den Jahren 1898/99 ff. produziert:

	1898/99 [4])	1899/1900 [4])	1900/01 [4])	1901/02 [5])
Garn:		(Millionen Pfund)		
im ganzen . .	502,69	501,3	342,77	572,94
No. 1—20 . .	441,28	439,22	272,77	?
über No. 20 .	61,35	62,07	70	?
Gewebe:				
im ganzen . .	98,66	95,32	95,84	119,65
grau	87,65	82,03	79,58	?
andere . . .	11,01	13,29	16,26	?

[1]) Im Jahre 1900 gab es 286 Kohlenminen (271 davon in Bengalen) mit 89000 Arbeitern (wovon 25000 Frauen und 3800 Kinder).

[2]) Die Produktionsziffern für Salpeter (die für die Jahre 1892 und 1900 dem Stat. Abstr. 1900/01 entstammen) sind offenbar zu niedrig, da der Export seit Jahren viel größer ist, ohne daß ein (erheblicher) Import stattfindet. Das konstatiert auch der neueste Bericht des indischen Statistischen Amts über die Montanproduktion nach dem Österr. Handelsmuseum vom 23. Oktober 1902 S. 524. Vergl. unten S. 266.

[3]) Im Jahre 1902 sind nach dem Mining Journal (London 31. Jan. 1903) 514291 Unzen Gold produziert worden.

[4]) Stat. Abstr. 1900/01 S. 263. In dem Handelsberichte über das Jahr 1900/01 S. 30 sind für die (dort allein verzeichnete) Gesamtproduktion etwas größere Zahlen angegeben. Die Differenzen betragen 2—3 %. Für das Jahr 1901/02 fehlen die betr. Ziffern.

[5]) Review of the Trade of India 1901/02 S. 30. Diese Zahlen sind mit den früheren nicht ganz vergleichbar. cf. Anm. 4.

Produktion und Export indischer Bodenprodukte[1])[2]).

(Tausend Cwts.)

	1892/92				1898/99				1899/1900				1900/01			
	Produktion	Export indischer Produkte	Verhältnis des Exports zur Produktion	Netto-Import	Produktion	Export indischer Produkte	Verhältnis des Exports zur Produktion	Netto-Import	Produktion	Export indischer Produkte	Verhältnis des Exports zur Produktion	Netto-Import	Produktion	Export indischer Produkte	Verhältnis des Exports zur Produktion	Netto-Import
			%				%				%				%	
Reis . .	420283	27938	6,5	15,1	505640	37942	7,5	8,8	451553	32271	7,1	308	413507	31343	7,5	95
Weizen .	140512	14973	10,7	102,5	124599	19520	15,7	—	97964	10262	10,5	324	135314	50	0,04	559,4
Kaffee . .	304	297	97,7	11,3	212	270	127,3	9,2	158	281	177,9	2,74	193	246	127,4	5,79
Thee . .	1089	1025	94,1	53,8	1406	1406	100	11,8	1623	1563	96,3	16,5	1763	1699	96,3	27,3
Baumwolle	7364	4789	65	107,5	8630	5411	62,7	36,9	2713	4373	161,2	189	7597	3576	47,7	223,9
Jute . . .	20419	10538	51,1	—	14692	9865	67,1	—	17857	9725	54,5	—	22848	12415	54,3	—
Leinsaat .	9798	7818	79,8	3,1	6732	8827	131	5,7	4124	7293	176,7	5,2	4940	5060	102,4	9,2
Rapssaat .	12446	2802	22,5	17,2	11254	4789	42,5	0,57	8959	3409	38,1	0,8	12513	1727	13,8	2,5
Sesam . .	3983	2555	64,1	104,8	6098	3070	47,3	32,7	3735	2470	66,1	4,3	6657	1844	27,7	51,7
Indigo .	179	127	70,9	1	139	135	97,1	—	112	111	99,1	—	148	102	68,9	—

[1]) Stat. Abstract 1900/01 S. 118 bezw. Tables of the Trade of British India 1892/93 und 1900/01. Die Export- und Importziffern im Stat. Abstract stimmen mit den hier eingestellten Ziffern der Tables nicht überein, weil sie auch die Durchfuhr enthalten.

[2]) In einzelnen Fällen übersteigt der Export (des indischen Produkts) das Ergebnis der Jahresproduktion, so bei Kaffee 1899/1900 ff., bei Baumwolle 1899/1900, bei Leinsaat 1899/1900 und 1900/01. In diesen Fällen werden entweder Bestände aus früheren Jahren mitexportiert sein oder es wird (wie offenbar beim Kaffee) eine zu niedrige Schätzung des Ernteergebnisses vorliegen. Vergl. S. 262 Anm. 2.

Die Anzahl der Fabriken in der Baumwoll- und in der Juteindustrie hat, wie folgt, zugenommen:

Baumwollspinnereien und Webereien[1]).

	1892/93	1898/99	1899/1900	1900/01[2])[3])
Anzahl der Fabriken	130	175	186	190
Kapital (Mill. Rupien)	116,4	149,9	156,97	165,3
Spindeln	3378303	4455038	4729570	4932602
Webstühle	26317	37288	38520	40542
Arbeiter	120898	155810	162971	156039

Jutespinnereien und Webereien[4]).

	1892/93	1898/99	1899/1900	1900/01
Anzahl der Fabriken	25	32	33	35
Kapital (Mill. Rupien)	34,34	49,55	51,9	54,05
Spindeln	177732	277398	293218	315264
Webstühle	8479	13323	14021	15242
Arbeiter	65585	94225	101630	110462

Die Anzahl und das Kapital (in Millionen Rupien) der in den übrigen Industriezweigen bestehenden Fabriken zeigt folgende Übersicht[5]):

[1]) 138 Fabriken mit 72 % aller Spindeln befinden sich in der Präsidentschaft Bombay, 84 in der Stadt Bombay.

[2]) Von diesen standen im Jahre 1900 16 Fabriken mit 242000 Spindeln und 690 Stühlen still.

[3]) Der Verbrauch an Rohbaumwolle betrug nach dem Handelsberichte für 1899/1900 S. 25:

1898	1899	
1481328	1675190	Ballen à 400 lbs.

[4]) Mit Ausnahme einer Fabrik in Cawnpore haben diese Fabriken ihren Sitz in Bengalen, zumeist in nächster Nähe von Kalkutta.

[5]) Stat. Abstr. f. India 1900/01 S. 264 und Moral and Material Progress and Condition of India 1900/01.

	1892	1899	1900
Wollfabriken	5	4	4
Kapital (Mill. R.)	2,95	4,45	4,45
Arbeiter	?	?	2874
Papierfabriken	8	8	8
Kapital	4,92	7,022	7,022
Arbeiter	?	?	4871
Fabriken für die Reinigung und Herrichtung für Baumwolle . .	451	778	813
Kapital	22,7	55,9	?
Getreidemühlen	56	87	101
Reismühlen	58	256	299
Ölmühlen	86	208	212
Jutepressen	37	145	168
Indigofaktoreien	6510	5077	5145
Holzsägemühlen etc.	69	94	106
Brauereien	21	28	28
Zuckerfabriken	271	193	203
Seidenspinnereien	73	67	66
Eisen- und Kupfer-Gießereien etc.	72	128	124
Lackfabriken	?	151	?
Gerbereien	?	147	?
Taback- und Zigarren-Fabriken .	?	24	?

Das Produktionsergebnis dieser Fabriken betrug nach Menge bezw. Wert:

	1892	1899
	(Tausend)	
Wollwebereien (Pfund)	1853	2513
Papierfabriken „	26452	44428
Brauereien (Gallonen à 4,543 l) .	4821	5570
Getreidemühlen (Rupien)	10820	23916
Reismühlen „	94174	106178
Ölmühlen „	7685	14916
Indigofaktoreien „	34187	15962
Sägemühlen „	12583	20119
Zuckerfabriken „	4403	4655
Seidenspinnereien „	4787	5417
Eisen- und Kupfer-Gießereien „	5273	10575

In welchem Verhältnis zu dieser Produktion der Export der wichtigeren Industrieerzeugnisse und der Netto-Import[1]) von Waren gleicher Gattung stehen, zeigt für das Jahr 1899/1900 die folgende Tabelle[2]).

	Produktion	Export		Netto-Import[1])
	Tausend			
Kohlen und Koks . . . (tons)	4 367		304,7	412
Salz . . . . „	920		—	416,6
Salpeter . . . . . (Zentner)	224[3])		397[3])	—
Petroleum . . . . (Gallonen)	32 934		1 302	70 144
Baumwollgarn . . . (Pfund)	501 295		240 693	40 713
Baumwollstoffe . . . „	95 320		?	?
„ . . . (Yards)	?		69 556[4])	2 123 841[4])
Jutesäcke . . . . . (Stück)	?		168 324	3 805
Jutegewebe . . . . (Yards)	?		307 021	1 002[5])
Wollene Gewebe . . (Pfund)	2 513	Pfund	1 735	2 305
		Yards	6,7	14 064
(Wert in Rupien)		Stücke	9,4	1 502
Seidenfabrikate „				
seidene Stoffe „	5 417		1 140	6 188
halbseidene Gewebe „			147	2 685
Weizenmehl „	23 926		3 849	139
Reismehl „			8,8	?
Zucker „				
raffiniert „	4 655		412,6	31 901
unraffiniert „			2 961,6	1 431
Öle (vegetabilische) „	14 916		6 561	1 968
Papier . . . . . . (Pfund)	44 428		—	22 624[6])
Bier . . . . . . (Gallonen)	5 570		—	3 205[7])

Über den Außenhandel ist schon früher (S. 205 ff.) das Erforderliche gesagt worden. Die Ausdehnung des Binnenhandels ist schwer zu schätzen. O'Conor schätzte seinen Umfang für 1897 auf 22 Mill. Tonnen[8]), wovon 9 Mill. auf

[1]) Hierunter ist auch an dieser Stelle der Import mit Ausnahme der Durchfuhr verstanden.

[2]) Die Export- und Importziffern entstammen den Tables of the Trade of Brit. India 1899/1900. Die Zahlen des Statistical Abstract stimmen hiermit nicht überein, weil diese auch die Durchfuhr enthalten.

[3]) Vergl. oben S. 262 Anm. 2.

[4]) Piece goods.

[5]) inkl. Packleinwand.

[6]) Papier und Pappe.

[7]) inkl. Apfelwein.

[8]) Prot. 1898 § 1381.

den Eisenbahnen und Flüssen, 12¾ Mill. durch die Küstenschiffahrt befördert sein sollten. Der auf den Landstraßen ohne Berührung der angegebenen Transportwege sich vollziehende Verkehr ist hierin offenbar nicht mit einbegriffen. Nach der Schätzung des Großkaufmanns Ralli (Prot. 1898 § 6336) ist der Binnenhandel 20 mal so groß wie der Außenhandel.

Der Gütertransport auf den Eisenbahnen ist (zugleich mit der Ausdehnung der Eisenbahnen) bedeutend gestiegen. Derselbe betrug in Tausend Tonnen verglichen mit der Länge der Eisenbahnen

	1892	1900	1901
(Gütertransport)	26334	43739	44142
(Eisenbahnen engl. Meilen)	17894	24760	25373

Der Eisenbahnbau hat, wie sich schon aus der Angabe der Meilenlänge ergibt, große Fortschritte gemacht, obwohl das private Kapital sich diesem Unternehmungszweige bisher nur in geringem Maße zugewendet hat. Von den im Jahre 1901 im Betriebe befindlichen Bahnen von 25373 englischen Meilen Länge, von denen übrigens 3047 Meilen in Eingeborenenstaaten liegen, gehören dem indischen Staate 19317 Meilen (deren Betrieb aber bis auf 5257 Meilen Privatgesellschaften überlassen ist). Gebaut sind seitens des Staates in den letzten 10 Jahren zirka 800 englische Meilen jährlich[1]). Der Betrieb hat erst in den letzten Jahren Überschüsse ergeben (wenn man die Zinsen des Anlagekapitals von im ganzen 3401,6 Mill. Rupien zu den Kosten rechnet). Diese Überschüsse betrugen in Lstrl.

1899/1900	1900/01	1901/02
76756	325124	817700

Das Jahr 1898/1899 hatte noch ein Minus von 620165 Lstrl. aufgewiesen[2])[3]).

---

[1]) Ob in Zukunft der gleiche Fortschritt gemacht werden wird, ist nach dem Budgetbericht für 1902/03 S. 17 zweifelhaft, weil die Erhaltung und die Verbesserung der vorhandenen Linien bedeutende Aufwendungen erfordern.

[2]) Fin. Stat. 1902/03 S. 6.

[3]) Die durchschnittliche Frachtrate ist von 6,69 Pies p. maund à 82²/₇ engl. Pfund p. engl. Meile im Jahre 1892 auf 5,78 Pies im Jahre 1901, also zirka 15 % herabgesetzt worden (1 Rupie = 192 Pies).

Das im Bankgeschäft, Versicherungsgeschäft, in der Schiffahrt, Eisenbahnen und Trambahnen, sowie im Handel und in der Produktion angelegte Aktienkapital hat, wie folgt, zugenommen[1]).

Aktiengesellschaften in Indien:

	1892/93		1899/1900		1900/01	
	Anzahl	Kapital 1000 Rupien	Anzahl	Kapital 1000 Rupien	Anzahl	Kapital 1000 Rupien
Banken	256	37 498	407	45 740	340	45 158
Versicherungs-Gesellschaften	8	793	43	1 687	33	1 686
Schiffahrts-Gesellschaften	7	8 739	9	2 625	9	2 626
Eisenbahnen und Trambahnen	10	9 796	18	22 846	18	31 670
Sonstige Handels-Gesellschaften	157	19 944	252	33 013	253	35 364
Theeproduktions-Gesellschaften	142	36 369	129	32 538	135	33 213
Andere Pflanzer-Gesellschaften	15	1 340	19	2 036	16	1 370
Kohlenbergwerke	14	6 479	34	13 295	34	14 001
Baumwollspinnereien	59	49 650	67	56 540	66	58 695
Jutefabriken	12	12 095	21	28 795	21	30 328
Andere	276	85 229	341	115 272	351	116 518
im ganzen	956	267 932	1340	354 388	1366	370 630

Diesem Bilde des allgemeinen Fortschritts in der Produktion entspricht nicht ganz eine Zunahme der Prosperität. Die Landwirtschaft hat gerade in den letzten Jahren, freilich speziell unter den Mißernten von 1899 und 1900, stark gelitten. Die Industrie befindet sich allerdings zum Teil in blühendem Zustande, so vor allem die Juteindustrie, der Kohlenbergbau und die Petroleumindustrie. Dagegen herrscht eine bedenkliche Krise in der Baumwollindustrie, der Theeproduktion, der Indigoproduktion, und außerdem sollen sich auch die Papierfabriken, die Getreide- und die Ölmühlen nicht in günstiger Lage befinden[2]). Die Baumwollindustrie leidet jedoch nur insoweit, als sie für den Export arbeitet, und vor allem sind diejenigen Fabriken im Nachteil, welche ihren Agenten die hohe Kommission von $^1/_4$ Anna p. Pfund Garn (d. s. zirka 10% des Bruttogewinns!) ohne Rücksicht auf den Absatz des Garns zahlen.

[1]) Stat. Abstr. 1900/01 S. 261.

[2]) Fin. Stat. 1902/03 S. 145.

Von diesen (in der Präsidentschaft Bombay gelegenen) Fabriken haben eine Reihe für lange Zeit keine Dividenden bezahlen können. Vierzehn Fabriken haben liquidieren müssen, ein Teil sogar zwangsweise im Konkurse. Jetzt sollen sich die Verhältnisse zum Besseren gewendet haben, wie ja denn auch Produktion und Export, die 1900 stark zurückgegangen waren, im letzten Jahre wieder gestiegen sind[1]). Die Theeproduzenten klagen seit Jahren. Von 44 verschiedenen Vorzugs- und gewöhnlichen Aktien englisch-indischer Theegesellschaften, welche an der Londoner Börse notiert werden, sind im Jahre 1901 25 ohne Dividende geblieben, und der Marktwert der Aktien von 45 (von im ganzen 170) englischen in Indien oder Ceylon domizilierten Theegesellschaften im Nominalwerte von 9½ Mill. Lstrl. ist von 12 Mill. Lstrl. am 1 Juli 1897 auf 6,4 Mill. Lstrl. am 1. Juli 1902 und auf 6,15 Mill. Lstrl. am 1. Oktober 1902 zurückgegangen[2]). Auch in dieser Branche ist jedoch eine Besserung eingetreten und der Marktwert der bezeichneten Aktien ist bis zum 1. April 1903 wieder auf 7,18 Mill. Lstrl. gestiegen. Die Indigokultur leidet speziell unter der Konkurrenz des künstlichen Indigos[3]).

Trotz dieser unerfreulichen Erscheinungen glaubt der Finanzminister Law in seinen Budgetbericht für 1902/03 feststellen zu können, daß „die Bilanz der Entwicklung in der Richtung des wirtschaftlichen Fortschritts liege.“ Hierfür spricht auch die starke Zunahme der Gründungen von Aktiengesellschaften. Ferner spricht dafür die günstige Entwicklung des Eisenbahnverkehrs, der seit 1899/1900, wie bereits erwähnt, endlich Überschüsse bringt. Konnten die Überschüsse der Jahre 1899/1900 und 1900/01 noch darauf

[1]) Vergl. hierüber Review of the Trade of India 1899/1900 S. 23, 1900/01 S. 26, 1901/02 S. 30/31. Fin. Stat. 1902/03 S. 21 (§ 96) 145, 163.

[2]) Nach den Financial Times vom 6. Oktober 1902.

[3]) Sowohl beim Thee als auch beim Indigo sucht man jetzt einerseits durch die Beschränkung des Anbaues, andererseits durch die Verbesserung der Produktionsmethoden und beim Thee auch durch die Einbürgerung der Sitte des Theetrinkens in Indien selbst zu helfen. In dem offiziellen Handelsberichte für 1901/02 hat aber eine Besserung noch nicht konstatiert werden können. Im Jahre 1902 litt übrigens die Theeproduktion zum Teil auch unter dem Mangel an Arbeitern.

zurückgeführt werden, daß infolge der Mißernte außergewöhnlich große Getreidetransporte nach den betroffenen Gegenden erforderlich waren, so ist das doch hinsichtlich des großen Überschusses des letzten Jahres (817700 Lstrl.) nicht mehr geltend zu machen. Dieser Überschuss, der sogar trotz der weiteren Ermäßigung der Frachtraten um zirka 2 °/₀ erzielt wurde, kann nur darin seinen Grund finden, daß der ordentliche Handelsverkehr in erfreulicher Weise zunimmt. Ein gutes Zeichen ist ferner die Zunahme des Imports von Maschinen und Fabrikmaterial, dessen Wert im Jahre 1901/02 30 Mill. Rupien gegen 23,6 Mill. im Jahre 1892/93 betrug. Freilich sind die Ziffern des Jahres 1896/97 (35,1 Mill. Rupien bei einem Kurse von 14,45 d = 31,7 Mill. bei dem jetzigen Kurse von 16 d) noch nicht ganz wieder erreicht worden! In dem Budgetbericht für 1902/03 wird außerdem auf die Zunahme des Imports an Konsumartikeln des Volkes: Zucker, Petroleum, Baumwollstoffe, Silber im Jahre 1901/1902 bei gleichzeitiger Vergrößerung der lokalen Produktion von Baumwollstoffen, ferner auf die Zunahme des Personenverkehrs in der dritten Klasse, auf die Steigerung der Einnahme an Gerichtssporteln, Accise etc. und auf die Zunahme der Depositen bei den Banken und Postsparkassen hingewiesen.[1][2]) Diese Schlußfolgerung wurde freilich bei der Budgetdebatte in Indien heftig angegriffen[3]), aber von dem Vizekönig als richtig bestätigt.

* *
*

Welchen Anteil an dieser Entwicklung die Währungsreform gehabt hat, läßt sich schwer feststellen. Was den Fortschritt im allgemeinen anlangt, so ist es gewiß unrichtig, den Unterschied zwischen 1892/93 und 1900—1902 lediglich deshalb, weil im ersteren Jahre noch die Silberwährung bestand und in den letzteren Jahren die neue Währung herrschte, auf die Vornahme der Währungs-

---

¹) Fin. Stat. 1902/3 S. 5/6, 206 ff. 22. ²) Fin. Stat. 1902/3 S. 170.

³) Der Bestand der Einlagen in den Postsparkassen betrug im Monat März der folgenden Jahre in Mill. Rupien:

1892	1893	1897	1898	1901	1902
88,9	97,7	96,4	92,9	100,4	107

Return 1895 S. 95. Fin. Stat. 1902/03 S. 123.22.

reform zurückzuführen. Es liegen ja viele Jahre zwischen diesen Zeitpunkten und ein Land bleibt doch nicht stehen in seiner Entwicklung. Es wäre auch unrichtig, das Maß des Fortschritts in der letzten Zeit mit demjenigen zur Zeit der Silberwährung zu vergleichen, weil der Fortschritt in neuerer Zeit naturgemäß intensiver und rascher ist. Im übrigen ist zu berücksichtigen, wie viele Faktoren auf die Produktion und den Verkehr des Landes einwirken: die Weltkonjunktur, die Aufschließung des Landes durch Eisenbahnen, die fortschreitende Bildung, der Ausfall der Ernten etc. Bei diesem Zusammenwirken vieler Ursachen wird man nur in einzelnen speziellen Fällen Näheres konstatieren können und hierbei sich mehr auf allgemeine Beobachtungen und logische Schlussfolgerungen als auf die Ziffern der Statistik stützen müssen.

Daß die Ausdehnung des Handels in der letzten Zeit, besonders im Jahre 1901/02, das nicht mehr erheblich unter den Folgen der Mißernten zu leiden hatte, wenigstens zu einem bedeutenden Teile auf die Währungsreform zurückzuführen ist, haben wir früher (S. 204ff) bereits festgestellt. Den Handel mit den Goldwährungsländern im allgemeinen mußte ja die Stabilisierung des Kurses günstig beeinflussen. Durch die außerdem eingetretene Steigerung des Kurses mußte überdies der Import, der erleichtert wurde, noch besonders befördert werden. Zugleich ist der Export, wenigstens der Export nach den Goldwährungsländern, trotz der Verschlechterung der Absatzbedingungen wohl nicht wesentlich gehemmt worden, da die Folgen der Kurssteigerung in der Hauptsache die Produktion treffen und überdies auch vielleicht weniger den Umfang als die Rentabilität der Produktion beeinträchtigen. Im Verkehr mit China und Japan liegt die Sache bei der Größe der entstandenen Kursdifferenzen allerdings anders, aber hier haben andere Momente dem Einflusse der Kursänderungen entgegengewirkt. Im ganzen betrachtet ist jedenfalls der Handel erleichtert worden. Dieser Umstand mußte aber wieder auf die Produktion günstig zurückwirken. Außerdem mußte die letztere durch den Zufluss europäischen Kapitals, der wenigstens begonnen hat und der sich vor allem in der Vergrösserung des in Eisenbahnen und Trambahnen, in Handelsgesellschaften und in der Industrie angelegten Aktienkapitals zeigt, teils direkt, teils indirekt gefördert werden.

Auf der anderen Seite wird man sich der Überzeugung nicht verschließen können, daß auch die in einzelnen Produktionszweigen herrschenden Krisen zum Teil auf die Währungsreform zurückgeführt werden müssen. Es ist ja richtig, daß die gegenwärtigen Krisen in der Baumwollindustrie (Exportspinnerei), in der Theeproduktion, in der Indigoindustrie zum großen Teil, ja vielleicht in der Hauptsache, anderen Ursachen zuzuschreiben sind. So hat in der Baumwollindustrie neben anderen Faktoren das fehlerhafte System der übermäßigen und vom Absatz unabhängigen Honorierung der Agenten [1]) vieles verschuldet und hat die Theeindustrie unter der seit zirka 1898 herrschenden, nicht durch die Währungsreform hervorgerufenen Überproduktion, die Indigoindustrie unter der Konkurrenz des künstlichen Indigos gelitten. Es kann aber nicht geleugnet werden, daß in allen diesen Fällen auch die Erleichterung der Konkurrenz des Auslands, welche infolge der Währungsreform eintrat, ungünstig wirken mußte.

Die indischen Baumwollspinner befinden sich ja beim Export nach China, wie früher (S. 157) berechnet, im Vergleich zu den Verhältnissen vor Beginn der Währungsreform, dem Japaner gegenüber um 3,8, dem Engländer gegenüber um 4,6, dem Chinesen gegenüber um 7,1 °/o des früheren Garnpreises (!) im Nachteil. Vielleicht hätten sie, wenn sie noch jetzt auf gleichem Fuße konkurrierten, mehr Garn absetzen, und jedenfalls hätten sie an dem jetzt abgesetzten Garn entsprechend mehr verdienen können. Ein Mehrverdienst selbst von nur 6,4 °/o des Garnpreises — zirka 1/4 Anna p. Pfund — würde aber bei einer Jahresproduktion von 4800000 Pfund und entsprechendem Umsatze, wie oben S. 158 berechnet, eine Mehreinnahme von 78 360 Rupien ergeben haben, und diese Mehreinnahme, die nicht weniger als 5,6 °/o des bei einem solchen Betriebe erforderlichen Kapitals beträgt, hätte wahrscheinlich — trotz des fehlerhaften Systems der Honorierung der Agenten — für viele Betriebe eine befriedigende Rentabilität, und für diejenigen,

[1]) Vergl. oben S. 268.

welche jetzt in Konkurs geraten sind, die Abwehr des Konkurses gesichert. Das gleiche ist von der Theeindustrie zu sagen. Infolge der Währungsreform ist dem chinesischen Theeproduzenten der Absatz in den Goldwährungsländern, wie wir früher S. 144 berechnet haben, um 26,6 % des 1893 er Theepreises erleichtert, den einheimisch-indischen Theegesellschaften der Absatz um 5,4, den anglo-indischen Gesellschaften um 3,6 % erschwert worden. Es ist durchaus nicht ausgeschlossen, ja sogar wahrscheinlich, daß der Theepreis trotz der großen Ausdehnung der Produktion (namentlich in Ceylon) nicht auf den jetzigen niedrigen Stand zurückgegangen sein würde, wenn China nicht durch seine Valutadifferenz begünstigt worden wäre und daher noch jetzt, ebenso wie zur Zeit der indischen Silberwährung, auf gleichem Fuße mit dem Indier hätte konkurieren müssen. Kann der Chinese seinen Thee jetzt, wie wir früher (S. 144) berechnet haben, um 26,6 % billiger anbieten, als es ihm unter übrigens gleichen Verhältnissen im Jahre 1892/93 möglich gewesen wäre; kann er sich jetzt mit einem Preise von 5,467 d begnügen, während er unter übrigens gleichen Umständen im Jahre 1892/93 7,45 d hätte fordern müssen, so ist es natürlich, daß auch der indische Theeproduzent mit seinem Preise herabgehen muß, um nicht vom Markte verdrängt zu werden. Erleidet er schon dadurch einen Verlust, so kommt nun noch ein weiterer Verlust aus dem Grunde hinzu, daß ihm selbst der Absatz um 5,4 bezw. 3,6 % durch die Steigerung des Goldkurses der Rupie erschwert worden ist. Unter den Verhältnissen, wie sie vor Beginn der Währungsreform bestanden, hätte der Indier den Chinesen durch Unterbietung ganz verdrängen und doch noch einen rentablen Preis erzielen können. Jetzt ist zwar China, wenigstens vom englischen Markte und von dem Markte der englischen Kolonien, ebenfalls im wesentlichen verdrängt worden,[1]) aber diese Verdrängung ist keine vollständige — noch im Jahre 1900 wurden 35—40 Mill. Pfund von im ganzen 334 Mill. Pfund von anderer

[1]) Im Jahre 1898 lieferte China noch 27 Mill. Pfund Thee nach England gegen 57 im Jahre 1892 und 156 im Jahre 1883, während Indiens und Ceylons Lieferungen von 61 Mill. im Jahre 1883 und 177,7 Mill. im Jahre 1892 auf 237 Mill. angewachsen waren. Trade of India 1898/99 S. 35.

Seite nach England geliefert[1]) — und sie hat viel mehr gekostet. Vor allem aber hindert die Möglichkeit einer Rückeroberung des Marktes durch China die Heraufsetzung des Preises um so viel, als genügen würde, um auch den jetzt notleidenden indischen Theeproduzenten eine Rentabilität ihres Betriebes zu sichern.

Ähnliches gilt, wie nicht weiter ausgeführt zu werden braucht, von der Indigoproduktion. Auch der künstliche Indigo würde dem natürlichen Produkte Indiens weniger Konkurrenz machen, wenn das letztere um so viel billiger angeboten werden könnte, als die Währungsreform durch die Steigerung des Kurses den Export erschwert hat. Unter allen Umständen aber würden die Indigoproduzenten bei den jetzigen Preisen einen größeren Gewinn erzielen, wenn sie bei ihren Verkäufen schon für je 14⅝ d wie vor Beginn der Währungsreform eine Rupie erhielten, statt für je 16 d wie jetzt. Freilich ist zu berücksichtigen, daß die Indigoproduzenten, englische, mit Goldkapital arbeitende Gesellschaften sind und daß für diese, wie sich aus unserer Rechnung auf S. 144/45 ergibt, der Einfluß des Kursunterschiedes weniger bedeutend ist.

Daß der starke Rückgang des Opiumexports, und daß die dadurch herbeigeführte Schädigung der Opiumproduzenten darauf zurückzuführen sind, daß die Währungsreform die Entstehung einer Valutadifferenz zu Gunsten Chinas ermöglichte, ist schon früher (S. 176 ff.) dargelegt worden. Unter den Verhältnissen des Jahres 1892/93 hätte das Opium in China um etwa ein Drittel billiger angeboten werden können als jetzt und es kann kaum einem Zweifel unterliegen, daß in diesem Falle der Export nicht nur nicht zurückgegangen, sondern noch gestiegen wäre.

---

10. Abschnitt: **Die Kosten der Durchführung der Reform.**

Es erübrigt noch, einen Blick auf die Kosten der Durchführung der Reform zu werfen. Solche Kosten sind in der

[1]) Trade of India 1900/01 S. 20.

Weise, wie es sonst bei Währungsänderungen geschieht, z. B. durch den Erwerb des neugewählten Geldmetalles unter Veräußerung des früheren, ferner durch Umprägungen etc., nicht entstanden. Derartige Maßregeln waren ja bei der indischen Währungsreform nicht nötig, da die Rupie Währungsgeld blieb, eine Ersetzung alter Münzen durch neue nicht stattfand und das hinzukommende Goldgeld in fertiger Münze (Sovereigns) eingeführt wurde. Es sind aber andere Kosten entstanden.

In dieser Beziehung könnte zunächst der Umstand in Betracht kommen, daß die indische Regierung im Jahre 1893/94 gezwungen war, eine Anleihe von 7½ Mill. Lstrl. aufzunehmen, um die Verkäufe ihrer Councilbills zu beschränken und dadurch den Kurs der Rupie zu halten. Dieser Umstand verdient aber deshalb keine Beachtung, weil die indische Regierung den entsprechenden Betrag an Rupien ersparte (da sie um so viel weniger Councilbills einzulösen hatte) und weil sie nun ihre entsprechend größeren Kassenbestände in Indien zu allerlei Meliorationszwecken verwenden konnte. Noch weniger ist die Anleihe von 10 Mill. Lstrl. im Jahre 1897/98 zu den Kosten der Währungsreform zu rechnen. Die Aufnahme dieser Anleihe erfolgte zwar auch, um den Verkauf der Councilbills einzuschränken, aber der Grund lag in diesem Falle nicht in dem Bestreben, den Kurs zu halten, sondern darin, daß die auf die Staatskasse in Indien angewiesenen Beträge nicht hätten ausbezahlt werden können, weil die vorhandenen Bestände zu Unterstützungszwecken bei der damaligen Hungersnot gebraucht wurden. Allerdings wäre, wie schon S. 259 bemerkt, die Verausgabung so großer Summen für Unterstützungen wahrscheinlich nicht erforderlich gewesen, wenn nicht infolge der Reform jene große Entwertung der Hoards, speziell des im Besitze der ärmeren Klassen befindlichen Silberschmuckes stattgehabt hätte, die wir im Abschnitt 8 erwähnt haben.

Die wirklichen Kosten der Reform bestanden in den schweren Kreditkrisen der Jahre 1897 und 1898 mit ihren unheilvollen Konsequenzen. Diese Kreditkrisen waren schlimmster Art und haben der indischen Bevölkerung, besonders der Handelswelt, aber nicht etwa nur den Ausländern, sondern auch Indiern, den größten Schaden zugefügt. Die Berichte über die Verhandlungen der Währungskommission von 1898 und die Eingaben, welche an diese Kommission und vorher an die Regierung gerichtet wurden, sind voll davon. Im Jahre 1897 betrug der Diskont der Bank von Bengalen in der ganzen Zeit vom 1. Januar, oder vielmehr schon vom 23. Dezember 1896, bis zum 17. Juni nicht weniger als 10%, im Jahre 1898 vom 6. Januar bis zum 2. Juni ebensoviel und noch mehr, nämlich bis zu 11 und 12%, während in früheren Jahren ein so hoher Diskontsatz nur selten und nur für höchstens 2—3 Monate vorgekommen war. Der Diskont der Bank von Bombay war im allgemeinen nicht niedriger und betrug im März und April 1898 sogar 13%. Diese hohen Diskontsätze waren aber noch nicht das schlimmste. Dieselben waren nämlich zum großen Teil nur nominell und es war, wenigstens im Jahre 1898, auch für die größten Firmen vielfach überhaupt nicht möglich, selbst auf die besten Sicherheiten, speziell z. B. auf Regierungsanleihen, Geld zu bekommen, auch nicht zu 18%[1]). Soweit aber Geld gegeben wurde, war ein Zinsfuß von 15% keine Seltenheit, und in Bombay wurden sogar 24% bezahlt (Prot. §§ 5925ff., 6076). Die Eingeborenen mußten zumeist 20% bezahlen (§§ 5925/26) und konnten ebenfalls zeitweise auch zu diesem Zinssatze und gegen Hinterlegung von Gold, kein Geld bekommen (§ 8080). So war aber die Sachlage nicht nur in den Küstenstädten, die in erster Linie betroffen wurden, sondern auch im Innern, z. B. in Behar (§ 8720). Natürlich ergaben sich daraus die schlimmsten Konsequenzen. Die Produktionskosten wurden stark gesteigert und viele Geschäftsleute gerieten in Konkurs. Die Zustände waren derart schlimm, daß es von allen Seiten als die Hauptaufgabe der Reform hingestellt wurde, in dieser Beziehung Abhilfe zu schaffen und einer Wiederkehr ähnlicher Zustände vorzubeugen.

Über die eigentliche Veranlassung dieser Krisen gingen die Ansichten auseinander. Viele waren der Meinung, daß die Geldmenge zu knapp sei, andere, daß zwar genügend Geld (d. h. Umlaufsmittel) vorhanden sei, daß es aber an Kapital fehle. Thatsache ist, daß die Wechselbanken und

---

[1]) Vergl. Prot. 1898 §§ 305, 9726, 11 144, 11 565. App. S. 20 No. 3, 4.

viele Kapitalisten nach 1893, soweit möglich, ihr Kapital nach England geflüchtet hatten und daß sie bei der Unsicherheit in betreff der künftigen Gestaltung des Rupienkurses, der damals die Höhe von 15 bis 16 d erreicht hatte, nicht wagten, Kapital nach Indien herauszubringen, um nicht bei der Rückbringung am Kurse zu verlieren[1]). Aus dem letzteren Grunde wurde jedenfalls eine Hilfsaktion durch den damaligen Währungszustand verhindert. Daß aber auch die Bestände an effektivem Gelde zu gering waren, geht daraus hervor, daß die Kassenbilanzen der Präsidentschaftsbanken ungewöhnlich niedrig waren[2]). Es hatte ja auch seit dem 26. Juni 1893 keine Prägung stattgefunden und es war nur natürlich, daß die Geldmenge des Jahres 1893, die nur um 20 Mill. Rupien — durch Freigabe eines entsprechenden Betrages aus der Papiergeldreserve — vermehrt, um fast ebenso viel aber durch Export, Verschleiß etc. vermindert[3]) worden war, in den Jahren 1897 und 1898 wenigstens dann nicht mehr ausreichte, wenn die Regierung, wie es tatsächlich der Fall war, große Summen zu Unterstützungszwecken in das Innere senden und sie so den Verkehrszentren entziehen mußte.

Wären die Münzen nicht geschlossen worden, so würden einerseits in der Zeit von 1893 bis 1897 viele Millionen Rupien neu geprägt worden sein und wäre andererseits eine Hilfsaktion, ebenso wie in den Zeiten der großen Hungersnot von 1877, möglich gewesen. Aus diesem doppelten Grunde ist die Währungsreform zweifellos an den Krisen schuld gewesen.

---

[1]) Vergl. z. B. Prot. 1898 § 8451.

[2]) Vergl. App. 1898 S. 151.

[3]) Der Netto-Export (nach Ceylon, Mauritius, Aden etc.) betrug bis März 1897 10,8, bis März 1898 15,1, bis Juni 1898 15,5 Mill. Rupien. App. 1898 S. 181.

Fünftes Kapitel.

Resumé und Schlußurteil vom indischen Interessen-Standpunkte.

Fassen wir unser Urteil über die indische Währungsreform zusammen, so kann dasselbe nicht ungeteilt günstig lauten. Vom technischen Standpunkte aus betrachtet, ist die jetzige indische Währung, vor allem, wenn wir uns auf den Boden der herrschenden Meinung stellen, weniger gut als die frühere, da sie nicht wie diese eine automatisch regulierte offene Währung mit vollwertigem Gelde, sondern eine in erheblichem Maße von dem Willen der Regierung abhängige Währung mit stark unterwertigem Gelde ist. Diese Mängel sind allerdings nicht so groß, wie es scheinen könnte. Zunächst ist die Abhängigkeit von dem Willen der Regierung nicht etwa (annähernd) so groß wie bei einer Papierwährung. Allerdings hat die indische Regierung an sich wohl das Recht und die Macht, und ist es auch für sie mit großem Vorteil verbunden, die Geldmenge bis in's ungemessene zu vermehren, aber sie wird in der Ausübung dieser Macht durch die praktischen Schwierigkeiten der Prägung, vor allem durch die Unmöglichkeit, größere Werte als Einrupienstücke zu emittieren, gehindert. Ferner ist eine (wesentliche) Verminderung der Geldmenge, die durch Einbehaltung eingegangener Gelder, vor allem auf dem Wege der Einschränkung des Verkaufs von Councilbills, herbeigeführt werden könnte, in Anbetracht der Notwendigkeit, die Staatsausgaben in diesem Falle auf dem Wege der Anleihe zu decken, nicht mehr zu befürchten als bei einer anderen Währung und in anderen Ländern. Überdies kann automatisch, d. h. durch das freie Walten des Verkehrs, so lange der

Kurs von 16 d erhalten bleibt, eine Vermehrung der Geldmenge (auf dem Wege des Goldimports) unbeschränkt, und eine Verminderung, wenn die Regierung ihren Verpflichtungen nachkommt, in recht bedeutendem Umfange herbeigeführt werden. Auch die Unterwertigkeit der Rupie ist weniger bedenklich. Die Aufrechterhaltung des Kurses wird durch dieselbe unter normalen Verhältnissen nicht in Frage gestellt und als Ursache für die Entstehung von Mißtrauen kommt sie nicht so sehr in Betracht, weil die Indier mit unerschütterlichem Vertrauen an ihrer Rupie hängen und weil das Vertrauen des Auslands durch eine — zur Zeit freilich noch schwache — Goldreserve gestützt ist. Wird diese Goldreserve verstärkt und dadurch das Vertrauen des Auslands gefestigt, so dürften in Wirklichkeit, wenn man ein einigermaßen loyales Verhalten der Regierung voraussetzen darf, wesentliche Bedenken gegen die Struktur der neuen Währung nicht zu erheben sein.

Die Aufrechterhaltung des Kurses ist unter normalen Verhältnissen nicht zweifelhaft. Unter weniger günstigen Umständen bietet vor allem die Einschränkung des Verkaufs der Councilbills seitens der Regierung ein wirksames Mittel, um den Cours zu stützen. Im Falle der Entstehung von Mißtrauen würde allerdings ein Kurssturz schwer zu vermeiden sein.

Von bedeutendem Vorteil war die Aufhebung der Abhängigkeit der Rupie von dem Silbermarkte und die Festlegung ihres Kurswerts gegenüber den Währungen der Goldwährungsländer als der Beherrscher des Weltmarktes. Diese Herstellung eines stabilen Goldkurses, die Schaffung einer gemeinsamen Verkehrsbasis mit den wichtigsten Ländern der Welt, ist, wenn auch deren Bedeutung nicht selten überschätzt wird, zweifellos von der allergrößten Wichtigkeit gewesen. Es ist dadurch nicht nur der Handel mit den Goldwährungsländern, welcher jetzt über 80% des gesamten Handels ausmacht, sehr erheblich gefördert, sondern es ist zugleich das Hindernis beseitigt worden, welches bisher einer lebhafteren Beteiligung englischen Kapitals am Eisenbahnbau, an Handels- und Bankunternehmungen in Indien, sowie der Überlassung von Kapital zu vorübergehender Benutzung in Zeiten der Geldnot entgegenstand, während allerdings die Anlage von Kapital in der eigentlichen Produktion, wenigstens in der Landwirtschaft, nicht, wie sonst angenommen wird, stimuliert worden ist. Wenn im Gegensatz hierzu die frühere feste Verkehrsbasis gegenüber den Silberländern verloren gegangen ist, so hat das deshalb weniger Bedeutung, weil der Verkehr mit den Silberländern, nachdem im Jahre 1897 auch Japan zur Goldwährung übergegangen ist, nur noch einen relativ geringen Teil des ganzen indischen Auslandsverkehrs ausmacht.

Von nachteiligem Einfluß war es, daß die Entstehung der jetzigen Valutadifferenzen, besonders der großen Differenzen gegenüber China und Japan, ermöglicht wurde. Das war freilich nur insofern eine Folge der Reform, als durch die Schließung der Münzen und die dadurch bewirkte Aufhebung der Abhängigkeit des Kurses von dem Silberpreise einerseits das Steigen des Kurses gegenüber den Goldwährungsländern unter dem natürlichen Einfluß der realen Faktoren des Verkehrs (nicht aus dem Grunde der gleichzeitig herbeigeführten Kontraktion des Geldumlaufs!), andererseits die Entstehung der Valutadifferenzen gegenüber China und Japan infolge der Einwirkung des Sinkens des Silberpreises auf den Goldwert der Valuten dieser Länder ermöglicht wurde. Immerhin liegt die Sache so, daß ohne die Reform weder das eine noch das andere geschehen wäre.

Die Konsequenz dieser Niveauveränderungen des Kurses war die Schwächung der Konkurrenzfähigkeit der indischen Produzenten, vor allem gegenüber China und Japan, aber auch gegenüber den Goldwährungsländern, auf allen Märkten der Welt, da die eingetretenen Kursveränderungen wie ein für alle Exportartikel eingeführter (dauernder) Exportzoll bezw. wie eine für alle Importartikel gewährte (dauernde) Importprämie wirkten. Allerdings ist die Konkurrenzfähigkeit trotzdem im wesentlichen nur vorübergehend geschwächt worden, da ebenso wie bei jeder Veränderung der Konjunktur und wie auch bei der Gewährung bezw. bei der Aufhebung effektiver Exportprämien und effektiver Schutzzölle nach einiger Zeit durch entsprechende Veränderung der Preise, besonders auch der Preise der Produktionsanlagen und des Grund und Bodens(!), eine Anpassung der Produktionsbedingungen an die veränderten Verhältnisse (nicht eine Anpassung der Preise an den veränderten Goldwert der Valuta!) eintritt. Immerhin hat diese Schwächung der Konkurrenzfähigkeit den zur Zeit vorhandenen Produzenten und den gegenwärtigen Besitzern der Produktionsanlagen und des Grund und Bodens in Indien einen beträchtlichen Schaden gebracht. Die jetzt in der Baumwollindustrie, in der Thee- und der Indigoproduktion herrschende Krise ist zu einem Teile auf diese Ursache zurückzuführen.

Die finanzielle Lage des Staates ist durch die Reform günstig beeinflußt worden, da durch die Hebung des Kurses die Bezahlung der jährlichen Home charges, welche auf Gold lauten, erleichtert worden ist und eine Besserung des Kredits wenigstens erwartet werden darf. Allerdings wird dieser Vorteil zu einem Teile dadurch aufgewogen, daß die Opiumeinnahmen infolge der Erschwerung des Opiumexports nach China einen Rückgang erfahren haben.

Die Preise sind — zum Nachteil für die Produzenten und zum Vorteil für die Konsumenten — insoweit beeinflußt und zwar herabgedrückt worden, als durch die entstandenen Kursveränderungen der Export erschwert, der Import erleichtert, die Konkurrenzfähigkeit der indischen Produzenten geschwächt worden ist. Außerdem ist die Abhängigkeit derselben von den Preisen des Weltmarktes, die früher durch die Bewegungen des Kurses durchbrochen wurde, vervollständigt worden. Die Löhne mögen infolge der Benachteiligung der derzeitigen indischen Produzenten für die Dauer der Übergangszeit gedrückt worden sein und die Naturallöhne, soweit sie in einem Anteil an der Ernte bestehen, sind, wenigstens teilweise, durch die ungünstige Beeinflussung der Preise der Exportartikel in ihrem Werte herabgesetzt worden. Im ganzen wird sich aber die Lage des Arbeiters, zumal in Anbetracht der Verbilligung der Preise eines großen Teils seiner Bedarfsartikel, nicht wesentlich verschlechtert haben und für die Zukunft muß die Belebung des Verkehrs mit den Goldwährungsländern eine Besserung herbeiführen.

Für einen stärkeren Zufluß ausländischen Kapitals vor allem zum Eisenbahnbau sind durch die Stabilisierung des Kurses die Wege geebnet und dieser Zufluß hat begonnen.

Eine (wesentliche) Beschränkung des Silberimports ist nicht erreicht, aber eine Zunahme des Silberimports verhütet worden.

Die Herstellung dieses Zustandes hat Indien mit starken Kreditkrisen in den Jahren 1897 und 1898 und mit der Entwertung der vorhandenen Silberschätze, soweit sie aus ungeprägtem Silber bestehen, sowie mit den allgemeinen Übelständen einer Übergangszeit, die hier nicht weniger als $6^1/_4$ Jahre dauerte, erkaufen müssen.

Ist hiernach festzustellen, daß die indische Währungsreform dem Lande nicht ausschließlich Vorteil gebracht hat, so muß doch gesagt werden, daß der Vorteil die Nachteile überwiegt. Was die letzteren anlangt, so ist ja der hauptsächliche Nachteil: die Schwächung der Konkurrenzfähigkeit der indischen Produzenten, deshalb von weniger großer Bedeutung, weil dadurch im wesentlichen nur die gegenwärtigen Produzenten bezw. die gegenwärtigen Besitzer der Produktionsanlagen getroffen werden, während für die Zukunft durch die Anpassung der Preise an die veränderten Verhältnisse in Verbindung mit anderen günstigen Wirkungen, vor allem der Förderung des Eisenbahnbaues, die Konkurrenzfähigkeit wieder gehoben wird. Im Gegensatz hierzu ist der Vorteil der Stabilisierung des Kurses gegenüber den Goldwährungsländern mit allen seinen günstigen Folgen ein dauernder, vorausgesetzt, daß die gegenwärtige Währung, wie wenigstens im Falle der Verstärkung der Goldreserve mit Sicherheit erwartet werden darf, speziell der Kurs von 16 d, erhalten bleibt. Dieser Vorteil ist aber sehr hoch einzuschätzen und wohl einige Opfer wert. Die Regierung bezeichnet ihn mit Recht als das „paramount object“ und allgemein sieht man darin die Bedingung für eine gedeihliche Entwicklung. Professor Marshall verglich den mit der Herstellung des stabilen Kurses erfolgten Anschluß Indiens an die Goldwährungsländer mit dem Anschlusse einer Nebenbahn an die Hauptbahnen des Weltverkehrs, und der in diesen Worten liegenden hohen Wertschätzung hat auch die Währungskommission von 1898 sich angeschlossen[1]).

Dieses überwiegend günstige Urteil über die indische

[1]) Vergl. Bericht § 34.

Währungsreform bedarf einer Modifikation, wenn wir berücksichtigen, daß es möglich gewesen wäre, Indien auf der einen Seite den Hauptvorteil der Reform, den stabilen Kurs gegenüber den Goldwährungsländern mit allen seinen günstigen Folgen, zu verschaffen und ihm auf der anderen Seite zugleich die nachteiligen Konsequenzen derselben zu einem Teile zu ersparen. Das wäre geschehen, wenn man nicht darauf Bedacht genommen hätte, den Kurs zu heben, sondern nur darauf, ihn in der Höhe, die er kurz vor Beginn der Währungsreform oder im Jahre vorher einnahm, d. h. in der Höhe von 14⅝ d oder von 15 d, festzulegen. In diesem Falle wäre zunächst die Konkurrenzfähigkeit Indiens gegenüber den Goldwährungsländern garnicht bezw. nur ganz unbedeutend, die Konkurrenzfähigkeit gegenüber China und Japan erheblich weniger geschwächt, und wären infolgedessen die derzeitigen Produzenten und Besitzer von Produktionsanlagen weniger geschädigt worden. Außerdem hätte das ungeprägte Silber der Hoards weniger an Rupienwert verloren und wäre dadurch vielen kleinen Leuten ein Teil des jetzt entstandenen Schadens erspart geblieben. Abgesehen hiervon aber wären Indien wahrscheinlich die Leiden der Übergangszeit, besonders die lähmende Unsicherheit nach 1893, und unter allen Umständen die Krisen der Jahre 1897 und 1898 erspart worden. Das ergibt sich, wenn man beachtet, daß sich der Kurs tatsächlich in den ersten sieben Monaten nach der Schließung der Münzen auf etwa 15 d gehalten hat, obwohl das Silber schon damals stark im Preise fiel, und wenn man ferner berücksichtigt, daß der spätere Rückgang des Kurses bis auf 12½ d nur deshalb eintrat, weil die Europäer angesichts der Tatsache, daß der Kurs den von der Regierung gewünschten Stand von 16 d nicht erreichte und daß die Regierung es aufgab, hierauf hinzuwirken (indem sie ihre Verkäufe von Councilbills ohne Limito wiederaufnahm) von Mißtrauen erfaßt, ihr Kapital zurückzogen, während gleichzeitig eine Baisseoperation einsetzte. Bei Festsetzung des Kurses auf 14⅝ bezw. auf 15 d wäre das Kapital in Anbetracht dessen, daß nun das Ziel der Regierung sofort erreicht gewesen wäre, überhaupt nicht zurückgezogen worden und dann hätte sich der Kurs zweifellos auf der Höhe von 14⅝ d bezw. 15 d erhalten. Bei zweckentsprechender Regulierung des Verkaufs der Councilbills hätte dann auch das Schwanken des Kurses sofort ein Ende gefunden und damit wären die günstigen Folgen eines stabilen Kurses schon damals eingetreten. Unter solchen Umständen wäre Indien, wie es jetzt in den Jahren nach 1898 geschehen ist, zumal da der Kurs niedriger gewesen wäre, schon in den ersten Jahren Gold zugeflossen, und dann würde die Geldknappheit der Jahre 1897 und 1898 ebensowenig entstanden sein, wie sich jetzt unter den ähnlichen Verhältnissen der Jahre 1899 und 1900 eine Geldknappheit gezeigt hat.

Diesen Vorteilen wäre freilich der Nachteil gegenübergetreten, daß das indische Budget dauernd um den Betrag des Mehrerfordernisses zur Bezahlung der Home charges belastet worden wäre. Hierbei hätte es sich aber um einen bedeutenden Betrag nicht handeln können, denn das Mehrerfordernis an Rupien zur Bezahlung von 17 Mill. Lstrl. Home charges bei einem Kurse von 15 d hätte nicht mehr als 17 Mill. Rupien betragen und ein Teil dieser Summe wäre zweifellos schon dadurch eingebracht worden, daß infolge der geringeren Erschwerung des Opiumexports nach China die Opiumeinnahmen weniger zurückgegangen wären. Bei einem Kurse von 15 d ist ja das indische Budget auch im Jahre 1892/93 balanziert worden! Allerdings waren damals die Einnahmen aus dem Opiumhandel noch größer, als sie nach 1893 gewesen wären, und es waren die Ausgaben insofern kleiner, als die anglo-indischen Beamten noch nicht für den ihnen erwachsenen Kursverlust entschädigt waren. Trotzdem aber würden keine Schwierigkeiten entstanden sein — ist es doch jetzt der indischen Regierung in den Jahren 1894/95 und 1895/96 sogar bei einem Kurse von 13,1 d bezw. von 13,64 d gelungen, trotz starken Rückgangs der Opiumeinnahmen und trotz voller Entschädigung der anglo-indischen Beamten ihre Home charges zu bezahlen und auch sonst das Gleichgewicht des Budgets aufrechtzuerhalten, nachdem sie sich durch die Erhöhung der Zölle die erforderlichen Mehreinnahmen verschafft hatte.

Hiernach wird das Schlußurteil über die indische Währungsreform vom indischen Opportunitätsstandpunkte aus dahin lauten müssen, daß die Reform, vorausgesetzt, daß sie noch durch eine Verstärkung der vorhandenen Goldreserve ergänzt wird, Indien trotz mancherlei Schaden überwiegend Vorteil, und für die Zukunft großen Vorteil gebracht hat, daß aber noch größerer Vorteil hätte erlangt, daß vor allem die schweren Leiden der Übergangszeit hätten erspart und die Schädigung der derzeitigen Produzenten bezw. der Besitzer der Produktionsanlagen und des Grund und Bodens hätte gemindert werden können, wenn die Relation der Rupie zu dem Golde nicht auf 16 d, sondern auf $14\frac{5}{8}$ d oder auf 15 d festgesetzt worden wäre.

* * *

Es bleibt noch übrig, festzustellen, daß für Indien als Land, vom volkswirtschaftlichen Standpunkte aus, nicht schon deshalb in der Währungsreform ein Vorteil lag, weil durch das Steigen des Kurses, wie man meint, verhütet wurde, daß Indien, wie früher, ein „immer größeres Quantum von indischer Arbeit für das gleiche Quantum europäischer Arbeit hingeben mußte." Diese im Prinzip noch jetzt speziell von Lexis und seinen Schülern Kantorowicz und (dem Japaner) Sugi vertretene Auffassung dürfte nicht zu billigen sein. Die zu Grunde liegende Idee ist, wie Lexis sie in seinem Aufsatze: Agio on gold and international Trade im Economic Journal (Dezemberheft 1895, S. 532 ff.) darlegt, folgende. Wenn der Kurs eines Landes mit Silberwährung oder Papierwährung sinkt, wie es in Indien vor der Währungsreform geschah, so bedarf es eines größeren Aufwands an inländischem Gelde, um die in Gold kontrahierten Schulden und den Import zu bezahlen. Infolgedessen muß der Export vergrößert werden. Diese Vergrößerung des Exports ist in der Regel nur in der Weise möglich, daß die Exportartikel im Auslande billiger angeboten werden. Geschieht das aber, so wird ein größeres Quantum Exportartikel zu billigeren Preisen abgegeben, um neben der Bezahlung der Schulden den gleichen Import einzutauschen. Also wird ein größeres Quantum inländische Arbeit gegen das gleiche Quantum ausländische Arbeit ausgetauscht, und das ist ein Nachteil[1]).

---

[1]) Vergl. Lexis a. a. O. S. 542. 547. 548.

Gegen diese Argumentation ist mehreres einzuwenden. Wenn der Wechselkurs eines Landes sinkt, so muß allerdings mehr inländisches Geld aufgewendet werden, um den gleichen Import zu bezahlen, nicht aber ein größeres Quantum Waren. Wie viel Waren exportiert werden müssen, um einen bestimmten Betrag an Gold zu bezahlen, das richtet sich ausschließlich nach den für diese Waren in dem Goldauslande zu erzielenden Preisen (die ja auf Gold lauten) und die Höhe dieser Preise wird nicht durch den Wechselkurs, sondern durch Angebot und Nachfrage auf dem (ausländischen) Warenmarkte bestimmt[1]). Die Tatsache, daß der Wechselkurs sinkt, zwingt daher ein Land keineswegs, zur Bezahlung seiner Goldschulden und seines Imports mehr Exportartikel auf den Weltmarkt zu liefern, seinen Export zu „vergrößern".

Aber weiter. Wenn der Wechselkurs sinkt, so wird es nun allerdings für die inländischen Exportproduzenten vorteilhaft, den Export zu vergrößern, und deshalb wird tatsächlich eine solche Vergrößerung eintreten. Infolgedessen mag dann wirklich der Preis der Exportartikel im Auslande sinken. In diesem Falle wird in der Tat, zumal wenn man den einzelnen Exportartikel ins Auge faßt, für das gleiche Quantum „ausländischer Arbeit" ein größeres Quantum inländischer Arbeit hingegeben. Ist das aber immer ein Nachteil? Wenn das der Fall wäre, dann müßte auch das Streben nach Vergrößerung des Exports in den Goldwährungsländern verurteilt, oder könnte dasselbe doch nur in dem Falle gebilligt werden, wenn gleichzeitig eine Ersparnis an den Produktionskosten erzielt würde; denn auch bei einer Vergrößerung des Exports der Goldwährungsländer ist in der Regel ein Sinken der Preise auf dem ausländischen Absatzmarkte nicht zu vermeiden! Gewöhnlich wird aber die Sache so liegen, daß bei einer Vergrößerung des Exports, einerlei, wodurch dieselbe veranlaßt ist, für den Export im ganzen neben der gleichen Schuldbefreiung ein größeres Quantum Importartikel, also mehr ausländische Arbeit, eingetauscht wird. Vielleicht muß dazu allerdings auch ent-

[1]) Vergl. auch den Bericht der indischen Währungskommission von 1892/93 § 22.

sprechend mehr inländische Arbeit geleistet werden. Das trifft aber nicht immer zu und vor allem kommt es darauf nicht an. Maßgebend ist, ob der subjektive (Spar-) Wert des (neben der gleichen Schuldbefreiung) einzutauschenden (in der Regel größeren) Imports für das Land als solches größer ist als der subjektive (Spar-) Wert[1]) des dagegen auszutauschenden Exports, oder vielmehr, ob der Überschuß des Werts des Imports und der Schuldbefreiung über den Wert des Exports bei dem niedrigeren Kurse größer ist als bei dem höheren Kurse. Diese Frage ist aber, wenigstens bei Ländern wie Indien, die noch im Besitze einer großen Menge ungehobener Bodenschätze und verfügbarer Arbeitskräfte sind, sehr häufig in dem ersteren Sinne, also dahin, daß der Überschuß des Werts bei niedrigerem Kurse größer ist, zu beantworten. Das ergiebt sich schon daraus, daß der subjektive (Spar-) Wert des Exports, soweit es sich um die Erzeugnisse der regelmäßigen Produktion handelt, durch die Kosten der Produktion bestimmt wird und daß diese Kosten keineswegs notwendig in gleichem Verhältnis mit dem Umfange der Produktion zunehmen. Letzteres geschieht nicht z. B. dann, wenn bei dem niedrigeren Kurse Boden bebaut werden kann, der früher brach lag, und wenn Arbeitskräfte in eine für sie selbst nutzbringende Tätigkeit versetzt werden, welche früher nicht ausgenutzt werden konnten. Die Sache liegt genau so wie bei einem Einzelproduzenten, der früher nicht in der Lage war, seine Produktionsmittel (Maschinen, Lagerräume etc.) in vollem Umfange auszunutzen, und der durch den Wegfall irgend eines Hemmnisses jetzt in die Lage kommt, das zu tun. Dieser Produzent wird in der Regel einen Vorteil erzielen, wenn er nun mehr produziert und mehr absetzt, — mag er auch seine Preise ermäßigen müssen, um das produzierte Mehrquantum unterzubringen. Zum wenigsten ist die Möglichkeit vorhanden und ist es lediglich Tatfrage und ein Rechnungsexempel, bei welcher Ausdehnung der Produktion und dadurch mitbedingten Preisen der größte Vorteil erzielt wird.

Muß es hiernach schon aus allgemeinen Gründen zweifel-

---

[1]) Ueber den Begriff des Sparwerts vergl. des Verfassers Theorie des wirtschaftlichen Werts. I. Der Begriff des Werts. Berlin 1899.

haft erscheinen, ob Indien bei dem jetzigen höheren Kurse durch den Austausch seines Exports gegen den Import einen größeren Vorteil erzielt, als es vor Beginn der Währungsreform bei dem damaligen niedrigeren Kurse der Fall war, so werden wir nicht umhin können, diese Frage vorerst direkt zu verneinen, wenn wir berücksichtigen, daß Indien durch die Währungsreform nicht nur nicht in die Lage versetzt worden ist, für seine Exportartikel höhere Preise zu erzielen, sondern im Gegenteil gezwungen ist, dieselben in Anbetracht der Erleichterung des Exports Chinas und Japans zum Teil noch billiger anzubieten. Erst dann, wenn in Zukunft in Folge der Vergrößerung des Kapitalzuflusses und der dadurch bewirkten Ausdehnung des Eisenbahnbaues und der Förderung des Handels die Produktionskosten entsprechend herabgedrückt sein werden, wird anders zu entscheiden sein.

Sechstes Kapitel.

Die Rechtsfrage der indischen Währungsreform.

Wir haben die indische Währungsreform bisher nur vom Opportunitätsstandpunkte aus betrachtet. Wie steht es aber mit der Rechtsfrage? Entsprach die Vornahme der indischen Währungsreform den Grundsätzen von Recht und Billigkeit?

Durch die indische Währungsreform ist der Wert der indischen Valuta sehr bedeutend beeinflußt worden, und zwar nicht nur der im Kurse ausgedrückte Goldwert derselben, der in der Regel allein in Betracht gezogen wird, sondern auch der durch ihre Kaufkraft bestimmte Durchschnittswert im Inlande, der in Wahrheit maßgebend ist. Die indische Währungsreform hat ja auf der einen Seite das Steigen des Kurses auf 16 d ermöglicht und sie hat auf der anderen Seite verhindert, daß der Kurs der Rupie noch tiefer sank und ein Niveau von vielleicht 10 d erreichte. Dadurch sind aber die Preise in Indien (welche die Kaufkraft der Rupie bestimmen), vor allem die Preise der Export- und Importartikel, sehr bedeutend beeinflußt worden. Durch das Steigen des Kurses wurde ein Druck auf sie ausgeübt, durch die Verhütung des Sinkens des Kurses ihre Aufwärtsbewegung verhindert. Nehmen wir an, daß der Kurs der Rupie, wenn die Währungsreform nicht stattgehabt hätte, auf etwa 10 d (einem Silberpreise von 26 3/8 d entsprechend) gefallen wäre, so müssen die Preise der Export- und Importartikel in Wirklichkeit jetzt bedeutend niedriger stehen, als sie im anderen Falle gestanden haben würden. Dem Unterschiede des Kurses hätte, wie sich bei der Umrechnung des gleichen Goldbetrages in Rupien bei den Kursen von 16 d und von 10 d ergiebt, ein Preisunterschied von nicht weniger als 60 % entsprochen[1]). So viel höher wären nun allerdings die Preise in Wirklichkeit nicht gewesen. Denn einerseits hätten bei Fortdauer der offenen Silberwährung, um für die Staatskasse die erforderlichen Mehreinnahmen zu beschaffen, Exportzölle in Höhe von zirka 20 % des Werts auf alle Exportartikel gelegt werden müssen, welche deren Inlandspreis herabgedrückt hätten, und außerdem würden sich aus verschiedenen Gründen (infolge der Beeinflussung der Preise einzelner Artikel im Auslande, infolge der relativen Verminderung der Produktionskosten der Industrieartikel im Inlande [herbeigeführt durch das geringere Steigen des Preises der exportfähigen Rohstoffe] etc.) noch andere Ermäßigungen ergeben haben. Jedenfalls aber wären die Preise der Export- und Importartikel sehr viel höher gewesen. Dadurch wären auch andere Preise beeinflußt, also gehoben worden. Es ist daher anzunehmen, daß der Durchschnittswert, d. h. die durchschnittliche Kaufkraft der Rupie, um nicht weniger als 20—40 % geringer gewesen wäre als jetzt.

Der Wert der Rupie in Indien, d. h. ihre Kaufkraft, ist aber maßgebend für das Vermögen der indischen Staatsuntertanen, für ihre Fähigkeit, Vermögen zu erwerben und sich aus vorhandenem Vermögen zu erhalten. Vor allem wird dadurch — was gewöhnlich allein ins Auge gefaßt wird — das Gewicht der Forderungen und Schulden aus früher abgeschlossenen Kontrakten bestimmt. Bei einer Steigerung des Preises der von ihm produzierten (!) Waren gewinnt — in der Regel — der Schuldner; bei einer Steigerung des Preises der von ihm konsumierten Artikel verliert der Gläubiger, und umgekehrt. Handelt es sich um Forderungen und Schulden an das Ausland, so wird durch einen Kursfall in der Regel — jedoch nur insoweit, als es sich nicht um Schulden eines Produzenten von Exportartikeln handelt —, deren Wert bezw. Gewicht vergrößert,

---

[1]) 100 Lstrl. à 16 d p. R = 1500 R
100 Lstrl. à 10 d p. R = 2400 R
2400—1500 = 900
900 : 1500 = 60 %.

während bei einer Kurssteigerung das Gegenteil eintritt[1]). Der Einfluß von Kursveränderungen ist also sehr umfassend und, soweit es sich um so große Kursdifferenzen handelt wie im vorliegenden Falle, wo Kurse von 10 d und 16 d einander gegenüberstehen, auch von großer Intensität. Um so mehr ist deshalb die Frage berechtigt: durfte die indische Regierung trotz dieser bedeutenden Einwirkung auf das Vermögen ihrer Untertanen reformierend in den Gang der Dinge eingreifen und dadurch die natürliche Entwicklung, welche mit Ausnahme der Besitzer inländischen Geldes und inländischer Geldforderungen alle Besitzer und daneben alle Schuldner stark begünstigt haben würde, hindern?

Diese Frage ist bei den Verhandlungen der indischen Währungskommission ebenfalls erörtert worden. Es wird häufig, insbesondere von indischer Seite (z. B. in App. 1898 S. 47/48), darüber Klage geführt, daß die indische Regierung an die Stelle der früheren „true" and „honest" Rupie von niedrigerem Goldwerte eine „articificial" and „false" Rupie von hohem Goldwerte gesetzt habe. Der Bauer, heißt es, sei unberechtigter Weise des höheren Preises für seine Produkte, den er bei Fortdauer der offenen Silberwährung erlangt haben würde, beraubt worden. Dem Schuldner, der zur Zeit der offenen Silberwährung nur die Verpflichtung zur Zahlung einer Rupie von 184 Grains Silber übernommen habe, und ebenso dem Steuerträger, sei die Last dieser Verpflichtungen unberechtigterweise erschwert worden, da sie mit der jetzigen Rupie 16 d in Gold = 269 Grains Silber bezahlen müßten. Für den Staat sei die Last der auf Rupien lautenden Obligationen erhöht und den Besitzern dieser Obligationen ein unverdientes Geschenk gemacht worden.

---

[1]) Näher kann auf diesen Punkt hier nicht eingegangen werden. Es mag nur noch im allgemeinen die Bemerkung Platz finden, daß für einen Produzenten die Frage, ob die Last seiner Schulden zunimmt oder abnimmt, davon abhängt, ob sein Verdienst gesteigert oder geschmälert wird. Die herrschende Ansicht, daß die Last der Goldschulden bei einem Kursfalle sich unter allen Umständen vergrößere, ist in dieser Allgemeinheit nicht richtig. Wenn der indische Theeproduzent bei einem Kursfalle und infolgedessen einen um 10 % höheren Preis erhält (während seine Betriebskosten nur etwa zur Hälfte entsprechend steigen), dann wird es ihm viel leichter sein, seine Goldschulden zu bezahlen als früher, obwohl er zu deren Tilgung bezw. zur Bezahlung der Zinsen 10 % mehr an inländischem Gelde aufzuwenden hat.

Diesen Anklagen gegenüber lauten die Urteile verschieden. Einzelne Sachverständige verdammen, andere verteidigen die Regierung oder verteidigen doch wenigstens die Schließung der Münzen für Silber, ohne zugleich die angeblich künstliche Hebung der Rupie auf 16 d zu rechtfertigen. Auch die Verteidiger wissen aber im allgemeinen nichts anderes vorzubringen, als daß die Regierung sich im Jahre 1893 bei der Schließung der Münzen in einem Zustande der Notwehr oder vielmehr in einem Notstande befunden habe und daß sie im Jahre 1898 habe ausführen müssen, was sie 1893 mit der Ankündigung der Rate von 16 d versprochen habe.

Bei oberflächlicher Betrachtung scheint nun der Standpunkt der Ankläger der Regierung unter allen Umständen der richtige zu sein und scheint die Aufhebung der offenen Silberwährung vom Gerechtigkeitsstandpunkte aus unbedingte Verurteilung zu verdienen. Zu dieser Konsequenz scheint das Prinzip der offenen Metallwährung zu führen, nach welcher das Geld nichts anderes ist als eine Ware, für die absoluter Freihandel herrschen soll[1]); nichts anderes als „ein Stück eines bestimmten Metalles von bestimmtem Gewichte und bestimmter Feinheit“, wie die Lords des englischen Schatzamts im Jahre 1879 der indischen Regierung auf deren Reformvorschläge antworteten[2]), dessen Wert im freien Austausch der Güter festgestellt wird. Eine Änderung der Währung, mag sie auch nur verhüten, daß der Wert des Geldes mit dem Werte des Metalles, aus welchem dasselbe geprägt ist, s i n k t, scheint deshalb vor allem ein Unrecht gegenüber dem S c h u l d n e r zu sein, der, wie man meint, indem er sich zur Bezahlung einer bestimmten Summe Geldes verpflichtete, nur eine bestimmte Menge des Geldmetalls in Geldform versprochen hat und nun der Möglichkeit beraubt wird, mit diesem Metalle, das er infolge der Änderung der Konjunktur jetzt zu einem niedrigeren Preise beschaffen könnte, zu bezahlen.

So liegt die Sache aber in Wirklichkeit n i c h t. Der Schuldner verspricht nicht Metall in Geldform von der Art des derzeitigen Währungsmetalls, sondern er verspricht G e l d,

---

[1]) Vergl. Prot. 1893 § 7731 (Rothschild) „free trade in currency“.

[2]) App. 1898 S. 48 § 16ff. Vergl. Silver Question C. 4868/1886 S. 31.

und auch nicht etwa nur Geld von dem gleichen Metallgehalt wie zur Zeit des Abschlusses seines Schuldvertrages, sondern Geld schlechthin und damit dasjenige Geld, welches zur Zeit der Erfüllung seines Vertrages als solches, d. h. als das allgemein anerkannte, zumeist gesetzlich bestimmte Tauschmittel von dem gleichen, eventuell dem gesetzlich substituierten Nominalwerte, im Umlauf ist[1]). Dem Schuldner geschieht also an sich keineswegs ein Unrecht, wenn die Währung gewechselt und ein anderes Geld für das frühere substituiert wird. Der Schuldner geht aber bei der Begründung seiner Verpflichtung ebenso wie der Gläubiger von der Erwartung aus, daß das Geld, welches er später zu zahlen haben werde, nicht künstlich in seinem Werte gehoben oder herabgesetzt werde; daß speziell die Regierung seinen Wert unangetastet lasse. Deshalb kann, wenn eine Währungsänderung erfolgt, nur eine Änderung auf gleicher Basis, nur die Substituierung gleichwertigen Geldes ihren berechtigten Erwartungen entsprechen. Geschieht das nicht; wird der Geldwert erhöht oder herabgesetzt, so wird im ersteren Falle der Schuldner, im letzteren Falle der Gläubiger benachteiligt und materiell einem von beiden ein Unrecht zugefügt — wenn nicht eine besondere gesetzliche Regelung der bestehenden Schuldverhältnisse erfolgt, welche einen Ausgleich bietet.

Es fragt sich aber, ob es nicht dem Prinzip der offenen Metallwährung überhaupt widerspricht, von einer Währung zu einer anderen überzugehen; ob nicht nach diesem Prinzip, nach welchem der Wert des Geldes durch das freie Walten des Verkehrs bestimmt werden soll, die Regierung gezwungen ist, an der einmal gewählten Währung bezw. an dem einmal gewählten Metalle als Regulator derselben festzuhalten[2]).

[1]) Vergl. auch den Schlußbericht der englischen Gold- und Silberkommission Teil II § 125 „We do not dispute that all monetary relations and liabilities are entered into and subject to such alterations of the currency of the country as the public advantage may demand". Vergl. Teil I § 153 c.

[2]) Vergl. hierzu auch die Äußerungen von Prof. Marshall vor der Kommission von 1898 (Prot. § 11787): „The function of a legislator as regards currency is to do as little as possible .... It was, therefore, with much doubt and difficulty that I brought myself to think that it was right to close the mints in 1893." Eine gewisse Berechtigung zu diesem Eingriff sah Marshall darin, daß Gold noch zu Anfang des 19. Jahrhunderts (!) in

Diese Frage ist jedoch zu verneinen. Es kann nicht angenommen werden, daß ein Volk sich mit der Wahl einer bestimmten Währung, z. B. einer offenen Silberwährung, für alle Zeiten die Hände bindet. An sich ist ja ohnehin jedes Volk in der Lage, die Gesetze, durch die es seine Währung festgesetzt hat, zu ändern. Ob das geschieht, oder nicht, darüber muß die Rücksicht auf das Staatswohl, die Rücksicht auf das Gesamtinteresse aller Einwohner entscheiden. Allgemein gültige Sätze lassen sich darüber schwer aufstellen. Unter Umständen, z. B. in Kriegszeiten wie in Frankreich im Jahre 1870, kann das Staatsinteresse selbst den Übergang zu einer Papierwährung verlangen!

Man wird es in dieser Beziehung auch nicht als absolutes Prinzip hinstellen können, wie es vielfach geschieht, daß entscheidend sein müsse, jeden Einfluß auf die Gestaltung der Preise zu vermeiden; denn es hat unzweifelhaft z. B. für Indien im allgemeinen Interesse gelegen, daß zur Zeit des allgemeinen Preisfalles auf dem Weltmarkte die Rückwirkung dieses Preisfalles auf Indien durch das Bestehen der indischen Silberwährung verhütet wurde: es wäre unbedingt unrichtig gewesen, wenn Indien seine Silberwährung schon im Jahre 1873 oder doch 1877 aufgehoben hätte! Auf der anderen Seite kann man auch nicht sagen, daß es unter allen Umständen das Ziel jeder Währungspolitik sein müsse, die Stabilität der Preise und damit die Stabilität des Geldwerts zu erhalten; denn damit würde man es z. B. auch als Ziel hinstellen, Veränderungen des Preises, welche die Konjunktur hervorruft, u. a. eine umfassende Verbilligung der Preise, welche infolge einer Verbesserung der inländischen Technik, infolge der Aufhebung inländischer Steuern etc. entstehen würde, soweit das möglich ist, zu hindern. Man wird nur sagen dürfen, daß es vielfach im allgemeinen Interesse liegt und daher geboten ist, zu verhindern — selbst durch einen Wechsel der Währung —, daß infolgedessen, daß zur Darstellung und Verkörperung der inländischen Währungs-

Indien Währungsgeld gewesen sei, und daß deshalb die jetzt lebende Generation als Nachkommen der damaligen Einwohner sich auch darüber nicht hätten beklagen können, wenn England die damalige Goldwährung von Anfang an beibehalten, die Silberwährung überhaupt nicht eingeführt haben würde (!).

einheit (der Mark, des Schilling, der Rupie) ein bestimmtes Metall, dessen Preis dem Einflusse von Angebot und Nachfrage auf dem Weltmarkte unterliegt, gewählt oder beibehalten wird, durch Veränderungen von Angebot und Nachfrage nach diesem Metalle die Stabilität der inländischen Preise beeinträchtigt wird[1]).

Ein Fall der letzteren Art lag im Jahre 1893 in Indien vor. Da in Indien offene Silberwährung bestand, mußte jede Verschiebung in dem Preisverhältnisse zwischen Silber und Gold auf dem Weltmarkte durch die entsprechende Veränderung des Kurses der Rupie gegenüber den Valuten der Goldwährungsländer die Preise der indischen Export- und Importartikel in Indien und infolgedessen auch die Preise anderer Dinge beeinflussen. Diese Beeinflussung war bisher zum mindesten keine ungünstige gewesen, da sie dazu gedient hatte, die Preise von Weizen, Baumwolle, Leinsaat, Indigo, Thee stabil zu erhalten oder doch vor größerem Sinken zu bewahren, wenn sie auch gleichzeitig dazu geführt hatte, die Stabilität der Preise von Jute und Reis durch die Steigerung derselben zu beeinträchtigen. Im Jahre 1893 aber stand für den Fall der Beibehaltung der offenen Silberwährung eine Beeinflussung der Preise bevor, die mit dem aufgestellten Prinzip der Vermeidung jeder Beeinträchtigung der Stabilität durch die Veränderung von Angebot und Nachfrage nach dem Metalle, welches den Körper der Währungseinheit im Gelde bildet, nicht vereinbar gewesen wäre. Mit der bevorstehenden Einstellung der amerikanischen Silberkäufe war ein neuer Preissturz des Silbers zu erwarten. Infolgedessen hätte bei Fortdauer der offenen Silberwährung ein weiterer Kurssturz der Rupie (bis auf etwa 10 d) und in Konsequenz davon eine starke Steigerung der Preise aller Export- und Importartikel eintreten müssen, die ihrerseits wieder auf die Preise anderer Güter zurückgewirkt hätte.

---

1) Über die Notwendigkeit der Unterscheidung der Währungseinheit von dem Material, aus dem das Geld hergestellt wird, des Geldwerts und des Gold- oder Silberwerts des Geldes, und den selbständigen Wert eines — jeden Metallwerts entbehrenden — Geldes wie des Papiergeldes vergl. die Schriften des Verfassers: Irrtümer auf dem Gebiete des Geldwesens (1900) S. 1 ff., Papierwährung mit Goldreserve für den Auslandsverkehr (1894), sowie spätere Schriften; ferner Helfferich Studien (1900) S. 70 u. Cit.

Dadurch wäre die Stabilität der Preise in Indien stark beeinträchtigt worden. Unter diesen Umständen war es zweifellos ein berechtigter Akt der Staatsgesetzgebung, wenn durch die Schließung der Münzen am 26. Juni 1893 die Abhängigkeit des Werts der Rupie von dem Silberpreise aufgehoben wurde. Es ist nicht nötig, zur Rechtfertigung dieses Schrittes auf die finanzielle Notlage der indischen Regierung (die sich schließlich auch noch auf andere Weise hätte beseitigen lassen) zurückzugreifen und denselben als einen Akt der Notwehr bezw. als im Notstande begangenes Unrecht lediglich zu entschuldigen.

Es fragt sich aber, ob die indische Währungsreform vom Rechtsstandpunkte aus nicht deshalb verurteilt werden muß, weil nicht der Kurs von 14 5/8 d, welcher kurz vor der Schließung der Münzen, oder der Kurs von zirka 15 d, welcher im Jahre 1892/93 den Durchschnitt bildete, fixiert wurde, sondern die Hebung des Kurses auf 16 d stattfand. Eine Hebung des Geldwerts bei einem Währungswechsel wird allgemein verurteilt, auch in England[1]). Nach dem hier aufgestellten Grundsatze würde eine Ausnahme für den Fall zu machen sein, daß das Staatswohl eine solche Hebung verlangt. Das wird aber selten oder nie vorkommen. Jedenfalls lag in unserem Falle eine solche Ausnahme nicht vor. Nach den früheren Ausführungen (S. 283) hätte vielmehr die einfache Festlegung des damaligen Goldwerts der Rupie, die Erhaltung des damaligen Kurses von 14 5/8 d oder 15 d und die dadurch bedingte Erhaltung ihres Geldwerts in Indien mehr im allgemeinen Interesse gelegen.

Nun ist aber folgendes zu berücksichtigen. Das Steigen des Kurses der Rupie auf 16 d ist nicht eigentlich durch die Maßnahmen der indischen Regierung herbeigeführt worden. Voraussetzung für dieses Steigen war allerdings die Schließung der indischen Münzen, welche die Abhängigkeit der Rupie von dem Preise des Silbers beseitigte. Dadurch wurde aber nur das Steigen des Kurses ermöglicht, nicht herbeigeführt, und überdies war diese Maßregel schon behufs der Erhaltung

---

[1]) Vergl. u. a. den Schlußbericht der Gold- und Silberkommission Teil II § 125. Teil III § 31 VII. Bericht der indischen Währungskommission von 1892/93 §§ 134. 135. 111. Bericht von 1898/99 § 68 Abs. 5 und S. 25 Abs. 2.

der Stabilität der Preise, wie soeben ausgeführt worden, berechtigt. Abgesehen hiervon hat aber die Regierung lediglich in der Weise eingegriffen, daß sie durch Unterlassung der Vornahme von Prägungen eine relative Kontraktion des Geldumlaufs herbeiführte und daß sie dem Golde zum Kurse von 16 d gesetzliche Zahlkraft und Austauschbarkeit gegen Rupien beilegte. Von diesen beiden Maßregeln war die erstere unwirksam — wenn auch die indische Regierung das Gegenteil behauptet. Das Steigen des Kurses war, wie schon mehrfach hervorgehoben,[1]) lediglich die Folge dessen, daß die realen Verhältnisse des Auslandsverkehrs sich für Indien so gestalteten, daß denselben kein niedrigerer Kurs als derjenige von 16 d entsprach. Dann bleibt die weitere Maßregel der Festsetzung der Relation auf 16 d übrig. Diese Maßregel hatte aber nur zur Folge, daß der Kurs, soweit es die realen Verhältnisse des Verkehrs zuließen, wie es jedenfalls für die ersten Jahre nach 1898 zutraf, nicht noch mehr in die Höhe ging.

Hiernach kann auf Grund dessen, was die Regierung getan hat, der Vorwurf einer unzulässigen Hebung des Geldwerts der Rupie nicht gegen sie erhoben werden. Es fragt sich aber, ob die Regierung nicht insofern unrecht handelte, als sie es unterließ, ein Steigen des Kurses der Rupie über 14⁵/₈ d bezw. über 15 d hinaus zu verhüten, was durch die Festsetzung der Relation in dieser Höhe statt auf 16 d möglich gewesen wäre. Das trifft in der Tat zu. Das Prinzip der Vermeidung einer Beeinflussung des Geldwerts durch Maßnahmen der Regierung (abgesehen von dem Ausnahmefalle des Erfordernisses im Staatsinteresse) hätte verlangt, daß der Kurs, soweit möglich, in der Höhe fixiert wurde, die er zur Zeit des Übergangs zu der neuen Währung einnahm. Bis zu diesem Zeitpunkte bestand ja die frühere Währung zu Recht, und wenn es auch dem Staate unbenommen ist, zu irgend einer Zeit eine andere Währung dafür an die Stelle zu setzen, so müssen doch die Zustände, welche unter der früheren Währung geschaffen sind, respektiert werden und darf die neue Währung, wenn nicht das Staatsinteresse entgegensteht, nur an diejenigen Zustände

[1]) Vergl. oben S. 57—59.

anknüpfen, welche zur Zeit ihrer Herstellung bestehen. Dabei ist als Zeit der Herstellung (schon in Anbetracht der spekulativen Ausbeutung des Währungswechsels) nicht der Moment der Einführung, auch nicht der Tag des erforderlichen Gesetzgebungsaktes, sondern etwa die Zeit anzusehen, während welcher die Änderung betrieben, der Plan ausgearbeitet wird und die notwendigen vorbereitenden Schritte getan werden. Für Indien war das die Zeit von Anfang 1892 bis etwa Ende Mai 1893 — der Juni kann infolge der spekulativen Ausbeutung des vorzeitig bekannt gewordenen Gutachtens der Hershell-Kommission nicht mehr in Betracht kommen. Der durchschnittliche Kurs in dieser Zeit war aber nicht 16 d, sondern nur etwa 15 d.

Hiernach hätte die indische Regierung die Verpflichtung gehabt, das Erforderliche zu tun, um ihrerseits, soweit es mit dem Staatsinteresse vereinbar war, ein Steigen des Kurses über 15 d und ein Sinken desselben unter diesen Stand bei dem Übergange zu der neuen Währung zu hindern. Dazu gehörte, daß sie die Relation nicht auf 16 d, sondern auf 15 d festsetzte. Daß das nicht geschah, ist vom Rechtsstandpunkte aus zu verurteilen.

Hiermit kommen wir zu dem Resultate, die Rechtsfrage der indischen Währungsreform dahin zu beantworten, daß die Aufhebung der offenen Silberwährung nicht nur formell, sondern auch materiell kein Rechtsbruch war, daß aber bei dem Übergange zu der jetzigen Währung der Goldwert der Rupie nicht auf 16 d, sondern etwa auf 15 d hätte festgesetzt werden müssen.

Siebentes Kapitel.

Die Bedeutung der indischen Währungsreform für Europa.

Um die wahre Bedeutung der indischen Währungsreform für Europa festzustellen, müßten wir, wie schon S. 91 für Indien ausgeführt, zu ermitteln suchen, was geschehen wäre und wie die Verhältnisse jetzt liegen würden, wenn die Währungsreform nicht vorgenommen wäre, und dann mit diesem hypothetischen Zustande die jetzige Lage der Dinge vergleichen. Nur so würden wir ein richtiges Bild erhalten. Um im Rahmen dieser Arbeit zu bleiben, müssen wir uns aber auch hier im wesentlichen auf einen Vergleich mit dem status quo beschränken.

1. Abschnitt: **Folgen für den Warenverkehr.**

a. Der Einfluß auf den Export Europas.

Durch die indische Währungsreform ist der Export Europas einerseits insoweit beeinflußt worden, als er sich nach Indien selbst richtet, andererseits insoweit, als er sich nach Ländern richtet, in welchen die europäischen Exporteure mit den indischen in Konkurrenz treten, wie z. B. in China, endlich — indirekt — (weil durch die Aufhebung der offenen Silberwährung in Indien der Preis des Silbers gedrückt wurde) allgemein insoweit, als er sich nach Silberländern richtet. Wir beschränken uns zunächst auf die Betrachtung des Einflusses auf den Export nach Indien selbst.

Auf den Export Europas nach Indien hat die indische Währungsreform in verschiedener Weise eingewirkt. Die Wirkungen sind teils direkte, herbeigeführt einerseits durch die Herstellung der Stabilität des Kurses, andererseits durch das Steigen des Kurses auf 16d, teils indirekte, herbeigeführt durch Konsequenzen dieser Veränderungen des Kurses.

Durch die Herstellung eines stabilen Kurses ist ganz zweifellos der Handel und daher auch der Export Europas nach Indien erleichtert worden. Mit dem Aufhören der Kursschwankungen hat sich nämlich das Risiko der europäischen Exporteure bedeutend vermindert. Zunächst ist die Erlangung eines bestimmten Erlöses in Gold als Gegenwert des Rupienerlöses in Indien gesichert worden. Früher hing die Größe dieses Erlöses von dem Kurse ab und war sie je nach der schwankenden Höhe desselben größer oder geringer. Allerdings konnte dieses Kursrisiko durch Versicherung gedeckt werden. Das kostete aber eine Prämie und vermehrte daher die Spesen. Soweit es geschah, ist wenigstens der Vorteil erzielt worden, daß sich die Spesen um den Betrag dieser Prämie verringert haben. Sodann ist der Exporteur bei Konsignationen nicht mehr der Gefahr ausgesetzt, daß er infolge einer Verzögerung des Verkaufs deshalb niedrigere als die berechneten Preise erhält, weil infolge eines Steigens des Kurses, wie es früher geschehen konnte und geschah, die Konkurrenz billiger anbietet. Endlich bleiben dem Exporteur die vielen Schwierigkeiten erspart, welche er bei festem Verkauf (sowohl bei sog. Indent- als auch bei anderen Geschäften) früher hatte, die Abnahme der Ware zu erlangen, wenn inzwischen infolge eines Steigens des Kurses der indische Preis gefallen war. Der indische Händler suchte in einem solchen Falle früher unter allen möglichen Vorwänden von dem Kontrakte loszukommen, weil das abgeschlossene Geschäft ihm dann nicht mehr Gewinn, sondern Verlust brachte, und die dadurch entstandenen Schwierigkeiten konnten sehr häufig nur mit einem finanziellen Opfer aus der Welt geschafft werden[1]). Alle diese Hindernisse eines gedeihlichen und lebhaften Verkehrs sind fortgefallen und das ist zweifellos ein großer Vorteil.

Abgesehen hiervon ist der Export Europas nach Indien auch durch das Steigen des Kurses auf 16d gefördert worden. Diese Förderung ist einerseits deshalb eingetreten, weil die europäischen Waren in Indien jetzt wegen der Kursdifferenz (16d statt $14^{5}/_{8}$d) um 8,6 Prozent billiger angeboten werden können als vor der Währungsreform[2]) und

[1]) Vergl. oben S. 48ff. [2]) Vergl. oben S. 121.

zu diesem billigeren Preise leichter Absatz finden, andererseits deshalb, weil die Konkurrenzfähigkeit der indischen Produzenten, soweit diese gleichartige Artikel herstellen (wie die Baumwollspinner, die Tuchfabrikanten, die Bierbrauer, die Zuckerfabrikanten etc.), wie früher gezeigt, mehr oder weniger geschwächt worden ist. Die Bedeutung dieser Konsequenzen darf aber nicht überschätzt werden. Die Ermöglichung billigeren Angebots an sich ist nur insoweit vorteilhaft, als die Kaufkraft der Reflektanten nicht geschwächt und der Bedarf nicht eingeschränkt wird. Diese Bedingung dürfte aber für Indien in Anbetracht der Schädigung so vieler Produzenten und der Entwertung der Hoards — wenn lediglich die Folgen der Reform in Betracht gezogen werden — wenigstens für so lange Zeit, als nicht durch die beschleunigte Aufschließung Indiens infolge der vermehrten Bereitstellung ausländischen Kapitals für den Eisenbahnbau Ersatz geschaffen ist, nicht als erfüllt anzusehen sein. Was ferner die Schwächung der Konkurrenzfähigkeit der indischen Produzenten anlangt, so ist diese zunächst in vielen Fällen z. B. in der Spinnerei, wie wir gesehen haben, nicht sehr groß und außerdem besteht sie ja nur so lange, bis durch den Rückgang der Preise, insbesondere der Preise der Produktionsanlagen und des Grund und Bodens, oder, wenigstens buchmäßig, durch Abschreibungen von dem investierten Kapital eine Anpassung an die veränderten Verkehrsbedingungen herbeigeführt worden ist.

Im allgemeinen und auf die Dauer wird der Export eines Landes nach einem anderen, hier der Export Europas nach Indien, ebenso wie der Absatz eines einzelnen Menschen an einen anderen, nur dann eine Vergrößerung erfahren, wenn das betreffende Land (hier Indien) entweder in die Lage kommt, (irgendwohin) selbst mehr zu exportieren oder (was der Natur der Dinge nach allerdings nur vorübergehend helfen kann), wenn es größeren Kredit erlangt und ihm deshalb mehr Kapital zufließt. Trifft das zu, so kommt es noch darauf an, ob die größere Kaufkraft gegenüber dem bestimmten Gebiete des Auslands, um das es sich handelt, hier Europa, betätigt wird. Hierüber entscheidet bei einer Vergrößerung der Kaufkraft infolge von Kapitalzufluß vielfach die Bestimmung des Kreditgebers, im übrigen und speziell bei einer Zunahme des Exports der größere Vorteil.

Hat aber die indische Währungsreform dazu beigetragen, oder wird sie dazu beitragen, die Kaufkraft Indiens in einer der angegebenen beiden Richtungen zu erhöhen, also den Export zu heben oder den Kapitalzufluß zu vergrößern?

Eine Erhöhung der Kaufkraft Indiens aus dem Grunde der Vergrößerung seines Exports ist als direkte Folge der Währungsreform nicht zu erwarten, denn die Währungsreform hat durch die Hebung des Kurses auf 16d den Export nach allen Richtungen erschwert und die Konkurrenzfähigkeit der indischen Produzenten überall, wenigstens vorübergehend, geschwächt, und wenn auch diese ungünstige Wirkung durch die Stabilisierung des Kurses gegenüber den Goldwährungsländern teilweise kompensiert worden ist, so ist das doch eben nur teilweise geschehen. Als indirekte Folge dagegen kann sich eine Vergrößerung des Exports ergeben. Das muß geschehen, wenn die Stabilisierung des Kurses das ausländische Kapital zu stärkerer Beteiligung am Eisenbahnbau veranlaßt und dadurch eine raschere Aufschließung von Gebieten herbeiführt, die für die Export-Produktion tauglich sind. Es muß ferner geschehen, wenn es indischen Unternehmern (einheimischen oder fremden) in irgend einem Zweige der Exportproduktion durch die Ausstattung mit ausländischem Kapital direkt ermöglicht wird, ihren Betrieb auszudehnen, oder wenn indische Banken durch den Zufluß ausländischen Kapitals in den Stand gesetzt werden, Exportproduzenten billigeren Kredit zu geben und ihnen dadurch eine Ausdehnung ihrer Produktion zu ermöglichen. Das alles ist in gewissem Umfange schon jetzt eingetreten und wird, durch die Stabilisierung des Kurses begünstigt, in Zukunft, sobald einerseits das Vertrauen auf die Erhaltung des Kurses von 16d noch mehr gefestigt sein wird, und andererseits die Preise des Grund und Bodens und die übrigen Produktionsbedingungen dem Kurse von 16d angepaßt sein werden, wahrscheinlich in noch stärkerem Maße geschehen.

Die zweite Frage, ob die Währungsreform zu einer Vergrößerung des K a p i t a l zuflusses geführt hat bezw. führen wird, ist schon früher (S. 99ff.) bejahend beantwortet worden. Freilich hat der Kapitalzufluß sich bis jetzt in mäßigen Grenzen gehalten, aber eine Zunahme ist zu erwarten.

Wird aber die hiernach im Resultate und vor allem für die Zukunft vergrößerte Kaufkraft Indiens speziell Europa gegenüber betätigt werden? Soweit ein Kapitalzufluß erfolgt, dürfte das, wenigstens zum größten Teil, wirklich geschehen. Im übrigen wäre es möglich, daß die größere Kaufkraft nicht Europa, sondern anderen Ländern gegenüber betätigt würde, z. B. gegenüber China und Japan, denen der Import nach Indien so bedeutend erleichtert worden ist, und ferner gegenüber den Vereinigten Staaten von Nordamerika, die sich mit Europa in gleicher Lage befinden. Indessen China und Japan vermögen Indien nicht viel zu bieten und die Vereinigten Staaten konkurrieren wenigstens auf gleichem Fuße. Deshalb wird auf Europa zweifellos zum mindesten ein sehr bedeutender Anteil entfallen.

Hiernach muß der indischen Währungsreform für den Export Europas nach Indien eine überwiegend günstige Wirkung zugesprochen werden.

Tatsächlich ist der Import Indiens aus Europa, wie die folgende Tabelle beweist, im Vergleich mit der Zeit vor Beginn der Währungsreform erheblich gestiegen. Dem Werte nach ist derselbe von 512,9 Mill. Rupien im Jahre 1892/93 auf 594 bezw. 623,4 und 688,7 Mill. Rupien in den Jahren 1899/1900, 1900/01 und 1901/02 angewachsen. Dabei erscheinen die Ziffern des Jahres 1892/93 für einen Vergleich mit den späteren Jahren noch um volle 32 Mill. Rupien zu hoch; denn der damalige Kurs war um 1 d niedriger und deshalb mußten die Rupienpreise der Importartikel, welche bei der Wertberechnung zu Grunde gelegt sind, dieser Differenz entsprechend höher stehen, als sie bei dem jetzigen Kurse von 16 d gestanden haben würden. In Wirklichkeit hat die Zunahme daher noch 32 Mill. Rupien mehr betragen. Wahrscheinlich ist dieselbe aber noch etwas größer gewesen. Die angeführten Zahlen geben nämlich kein richtiges Bild, weil sie die Durchfuhr mitenthalten. Die letztere kann nicht in Abzug gebracht werden, weil sie in der indischen Statistik bei dem Verkehr mit den einzelnen Ländern wohl für den Export, aber nicht für den Import besonders nachgewiesen wird. Da nun die Durchfuhr im ganzen, wie unsere Tabelle zeigt, von 45,9 Mill. Rupien im Jahre 1892/93 bis auf zirka 32½ Mill.

Rupien in den Jahren nach 1899, also um nicht weniger als 13,4 Mill. Rupien, zurückgegangen ist, so würden sich wahrscheinlich bei Absetzung derselben für den definitiven Import Indiens aus Europa noch günstigere Zahlen ergeben. Abgesehen hiervon ist noch zu berücksichtigen, daß die konstatierte Zunahme des Imports eintrat, obwohl in der Zwischenzeit, nämlich im Jahre 1894/95, eine Reihe neuer Zölle eingeführt und andere Zölle erhöht wurden, wobei freilich die Hauptimportartikel, Baumwollgarn und Baumwollwaren, frei blieben bezw. eine relative Begünstigung erfuhren. Abgesehen hiervon haben in den Jahren 1899/1900 und 1900/01 auch die damaligen Mißernten den Import beeinträchtigt.

Ziehen wir alle diese Punkte in Betracht, so muß die Zunahme des europäischen Imports als sehr bedeutend bezeichnet werden Dieselbe war aber natürlich nicht ausschließlich Folge der Währungsreform. Vielmehr ist wahrscheinlich die Entwicklung Indiens im ganzen, die natürliche Ausdehnung des indischen Verkehrs in den dazwischen liegenden sieben und mehr Jahren die Hauptursache gewesen. Außerdem bildet für die Feststellung der Folgen der Reform das Jahr 1892/93 einen schlechten Ausgangspunkt, weil damals wegen der Unsicherheit in betreff der künftigen Gestaltung der Währungsverhältnisse Handel und Wandel darniederlagen und der Import besonders gedrückt war. Im Vergleich mit diesem Jahre erscheint daher die Zunahme zu groß. Wollten wir aber auf das Jahr 1891/92 zurückgehen, so würden wir ein zu ungünstiges Bild erhalten, weil in diesem Jahre der Kurs der Rupie mit 16,73d noch höher war als jetzt, so daß diesem Jahre gegenüber nur die Stabilisierung, nicht auch die Hebung des Kurses eine Wirkung äußern konnte. Um so beachtenswerter ist es, daß auch diesem Jahre gegenüber eine bedeutende Zunahme des Imports eingetreten ist, selbst dann, wenn berücksichtigt wird, daß die Ziffern desselben, nach dem jetzigen Kurse berechnet, nicht 548,9, sondern 573,9 Mill. Rupien lauten würden.

Bemerkenswert ist noch, daß der Import aus Europa in viel höherem Maße gestiegen ist als der Import aus anderen Ländern. Denn während die Zunahme des europäischen Imports in der Zeit von 1892/93 bis 1901/02 176 Mill. Rupien oder 34 % beträgt, ist der außereuropäische Import nur um 12,9 Mill. Rupien oder etwa 11½ % gestiegen. Hierbei ist freilich zu berücksichtigen, daß sich in Europa das Mutterland Indiens, England, befindet, dessen Import allein um 85½ Mill. Rupien gewachsen ist, und daß die Ziffern für Rußland in unserer Tabelle auch den Import des asiatischen Rußland mitenthalten.

Import Indiens aus Europa.

Warenhandel auf Privatrechnung [1]).
(1000 Rupien).

aus:	1891/92	1892/93	1899/1900	1900/01	1901/02 [2])
Großbritannien . .	482 714	440 058	487 532	486 760	525 563
Deutschland	15 250	14 513	16 849	26 030	30 373
Österreich-Ungarn .	8304	10 319	23 834	31 368	39 397
Belgien	13 240	16 454	18 360	24 305	30 133
Frankreich	10 417	10 403	10 259	11 084	13 768
Rußland [2])	11 291	14 886	24 015	28 394	31 862
Italien	5359	3563	7401	8264	9749
Holland	1554	2067	3105	4304	5992
Norwegen	450	476	410	412	619
Schweden	189	155	693	660	1131
Dänemark	—	3	9	3	2
Spanien	5	5	91	39	59
Portugal	6	7	64	37	16
Türkei i. E.	8	15	1408	1726	13
Griechenland . . .	3	3	14	7	12
Summe	548 880	512 927	594 044	623 393	688 689
Gesamter Import . . (über See)	665 875	626 050	707 119	762 779	814 708
Prozentsatz d. Imports aus Europa . . .	82,4	81,9	84	81,7	84,5
Gesamt-Durchfuhr .	44 852	45 903	32 925	32 085	32 603
Import aus außereuropäisch. Ländern	116 995	113 123	113 075	139 386	126 019
Kurs der Rupie . .	16,733	14,985	16,0676	15,9733	15,9917

[1]) Nach dem Statement of the Trade of Brit. India 1892/93 S. 53 und den Tables relating to the Trade of India 1901/02 S. 5, Review 1901/02 S. 1.

[2]) Einschließlich des asiatischen Rußland. Der Import aus dem europäischen Rußland bewertete sich im Jahre 1891/92 auf 150 Rupien, 1892/93 auf 0. Im ganzen besteht der Import zu etwa 90 % in Mineralölen.

Wie sich der Import im einzelnen gestaltet hat, zeigt für die wichtigsten europäischen Handelsartikel die folgende Tabelle (S. 308—313), in welcher außer den Wertziffern auch die Mengen angegeben sind. Es ist zugleich ersichtlich gemacht, welchen Anteil England und Deutschland an diesem Import gehabt haben, wie groß der Gesamt-Import an Artikeln der betreffenden Gattung gewesen, und wie viel von den im ganzen eingeführten Mengen wiederausgeführt worden ist.

Eine bedeutende Zunahme des Imports ist hiernach eingetreten bei folgenden Waren: gebleichte und gefärbte etc. baumwollene Gewebe, halbseidene Waren, Wollwaren, Stahl, Eisen- und Messerschmiedwaren, Maschinen etc., Eisenbahnmaterial für Staatsrechnung, Anilinfarben, Zucker, Bier und Spirituosen. Dagegen ist nicht oder doch nicht erheblich fortgeschritten oder hat abgenommen: der Import von Baumwollgarn, ungebleichten baumwollenen Geweben, Seidenwaren, Kupfer, Kohle, Wein. Die Abnahme des Imports an Baumwollgarn erklärt sich im wesentlichen aus der Erstarkung der indischen Baumwollindustrie, welche — trotz der Erleichterung des Imports und trotz der Schwächung der Konkurrenzfähigkeit der indischen Produzenten durch die Währungsreform[1]) — immer mehr in die Lage kommt, den Bedarf Indiens an grobem Garn selbst zu decken[2]). Der Rückgang des Imports an Kupfer findet in der Minderung des Wohlstandes der indischen Bauern und Kleingewerbe-

---

[1]) Vergl. oben S. 154, 157.

[2]) An Baumwollgarn der verschiedenen Gattungen wurde importiert

Gattung	1899/1900	1900/01	1901/02
		(Tausend lbs.)	
No. 1—30	10283	8022	7408
31—40	26360	20227	23860
über 40	4241	4374	4405

Dagegen betrug die indische Produktion

Gattung	1899/1900	1900/01	Gattung	1901/02
No. 1—20	439224	272773	No. 1—30	559410
über 20	62071	70005	31—40	12610
			über 40	910

(vergl. Stat. Abstr. 1900/01 S. 263; Review of the Trade of India 1900/01 S. 12, 1901/02 S. 13). Hier zeigt sich deutlich, wie der Import an groben Garnen (No. 1—20 bezw. No. 1—30) immer mehr zurückgeht, weil das ausländische Produkt durch die Erzeugnisse der zunehmenden indischen Produktion verdrängt wird, während die feinen englischen Garne das Feld behaupten.

treibenden, welche die Mißernten der letzten Jahre zur Folge hatten, seine besondere Erklärung.

* * *

Der Export Europas ist aber durch die indische Währungsreform nicht nur in der Weise begünstigt worden, daß der Import nach Indien erleichtert wurde, sondern auch dadurch, daß der Export Indiens nach dem ganzen Auslande erschwert, und daß die Konkurrenzfähigkeit der indischen Produzenten auf allen Märkten der Welt geschwächt wurde. Hierdurch sind die europäischen Exporteure in den Stand gesetzt worden, ihre indischen Konkurrenten auch in anderen Exportgebieten, z. B. in China und in Japan, zu unterbieten. Da bei dieser Konkurrenz hauptsächlich Industrieartikel, in China z. B. Baumwollgarn, in Frage kommen, so ist dieser Vorteil allerdings nicht so bedeutend, wie man nach der entstandenen Valutadifferenz erwarten könnte. Speziell bei der Lieferung von Baumwollgarn nach China beträgt der Unterschied, wie wir früher (S. 157) berechnet haben, 6,4 % des früheren Preises. Allerdings spielt eine derartige Differenz, zumal bei Industrieartikeln, im wirtschaftlichen Leben der Gegenwart schon eine recht große Rolle. Es ist aber zu beachten, daß es sich hier nur um eine vorübergehende Wirkung handelt, da nach der Anpassung der Preise der Produktionsanlagen u. s. w. an die veränderten Produktionsbedingungen in Indien die Konkurrenzfähigkeit der indischen Produzenten wiederhergestellt sein wird.

Diesen überwiegend günstigen Wirkungen der Währungsreform steht als ungünstige Konsequenz gegenüber, daß der Export Europas nach den Silberländern (China, Hinterindien, Mexiko u. s. w.) durch die Herbeiführung eines um so stärkeren Sinkens und größerer Schwankungen des Silberpreises[1]) erschwert worden ist. Dieser Nachteil ist aber, wenigstens zum Teil, dadurch kompensiert worden, daß, von Mexiko (als Silberexportland) abgesehen, durch das Sinken des Wechselkurses und die dadurch bewirkte Erleichterung ihres Exports die Kaufkraft dieser Länder gestärkt worden ist. Eine derartige Kompensation dürfte um so eher eingetreten sein, als in den meisten Silberländern die Industrie

[1]) Vergl. unten S. 349/50.

Import der wichtigsten Waren aus Europa nach Menge und Wert[1)2)].

	1891/92		1892/93		1899/1900		1900/01		1901/02	
	Menge	Wert 1000 R.	Menge	Wert 1000 R.	Menge	Wert 1000 R.	Menge	Wert 1000 R.	Menge	Wert 1000 R.
Baumwollgarn	1000 lbs.		1000 lbs.		1000 lbs.		1000 lbs.		1000 lbs.	
aus Europa	50220	35087	38163	26752	42615	24495	33681	24423	38140	26402
aus England	49361	34321	37337	26065	40799	23453	32513	23587	36178	24971
aus Deutschland . . .	67	57	20	17	2	2	2	4	38	33
Totalimport	50404	35146	38277	26839	42622	24500	34803	24892	38299	26470
wiederausgeführt . .	1649	1137	1347	908	1909	1057	1216	729	1740	1059
Baumwollwaren (Stückg.)										
ungebleicht	1000 yards		1000 yards		1000 yards		1000 yards		1000 yards	
aus Europa	1169251	138634	1090215	121295	1270515	139065	1183580	142037	1178997	144363
aus England	1169159	138591	1090164	121263	1270469	139053	1183282	141891	1178464	144270
aus Deutschland . . .	6	1	—	—	26	5	184	32	66	12
Totalimport	1173176	139358	1092584	121767	1274912	139828	1192173	143512	1186764	145734
wiederausgeführt . .	24930	3546	21553	3149	10495	1204	10952	1441	13199	1820
gebleicht										
aus Europa	359431	49063	375319	48408	443171	53104	466450	60841	579838	78158
aus England	357794	48559	374115	47978	438637	52014	461831	59714	574381	77096
aus Deutschland . . .	384	95	10	4	114	22	100	24	149	39
Totalimport	361394	49539	376359	48644	444546	53407	467482	61057	580088	78438
wiederausgeführt . .	14390	2221	12725	2043	10108	1373	10105	1517	12458	1846
gefärbt, bedruckt etc.										
aus Europa	345804	56369	337465	52390	469954	65494	340889	57374	420697	62038
aus England	337991	53923	328779	49241	457282	62144	327038	52845	401232	61499
aus Deutschland . . .	1045	399	591	317	1103	429	902	581	1022	629
Totalimport	348116	57014	339111	52955	471884	65889	343165	57857	422861	67344
wiederausgeführt . .	55558	11719	55119	11511	46899	9389	40533	8339	46719	9342

Seidenwaren										
Stückgüter										
aus Europa	6 366	8 005	5 841	7 974	2 245	2 122	2 745	2 740	2 238	2 205
aus England	4 504	6 729	4 073	5 850	1 069	970	1 053	1 536	789	815
aus Deutschland . . .	72	104	106	148	10	11	23	25	25	33
Totalimport	11 790	14 534	12 558	14 913	8 212	6 594	17 416	11 737	12 625	8 678
wiederausgeführt . .	693	607	703	612	481	406	541	467	787	585
Halbseidene Waren										
aus Europa	3 115	2 813	2 806	2 729	3 284	2 499	3 052	2 484	4 635	3 480
aus England	164	137	145	112	623	450	836	634	633	480
aus Deutschland . . .	77	62	134	109	335	347	413	408	401	399
Totalimport	3 146	2 735	2 845	2 751	3 633	2 743	3 256	2 616	4 847	3 614
wiederausgeführt . .	48	57	108	104	70	57	57	64	127	80
Wollwaren										
Stückgüter										
aus Europa	13 801	13 330	11 406	11 287	14 381	11 329	14 227	12 546	16 083	13 205
aus England	10 490	9 706	8 079	7 727	9 416	8 041	9 206	8 070	9 379	8 738
aus Deutschland . . .	2 238	2 409	2 151	2 261	2 182	1 057	3 033	2 430	4 838	3 159
Totalimport	13 839	13 367	11 466	11 308	14 402	11 344	14 278	12 577	16 120	13 224
wiederausgeführt . .	482	539	405	443	338	346	341	360	266	281
Shawls	1000 Stück		1000 Stück		1000 Stück		1000 Stück		1000 Stück	
aus Europa	795	1 973	652	1 002	1 503	3 334	1 775	5 104	1 214	3 062
aus England	654	1 453	464	1 114	731	1 634	865	2 577	577	1 457
aus Deutschland . . .	94	334	128	463	661	1 458	755	2 109	569	1 475
Totalimport	797	1 977	654	1 905	1 515	3 343	1 770	5 106	1 215	3 064
wiederausgeführt . .	28	31	26	27	3	5	5	8	5	13

[1]) Nach den Statements of the Trade of Brit. India 1891/92, 1892/93. Tables rel. to the Trade of India 1899/1900—1901/02.

[2]) 1 engl. Pfund (lb.) = 0,4536 kg; 1 Yard = 0,9144 m; 1 engl. Centner (Cwt.) = 112 lbs. = 50,8 kg; 1 Gallone = 4,534 l; 1 ton = 20 Cwts. = 1016 kg.

	1891/92		1892/93		1899/1900		1900/01		1901/02	
	Menge 1000 Cwts.	Wert 1000 R.	Menge 1000 Cwts.	Wert 1000 R.	Menge 1000 Cwts.	Wert 1000 R.	Menge 1000 Cwts.	Wert 1000 R.	Menge 1000 Cwts.	Wert 1000 R.
Eisen										
aus Europa	3670	23 183	3575	24 136	2873	23 628	3318	30 572	3511	28 391
aus England	2860	19 051	2383	17 842	2113	18 565	2172	22 073	2285	20 559
aus Deutschland . . .	29	210	35	278	25	261	50	543	86	777
Totalimport	3680	23 212	3596	24 232	2982	24 193	3400	31 400	3612	29 033
wiederausgeführt . .	226	829	330	1075	448	977	265	937	175	647
Stahl										
aus Europa	772	4593	622	3852	1318	9314	1724	13 490	3101	19 200
aus England	348	2397	271	1996	784	5990	815	7319	1028	7802
aus Deutschland . . .	123	637	67	333	14	109	156	974	247	1400
Totalimport	773	4595	622	3852	1453	10 008	1851	14 326	3169	19 607
wiederausgeführt . .	5	39	3	25	—	—	3	39	3	30
Kupfer										
aus Europa	400	16 597	365	15 380	82	4837	139	7916	160	8760
aus England	388	15 611	352	14 257	73	3819	121	6510	139	7247
aus Deutschland . . .	3/10	39	3/5	72	1	65	5	282	5	243
Totalimport	511	20 890	421	17 688	91	5291	160	9171	194	10 804
wiederausgeführt . .	26	1058	34	1333	5	1058	12	597	3	194
Eisen- und Messerschmiedwaren										
aus Europa	—	12 127	—	12 004	—	15 478	—	17 800	—	16 413
aus England	—	10 288	—	10 033	—	11 842	—	12 811	—	11 872
aus Deutschland . . .	—	765	—	794	—	1604	—	2327	—	2579
Totalimport	—	12 390	—	12 178	—	15 903	—	18 415	—	17 066
wiederausgeführt . .	—	696	—	708	—	754	—	1007	—	921

Maschinen und Fabrikmaterial										
aus Europa	—	21 077	—	23 525	—	25 102	—	22 019	—	29 199
aus England	—	20 851	—	23 424	—	24 703	—	21 464	—	28 874
aus Deutschland . . .	—	94	—	41	—	247	—	155	—	199
Totalimport	—	21 110	—	23 591	—	25 419	—	22 575	—	30 059
wiederausgeführt . .	—	88	—	163	—	177	—	172	—	265
Eisenbahnmaterial auf Privatrechnung										
aus Europa	—	14 841	—	10 278	—	18 060	—	12 747	—	14 691
aus England	—	14 720	—	10 206	—	18 019	—	12 580	—	13 921
aus Deutschland . . .	—	1	—	—	—	1	—	—	—	—
Totalimport	—	14 842	—	10 329	—	18 514	—	13 411	—	14 691
wiederausgeführt . .	—	—	—	—	—	—	—	7	—	9
Eisenbahnmaterial auf Staatsrechnung										
aus Europa	—	10 213	—	12 891	—	20 195	—	?	—	?
aus England	—	10 213	—	12 877	—	20 195	—	24 411	—	32 912
aus Deutschland . . .	—	—	—	—	—	—	—	?	—	?
Totalimport	—	10 213	—	12 891	—	20 195	—	25 554	—	35 497
wiederausgeführt . .	—	—	—	—	—	—	—	—	—	—
Zucker										
aus Europa	311	3785	308	4466	905	10 323	1842	21 529	3023	31 143
aus England	30	381	22	3187	65	1146	119	1351	188	2070
aus Deutschland . . .	243	2920	256	3673	61	610	402	4572	577	6212
Totalimport	2213	25 662	1960	26 257	3361	33 766	4842	54 778	5428	56 177
wiederausgeführt . .	160	1926	229	3281	100	1145	69	823	56	665

	1891/92		1892/93		1899/1900		1900/01		1901/02	
	Menge	Wert 1000 R.	Menge	Wert 1000 R.	Menge	Wert 1000 R.	Menge	Wert 1000 R.	Menge	Wert 1000 R.
Salz	1000 Cwts.		1000 Cwts.		1000 Cwts.		1000 Cwts.		1000 Cwts.	
aus Europa	6522	5635	5768	4804	6258	4713	4557	3948	8135	6266
aus England	4445	3832	4820	4090	4929	3780	3633	3006	5185	3966
aus Deutschland . . .	2068	1796	948	714	1329	932	924	942	1533	1300
Totalimport	7470	6280	7200	5767	8333	6120	6956	5660	10325	7769
wiederausgeführt . .	—	—	—	—	—	—	—	—	—	—
Bier	1000 Gall.		1000 Gall.		1000 Gall.		1000 Gall.		1000 Gall.	
aus Europa	2970	4445	3051	4541	3201	4546	3217	4673	3655	5063
aus England	2845	4131	2923	4233	3013	4033	3019	4127	3442	4501
aus Deutschland . . .	117	29	118	281	180	490	185	509	188	495
Totalimport	2974	4451	3053	4546	3212	4559	3231	4700	3679	5108
wiederausgeführt . .	4	10	5	10	7	16	32	35	2	4
Wein inkl. Portwein										
aus Europa	364	3339	326	2917	303	2784	303	2738	283	2609
aus England	244	2560	215	2227	157	1725	173	1791	163	1713
aus Deutschland . . .	17	49	12	52	6	35	6	33	6	45
Totalimport	383	3396	349	3094	319	2856	325	2834	300	2668
wiederausgeführt . .	7	72	2	26	2	21	2	20	1½	21

Spirituosen										
aus Europa	877	5283	948	6499	1067	8070	1127	8109	1169	8402
aus England	629	4991	640	5009	676	5410	665	5430	685	5663
aus Deutschland . . .	90	272	117	306	165	450	201	573	213	614
Totalimport	1010	6556	1057	6817	1245	8560	1253	8634	1270	8869
wiederausgeführt . .	6	38	4	31	7	44	7	51	9	62
Kohle und Koks[1]	1000 tons		1000 tons		1000 tons		1000 tons		1000 tons	
aus Europa	718	12201	628	11090	338	6794	83	2303	156	3411
aus England	717	12173	627	11078	318	6480	83	2299	156	3407
aus Deutschland . . .	1	23	$^{3}/_{10}$	8	—	—	$^{1}/_{10}$	4	$^{1}/_{10}$	4
Totalimport	737	12505	648	11415	422	8102	127	3067	230	4509
wiederausgeführt . .	—	—	$^{6}/_{100}$	1	—	—	—	—	—	—
Anilin- und Alizarinfarben	1000 lbs.		1000 lbs.		1000 lbs.		1000 lbs.		1000 lbs.	
aus Europa	5590	4578	5919	5018	8157	5030	7769	5105	8787	6486
aus England	793	746	654	673	427	253	243	200	400	307
aus Deutschland . . .	429	509	283	290	509	423	499	363	439	396
Totalimport	5592	4582	5923	5019	8231	5038	7781	5111	8935	6575
wiederausgeführt . .	51	57	64	95	70	86	40	44	74	90

[1]) Inkl. Patentfeuerung.

noch zu wenig entwickelt ist, um die Gegenstände des europäischen Imports selbst herzustellen, während von den Konkurrenten Europas Indien und Japan die Konkurrenz noch erschwert worden ist, so daß bevorzugte Konkurrenten nicht vorhanden sind. Näher kann das hier nicht ausgeführt werden.

b. Der Einfluß auf den Import Europas aus Indien unter spezieller Berücksichtigung der Interessen der europäischen Weizenproduzenten.

1. Im allgemeinen.

Das Interesse an dem Einfluß der indischen Währungsreform auf den Import Europas aus Indien konzentriert sich auf zwei Fragen:

1. Ist den europäischen Verbrauchern der Erwerb solcher Waren, welche Indien allein oder in Konkurrenz mit anderen Ländern nach Europa liefert, z. B. rohe Jute für die Jutefabrikanten, rohe Baumwolle für die Spinner, rohe und gegerbte Häute für die Lederfabrikanten, Reis und Gewürze u. s. w. für die Konsumenten i. e. S., verteuert worden?

2. Hat sich für die europäischen Produzenten solcher Waren, welche mit indischen auf dem europäischen Markte konkurrieren, speziell für die europäischen Weizenproduzenten, die Lage verbessert oder verschlechtert?

Für beide Fragen, und zwar ad 1 günstig, ad 2 ungünstig, kommt in Betracht, daß die Stabilisierung des Kurses mit der Beseitigung des Kursrisikos den Handel erleichtert und in Anbetracht des Wegfalls der früher zu berechnenden, zumeist auch wirklich bezahlten Risikoprämie eine billigere Preisstellung seitens Indiens ermöglicht hat.

Für beide Fragen, dagegen ad 1 ungünstig, ad 2 günstig, kommt ferner in Betracht, daß durch die Erhöhung des Kurses von 14⅝ d auf 16 d den indischen Produzenten der Export nach Europa erschwert worden ist und daß die letzteren gezwungen sind, falls sie denselben Gewinn wie vor der Währungsreform erzielen wollen, ihre Preise, teils der Kursdifferenz entsprechend, teils, nämlich dann, wenn ihre Produktionskosten ermäßigt worden sind, um so viel weniger, heraufzusetzen.

In einzelnen Fällen, praktisch wohl nur bei den Jutefabrikaten, mögen die entgegengesetzten Wirkungen der Stabilisierung und der Erhöhung des Kurses einander annähernd ausgleichen. In den meisten Fällen aber, d. h. bei der Hauptmasse der indischen Exportartikel, die sich aus landwirtschaftlichen Produkten zusammensetzt, wird in Anbetracht dessen, daß für die Produzenten dieser Artikel eine Ermäßigung der Produktionskosten überhaupt nicht oder doch nicht in erheblichem Maße eingetreten ist, die letztere Wirkung, also die Wirkung der Erhöhung des Kurses, überwiegen.

Außer diesen direkten Folgen der Reform sind nun aber noch die indirekten, und ist speziell die Wirkung der Heranziehung von Kapital zum Eisenbahnbau u. s. w. mit der Konsequenz der rascheren Aufschließung des Landes zu berücksichtigen. Durch die raschere Aufschließung des Landes werden früher, als es sonst geschehen wäre, neue Produktionsgebiete eröffnet und wird die Bebauung weiter Landstriche mit Exportartikeln ermöglicht, die früher wegen der übermäßigen Transportkosten nicht vorteilhaft war und daher unterblieb. Außerdem wird einem Teile der bisherigen Exportproduzenten die Möglichkeit verschafft, ihre Produkte billiger als früher auf den Weltmarkt zu liefern. Dieser Umstand, der übrigens im wesentlichen nur für die großen landwirtschaftlichen Bulkartikel, für Reis, Weizen, Jute, Ölsaaten u. s. w., jedenfalls nicht für Fabrikate (z. B. Jutefabrikate) in Betracht kommt (da die Exportfabriken in der Nähe der Hafenstädte liegen), wirkt der überwiegend exporterschwerenden direkten Wirkung der Kurssteigerung entgegen. Infolgedessen wird sich für viele Produzenten, jedenfalls für diejenigen, welche in den neu aufgeschlossenen Gebieten domiziliert sind, im Resultate sogar eine Erleichterung des Exports ergeben. Für die große Mehrzahl wird aber die Erschwerung überwiegen. Letzteres ergibt sich, wenn man beachtet, daß diese Erschwerung für die meisten landwirtschaftlichen Produzenten, wie wir früher (S. 118ff.) gesehen haben, einen Mindererlös von vollen 8,6 % des früheren Preises (!) zur Folge hat, während die Frachtermäßigung für diejenigen Gebiete, die schon früher in der Nähe der Eisenbahn lagen, auch nicht annähernd diesen Betrag erreichen kann. Überdies hat sich das ausländische Kapital bisher noch nicht in erheblich stärkerem Maße als früher dem Eisenbahnbau zugewendet und die Aussichten, daß hierin bald eine wesentliche Änderung eintritt, sind nicht groß.

Diejenigen Produzenten nun, denen im Resultate der Export erschwert worden ist, werden zunächst versuchen, eine entsprechende Erhöhung des Preises auf den europäischen Märkten durchzusetzen. Soweit das gelingt, liegt darin natürlich für die europäischen Konsumenten ein Nachteil, für die konkurrierenden Produzenten, speziell für die Weizenproduzenten, ein Vorteil. Ein derartiger Versuch hat aber in der Regel nur dann Aussicht auf Erfolg, wenn das Angebot im ganzen beschränkt wird, und es ist fraglich, einerseits ob die indische Konkurrenz eine Beschränkung des Angebots Indiens zuläßt, und andererseits, ob nicht eventuell die ausländische Konkurrenz ihr Angebot entsprechend vergrößern würde. Schon aus dem letzteren Grunde ist die Durchsetzung höherer Preise völlig ausgeschlossen bei Weizen und Baumwolle, da die indischen Lieferungen zu klein sind, als daß nicht bei einer Einschränkung derselben die übermächtigen Produzenten der Goldwährungsländer u.s.w., denen die Konkurrenz nicht erschwert worden ist, den Ausfall decken würden. Das Gleiche gilt in Anbetracht der Erleichterung der chinesischen Konkurrenz für Thee und wahrscheinlich auch für Häute. Bei den übrigen Artikeln liegen die Verhältnisse in dieser Beziehung günstiger, vor allem bei der Jute, die ja Indiens Monopol ist, bei Gewürzen und bei Reis. Hier mag sogar eine gewisse Erhöhung des Preises selbst ohne Einschränkung des indischen Angebots gelingen. Bei den sonstigen Artikeln und bis zu einem gewissen Grade auch bei den letztgenannten wird entscheidend sein, ob und in welchem Umfange die indische Konkurrenz eine Einschränkung des Angebots zuläßt. In dieser Beziehung ist folgendes zu beachten.

Eine Einschränkung des indischen Angebots auf dem Weltmarkte hat zur Voraussetzung: entweder, daß der Absatz Indiens auf anderen Märkten entsprechend ausgedehnt werden kann, oder daß die Produktion eingeschränkt wird. Für eine Ausdehnung des Absatzes kann, da der Export nach den Silberländern noch mehr erschwert worden ist als nach den Goldwährungsländern, im wesentlichen nur der inländische, also der **indische** Markt in Betracht kommen. Hier mag, wenn der Preis etwas herabgesetzt wird, der Absatz von **Reis** ausgedehnt werden können, da der Reis dann möglicherweise die billigeren Getreidesorten verdrängen würde. Bei den übrigen Artikeln ist das nicht zu erwarten. Was ferner die Möglichkeit einer Einschränkung der Produktion anlangt, so sind dafür die Aussichten schon deshalb schlecht, weil ein Übergang zu anderen Produktionsarten in Indien wahrscheinlich keine besseren Chancen bietet, da die Konkurrenzfähigkeit der indischen Produzenten in **allen** Branchen, wenigstens des Import- und des Exporthandels, geschwächt worden ist. Ferner steht die fortschreitende Aufschließung Indiens durch den Eisenbahnbau entgegen, insofern dadurch neue Produktionsgebiete aufgeschlossen werden. Letzteres kommt hier allerdings nur insoweit in Betracht, als es Folge der Währungsreform ist. Es ist also nur in Betracht zu ziehen, daß der Eisenbahnbau durch die Währungsreform **gefördert** wird. Das ist zwar bis jetzt noch nicht in erheblichem Maße geschehen, für die Zukunft aber zu erwarten.

Bei dieser Sachlage dürfte eine wirklich erhebliche Einschränkung des indischen Angebots auf dem Weltmarkte und eine dadurch veranlaßte Erhöhung der Preise als Folge der Reform auch bei denjenigen Artikeln, für welche die ausländische Konkurrenz eine solche Preiserhöhung an sich zulassen würde, nur ausnahmsweise, und soweit es überhaupt geschieht, in der ersten Zeit eher als später eintreten bezw. eingetreten sein. Am größten ist die Wahrscheinlichkeit bei Jute, Jutefabrikaten, Gewürzen und Reis.

Soweit es gelingt, eine Preiserhöhung durchzusetzen, wird der europäische Preis im äußersten Falle um den Goldbetrag von 8,6 % des früheren indischen Preises erhöht werden, denn um soviel sind die indischen Produzenten, die sich in der ungünstigsten Lage befinden, geschädigt worden[1]). Dieser ungünstigste Fall liegt nun freilich gerade bei Jute und Reis (die in landwirtschaftlichen Kleinbetrieben gebaut werden), vielleicht auch bei Gewürzen vor. Ein Aufschlag in Höhe des Goldbetrages von 8,6 % des früheren indischen Preises

[1]) Vergl. oben S. 118—120.

oder, wie wir früher (S. 120) gesehen haben, von 141 Rupien à 16 d = 9,4 Lstrl. für je 100 Lstrl. netto würde je nach der Größe der Spesen den europäischen Bruttopreis prozentual verschieden erhöhen. Je größer die Spesen, um so geringer natürlich die prozentuale Erhöhung. Bei 20—25 % Spesen, wie sie bei der Lieferung von Reis entstehen mögen, könnte im äußersten Falle eine Preiserhöhung von 120 bezw. 125 auf 129,4 bezw. 134,5, also um 7,8 bezw. 7,5 % eintreten. Eine so bedeutende Erhöhung dürfte aber, wenn nichts anderes hinzukommt, also ausschließlich infolge der Währungsreform, nur in den seltensten Fällen durchgesetzt werden können. Dazu würde das Angebot schon bedeutend eingeschränkt werden müssen und letzteres dürfte unter normalen Verhältnissen, da eine (kompensierende) Ausdehnung des Absatzes auf dem indischen Markte nur bei erheblichen Preiskonzessionen möglich ist, nicht zu erreichen sein.

Hiernach ist festzustellen, daß die indische Währungsreform, wenn überhaupt, so nur bei einzelnen Artikeln und auch bei diesen in nicht sehr erheblichem Maße eine preissteigernde Wirkung ausgeübt hat (so daß die Preise dieser Artikel jetzt höher stehen, als sie unter übrigens gleichen Umständen bei den Kursverhältnissen, wie sie vor Beginn der Währungsreform herrschten, gewesen sein würden). Den europäischen Produzenten mag die Jute verteuert worden sein (worin aber bei der gleichzeitigen Verteuerung der Jutefabrikate kein erheblicher Nachteil liegt) und die Konsumenten i. e. S. haben wahrscheinlich etwas höhere Preise für Gewürze und Reis sowie für Jutefabrikate, vielleicht auch in geringerem Maße noch für einige andere Artikel, jedenfalls nicht für Weizen, Baumwolle, Häute und Thee zu bezahlen.

Statistisch läßt sich in dieser Beziehung schwer etwas nachweisen, da der eben dargelegte Einfluß der Währungsreform durch andere Ursachen, welche mit derselben nicht zusammenhängen, teils mehr oder weniger kompensiert, teils verstärkt worden ist. Abgesehen von der Änderung der Weltkonjunktur, dem Ausfall der Ernten, speziell auch der indischen Ernten, der Veränderung der Seefracht etc. kommt in dieser Beziehung vor allem auch der Umstand in Betracht, daß in Indien seit Beginn der Reform, aber nicht durch diese veranlaßt, über 7000 englische Meilen neue Bahnen gebaut worden sind. Hierdurch sind neue große Produktionsgebiete erschlossen worden, durch deren jetzt erst ermöglichten Export nicht nur eine Einschränkung des Angebots auf dem Weltmarkte gehindert, sondern sogar eine Vergrößerung des Angebots, wenigstens in einzelnen Produktionszweigen, herbeigeführt worden ist, wodurch jeder Versuch einer Heraufsetzung der Preise natürlich erschwert wurde. Abgesehen hiervon ist zu berücksichtigen, daß zwischen der Zeit nach Abschluß und der Zeit bei Beginn der Reform eine Übergangsperiode von mehr als sechs Jahren liegt, während welcher der Kurs unter fortwährenden Schwankungen zunächst noch um etwa 15% (bis auf 12½d) zurückging und dann langsam bis auf 16d stieg. Auch dieser Umstand mit seiner Rückwirkung auf die Preise muß es erschweren, den Einfluß der Reform, soweit derselbe sich aus der Hebung des Kurses von 14⅝d auf 16d ergab, zu erkennen und festzustellen.

Wie die Preise der indischen Exportartikel in Europa sich tatsächlich gestaltet haben, zeigt die folgende Tabelle. An Stelle des indischen Weizens, für welchen die Preisziffern fehlen, mußte englischer Weizen eingestellt werden. Der indische Weizen pflegt aber annähernd gleich hoch im Preise zu stehen[1]).

2. Die Lage der europäischen Weizenproduzenten.

Im Laufe der Zeit muß sich die indirekte, exporterleichternde Wirkung der Währungsreform, soweit dieselbe auf der Förderung des Eisenbahnbaues beruht, immer mehr geltend machen, da bei Fortdauer der Stabilität des Kurses immer mehr Kapital zum Eisenbahnbau herangezogen wird und die hierdurch bewirkte Verkehrsförderung einen immer größeren Umfang erreicht. Es entsteht daher die Frage, ob nicht die ursprünglich überwiegend exporthemmende Wirkung der Kurssteigerung in absehbarer Zeit sich in das Gegenteil verkehren könnte, weil immer mehr Produktionsgebiete erschlossen werden, und ob nicht infolgedessen für die spätere Zeit als Konsequenz der Währungsreform nicht nur keine Erhöhung, sondern eine Verbilligung der Weltmarktspreise infolge der Zunahme des indischen Angebots erwartet werden muß.

---

[1]) Das zeigt für die Zeit von 1876—1897 die Tabelle in App. 1898 S. 189.

Preise indischer Exportartikel in London.

(Jahresdurchschnittspreise nach Sauerbeck.)

	Reis (Rangoon)			Weizen (engl.)			Baumwolle (Fair Dhollerah)		Jute		Lein-saat	Indigo (good Bengal)		Thee (gewöhnlicher Congo)		Kurs der Rupie Councilbills (Durchschnitt des Finanzjahres)
	p. Cwt. s	d	Index-ziffer[1])	p. Quarter s	d	Index-ziffer	d p. Pfund	Index-ziffer	Lstrl. p. ton	Index-ziffer	Shilling p. Quarter	Shilling p. Pfund	Index-ziffer	d p. Pfund	Index-ziffer	
1892	7	8	77	30	3	56	3	45	15	79	39	4 1/2	62	4 7/8	43	14,90
1893	6	2	62	26	4	48	3 9/16	53	13	68	42	5 1/2	76	5 3/8	48	14,55
1894	5	10	58	22	10	41	2 5/8	39	12 1/2	66	38	5	69	4 1/4	38	13,10
1895	5	6	55	23	1	42	2 3/4	41	11	58	37	4 1/4	59	4 1/8	37	13,64
1896	6	2	62	26	2	48	3 3/32	46	12 1/4	64	33	4 1/4	59	4	36	14,45
1897	6	9	67	30	2	55	3 1/32	45	11	58	33	4	55	4	36	15,35
1898	7	2	72	34	—	62	2 1/2	37	11	58	36	3 1/2	48	4 1/2	40	15,98
1899	7	2	72	25	8	47	2 3/4	41	12 1/2	66	40	3 1/2	48	5 1/2	49	16,07
1900	7	4	73	26	11	49	4 3/16	62	14 1/4	75	54	3 1/2	48	5 1/4	47	15,97
1901	6	7	66	26	9	49	3 15/32	51	12 3/4	67	53	3 3/8	47	4	36	15,99

1) Durchschnitt 1867—1877 = 100.

Falls neue Produktionsgebiete von relativ bedeutendem Umfange aufgeschlossen werden, ist das gewiß nicht unmöglich, aber die Aussichten hierfür dürften nicht so groß sein, wie man wohl annimmt.

Was speziell den Export von Weizen, durch den sich unsere Weizenproduzenten stets stark bedroht gefühlt haben, anlangt, so dürfte es mindestens stark übertrieben sein, wenn Helfferich (Die Währungsfrage 1895 S. 39) in Verfolg seiner Ausführungen über die Wirkung einer Valutadifferenz als „Prohibitivzoll gegen das Kapital der Goldwährungsländer“ schreibt: „Gebt Indien einen festen Rupienkurs, und der Ausbau seines Eisenbahnnetzes wird sich mit ungeahnter Schnelligkeit vollziehen, die Anbauflächen werden in demselben Maße wachsen, die indische Getreideproduktion und Getreideausfuhr wird eine riesige Steigerung erfahren.“ Eine solche Wirkung würde die Währungsreform mit ihrer Herstellung eines „festen Rupienkurses“ nur dann haben, wenn nicht nur infolge der Erweiterung des Eisenbahnnetzes überhaupt, sondern infolge der durch die Währungsreform bewirkten Beschleunigung und Zunahme dieser Erweiterung für ein so großes Quantum Weizen die Transportkosten um mehr als den Kursverlust, also um mehr als 8,6 % des früheren indischen Preises, herabgedrückt würden, daß sich der Export infolgedessen nunmehr „riesig“ vergrößerte. Daß das geschieht, ist aber nicht zu erwarten.

In dieser Beziehung mag zunächst darauf hingewiesen werden, daß der Export Indiens an Weizen, wie die folgende Tabelle beweist, bisher keineswegs mit der Ausdehnung des Eisenbahnnetzes stark gewachsen ist. In den letzten zirka 20 Jahren, die hier wesentlich in Betracht kommen finden wir nämlich bei einer Erweiterung des Eisenbahnnetzes von 9510 auf 25373 engl. Meilen (à 1,6 km) nicht nur keine Zunahme, sondern einen Rückgang des Exports, selbst wenn wir von den Jahren 1896/97, 1897/98, 1899/1900 und den folgenden, die durch Mißernten beeinflußt waren, ganz absehen. Der größte Export fällt in das Jahr 1891/92, als das Eisenbahnnetz noch um etwa 8000 englische Meilen kleiner war als jetzt. Die höchste Ziffer der letzten 10 Jahre aber (1898/99) ist früher mehrfach, sogar schon im Jahre 1881/82, erreicht worden.

Export indischen Weizens[1]).

Jahr	Weizen in 1000 engl. tons à 1016 kg	Länge der Eisenbahnen[2]) engl. Meilen	Weizenpreis in Indien (Kalkutta) Jahresdurchschn. Indexziffern 1873 = 100	Weizenpreis in London Jahresdurchschnitt nach Sauerbeck Indexziffern 1867—1877 = 100	Fracht für Dampfer Kalkutta-London Durchschnitt Mai—August Shilling p. Tonne	Kurs der Rupie Dreimonatswechsel Durchschnitt Mai—August d
1881/82	993	9 510	86	83	57,5	19 7/8
82/83	707	9 907	85	83	44,38	20 3/8
83/84	1048	10 221	79	76	40	19 13/16
84/85	792	10 703	70	65	26,25	20
1885/86	1053	12 376	69	60	30	19 1/2
86/87	1108	13 390	73	57	26,25	17 1/16
87/88	682	14 383	79	60	25	16 1/8
88/89	885	15 245	81	58	25,63	16 3/8
89/90	690	16 095	83	55	25,63	16 3/8
1890/91	716	16 345	81	59	23,75	19 1/8
91/92	1515	17 224	92	68	34,38	17 7/16
92/93	749	17 709	95	56	13,75	15 1/4
93/94	608	18 510	86	48	18,75	15 3/8
94/95	345	18 906	75	41	21,25	13 1/16
1895/96	500	19 555	83	42	18,75	13 5/8
96/97	95	20 262	112	48	10	14 5/16
97/98	120	21 133	120	55	12,5	15 3/16
98/99	976	22 048	92	62	31,5	(15,98)[3])
99/1900	485	23 528	87	47	27,75	(16,07)
1900/01	2,5	24 760	105	49	—	(15,97)
1901/02	367	25 373	103	49	—	(15,99)

Man könnte nun geneigt sein, gegenüber der Tatsache des Ausbleibens der Vergrößerung des indischen Weizenexports bei zunehmendem Eisenbahnbau geltend zu machen, daß die Verhältnisse außerordentlicher Art gewesen seien,

[1]) Zusammengestellt nach den offiziellen Handelsberichten, dem Stat. Abstract und bez. der Fracht und des Kurses (in der Exportsaison) nach den Angaben von Cruickshank in App. 1898 S. 189, für 1898 und 1899 nach dem deutschen Handelsarchiv. Die Preise gelten für das Kalenderjahr. Die Meilenlänge der Eisenbahnen ist für 1881—1884 und 1890—1901 nach dem Stande am Schlusse des Kalenderjahres, im übrigen nach dem Stande am Ende des Finanzjahres angegeben.

[2]) Einschließlich der Eisenbahnen in den Eingeborenenstaaten (1901 3047 engl. Meilen) und der fremden Linien (1901 34 engl. Meilen).

[3]) Councilbills, Jahresdurchschnitt.

weil der Preisfall in London bis zum Jahre 1895 den Export stark erschwert habe. Letzteres ist gewiß nicht zu leugnen. Dieser Umstand kommt hier aber nicht wesentlich in Betracht. Die exporterschwerende Wirkung des Preisfalles in London ist nämlich (wie schon die Großhandelspreise in Kalkutta beweisen), abgesehen von den Jahren 1884, 1885, 1886, 1894, durch den Kursfall der Rupie und das Sinken der Fracht vollständig und mehr als vollständig ausgeglichen worden. In keinem Jahre aber, und das ist es, worauf es hier speziell ankommt, hat sich daraus eine stärkere Hemmung ergeben als diejenige, welche die Währungsreform mit der Hebung des Kurses auf 16 d durch die Minderung des Erlöses der Exportproduzenten um 8,6 % des früheren indischen Preises herbeigeführt hat. Der Export ist also zur Zeit des Preisfalles auf dem Weltmarkte im Resultate keinesfalls mehr erschwert worden, als es jetzt durch die Währungsreform geschehen ist. Deshalb sind die damaligen Verhältnisse durchaus und ohne Abzug mit den jetzigen vergleichbar.

In den letzten 10—11 Jahren — für die frühere Zeit fehlen die Angaben — ist auch der Anbau von Weizen keineswegs mit der Ausdehnung des Eisenbahnnetzes und dieser entsprechend gestiegen, denn es waren mit Weizen bestellt

(1000 acres)

1890/91	1891/92	1892/93	1893/94	1894/95	1895/96
22033	20182	21485	22216	22716	18531

1896/97	1897/98	1898/99	1899/1900	1900/01
16182	19946	20225	16105	20165

Wenn nun der Export und der Anbau von Weizen schon bisher nicht mit der Ausdehnung des Eisenbahnnetzes gewachsen sind, während doch bisher die wichtigsten Bahnen gebaut wurden, so dürfte es kaum wahrscheinlich sein, daß das in Zukunft geschieht. Eine derartige Annahme steht allerdings nur auf schwachen Füßen. Es dürfte aber doch gestattet sein, aus den Erfahrungen der Vergangenheit zu folgern, daß wenigstens die Förderung des Eisenbahnbaues, welche die Währungsreform zur Folge haben wird — der Umstand, daß infolgedessen in den nächsten Jahren mehr

Eisenbahnen gebaut werden, als es sonst der Fall gewesen wäre — eine bedeutende Steigerung des Exports nicht zur Folge haben wird, zumal da ja auch die hemmende Wirkung der Steigerung des Kurses erst überwunden werden muß. Berücksichtigen wir, daß die Wirkung der Kurssteigerung einer Herabsetzung des indischen Preises um 8,6 % gleichkommt; daß der Indier, wie die wechselnde Größe der Anbaufläche, insbesondere die Verringerung im Jahre 1895/96, die nur auf den Preisfall im Jahre 1894/95 zurückgeführt werden kann, beweist, sein Land auch anderweitig nutzbar verwenden kann; daß endlich der indische Konsum einer Ausdehnung fähig ist, wenigstens dann, wenn der Preis um 8,6 % herabgesetzt wird, dann scheint es sogar nicht außerhalb des Bereichs der Möglichkeit zu liegen, daß die Wirkung der indischen Währungsreform auch für die Zukunft trotz der Stimulierung des Eisenbahnbaues in einer (relativen!) Einschränkung des Weizenexports bestehen wird.

Auch im anderen Falle dürfte aber unseren Weizenproduzenten von Indien aus keine besondere Gefahr drohen. Eine „riesige Steigerung" des indischen Weizenangebots auf dem Weltmarkte ist jedenfalls nicht zu erwarten, — zumal dann nicht, wenn infolge der besseren Aufschließung Argentiniens, Rumäniens, Bulgariens und Sibiriens das Gesamtangebot noch vermehrt und infolgedessen der Preis gedrückt werden sollte. Eine mäßige Steigerung des indischen Angebots würde aber den Markt nicht überlasten. Dazu ist das indische Angebot verhältnismäßig zu klein. Selbst wenn wir nicht die gesamte Produktion der einzelnen Produktionsländer, sondern nur deren Export, und zwar den Nettoexport (d. h. den Export nach Absetzung des Imports) ins Auge fassen, beträgt das Verhältnis des indischen Exports im Durchschnitt der 10 Jahre von 1890—1899 nach der folgenden Tabelle nur 6,88, und wenn wir den Mehlexport, auf Weizenkorn reduziert, hinzunehmen, 5,78 Prozent.

Netto-Export der wichtigsten Produktionsländer an Weizen[1]) [2]).

(Tonnen à 1000 kg.)

	1890	1891	1892	1893	1894	1895	1896	1897	1898	1899
Ver. Staaten v. Nordamerika	1 480 352	4 263 365	3 176 643	2 378 890	1 557 229	1 650 547	2 164 162	4 029 322	3 794 544	2 097 395
Rußland	2 982 552	2 888 924	1 335 904	2 559 047	3 353 625	3 884 697	3 596 831	3 493 969	2 908 171	1 754 413
Rumänien	922 829	661 374	771 011	702 951	683 605	974 239	1 224 787	433 936	580 260	181 331
Argentinien	327 894	395 555	470 110	1 008 137	1 608 249	1 010 269	523 001	101 845	645 161	1 713 429
Indien	721 157	1 522 019	755 447	614 882	338 175	500 837	66 497	119 177	991 616	477 347
Kanada	53 554	234 297	240 892	256 315	220 350	249 250	198 558	530 682	254 648	449 276
Bulgarien	303 043	313 533	345 830	349 587	281 417	385 896	604 703	281 663	186 454	120 637
Australien	334 835	302 679	166 884	290 940	200 920	141 428	11 117	— [3])	33 745	328 897
Chile	28 928	178 048	145 802	185 963	116 235	78 581	137 565	72 394	76 965	45 841
Uruguay	18 253	501	1	5 898	110 753	99 065	6 391	12 549	77 231	62 673
Serbien	57 302	96 130	84 557	87 964	52 967	58 474	96 241	27 210	70 106	70 106
Österreich-Ungarn	232 686	145 346	62 086	55 519	36 801	49 063	42 975	— [3])	— [3])	— [3])
Summe	7 463 385	11 001 771	7 555 167	8 496 102	8 650 332	9 080 246	8 672 828	9 102 747	9 618 901	7 301 345
Anteil Indiens %	9.66	13,83	9,99	7,24	3.91	5.51	0,77	1,3	10,3	6,5

[1]) Die Tabellen sind aufgemacht auf Grund der Angaben des (engl.) Stat. Abstract for the Principal and other Foreign Countries und des Stat. Abstract for the Colonial and other Possessions of the United Kingdom. In der Weizentabelle ist jedoch für die Vereinigten Staaten der Stat. Abstract for the United States (1900 S. 180, 157, 215), für Serbien das serbische Annuaire Statistique, für Österreich-Ungarn (hier auch für Mehl) das statistische Jahrbuch für Österreich zu Grunde gelegt worden.

Es ist überall der Import von dem Export abgesetzt worden und so der Netto-Export gefunden. Der Export Australiens nach dem

Netto-Export der wichtigsten Weizenproduktionsländer an Weizen und Weizenmehl, auf Weizenkorn reduziert[1][2]).

(Tonnen à 1000 kg.)

	1890	1891	1892	1893	1894	1895	1896	1897	1898	1899
Ver. Staaten v. Nordamerika	2890340	6123389	5211445	4444070	3916344	3447408	3947896	5908347	6061088	5063325
Rußland	3066437	2973238	1394086	2631042	3438616	3979299	3682206	3578915	3010038	1841005
Rumänien	934986	676756	794858	731091	726751	1001582	1258309	447973	605781	213473
Argentinien	344448	405218	496073	1060370	1064389	1084560	594119	158917	689146	1795335
Indien	749584	1559253	790818	656792	378546	546314	107636	152550	1038773	515198
Kanada	83848	276464	287051	304295	241942	266871	247140	679263	345498	537192
Bulgarien	305847	317091	352199	354260	287741	395759	614796	286625	196375	129802
Australien	361693	326297	187230	308949	317170	166428	— 3)	— 3)	— 3)	345208
Chile	31907	185939	151156	188967	120527	83883	143215	79610	85328	55654
Uruguay	19017	1158	183	21791	157417	126636	30790	28326	92790	91221
Serbien	57302	96130	84557	87964	52967	58474	96241	27210	70106	70106
Österreich-Ungarn	420615	282067	124439	112890	72565	63447	57105	— 3)	— 3)	— 3)
Summe	9266024	13223000	9874095	10902481	11374975	11220661	10779453	11347736	12194923	10657519
Anteil Indiens %	8,09	11,8	8	6,02	3,33	4,87	1	1,34	8,52	4,84

Auslande ist in der Weise festgestellt, daß für jeden einzelnen Staat auf Grund der vorliegenden Statistik der Netto-Export bezw. Netto-Import berechnet und dann die Summe ermittelt ist. Für Serbien ist in dem Annuaire Stat. nur der Export von Weizen und Roggen zusammen angegeben. Es sind deshalb als mutmaßlicher Anteil des Roggens vom Export 9 % abgesetzt worden, was nach den Zahlen von Juraschek im Handwörterbuch der Staatswissenschaften 2. Aufl. Bd. IV S. 314 dem Verhältnis für 1897 entspricht. Für die beiden

An sich wäre nun freilich nicht ausgeschlossen, daß auch eine verhältnismäßig nicht sehr starke Vergrößerung des indischen Exports einen erheblichen Preisdruck ausübte. Indessen, wenn außer dem Kursverluste von 8,6 % noch ein weiterer Verlust durch den Rückgang des Weltmarktpreises zu erwarten wäre, dann würde wahrscheinlich für das Mehrergebnis der indischen Produktion zu besseren Bedingungen in Indien selbst Absatz gefunden oder aber die Produktion eingeschränkt werden und aus beiden Gründen eine Vergrößerung des indischen Angebots auf dem Weltmarkte unterbleiben. Die exportierte Menge beträgt ja jetzt, wie die folgende Tabelle zeigt, im Durchschnitt der letzten 11 Jahre nur etwa 9 % der indischen Produktion und die Nachfrage der Konsumenten in Indien dürfte im Falle einer Herabsetzung des Preises noch wesentlicher Ausdehnung fähig

---

letzten Jahre ist hier in Ermanglung anderen Materials der Durchschnitt der Jahre 1890—1897 eingestellt worden.

In den Vereinigten Staaten und in Kanada wird der Export nach Finanzjahren, welche am 30. Juni endigen, angegeben. Für diese Staaten ist das Finanzjahr 1890/91 dem Kalenderjahre 1890 u. s. f. gleichgestellt, da die Ernte von 1890 nicht schon im Jahre 1889/90, sondern erst im Jahre 1890/91 zum Export kommt. (Juraschek a. a. O. rechnet bei Kanada (und Indien) anders, während er für die Vereinigten Staaten den Export des Kalenderjahres angibt.) Für Indien ist das am 31. März endigende Finanzjahr 1890/91 dem Kalenderjahre 1890 gleichgestellt, u. s. w.

Die statistischen Angaben über den Mehl-Export und -Import umfassen vereinzelt auch anderes Mehl als Weizenmehl, so in Chile und Bulgarien beim Export. Für Victoria (Australien) ist nur der Export für Mehl (aus Weizen) und Biskuits zusammen angegeben. In diesen Fällen sind die offiziellen Zahlen ohne Abzug zu Grunde gelegt worden. Das Resultat ist daher, wenigstens bei Chile und Bulgarien, etwas zu groß. — Für Westaustralien findet sich der Import von Weizen nicht besonders nachgewiesen, sondern nur der Import von corn, gram, grain except rice zusammen. In diesem Falle ist angenommen, daß der Import zu zwei Dritteln aus Weizen bestanden habe.

Bei der Umrechnung sind gerechnet: Vereinigte Staaten und Kanada 1 bushel Weizen = 60 lbs., 110 1/4 lbs. = 50 kg (220 1/2 lbs. = 100 kg); Rußland: 1 Pud = 16,38 kg; Australien: 1 bushel Weizen = 62 lbs., 1 Quarter = 492 lbs., 1 Cental = 100 lbs., 1 ton, wo angegeben, = 2000 lbs., sonst 2240 lbs. = 1016 kg; Kanada und sonst: 1 Barrel Mehl = 196 lbs.

Bei der Umrechnung von Weizenmehl in Weizenkorn sind 72,6 kg Mehl = 100 kg Korn gerechnet. Das entspricht dem offiziellen Umrechnungsverhältnis in den Vereinigten Staaten von Nordamerika. Wenigstens ergibt sich diese Zahl, wenn man nach dem Stat. Abstr. for the United States 1900

sein, da der Weizen dann die übrigen Nahrungsfrüchte (Reis, Gerste, Mais, Jawar, Bajra, Ragi) teilweise verdrängen würde.

Indischer Weizen

	Ernte 1000 tons	Export 1000 tons
1890/91	6876	716
1891/92	5987	1515
1892/93	7026	749
1893/94	6763	608
1894/95	6837	345
1895/96	5511	500
1896/97	5123	95
1897/98	6955	120
1898/99	6230	976
1899/1900	4898	485
1900/1901	6766	2,5
Summe	69072	6111,5.

die Differenz zwischen dem (Weizen-)Mehl- und Korn-Export (domestic product) auf Korn reduziert (S. 319) und den (Weizen-)Kornexport (domestic product) (S. 281) berechnet und das Resultat, welches den Mehl-Export auf Korn reduziert (domestic product) darstellt, mit den offiziellen Angaben über den Mehlexport auf S. 281 nach der Umrechnung in Pfund vergleicht.

[2]) In der Zusammenstellung von Juraschek im Handwörterbuch der Staatswissenschaften 2. Aufl. Bd. IV S. 314 betreffend den Weizenkornexport der verschiedenen Länder im Jahre 1897 kommt die Bedeutung Indiens als Weizenexportland nicht zum richtigen Ausdruck. Juraschek vergleicht den indischen Export im Jahre 1896/97 mit dem Export der übrigen Länder im Jahre 1897 und wählt hiermit für Indien gerade dasjenige Jahr, in welchem der Export wegen der damaligen Mißernte ganz besonders gering war. Überdies lassen sich aus den Ergebnissen eines einzelnen Jahres doch wohl nicht allgemeine Schlüsse ziehen, wie Juraschek (bei der Darlegung der Veränderungen gegenüber 1888) es tut. Abgesehen hiervon liegt insofern eine Unrichtigkeit vor, als Australien — auf Grund unvollständiger Angaben, wie angegeben — bei ausschließlicher Berücksichtigung des Weizenkornhandels zu den Importländern gerechnet wird, während sich nach der englischen Statistik, abgesehen von 1897, regelmäßig ein Überschuß des Exports ergibt. Nach Zeitungsnachrichten hat Australien auch in den Jahren 1901 und 1902 überwiegend exportiert, und zwar nicht weniger als zirka 22 bezw. 11½ Mill. Bushels, allerdings an Weizen und Weizenmehl zusammen.

Für Österreich-Ungarn hat sich im Jahre 1897 zum ersten Male ein Überschuß des Imports ergeben, während es bis dahin Exportland war.

[3]) In diesen Fällen hat sich kein Überschuß des Exports, sondern ein Überschuß des Imports ergeben, der bei Ermittlung der Summe wegzulassen war und daher hier nicht mitaufgeführt ist. Für Australien betrug derselbe:

für Weizen allein: 1897 476 (Tonnen à 1000 kg)

für Weizen und Mehl: 1896: 31572; 1897: 72531; 1898: 12121.

2. Abschnitt: Folgen für den Silbermarkt.

Für den europäischen Silbermarkt hat die indische Währungsreform, wenn wir lediglich den jetzigen Zustand mit dem status quo vergleichen, keine erhebliche Bedeutung gehabt. Die Silberaufnahme Indiens ist, wie bereits früher (S. 245ff.) dargelegt, im ganzen durchaus nicht geringer geworden. Für monetäre Zwecke wird ungefähr ebensoviel Silber gebraucht wie früher, da an Goldgeld nur ein recht geringer Bestand in Indien gehalten werden kann und die Rupie als Umlaufsmittel unentbehrlich ist. Zu Hoardszwecken wird ebenfalls nicht weniger begehrt, da die Indier ihr Vertrauen zu der Rupie und ihre Vorliebe für Silber trotz der Aufhebung der offenen Silberwährung nicht verloren haben. Tatsächlich ist der Import Indiens an Silber, und zwar der Nettoimport, allerdings in den ersten Jahren nach 1893, als der monetäre Bedarf ungedeckt blieb und die Verhältnisse sich noch nicht konsolidiert hatten, hinter dem früheren Import zurückgeblieben, nicht aber seit Abschluß der Reform (1899). Während derselbe in den letzten 10 Jahren vor 1893/94, wie sich aus der Tabelle auf S. 247 ergibt, durchschnittlich 97,9 Mill. Rupien, also 35,57 Mill. Unzen betrug, hat er sich in den Jahren 1899/1900—1901/02 nach der Tabelle S. 255 im Durchschnitt auf 35,7 Mill. Unzen gestellt. Hierbei ist freilich zu berücksichtigen, daß der Nettoimport der Jahre 1900/01 und 1901/02 insofern außerordentlicher Art war, als in diesen Jahren besonders viel Silber zu Prägezwecken importiert wurde, weil in dieser kurzen Zeit der seit 1893 ungedeckt gebliebene monetäre Bedarf Indiens gedeckt werden mußte. Auf der anderen Seite aber kommt in Betracht, daß der Hoardsbedarf wegen der Mißernten der Jahre 1899 und 1900 besonders gering war. Überdies ist nicht zu vergessen, daß in den letzten 5 Jahren vor 1893/94 der Import infolge der damaligen Spekulationen (die durch den Erlaß der Shermanbill und die bevorstehende Währungsreform angeregt waren) besonders groß war.

Daß sich in Zukunft die Verhältnisse wesentlich anders gestalten werden, ist einstweilen nicht zu erwarten.

Anders liegt die Sache, wenn wir nicht lediglich den status quo zum Vergleich heranziehen, sondern berücksichtigen, was geschehen wäre, wenn Indien die Reform nicht vorgenommen und seine offene Silberwährung behalten hätte. In diesem Falle wäre der Silberimport Indiens zweifellos größer gewesen. Der Mehrimport ist aber nicht zu überschätzen. Indien wäre, wie schon früher (S. 249) ausgeführt, nicht etwa mit Silber „überschwemmt" worden. Es hätte vielmehr im wesentlichen nur so viel mehr Silber eingeführt, als die Deckung des durch die Erhöhung der Preise gesteigerten monetären Bedarfs (an Umlaufsmitteln und an Kreditreserven) erfordert haben würde. Wie viel das gewesen wäre, ist sehr schwer zu schätzen. Nehmen wir an, daß der Kurs von $14\frac{5}{8}$ d im Mai 1893 auf 10 d, einem Silberpreise von $26\frac{3}{8}$ d entsprechend, also um (beinahe) $33\frac{1}{3}$ % gesunken, und daß infolgedessen die Preise der indischen Importartikel um 50 %, die Preise der Exportartikel (da dann zur Deckung des finanziellen Mehrbedarfs ein [die Preise drückender] Exportzoll von 20 % des Werts hätte erhoben werden müssen) um zirka 30 %, das durchschnittliche Preisniveau etwa um 25 % gestiegen wäre, so würde der Mehrbedarf zunächst vielleicht 25 % der damals vorhandenen Geldmenge und später vielleicht jährlich $33\frac{1}{3}$ % der bei dem jetzigen Kurse von 16 d eintretenden Jahreszunahme betragen haben. Das dürfte aber das Maximum sein. Schätzt man die im Jahre 1893 vorhanden gewesene Geldmenge, wie es offiziell geschehen ist, auf 1200 Mill. Rupien und nimmt man an, daß sich die Geldmenge in Indien jetzt jährlich um etwa 30 Mill. Rupien vermehrt, so wäre hiernach zunächst ein Mehrimport von 300 Mill. Rupien = zirka 103,5 Mill. Unzen und später jährlich ein Mehrimport von 10 Mill. Rupien = 3,4 Mill. Unzen zu erwarten gewesen. Da der Preis des Silbers in diesem Falle (schon wegen der größeren Silberaufnahme Indiens) natürlich nicht sofort auf $26\frac{3}{8}$ d gefallen wäre und sich deshalb der oben berechnete Mehrbedarf erst im Laufe der Jahre ergeben, der Import der zunächst erforderlichen 103,5 Mill. Unzen also vielleicht auf 10 Jahre sich verteilt hätte, so würde Indien in den ersten 10 Jahren (1894—1903) vielleicht jährlich $12\frac{1}{2}$ Mill. Unzen Silber mehr aufgenommen haben als jetzt und würde sich seine Mehraufnahme für die spätere Zeit auf etwa $3^{1}/_{2}$ Mill. Unzen p. Jahr gestellt haben.

Wie hätte das auf den Preis des Silbers gewirkt? Die dauernde jährliche Mehraufnahme von $3^{1}/_{2}$ Mill. Unzen hätte vielleicht keinen bedeutenden Einfluß ausgeübt; denn zu deren Deckung hätte es nur einer verhältnismäßig ganz geringen Ausdehnung bezw. Mindereinschränkung der jetzt etwa 172 Mill. Unzen betragenden Jahresproduktion bedurft und diese wäre schon durch ein ganz leichtes Steigen des Preises, vielleicht sogar ohne solches hervorgerufen worden. Jedenfalls hätte aber die Mehraufnahme von $12^{1}/_{2}$ Mill. Unzen zur Deckung des ursprünglichen Mehrbedarfs in den ersten 10 Jahren eine beträchtliche preissteigernde Wirkung ausüben müssen. Diese Wirkung darf freilich nicht überschätzt werden. Der starke Preisfall im Jahre 1893 von 38 auf 32 d (durchschnittlich!) wäre zweifellos ebenfalls eingetreten, weil die Aufhebung der Shermanbill in Amerika und die dadurch veranlaßte Einstellung der amerikanischen Silberkäufe im Betrage von 54 Mill. Unzen p. Jahr diese Wirkung hätten haben müssen. In der Folgezeit hätte aber die Mehraufnahme Indiens, die bei dem entsprechenden Rupienkurse von $12^{1}/_{4}$ d schon recht bedeutend gewesen wäre, den Preis gestützt. Die Produktion, die jetzt im Jahre 1896 um $10^{1}/_{2}$ Mill. Unzen zurückgegangen ist, würde freilich bald schon zu dem Preise des Jahres 1895, nämlich $29^{13}/_{16}$ d, genügend Silber zum Angebot gebracht haben, um die indischen Ansprüche voll zu befriedigen. Deshalb hätte der Preis schon bald auf etwa diesen Betrag und dann weiter sinken müssen. Vielleicht hätte er sich in den ersten zwei Jahren nach 1893, statt wie jetzt auf durchschnittlich $29^{7}/_{16}$ d, auf 31—30 d gestellt und wäre dann langsam auf etwa $26^{3}/_{8}$ d, vielleicht noch weiter, herabgesunken. Jedenfalls ist bei der Ausdehnungsfähigkeit der Produktion nicht anzunehmen, daß er sich viel höher gestellt haben würde, als es jetzt tatsächlich geschehen ist.

Unter allen Umständen wäre aber die Bewegung des Preises ruhiger gewesen als jetzt. Wenn auch der starke Preisfall im Jahre 1893 von $38^{3}/_{4}$ d auf $30^{1}/_{2}$ d nicht vermieden worden wäre, so wären doch jedenfalls die großen Fluktuationen der Folgezeit nicht eingetreten, Fluktationen, wie

z. B. im Jahre 1897, in welchem der Preis von $29^{13}/_{16}$ d bis auf $23^{5}/_{8}$ d fiel, um dann wieder auf $26^{1}/_{2}$ d zu steigen, und in den Jahren 1900—1902, in denen der Preis in Veranlassung der Käufe der indischen Regierung von 27 d bis auf $30^{3}/_{16}$ d stieg, um dann auf $21^{11}/_{16}$ d zurückzugehen. Denn bei Fortdauer der offenen Silberwährung hätte Indien mit seinen offenen Münzen in Anbetracht seines zunehmenden monetären Bedarfs den fluktuierenden Mengen bei sinkender Tendenz jederzeit eine Zufluchtsstätte geboten, und abgesehen hiervon wäre die Hausse im Jahre 1900, die der plötzliche und in seiner Ausdehnung für die Zukunft weit überschätzte (monetäre) Ankauf von Silber seitens der indischen Regierung hervorrief, nicht eingetreten.

Für den Silbermarkt hat hiernach die indische Währungsreform Nachteile zur Folge gehabt. Wenigstens hätten sich bei Fortdauer der indischen Silberwährung die Verhältnisse günstiger gestaltet, wenn auch abgesehen von den ersten 10 Jahren ein irgend erheblich höherer Preisstand kaum zu erwarten gewesen wäre. Für Europa hätten sich daraus in mehrfacher Beziehung Vorteile ergeben. Zunächst hätten die europäischen Silberproduzenten, sowie die Besitzer von Silber, wenigstens für lange Zeit, ihr Silber teuerer verkaufen können und hätten die Aktionäre ausländischer Silberminen (z. B. der Broken Hill Mine in Australien) höhere Dividenden erhalten. Außerdem aber hätten sämtliche Forderungen auf Silberländer, soweit sie nicht auf Gold lauten, (Staatsobligationen, private Darlehensforderungen, Wechsel etc.) und viele Kapitalanlagen in jenen Ländern, wenn auch vielleicht nur während einiger Jahre, weniger an Wert verloren. Endlich hätte sich der Handel nach den Silberländern stetiger entwickelt, weil der Wechselkurs dieser Länder geringeren Schwankungen unterworfen gewesen wäre. Näher kann das an dieser Stelle nicht ausgeführt werden. Der zuletzt erwähnte Punkt ist schon oben (S. 48 ff.) gestreift worden.

3. Abschnitt: **Folgen für den europäischen Geldmarkt.**

a. Die Gefahr des Goldabflusses nach Indien und der Vorenthaltung von Gold.

1. Goldentziehungen seit 1898.

Mit der Währungsreform ist Indien in die Reihe derjenigen Staaten getreten, welche zu monetären Zwecken Gold aufnehmen und die deshalb, sei es durch die Veranlassung eines Abflusses von Gold, sei es durch Vorenthaltung von Gold, den europäischen Geldmarkt bedrohen. Der indische Verkehr kann allerdings von dem Goldgeld keinen rechten Gebrauch machen, weil nun einmal die Rupie das allbegehrte Umlaufsmittel ist. Deshalb ist die Aufnahme Indiens an Gold zur Zeit nicht groß. Der gesamte Nettoimport, einschließlich desjenigen für industrielle und Hoardszwecke, hat im Jahre 1900/01 nicht mehr als 106678, im Jahre 1901/02 274506 Unzen im Werte von 8,4 bezw. 19,4 Mill. Rupien (0,56 bezw. 1,29 Mill. Lstrl.) betragen. Das ist nicht einmal so viel, wie früher z. Zt. der offenen Silberwährung importiert worden ist; denn damals betrug (von 1873 an) der Import zwischen 14 und 50 Mill. Rupien, in einzelnen Jahren sogar noch mehr[1]). In den Jahren 1898/99 und 1899/1900 ist Indien aber bedeutend mehr Gold zugeflossen, nämlich 1,02 bezw. 1,56 Mill. Unzen im Werte von 65 bezw. 94 Mill. Rupien (4,33 bezw. 6,3 Mill. Lstrl.), und es wäre nicht ausgeschlossen, daß Indien in Zukunft ebenfalls wieder größere Mengen an sich zieht. Sind hieraus Nachteile für Europa entstanden und sind etwa weitere Nachteile zu befürchten?

Im Dezember 1899 und in den ersten Monaten des Jahres 1900 hat sich die monetäre Verwendbarkeit des Goldes in Indien für Europa sehr unangenehm fühlbar gemacht. Nach dem Ausweis des indischen Paper Currency Departments betrug am 22. November 1899 der monetäre Goldbestand der indischen Regierung 70,2 Mill. Rupien = zirka 4 2/3 Mill. Lstrl. (davon 11 1/4 Mill. Rupien als strenges Depot bei der Bank von England[2])), und dieser Goldbesitz

---

[1]) Vergl. oben S. 248.

[2]) The Economist vom 23. Dezember 1899 S. 1812.

wuchs in der folgenden Zeit noch weiter an, so daß er im März 1900 den Gesamtbetrag von 8,57 Mill. Lstrl. erreichte, nachdem die Regierung im Februar schon 130700 Lstrl. zu Auszahlungen in Indien verwendet hatte. Im Dezember 1899 betrug der Goldbesitz Indiens nach dem Berichte des amerikanischen Münzdirektors für 1901 zirka 7,97 Mill. Rupien, etwa 5 1/3 Mill. Lstrl. So viel Gold hat Indien dem Weltverkehr und in erster Linie Europa um die Wende des Jahres 1899 infolge der Reform zu eigener monetärer Verwendung entzogen bezw. vorenthalten.

Diese immerhin recht bedeutende Menge Goldes konnte Europa in jener Zeit nur schlecht entbehren. Der gesteigerte Verkehr der damaligen Hausseperiode stellte besonders große Ansprüche und das Geld wurde sehr knapp. Der Diskont der Bank von England stieg auf 6%! Ihr Barvorrat ging bis auf 29,3 Mill. Lstrl. (am 20. Dezember), und das Verhältnis ihrer Reserve zu den Verbindlichkeiten auf 36 1/2% (am 27. Dezember) zurück[1]. 5 1/3 Mill. Lstrl. Gold mehr im Besitze der Bank von England hätten eine große Erleichterung gebracht. Der Barvorrat wäre bedeutend größer gewesen und dieser größere Barvorrat hätte eine Ausdehnung der Notenausgabe bezw. des Checkkredits ermöglicht, welche die damalige Geldknappheit zum wenigsten bedeutend gemildert und damit großen Schaden verhütet haben würde. Wie sehr erwünscht damals der Besitz des indischen Goldes gewesen wäre, geht speziell daraus hervor, dass die Bank von England in jener Zeit (vergeblich) den Versuch gemacht haben soll, von der Russischen Staatsbank und von der Bank von Frankreich größere Darlehen in Gold zu erlangen![2])

So wünschenswert aber im Jahre 1899/1900 der Besitz des von Indien aufgenommenen Goldes für Europa gewesen wäre, — in den Jahren 1900/01 und 1901/02, nachdem der Verkehr inzwischen schwächer geworden war, konnte dieses Gold entbehrt werden, und nach dem Wiederbeginn der Goldproduktion in Transvaal bei gleichzeitiger Zunahme der Produktion in Australien und Amerika, sowie bei immer weiterer Ausdehnung des Abrechnungswesens wird man

[1]) Economist vom 23. bezw. 30. Dezember 1899.
[2]) Conrads Volkswirtsch. Chronik 1899 S. 390.

selbst bedeutend größeren Ansprüchen Indiens mit Ruhe entgegensehen können.

2. Die Macht Indiens, Gold an sich zu ziehen. Angebliche „Bezahlung“ des Aktivsaldos der indischen Zahlungsbilanz durch Edelmetallsendungen.

Vielleicht würde die Sache anders liegen, wenn die Befürchtungen gerechtfertigt wären, die namentlich zur Zeit der Schließung der indischen Münzen fast allgemein, nicht nur in England, sondern auch in Deutschland gehegt wurden, dahingehend, daß die erforderliche „Bezahlung“ des großen Aktivsaldos der indischen „Handels- (besser Zahlungs-)Bilanz“, die früher, vor Aufhebung der indischen Silberwährung, in Silber erfolgt sei, in Zukunft in Gold erfolgen und deshalb einen bedeutenden Export von Gold, und zwar einen Export im Werte von 120—150 Mill. Mark p. Jahr, nötig machen werde[1]). Diese Befürchtungen haben sich aber schon jetzt als übertrieben herausgestellt. In Wirklichkeit beruhten sie auf einer Überschätzung der wirtschaftlichen Macht Indiens, auf der irrtümlichen Annahme, daß der Import von Silber wesentlich stärker zurückgehen werde, als es tatsächlich geschehen ist, und auf einer prinzipiell falschen Anschauung in Betreff der Veranlassung der Edelmetallsendungen nach Indien.

Die Macht Indiens, Gold an sich zu ziehen, ist keineswegs so groß, wie man sich allgemein vorstellt. Allerdings hat Indien eine sehr günstige (Waren-)Handelsbilanz, deren Saldo in einzelnen Jahren sogar den Betrag von 400 Mill. Rupien überstiegen hat, und dieser Aktivsaldo muß in irgend einer Weise beglichen werden. Diesem Aktivposten stehen aber bedeutende Passiva gegenüber. Zunächst die Home charges und die Zinsen für Rupienanleihe, welche in England gehalten wird, im ganzen zirka 17 Mill. Lstrl. = 255 Mill. Rupien p. Jahr. Außerdem sind jährlich bedeutende Summen an Zinsen und Dividenden von Privatpersonen nach England zu remittieren. Diese letzteren sollen sich auf 7—10 Mill. Lstrl.

---

[1]) Vergl. hierzu auch Lexis im Handw. d. Staatsw. Art. Silber und Gold und in einem Artikel der Wiener Neuen Freien Presse vom 8. Februar 1898. Der Verfasser hat diese Ansichten schon damals bekämpft. Vergl. Heyn, Der indische Silberzoll (1894) S. 36 ff.

= 105—150 Mill. Rupien belaufen[1]). Das sind zusammen 360—405 Mill. Rupien, also etwa ebenso viel, als der Überschuß der Handelsbilanz beträgt. Angesichts dieser Zahlen (die allerdings zum Teil nur auf Schätzung beruhen) muß man zu der Ansicht gelangen, daß der bedeutende Nettoimport Indiens an Edelmetall, welcher in der Zeit von 1873/74— 1901/02 (einschließlich des Imports und des Exports der Regierung) einen Wert von 2968,76 Mill. Rupien erreichte, nur dadurch möglich geworden ist, daß die indische Regierung große Anleihen im Auslande aufnahm[2]) und daß ausländische, insbesondere englische Kapitalisten in Indien sehr bedeutende Summen in Unternehmungen aller Art investierten. Würde die indische Regierung einmal aufhören, Anleihen in London aufzunehmen, und würde der Zufluß von Kapital nach Indien wegfallen, dann würde von einem Import von Edelmetall „zur Ausgleichung des Saldos der Handels- oder Zahlungsbilanz“ schon deshalb nicht mehr die Rede sein können, weil es keinen Aktivsaldo zu begleichen gäbe!

Zuverlässige Aufschlüsse über diesen Punkt sind nicht zu erlangen, da sowohl über die Summe der von Privatpersonen in Indien zu entrichtenden Zinsen und Dividenden, als auch über die Kapitalbewegung, soweit sie sich nicht unter Kauf und Verkauf von Rupienanleihe vollzieht, näheres nicht bekannt ist. Einen Anhaltspunkt gibt aber für die Zeit von 1870/71—1892/93 die offizielle „Aufstellung über die wichtigsten Posten der indischen Handelsbilanz“ in App. 1893 S. 239, die unten abgedruckt ist. Hier wird zunächst ermittelt, wie groß der Überschuß des indischen Exports über den Import — unter Ausschluß des (mit Councilbills bezahlten und daher natürlich nicht noch einmal zu belastenden) Imports der Regierung — gewesen ist. Sodann wird in Abzug gebracht, was Europa für angekaufte Rupienanleihe zu bezahlen gehabt hat, sowie ferner, was Indien an Home charges und an Zinsen für Rupienanleihe schuldig war (Betrag der Councilbills). Von dem Saldo wird der Betrag des Nettoimports

[1]) Prot. 1898 § 12821. Andere schätzen den Betrag nur auf 5 Mill. Lstrl. Prot. 1898 § 2817.

[2]) In der Zeit von 1873/74 bis 1900/01 sind im ganzen 89,3 Mill. Lstrl. in England aufgenommen.

„Handelsbilanz“ Indiens[1])

(Rx).

	1870/71 bis 1874/75	1875/76 bis 1879/80	1880/81 bis 1884/85	1885/86 bis 1889/90	1890/91	1891/92	1892/93
Warenverkehr							
Export	285151481	312477590	411465558	463404966	100227348	108173592	106574671
Import unter Ausschluß des Imports der Regierung .	160005849	188114206	253158161	305988250	69034900	66587457	62618383
Überschuß des Exports	124245632	124363384	158308397	157416716	31192448	41586135	43956288
Remittierungen Europas netto:							
Rupienanleihe, verkauft nach England	— 2187992	5270613	1298101	968154	5137810	598720	— 1321920
Councilbills: 1. zur Bezahlung von Home charges . . .	59375531	75384941	98116852	96579737	19094630	23948506	26977500
2. zur Bezahlung von Zinsen für Rupienanleihen	3321000	3403000	4278000	4186771	891933	1069728	960260
im ganzen . .	60508539	84058554	103692953	101734662	25124373	25617014	26615849
Saldo zu Gunsten Indiens	63737093	40304830	54615444	55682054	6068075	15969121	17340448
Nettoimport von Edelmetall:							
Gold	11647000	3074942	23564497	15361718	5636172	2413792	— 2812683
Silber	15327483	35270998	30402632	48175673	14175136	9022184	13863569
Bilanz: zu Gunsten Indiens	36762610	1985890	648315	—	—	4533711	6289562
zu Lasten Indiens	—	—	—	7855337	13742669	—	—

[1]) Abgedruckt aus App. 1893 S. 239.

an Gold und Silber abgesetzt. Dann bleibt für einzelne Jahre ein Überschuß, für andere ein Fehlbetrag auf Indiens Konto übrig[1]).

Stellen wir die Saldi zusammen und berechnen wir die Bilanz der ganzen Periode, so ergibt sich ein Schlußsaldo zu Gunsten Indiens von 28605082 Rx = 286 Mill. Rupien, denn es beträgt die

Summe der Saldi zu Gunsten Indiens	50203088 Rx
„ „ „ „ Lasten „	21598006 „
Differenz	28605082 Rx.

Selbst wenn wir auf der Aktivseite nur die Saldi der eigentlichen Handelsbilanz in Betracht ziehen, die Begebung von Rupienanleihe also außer Acht lassen, bleibt noch ein Saldo von 18841596 Rx = 188,4 Mill. Rupien zu Gunsten Indiens übrig; denn es sind an Rupienanleihe

begeben (im ganzen)	13273398 Rx
zurückerworben (1870/71—1874/75 und 1892/93)	3509912 „
	9763486 Rx

und der angegebene Betrag bleibt übrig, wenn wir von der oben berechneten Differenz diese Summe absetzen.

28605082 Rx — 9763486 Rx = 18851596 Rx.

Nach dieser Rechnung hatte Indien für die ganze Zeit von 1870/71—1892/93 noch 286 bezw. (auf Grund seiner Handelsbilanz allein) 188,4 Mill. Rupien von Europa mehr zu fordern, als es bezahlt erhalten hat. Demnach hätten die Edelmetallsendungen Europas nicht einmal genügt, um Europas Schulden zu begleichen!

Anders stellt sich aber die Sache, wenn man von dem Jahre 1880 ausgeht und unter Beiseitelassung der Schuldaufnahme, d. h. der Begebung von Rupienanleihe, lediglich den Überschuß der Handelsbilanz über den Betrag der Councilbills, zu dessen Ausgleichung die großen Edelmetallimporte erforderlich gewesen sein sollen, in Betracht zieht.

So aufgemacht, lautet die Rechnung folgendermaßen:

[1]) Der Handel über die Landgrenze ist hierbei nicht berücksichtigt, weil derselbe nicht mit genügender Sicherheit festzustellen ist. Nach der vorhandenen — mangelhaften — Statistik ergibt derselbe, wie a. a. O. nebenbei bemerkt wird, einen kleinen Überschuß zu Gunsten Indiens.

Zahlungsbilanz Indiens 1880/81—1892/93

(Rx).

	1880/81 bis 1884/85	1885/86 bis 1889/90	1890/91	1891/92	1892/93	Quersummen Rx.
Überschuß des Waren-Exports über den Import . .	158 308 307	157 416 716	31 102 448	41 586 135	43 956 288	432 459 984
Councilbills: für Home charges	98 116 852	96 579 737	19 094 630	23 948 566	26 977 500	264 717 285
für Anleihezinsen	4 278 000	4 186 771	891 933	1 069 728	960 260	11 386 692
im ganzen . . .	102 394 852	100 766 508	19 986 563	25 018 294	27 937 760	276 103 977
Saldo zu Gunsten Indiens	55 913 545	56 650 208	11 205 885	16 567 841	16 018 528	156 356 007
Edelmetallimport: Gold	23 564 497	15 361 718	5 636 172	2 413 792	2 812 683	44 163 406
Silber	30 402 632	48 175 673	14 175 136	9 022 184	13 863 569	115 639 194
im ganzen . . .	53 967 129	63 537 391	19 811 308	11 435 976	11 050 886	159 802 690
Bilanz: zu Gunsten Indiens	1 946 416	—	—	5 131 865	4 967 642	12 045 923
zu Lasten Indiens	—	6 887 183	8 605 432	—	—	15 492 606
Saldo zu Lasten Indiens . . .	.	.	.	.	.	3 446 683

Bei dieser Rechnung ergibt sich, daß Indien an Edelmetall in der Zeit von 1880/81—1892/93 für 3,45 Mill. Rx = 34,5 Mill. Rupien mehr erhalten hat, als es nach dem Saldo seiner Handelsbilanz zu beanspruchen hatte, so daß zu deren Bezahlung schon die Aufnahme von Anleihen etc. erforderlich war.

Hierbei wird freilich das Guthaben Indiens aus der Zeit von 1870/71—1879/80, welches (wenn die offiziellen Zahlen richtig sind!) nicht weniger als 387,2 Mill. Rupien beträgt, außer Acht gelassen. Das wäre aber nur dann unzulässig, wenn dieses Guthaben von Jahr zu Jahr übertragen und erst im Laufe der Zeit abgezahlt worden wäre. So liegt die Sache aber zweifellos nicht. Die indische Zahlungsbilanz wird im großen und ganzen in jedem Jahre zum Ausgleich gebracht und jedenfalls dürfte Europa Indien (im wesentlichen) nichts schuldig geblieben sein[1]). Berücksichtigen wir nun noch, daß Indien andere ordentliche Aktiva als seinen Export nicht besitzt, während es jährlich außer seinen Home charges und den Zinsen für Rupienanleihe Europa noch 5—10 Mill. Lstrl., also 75—150 Mill. Rupien an privaten Zinsen und Dividenden zu bezahlen hat (was bisher nicht berücksichtigt worden ist!), so ergibt sich, daß es neben seinem Warenimport in der Tat keineswegs die jetzige Menge Edelmetall hätte importieren können, wenn es nicht in hohem Maße von Kredit gelebt hätte. Schon die Erfüllung der jährlichen Zahlungsverpflichtungen an Home charges etc.

[1]) Mit demselben Rechte könnte man gegenüber der offiziellen Rechnung den Einwand erheben, daß sie unrichtigerweise erst mit dem Jahre 1870/71 und nicht schon früher beginne. Weshalb denn gerade hier beginnen und z. B. die vorhergehenden 4 Jahre außer Acht lassen, in welchen der Überschuß des Exports an Waren (nach App. 1898 S. 136) durchschnittlich nur 159,4 Mill. Rupien betrug (gegen 248,5 Mill. im Durchschnitt der Periode von 1870/71—1874/75), und in welchen der Überschuß des Exports im ganzen (einschließlich der Edelmetalle!) nur etwa 40,46 Mill. Rupien ausmachte (gegen 194,55 Mill. in der Folgezeit), während jährlich zirka 52 Mill. Rupien Councilbills, also 12 Mill. mehr begeben wurden, die nun anderweitig gedeckt werden mußten? Weshalb dann ferner nicht auch noch die Periode von 1855—1861 in Betracht ziehen, in denen der Außenhandel (inkl. Edelmetall) regelmäßig mit einem Saldo zu Lasten Indiens, nämlich mit einem Überschuß des Imports abschloß, der im ganzen zirka 22,6 Mill. Rupien p. Jahr betrug, während außerdem 5,16 Mill. Lstrl. Councilbills zu decken waren?

und an privaten Zinsen und Dividenden hätte den Saldo der Handelsbilanz nahezu aufgezehrt!

Es ist nun aber prinzipiell unrichtig oder wenigstens irreführend, davon auszugehen, daß der große Edelmetallimport Indiens zur Zeit seiner offenen Silberwährung erfolgt sei, um die Zahlungsbilanz gegenüber Europa auszugleichen. Unter allen Umständen kann das nicht gesagt werden, soweit Gold importiert wurde oder Silber, welches zur Deckung eines wirklichen Bedarfs zu Hoardszwecken oder zu monetären Zwecken nötig war. Insoweit stand unter allen Umständen der Import von Edelmetall, zumal da er durch Nachfrage seitens Indiens veranlaßt war, dem Import jeder anderen Ware vollkommen gleich. Dasselbe ist aber größtenteils auch von dem sonstigen monetären Silberimport zu sagen. Von einem Edelmetallimport „zum Ausgleich der Zahlungsbilanz" kann man nur dann reden, wenn es für das Ausland nicht möglich ist, bei dem Parikurse so viel Waren zu importieren, als genügt, um den Überschuß des Exports des betreffenden Landes und seiner sonstigen Forderungen über seine Schulden mit Waren zu begleichen; wenn infolgedessen der Kurs der Wechsel dieses Landes über den Parikurs, eventuell über den früheren Stand hinaus steigt und wenn dann, nach der Erreichung des oberen Metallpunktes, Geldmetall importiert wird, um nach dessen Ausprägung oder Umtausch in Landesgeld mit diesem Gelde die fälligen Wechsel zu bezahlen. So hat aber die Sache bei Indien bis 1893, im großen und ganzen betrachtet, nie gelegen. Der indische Wechselkurs ist im allgemeinen immer tiefer gesunken. Indien hat infolgedessen, weil immer mehr Silber — teils zu Hoardszwecken, teils zur Deckung des steigenden Umlaufsmittel- und Kapitalbedarfs — vorteilhaft verwendet werden konnte, immer mehr Silber eingeführt und hat seinerseits für dieses Silber Rimessen beschaffen müssen. Die Behauptung, daß der Edelmetall- oder doch der Silberimport Europas nach Indien erfolgt sei, um einen Aktivsaldo der indischen Zahlungsbilanz zu decken, kehrt die Sache um und verwechselt Ursache und Wirkung! Allerdings hat bei dem sinkenden Kurse Indien durch seinen steigenden Warenexport neben dem Saldo des Kapitalverkehrs ein so großes Guthaben erworben, daß außer dem Warenimport etc. der tatsächlich stattgehabte Edelmetallimport und speziell der Silberimport erforderlich war, um dieses Guthaben auszugleichen. Aber der Silberimport ging voraus! Er erfolgte nicht, um diesen Ausgleich zu beschaffen, sondern lediglich deshalb, weil es bei dem sinkenden Silberpreise vorteilhaft war, so viel Silber zu importieren! Das gilt freilich nur im großen und ganzen und insoweit, als ein Silberimport stattfand, während der Kurs sank. Es soll nicht in Abrede genommen werden, daß zeitweilig auch ein Import von Silber lediglich zum Ausgleich der Zahlungsbilanz stattgefunden hat.

Wenn aber der Edelmetallimport Indiens in früheren Jahren nicht lediglich deshalb erfolgt ist, um die Zahlungsbilanz zum Ausgleich zu bringen; wenn vielmehr — im wesentlichen — kein anderer Beweggrund dafür vorhanden war als derjenige, welcher auch für den Warenimport maßgebend ist, dann bietet die Tatsache, daß zur Zeit der offenen Silberwährung in Indien ein großer Import von Silber stattgefunden hat, durchaus keinen Anhaltspunkt dafür, wie sich der Import von Gold gestalten muß, nachdem die Goldwährung eingeführt ist und nunmehr Edelmetallimporte „zum Ausgleich der Zahlungsbilanz“ in Gold erfolgen müssen. Überdies kommt in Betracht, daß ein Edelmetallimport, der „zum Ausgleich der Zahlungsbilanz“ erfolgt, noch kein definitiver ist — das importierte Edelmetall kann ja wieder exportiert werden —, und der definitive oder Nettoimport ist es doch, welcher bei der Befürchtung einer Bedrohung Europas durch den Goldimport Indiens in erster Linie ins Auge gefaßt wird. Für diesen definitiven Import sind ganz andere Faktoren maßgebend. Das wird sich in folgendem noch näher zeigen.

3. Der Einfluß der Währungsreform auf den Goldimport Indiens.

Nachdem in Indien die Goldwährung eingeführt worden ist, kann im Gegensatz zu früher ein Import von Geldmetall nicht mehr aus dem Grunde erfolgen, weil es infolge eines Preisrückgangs dieses Metalles auf dem Weltmarkte vorteilhaft wäre, dasselbe nach Indien zu verschiffen. Goldsendungen aus diesem Grunde, ähnlich so vielen Silbersendungen in früherer Zeit, sind daher nicht zu befürchten. Diesem günstigen Umstande steht aber der Nachteil gegenüber, daß jetzt der „Ausgleich der Zahlungsbilanz“, soweit solcher erforderlich ist, auf dem Wege des Goldimports erfolgen muß, und gerade dieser Umstand ist es, welcher zu so großer Besorgnis Veranlassung gegeben hat. Nun ist freilich schon nachgewiesen oder doch glaubhaft gemacht worden, daß die Macht Indiens, Gold an sich zu ziehen, erheblich überschätzt worden ist; daß der große Aktivsaldo der indischen Handelsbilanz, zu dessen Ausgleich angeblich große Goldsendungen erforderlich sein sollen, noch nicht einmal ausreicht oder doch früher nicht ausgereicht hat, um die Schulden Indiens zu bezahlen, und daß der früher stattgehabte große Import an Edelmetall neben dem Import an Waren nur deshalb stattfinden konnte, weil Indien infolge der Aufnahme von Staatsanleihen und sonst viel Kapital zugeflossen ist. Das allein genügt aber noch nicht, um die gehegten Besorgnisse zu zerstreuen; denn Indien wird zweifellos auch in Zukunft immer wieder an den europäischen Geldmarkt appellieren und die Europäer werden Indien wahrscheinlich sogar noch mehr Kapital zur Verfügung stellen als früher. Es wäre daher trotz der unzureichenden Handelsbilanz immerhin möglich, daß auch in Zukunft große Geldmetallsendungen, und zwar jetzt in Gold bestehend, nach Indien gemacht werden müßten, um die Zahlungsbilanz zum Ausgleich zu bringen.

Ob das geschehen wird, und wie viel Gold aus diesem Grunde in Zukunft nach Indien gesandt werden muß, darüber gibt uns die Theorie von der Bezahlung des Saldos der Zahlungsbilanz mit Edelmetall, speziell mit Geldmetall, hier mit Gold, keinen Aufschluß. Was ist denn der Saldo der Zahlungsbilanz? Er wird bestimmt einerseits durch die Größe der Forderungen Indiens aus seinem Export, aus Kapitalaufnahmen etc., andererseits durch die Größe seiner Schulden an fixen Lasten etc. und aus seinem Import an Waren. Wer will sich aber vermessen darüber etwas vorauszusagen, wie sich in Zukunft diese Forderungen und diese Schulden gestalten werden; welchen Umfang insbesondere der Export, die Kapitalaufnahme und der Warenimport erreichen werden, zumal nachdem die Grundlagen des indischen Auslandsverkehrs eine so starke Veränderung erlitten haben?

Die Theorie von dem Ausgleich der Zahlungsbilanz durch Geldmetallsendungen lassen wir am besten ganz beiseite. „Zum Ausgleich der Zahlungsbilanz" wird Gold nach Indien nur dann versandt, wenn zeitweilig in Ermanglung eines hinreichenden Warenimports und in Ermanglung fälliger Schulden von anderer Art der Kurs der indischen Wechsel um den Betrag der Goldversendungskosten über den Parikurs hinausgetrieben wird. Dieser Import ist aber, wie bereits erwähnt, kein definitiver. Das so importierte Gold kann wieder exportiert werden und es wird wieder exportiert, wenn kein Bedarf dafür vorhanden ist. Was sonst an Gold importiert wird — sei es auch monetäres Gold — dient zwar als Ausgleich der Zahlungsbilanz, aber doch nur in derselben Weise wie z. B. der Import irgend einer Ware, und ebenso wie bei jeder Ware ist es der Bedarf des Landes, der über die Größe des Imports entscheidet. Hiernach ist für den definitiven oder „Netto"-Goldimport eines Landes, der uns hier in erster Linie interessiert, auch bei herrschender Goldwährung ausschließlich bestimmend: der Bedarf. Die Frage, ob die indische Währungsreform eine Steigerung, speziell eine für Europa gefährliche Steigerung des Goldimports Indiens zur Folge haben wird, kann daher nur in der Weise entschieden werden, daß geprüft wird, ob und in welchem Maße die Währungsreform den Bedarf Indiens an Gold gesteigert hat. Die Gestaltung der Zahlungsbilanz kommt hierbei überhaupt nicht weiter in Betracht. Die Deckung eines vorhandenen Bedarfs an Gold erfolgt ja keineswegs nur dann, wenn ein Import von Gold „zum Ausgleich der Zahlungsbilanz" erforderlich ist. Sie findet vielmehr auch dann statt, wenn die Zahlungsbilanz auch sonst ihren Ausgleich finden würde, ja sogar dann, wenn der Wechselkurs unter Pari steht und deshalb ein Import von Gold „zum Ausgleich der Zahlungsbilanz" überhaupt nicht stattfinden kann[1]).

[1]) Dadurch, daß der Kursstand einen Import „zum Ausgleich der Zahlungsbilanz" nicht mehr gestattet, wird an sich auch ein monetärer Goldimport nicht ausgeschlossen. Es wird jedoch vielfach ein monetärer Bedarf nicht mehr vorhanden sein, oder doch nicht gedeckt werden; denn sobald der Wechsel-

Hat aber die indische Währungsreform den Bedarf Indiens an Gold gesteigert?

Bei der Beurteilung dieser Frage müssen wir den Bedarf für monetäre Zwecke und den Bedarf für industrielle oder „Hoards"-Zwecke unterscheiden.

Der Bedarf zu „Hoards"zwecken ist durch die Währungsreform im ganzen nicht gesteigert worden. Die Gefahr, daß das geschah, war allerdings vorhanden. Die Indier hätten sich durch die Aufhebung der offenen Silberwährung und durch den Übergang der Regierung zum Golde veranlaßt sehen können, ihre Vorliebe für Silber aufzugeben und anstatt Silber, soweit möglich, jetzt Gold zu hoarden, auch wohl gar die angesammelten Silberschätze in Gold umzutauschen. Das wurde ernstlich befürchtet. Daher auch die Vorschläge Probyns und Lindsays in Betreff der Einrichtung der neuen Währung[1]. Diese Gefahr ist aber glücklicherweise nicht eingetreten und jetzt ist sie wohl vorüber. Wie sich jetzt die Sachlage gestaltet hat, ist der indische Bedarf an Gold zu Hoardszwecken zunächst sogar nicht nur nicht gesteigert, sondern noch vermindert worden; denn die Währungsreform hat durch die Schädigung der Produzenten und Grundeigentümer, welche die allseitige Schwächung der Konkurrenzfähigkeit Indiens zur Folge hatte, und durch die Entwertung des Besitzes an ungeprägtem Silber die Fähigkeit und das Vermögen der Indier, Goldschätze aufzuhäufen, geschwächt. Erst die Steigerung des Zuflusses von Kapital und die dadurch bewirkte Hebung der Prosperität des Landes können in dieser Beziehung eine Wandlung bringen.

Was ferner den Bedarf an Gold zu monetären Zwecken anlangt, so ist zunächst zu erwähnen, daß ein solcher durch die Währungsreform überhaupt erst geschaffen worden ist. Das ist natürlich, so lange wir nicht einen Überschuß an Gold haben, für Europa ungünstig. Diesem Umstande ist

---

kurs (erheblich) mehr als um den Betrag der Goldversendungskosten unter Pari fällt, verliert das Gold seine Umlaufsfähigkeit, d. h. die Fähigkeit, als Umlaufsmittel Gelddienste zu verrichten, und wird Ware, deren Preis durch das Agio bestimmt wird. Dann kann aber ein Import von Gold für monetäre Zwecke nur insoweit noch Nutzen haben, als es sich darum handelt, eine etwa für notwendig erachtete Reserve zu beschaffen oder zu verstärken.

[1]) Vergl. oben S. 55ff.

aber keine wesentliche Bedeutung beizumessen, weil der monetäre Goldbedarf Indiens bei dem ungeschmälerten Vertrauen der Indier zu ihrer Rupie und bei der Vorliebe für dieselbe, wie bereits dargelegt, gering ist. Der Verkehr verlangt ja einstweilen nur Rupien und immer wieder Rupien. Die Regierung prägt lediglich Silber, bringt verhältnismäßig wenig Goldgeld in den Verkehr und verschifft das ihr angebotene Gold zum größten Teil nach England. Auch zur Sicherung der Stabilität des Wechselkurses dient in erster Linie nicht effektives Gold, sondern ein Besitz an englischen Konsols, auf Grund dessen im Bedarfsfalle Gold beschafft werden kann.

Auch in dieser Beziehung hätten sich die Verhältnisse anders gestalten können. Wenn die Indier der unterwertig gewordenen „artificial“ Rupie ihr Vertrauen entzogen hätten, so würde die Regierung gezwungen gewesen sein, das zum Umlauf bestimmte Geld abgesehen von den kleinen Münzen (von denen der indische Verkehr bei seinen verhältnismäßig kleinen Umsätzen allerdings auch dann noch eine große Menge gebraucht hätte) aus Gold zu prägen oder wenigstens das Silbergeld in Gold einlösbar zu machen, vielleicht auch noch zur Deckung des Papiergeldes eine größere Goldreserve zu halten. Dazu wäre aber eine ganz andere Menge Goldes nötig gewesen als jetzt, wo der effektive Bestand, wie wir früher (S. 30) gesehen haben, höchstens 151,5 Mill. Rupien (10,1 Mill. Lstrl.), etwa 10 % des gesammten Geldumlaufs, beträgt. Vielleicht würde selbst das Fünffache dieses Betrages (wie in den Vereinigten Staaten von Nordamerika) noch nicht einmal genügt haben!

Die Gefahr einer d a u e r n d e n Absorption großer Mengen Goldes seitens Indiens ist hiernach durch die indische Währungsreform nicht wesentlich gesteigert worden. Insoweit kann von einer erheblichen ungünstigen Beeinflussung der Situation Europas, wenigstens für die Gegenwart und die nahe Zukunft, nicht die Rede sein.

Besteht aber die Gefahr v o r ü b e r g e h e n d e r starker Goldentziehungen?

Hierbei kommt speziell und ausschließlich in Betracht, was an Gold „zum Ausgleich der Zahlungsbilanz“ nach Indien versendet wird, wenn zeitweilig nicht genügend

Wechsel zum Parikurse oder zu einem das Pari nicht um den Betrag der Goldversendungskosten überschreitenden Kurse vorhanden sind.

In dieser Beziehung hat die indische Währungsreform natürlich ebenfalls insofern ungünstig gewirkt, als sie derartige Goldversendungen durch die Einführung der Goldwährung überhaupt erst ermöglicht hat. Abgesehen hiervon aber ist ihre Wirkung eine verschiedene gewesen. Zunächst ist der Import von Gold durch die Hebung des Kurses auf 16 d und die dadurch herbeigeführte Erschwerung des Exports und die Erleichterung des Imports von Waren (vor allem bis zu vollzogener Anpassung) erschwert worden. Wäre nämlich der Kurs nicht auf 16 d gehoben; wäre er vielmehr lediglich in der Höhe fixiert worden, auf welcher er vor Beginn der Währungsreform stand, also in der Höhe von 14⁵/₈ d oder 15 d, so würde der Goldimport Indiens „zum Ausgleich der Zahlungsbilanz“ viel größer sein oder wenigstens in der ersten Zeit viel größer gewesen sein als jetzt. Denn dann wäre die Konkurrenzfähigkeit Indiens auf dem Warenmarkte weniger geschwächt worden, der Export von Waren leichter, der Import schwerer gewesen. Die Bilanz hätte einen größeren Saldo zu Gunsten Indiens ergeben und der Kurs hätte eher den Goldimportpunkt erreicht. Hat aber hiernach die Hebung des Kurses für Europa günstig gewirkt, so ist von der Stabilisierung des Kurses das Gegenteil zu sagen. Denn die Stabilisierung des Kurses hat die Übertragung von Kapital erleichtert und begünstigt und dadurch bewirkt, daß Indien eher in die Lage kommt, Guthaben zu erwerben, deren Übertragung den Kurs in die Höhe und auf den Goldimportpunkt hinauftreibt. In dieser Hinsicht kommen einerseits die dauernden Anlagen von Kapital in Betracht, obwohl in diesen Fällen die Übertragung zum größten Teil in der Form von Waren (Maschinen, Eisenbahnmaterial etc.) erfolgen wird, andererseits die vorübergehenden Anlagen zur Ausnützung von Diskontdifferenzen, wie sie auch zwischen europäischen Goldwährungsländern stattfinden. Näheres darüber ist schon S. 99 ff. gesagt worden.

Obwohl nun die Währungsreform derartige Importe von Gold zum Ausgleich der Zahlungsbilanz erst ermöglicht und (durch die Stabilisierung des Kurses) die Ursachen, welche dahin führen können, noch vermehrt hat, dürfte die Lage für Europa doch auch in dieser Beziehung kaum wesentlich verschlechtert worden sein. Im allgemeinen werden größere Goldentziehungen nur etwa dann stattfinden, wenn in Indien Geldknappheit herrscht, während in Europa Geld flüssig ist. Unter normalen Verhältnissen sucht ja die indische Regierung, wie schon früher bemerkt, direkt zu verhindern, daß der Kurs den Goldimportpunkt erreicht, weil ihr selbst aus einem Goldimport nur Unbequemlichkeiten und Kosten erwachsen. Das importierte Gold wird ja sofort zum Umtausch gegen Rupien eingereicht und dadurch wird sie, wie schon mehrfach erwähnt, gezwungen, dasselbe nach London zu verschiffen, um dafür Silber zu kaufen und neue Rupien zur Ergänzung ihres Bestandes zu prägen. Um das zu verhüten, hat die Regierung schon jetzt die Bedingungen für den Umtausch des ihr angebotenen Goldes in Rupien wieder erschwert, da sie die Auszahlung der im Austausch abzugebenden Rupien, die früher sofort erfolgte, jetzt wieder um 60 Tage hinausschiebt[1]), und außerdem hat sie sich durch das Goldnotengesetz von 1900 ermächtigen lassen, die Abgabe von Goldnoten (Rupienanweisungen gegen Golddepot in England) schon zu 16 d, also zu Pari, nicht erst bei einem dem Goldimportpunkte entsprechenden Kurse, vorzunehmen. Letzteres kommt nun freilich hier wenig in Frage, weil die Abgabe von Goldnoten nur gegen strenges Depot in London erfolgt und weil das so deponierte Gold dem europäischen Verkehr ebenso entzogen wird, wie wenn wirklich eine Verschiffung nach Indien erfolgte. Wohl aber dient die erstere Maßregel dazu, Goldimporte zu erschweren. In der gleichen Richtung wirkt das Bestreben, den Verkauf der Councilbills so zu regeln, daß der größte Teil von den im ganzen zirka 255 Mill. Rupien dann zum Angebot kommt, wenn die größte Nachfrage herrscht und daher auch die größte Gefahr der Erreichung des Goldpunktes vorhanden ist, nämlich in der Exportsaison von Dezember bis Mai. Durch diese Maßregeln wird unter normalen Verhältnissen im allgemeinen verhütet werden, das lediglich „zum Ausgleich der Zahlungsbilanz“ ein irgend erheblicher Goldabfluß von Europa stattfindet

---

[1]) Trade of India 1900-01 S. 30.

oder daß wirklich bedeutende Mengen Goldes, die in anderen Ländern verfügbar sind, wenigstens zeitweilig, Europa vorenthalten bleiben.

Anders liegt die Sache, wenn in Indien eine Geldknappheit eintritt. Eine solche Geldknappheit wird nur etwa in der Exportsaison, in der viel Geld zur Bewegung der Ernte gebraucht wird, und auch in dieser Zeit nur dann vorkommen, wenn die Regierung aus besonderen Gründen — etwa weil die Steuern schlecht eingegangen sind und weil sie bedeutende Summen zur Unterstützung verwenden muß wie bei den letzten Mißernten, etc. — mit Rücksicht auf den geringen Bestand der Staatskassen nicht in der Lage ist, die gewöhnliche Anzahl Councilbills zu begeben[1]) und die gewöhnlichen Depots bei den Präsidentschaftsbanken zu halten. Unter solchen Umständen muß der Diskont in Indien stark steigen und mag er schon im Dezember 10, im Februar 12, 13 und noch mehr Prozent erreichen, wie es im Frühjahr 1897 und 1898 tatsächlich geschehen ist. Dadurch werden die Chancen einer vorübergehenden Kapitalanlage in Indien stark vergrößert und dann wird natürlich mehr Kapital als sonst zu diesem Zwecke nach Indien übertragen werden. Geschieht das, so wird hierdurch die Nachfrage nach indischen Wechseln außergewöhnlich stark vermehrt. Diese vermehrte Nachfrage trifft dann aber mit einer Verminderung des Angebots zusammen, weil der Verkauf der Councilbills reduziert ist, und unter diesem doppelten Einflusse wird der Kurs der indischen Wechsel den Goldpunkt leicht erreichen. Unter solchen Verhältnissen mögen wirklich bedeutende Mengen Goldes nach Indien abfließen oder aber — was den gleichen Effekt hat — von Egypten, Südafrika, Australien, Japan etc. statt nach Europa nach Indien dirigiert werden und Europa vorenthalten bleiben. Indessen eine größere Gefahr für Europa dürfte auch hieraus nicht entstehen. Um wirklich große Summen wird es sich auch in solchen Zeiten nicht handeln. Außerdem würden selbst große Goldentziehungen nur in seltenen Ausnahmefällen größeren Schaden anrichten, denn der indische Geldbedarf erreicht erst im Februar seinen Höhepunkt, wenn in Europa die

[1]) In solchem Falle wird dem Verkehr Geld vorenthalten. Vergl. oben S. 34. 64/65.

gewöhnliche Knappheit, die um die Jahreswende eintritt, bereits vorüber ist, und deshalb werden in der Regel erst nach Jahresschluß Kapitalanlagen zur Ausnutzung der Diskontdifferenzen in Indien in größerem Umfange gemacht werden.

Sollte in Indien einmal eine Panik entstehen, weil das Vertrauen zu der Rupie erschüttert würde (was bei der starken Unterwertigkeit der Rupie nicht ausgeschlossen ist), dann würde Europa, obwohl dann natürlich eine große Geldknappheit in Indien eintreten müßte, überhaupt keine Goldentziehungen „zum Ausgleich der Zahlungsbilanz" zu befürchten haben; denn in diesem Falle würde sofort eine Kapitalflucht aus Indien entstehen, welche den Wechselkurs unter Pari (und vielleicht tief unter Pari!) herabdrücken müßte, und dann würde ein Goldimport „zum Ausgleich der Zahlungsbilanz" garnicht mehr stattfinden können. In diesem Falle oder doch in dieser Veranlassung könnte sich dann aber für die Zukunft ein sehr erheblicher neuer Bedarf an Gold sowohl zu monetären als auch zu Hoardszwecken ergeben und könnte, wenn dann nicht etwa Indien zur offenen Silberwährung zurückkehrte, eine sehr bedeutende dauernde Aufnahme von Gold seitens Indiens die Folge sein. Das sind aber fernliegende Möglichkeiten!

b. Indien als Empfänger und als Abgeber von Gold in den letzten Jahren.

Es ist bei der früheren Betrachtung nicht erwähnt worden, daß Indien mit seiner „Goldwährung" auch als Abgeber von Gold auftreten kann. Das mag vorerst noch nachgeholt werden. Als Abgeber von Gold kann Indien in Zeiten vorübergehender Spannung auf dem europäischen Geldmarkte eine gewisse Bedeutung gewinnen. Es ist aber zunächst zu berücksichtigen, daß Indien im wesentlichen nur solches Gold abzugeben vermag, welches es vorher aus anderen Ländern oder aus den eigenen Minen an sich gezogen und bis dahin dem europäischen Markte vorenthalten hatte. Außerdem kommt in Betracht, daß die Möglichkeit, Indien zu gegebener Zeit zur Abgabe von Gold zu zwingen, sehr gering ist, viel geringer als bei anderen Ländern. Der Grund liegt darin, daß der Staatssekretär für Indien durch die zeitweilige Einstellung seines Verkaufs von Councilbills,

und daß die indische Regierung in Indien durch die Abgabe von Goldtratten auf London bis zur Höhe der dortigen (in Konsols gehaltenen) Goldreserve von 4 Mill. Lstrl. im stande sind, einen Goldabfluß aus Indien zu verhindern, während zugleich mit Rücksicht auf die von einem solchem Goldabflusse drohende Gefahr der Entstehung von Mißtrauen ein erhebliches Interesse vorliegt, das zu tun. Selbst wenn das nicht geschähe, würde jedoch nur dasjenige Gold (unfreiwillig) abfließen, welches die indische Regierung als Überschuß über den eisernen Bestand ihrer Reserve al pari hergibt. Das im Verkehr befindliche Gold kommt in dieser Beziehung nicht in Betracht, denn alle Zahlungen können in Silber geleistet werden und das Gold würde bei seiner geringen Menge sofort ein Agio erlangen und aus dem Verkehr verschwinden. Der Überschuß der Goldreserve der Regierung über den eisernen Bestand ist aber, wie schon früher erwähnt, gering: er betrug am 7. März 1901 nicht mehr als 1,96, am 15. Oktober 1902 sogar nur 1,11 Mill. Lstrl. Freilich ist er zeitweilig bedeutend höher gewesen und er könnte auch in Zukunft wieder anwachsen, obwohl die indische Regierung, wie schon bemerkt, den monetären Goldimport nicht nur nicht begünstigt, sondern eher zu hindern sucht.

Freiwillig hat Indien in den letzten Jahren mehrfach größere Mengen Goldes an Europa abgegeben und diese freiwilligen Abgaben sind zum großen Teil sehr willkommen gewesen, weil sie die Spannung auf dem europäischen Geldmarkte milderten. Das gleiche mag auch in Zukunft wieder geschehen.

*   *
*

Es wird von Interesse sein, wenn wir uns jetzt noch einen Überblick über die Goldbewegung nach und von Indien und speziell über den Goldverkehr mit Europa verschaffen. Darüber geben die folgenden Tabellen Auskunft.

(Tabellen auf Seite 352—353.)

Aus einem Vergleich dieser Tabellen ergibt sich, daß das von Indien aufgenommene Gold im wesentlichen nicht Europa, sondern anderen Ländern entzogen (also Europa nur vorenthalten) worden, daß aber das von Indien exportierte Gold fast ausschließlich nach Europa gelangt ist. Das nach

I. Import und Export Indiens an Gold[1]).

	Import		Export		Netto-Import		
	Wert Mill. Rup.	Menge 1000 Unz.	Wert Mill. Rup.	Menge 1000 Unz.	Wert Mill. Rup.	Wert Mill. Lstrl	Menge 1000 Unz.
1888/89	31,19	512	3,05	50,7	28,14	1,92	461
89/90	50,71	850	4,56	76,8	46,15	3,19	773
1890/91	65,—	1176	8,65	162	56,36	4,25	1014
91/92	41,18	709	17,05	285	24,14	1,68	424
92/93	17,82	272	45,94	727	—28,13	1,77	—455
1893/94	31,46	475	25,05	378	6,41	0,39	97
94/95	17,56	237	67,3	927	—49,74	2,72	—690
95/96	50,29	695	25,03	372	25,26	1,44	323
96/97	44,91	637	22,—	348	22,91	1,38	289
97/98	72,81	1129	23,73	397	49,09	3,14	732
98/99	88,4[2])	1433	23,37	410	65,03	4,35	1022
1899/00	114,48	1914	20,08	353	94,41	6,29	1561
1900/01	118,98	1988	110,56	1881	8,42	0,56	107
1901/02	83,08	1372	63,7	1098	19,38	1,29	274

[1]) Nach dem Stat. Abstract. 1898/99 und 1900/01 bezw. Trade of India versch. Jahrg. Der Wert des Nettoimports in Lstrl. ist nach dem Kurse berechnet. Einzelne Differenzen in den Endziffern ergeben sich aus der Abrundung.

[2]) Beginn der (größeren) monetären Goldimporte. Bis Anfang 1898/99 war (seit 1. Januar 1898) für 2,55 Mill. Rupien importiert worden.

II. Goldverkehr mit Europa[1]).

	Import aus Europa Mill. Rup.	Export nach Europa Mill. Rup.	Überschuß des Imports (—) Exports (+)
1888/89	11,51	2,9	— 8,61
89/90	25,9	4,5	— 21,4
1890/91	39,53	8,26	— 31,27
91/92	16,75	17	— 0,25
92/93	6,44	45,93	+ 39,49
1893/94	14,61	25,01	+ 10,40
94/95	7,43	67,28	+ 59,85
95/96	34,37	24,65	— 9,72
96/97	28,09	21,46	— 6,63
97/98	44,02	23,25	— 20,77
98/99	40,5	23,23	— 17,27
1899/1900	42,97	19,95	— 23,02
1900/01	44,09	108,72[2])	+ 64,63
1901/02	27	61,54[2])	+ 34,54

[1]) Stat. Abstr. 1900/01. Tables rel. to the Trade of India 1901/02. Vergl. auch oben S. 19.

[2]) Darunter Export der Regierung: 1900/01 67,5, 1901/02 30 Mill. Rupien.

III. Anteil der wichtigsten Länder an dem Goldimport und dem Goldexport Indiens[1]).

(Mill. Rupien.)

Import.

Herkunftsland	1895/96	1896/97	1897/98	1898/99	99/1900	1901/02	1901/02
Europa							
England . .	32.6	26.3	41.22	38.04	40.7	43.37	26,99
Frankreich .	1.73	1.53	2,74	2,04	2,19	0,6	0.01
andere Länd.	0,03	0.20	0,065	0,41	0,12	0,12	—
im ganzen .	34.37	28.09	44.02	40,498	42,97	44.09	27,—
Afrika							
Egypten . .	4.51	5,42	8,10	10,58	4,07	5,16	2,46
andere Länd.	0,32	0,34	0.16	0.11	6,86	0,19	0,03
im ganzen .	4.83	5,77	8.26	10,698	10,93	5.35	2.49
Amerika	—	—	—	—	—	—	—
Asien							
Japan . . .	—	—	—	0.03	18,06	14,78	—
China[2]) . .	3.71	4.51	7.74	6.55	7.44	7.2	8.04
Arabien[3]) .	1.18	2,77	1.95	2,91	3,03	2.29	2,67
Ceylon . . .	0.047	0.01	2.31	4.2	7,09	12 1	14,63
andere Länd.	0.52	0,73	0.73	1,08	0.95	1,61	1,7
im ganzen .	5.46	8,02	12,73	14,77	36,57	37,98	27,04
Australien	5.63	3,04	7,8	22.44	24,02	31,56	26,54

Export.

Bestimmungsland	1895/96	1896/97	1897/98	1898/99	99/1900	1900/01	1901/02
Europa							
England . .	24,58	21,41	23,25	23.23	19.95	108,72	61,54
andere Länd.	0,07	0,05	—[4])	—[4])	—[4])	—[4])	—
im ganzen .	24.65	21,46	23,25	23,23	19,95	108,72	61,54
Afrika . . .	0,01	0.047	0,39	—	—	—	—
Amerika . .	—	—	—	—	—	—	—
Asien	0,37	0.495	0.09	0,136	0,13	1,83	2,15
Australien .	—	—	—	—	—	—	—

[1]) Stat. Abstr. of Brit. India 1901/02. Tables rel. to the Trade of Brit. India 1901/02.

[2]) inkl. Hongkong. [3]) exkl. Aden.

[4]) Als Export nach anderen (europ.) Ländern als England ist angegeben:

1897/98	1898/99	1899/1900	1900/01
—	5 Rupien	2 Lstrl.	135 Lstrl.

Indien importierte Gold stammt zumeist aus Asien und Australien, zum kleineren Teil aus Afrika (besonders Egypten). Amerika hat seit 1888/89 nur einmal, und zwar im Jahre 1890/91 (für 55 000 Rupien) Gold geliefert, und ebenfalls nur einmal, nämlich im Jahre 1892/93 (für 12 000 Rupien) Gold erhalten. Das von Europa abgegebene Gold stammt zum allergrößten Teil aus England, das nach Europa verschiffte Gold gelangt, bis auf ganz geringe Quantitäten, seit 1897/98 ausschließlich, nach England. Erwähnenswert als Abgeber von Gold neben England ist noch Frankreich.

Bei dem Gesamtimport Indiens (Nettoimport) zeigt sich seit 1898/99, d. h. seit dem Beginn der monetären Goldimporte infolge des Steigens des Kurses auf 16 d, eine Zunahme, wenigstens in den ersten beiden Jahren. Im Vergleich mit der Zeit vor 1893 ist aber, wenn wir von dem exceptionellen Jahre 1892/93 absehen, ein sehr wesentlicher Unterschied nicht vorhanden. Das ist freilich zum großen Teil darauf zurückzuführen, daß so bedeutende Mengen Goldes seitens der indischen Regierung wiederausgeführt sind. Die Exporte der Regierung haben im Jahre 1900/01 nicht weniger als 4,5, im Jahre 1901/02 2 Mill. Lstrl., also 67,5 bezw. 30 Millionen Rupien betragen[1]). Der private Nettoimport war also entsprechend größer.

Wie viel von dem zugeführten Golde aus monetären Gründen importiert worden ist, läßt sich nicht feststellen. Man könnte zunächst geneigt sein anzunehmen, daß der Eingang von Gold bei dem Paper Currency Department darüber Auskunft gebe, weil das monetär verwendete Gold wahrscheinlich ohne wesentlichen Abzug hier zum Austausch gegen Rupien (oder Noten) eingereicht wird. Indessen, bei dem Paper Currency Department gehen auch diejenigen Mengen ein, welche aus dem inneren Verkehr zurückströmen, und überdies alles Bazargold, welches monetäre Verwendung findet. Nach O'Conor[2]) soll von dem importierten Golde dasjenige, welches ungemünzt eingeht, industrielle Verwendung finden. Hiernach wäre anzunehmen, daß das ge-

[1]) Vergl. die Berichte des indischen Paper Currency Departments 1900/01 und 1901/02 und die Tables rel. to the Trade of India 1901/02 S. 108.

[2]) Bericht des amerikanischen Münzdirektors 1901 S. 247 § 4.

münzt eingehende Gold monetär verwendet wird. Diese Annahme ist jedoch nicht sicher, denn es hat der (monetäre) Bestand der Papiergeldreserve mehrfach auch importiertes Barrengold enthalten, freilich nicht viel (am 31. März 1901 69873 Lstrl., nachdem während des Jahres 1900/01 für 80043 Lstrl. wiederexportiert war). Trotzdem mag O'Conor annähernd Recht haben[1]). Es soll deshalb der Import der letzten Jahre hier noch nach gemünztem und ungemünztem Golde getrennt angegeben werden.

Import von Gold	1898/99	1899/1900	1900/01	1901/02	
in Münzen	3,02	5,32	5,58	5,59	Mill. Lstrl.
ungemünzt	2,87	2,31	2,35	1,94	„ „

Wie groß der monetäre Export gewesen ist, und zwar der Export aus dem freien Verkehr, der zum Zwecke des Ausgleichs der Zahlungsbilanz erfolgte oder der doch nicht aus ganz besonderen Gründen (z. B. behufs Bezahlung des zu Prägezwecken von der Regierung angekauften Silbers oder behufs Raffinierung des in Indien produzierten Goldes) stattfand, läßt sich ebenfalls nur annähernd feststellen. Um dahin zu gelangen, haben wir von dem gesamten Export zunächst den Export der Regierung, soweit derselbe nicht, wie im Juli 1901, zum Zwecke der Stützung des Wechselkurses stattfand (500000 Lstrl.)[2]), und außerdem — mit Ausnahme des Jahres 1899/1900 — das Produkt der indischen Minen, das im allgemeinen zur Raffinierung nach London gesandt wird und nur 1899/1900 zurückbehalten wurde, abzusetzen. Dann stellt der Rest dar, was an Gold „zum Ausgleich der Zahlungsbilanz" und im gewöhnlichen Warenverkehr exportiert worden ist. Wie groß dieser Rest ist, zeigt folgende Berechnung (S. 356).

Hiernach ist der Export aus dem freien Verkehr seit Abschluß der Währungsreform im allgemeinen gering gewesen. In Rupien betragen die Summen: 20,08 bezw. 17,21 und 12,88 Mill. Das sind im Durchschnitt 16,72 Mill. Rupien gegen 31 Mill. im Durchschnitt der Jahre 1890/91—1898/99[3]).

[1]) Von dem ursprünglich monetär verwendeten und von der Regierung in den Verkehr gebrachten Golde wird wahrscheinlich ein großer Teil später industriell verwendet worden sein, soweit nicht ein Export stattgefunden hat. Das kommt hier aber nicht in Betracht.

[2]) Fin. Stat. 1902/3 S. 13 § 65. [3]) Vergl. die Tabelle S. 352.

	Export im ganzen [1])	Export der Regierung zu speziellen Zwecken [2])		Export des in Indien produzierten Goldes [1])	Rest
	Millionen Lstrl.				
1899 1900	1 338 797	—	1899	—	1 338 797
1900/01	7 370 590	4 500 000	1900	1 723 083	1 147 507
1901/02	4 246 596	1 502 290	1901	1 885 675	858 631

* * *

Von großem Interesse ist es festzustellen, zu welchen Zeiten im Jahre Indien Gold importiert, also Europa entzogen oder vorenthalten, und zu welchen Zeiten es Gold abgegeben hat. Dieses Interesse beschränkt sich jedoch auf dasjenige Gold, welches im freien Verkehr importiert und im freien Verkehr oder zwar von der Regierung, aber zur Aufrechterhaltung des Wechselkurses exportiert worden ist, weil sich hieraus vielleicht Schlüsse für die Zukunft ziehen lassen. Wenn daneben die Regierung z. B. zur Bezahlung angekauften Silbers und zur Übertragung des in Indien angesammelten Goldreservefonds Gold nach England exportiert hat, so kommen die Termine dieser Goldexporte, weil sie außerordentlicher Natur sind und sich nicht periodisch wiederholen, wenig in Betracht.

Aus der indischen Statistik läßt sich nun über diese Goldbewegung wenig ersehen. Für den Import, wenigstens für den monetären Import nach Indien (welcher für uns die größere Bedeutung hat) würde sich das Erforderliche ziemlich genau feststellen lassen, wenn bekannt wäre, wie viel importiertes Gold monatlich bei den Kassen des Paper Currency Departments oder sonst zum Umtausch gegen Rupien oder Currency Notes eingereicht worden ist; denn eine direkte Überführung importierten monetären Goldes in den Verkehr dürfte zur Zeit nicht stattfinden. Die betreffenden Ziffern

[1]) Bericht des amerikanischen Münzdirektors 1901 S. 247 §§ 6, 4, S. 248 § 8. Tables of the Trade of India 1901/2, S. 108.

[2]) Berichte des Paper Currency Departments 1901 S. 9 (1900/01 4,5 Mill. Lstrl. zur Bezahlung von Münzsilber) und 1902 S. 5 (1901/02 1,5 Mill. Lstrl. behufs Übertragung des Goldreservefonds nach London).

sind aber nicht bekannt. Bekannt sind nur die monatlichen Saldi der Goldtransaktionen der indischen Regierung, d. h. die Saldi der Eingänge bei dem Paper Currency Department und den (in dieser Beziehung wenig in Betracht kommenden) sonstigen Regierungskassen. Diese geben aber kein zutreffendes Bild, einerseits weil sie nur den Überschuß der Einnahmen über die Ausgaben zur Anschauung bringen, und andererseits, weil die Einnahmen neben dem importierten und zum Umtausch gegen Rupien eingereichten Golde auch dasjenige Gold umfassen, welches aus dem indischen Verkehr zurückströmt. Immerhin läßt sich ein gewisser Anhaltspunkt daraus gewinnen, und deshalb sollen diese Saldi für die Jahre 1900/01 und 1901/02 hier noch angegeben werden.

Monatliche Nettoeinnahme des indischen Paper Currency Departments und der sonstigen Regierungskassen an Gold[1]).

	1000 Lstrl.	
	1900	1901
April	+ 414	— 69
Mai	+ 446	+ 155
Juni	+ 566	— 6
Juli	— 243	— 22
August	— 323	— 83
September	+ 140	+ 181
Oktober	+ 319	+ 284
November	+ 155	+ 41
Dezember	+ 286	+ 327
	1901	1902
Januar	+ 1381	+ 348
Februar	+ 466	+ 394
März	+ 187	+ 445
	+ 3794	+ 1993

Für den Verkehr mit Europa können wir aus der englischen Statistik erkennen, wann Indien Gold aufgenommen, und wann es solches abgegeben hat. Die englische Statistik zeigt uns freilich nur den Verkehr mit England. Hieraus

[1]) Berichte des Paper Currency Departments 1901 S. 9, 1902 S. 5/6.

läßt sich aber genügend ersehen, weil von den europäischen Ländern außer England, wie bereits festgestellt, nur noch etwa Frankreich eine nennenswerte Menge Gold an Indien abzugeben pflegt und weil das von Indien nach Europa exportierte Gold bis auf ganz geringe Summen ausschließlich nach England gelangt. Die Statistik des Goldverkehrs mit England gestattet aber auch einen Schluß auf den Goldverkehr mit den außereuropäischen Ländern. Es werden nämlich wenigstens die monetären Importe von Gold nach Indien seitens aller Länder, wenn auch nicht vollkommen zu gleicher Zeit sich vollziehen, so doch ihren Höhepunkt dann erreichen, wenn ein Goldabfluß aus England stattfindet, weil zu dieser Zeit die Wechselkurse Indiens allen Ländern gegenüber am günstigsten stehen müssen. Freilich wird der Goldexportpunkt für Australien, Egypten und Japan, die hauptsächlich als Abgeber des nach Indien importierten Goldes neben Europa in Betracht kommen[1]), der geringeren Goldversendungskosten wegen eher erreicht als für England. Deshalb läßt sich aus dem Zeitpunkte eines Exports aus England nur darauf schließen, zu welcher Zeit der Import Indiens, wenigstens derjenige Import, der „zum Ausgleich der Zahlungsbilanz" erfolgt, seinen Höhepunkt erreicht hat. Hieraus ersehen wir aber wenigstens, zu welcher Zeit Europa außer dem ihm direkt entzogenen Golde auch am meisten Gold vorenthalten worden ist.

Die folgende Tabelle zeigt für die Jahre 1898—1902 für jeden einzelnen Monat die Goldbewegung zwischen Indien und England nebst deren Nettoergebnissen zu Gunsten bezw. Ungunsten Englands. Für das Jahr 1902 sind Maximum und Minimum des Rupienkurses, des Privatdiskonts in England und des Bankdiskonts in Indien hinzugefügt. Es mag noch ausdrücklich hervorgehoben werden, daß das Jahr 1898 und die ersten 8½ Monate des Jahres 1899 vor der Zeit der Goldwährung liegen. Es waren aber damals wenigstens monetäre Importe von Gold nach Indien schon möglich, weil die indische Regierung die Verpflichtung übernommen hatte, Gold zum Kurse von 16 d gegen Rupien umzutauschen.

[1]) Ceylon, welches seit 1897/98 bedeutende Mengen Goldes geliefert hat (vergl. S. 353), dürfte nur Durchgangsstation sein.

Monatliche Goldbewegung zwischen England und Indien[1]).

(1000 Lstrl.)

	Import aus Indien	Export nach Indien	Netto Imp. (+) Exp. (—)	Import aus Indien	Export nach Indien	Netto Imp. (+) Exp. (—)	Import aus Indien	Export nach Indien	Netto Imp. (+) Exp. (—)	Import aus Indien	Export nach Indien	Netto Imp. (+) Exp. (—)
	1898			1899			1900			1901		
Januar	140	350	— 210	131	60	+ 71	182	718	— 536	976	921	+ 55
Februar	155	245	90	145	356	— 211	12	351	— 339	996	256	+ 740
März	129	143	— 14	144	198	— 54	6	306	— 300	662	118	+ 544
April	134	90	+ 44	140	173	— 33	20	66	— 46	1229	35	+1194
Mai	115	294	— 179	69	300	— 231	6	320	— 314	778	285	+ 493
Juni	154	566	— 412	114	85	+ 29	73	261	— 188	201	95	+ 106
Juli	133	189	— 56	151	130	+ 21	115	100	+ 15	197	36	+ 161
August	147	233	— 86	167	161	+ 6	367	36	+ 331	1193	105	+1088
September	143	129	+ 14	145	58	+ 87	750	216	+ 534	157	212	— 55
Oktober	141	204	— 63	173	110	+ 63	226	32	+ 194	199	146	+ 53
November	141	174	— 33	151	192	— 41	1833	123	+1710	171	134	+ 37
Dezember	144	36	+ 108	167	111	+ 56	190	111	+ 79	188	107	+ 81

[1]) Nach den im Economist publizierten Trade and Navigation Returns. (Vergl. für die ersten Jahre die monatlichen Trade Supplements). Für einzelne Monate fehlen die Angaben. Die betreffenden Ziffern haben aber aus den Summenangaben der vorhergehenden und der folgenden Monate, für Dezember 1901 und 1902 unter Zuhülfenahme der im Stat. Abstr. for the United Kingdom und in Conrads Volkswirtsch. Chronik angegebenen Jahresziffern berechnet werden können.

1902	Gold-import aus Indien	Gold-export nach Indien	Netto Import (+) Export (—)	Kurs für telegraph. Transfers nach Kalkutta oder Bombay[1])	Privatdiskont in London[2]) %	Bank-diskont in Kalkutta oder Bombay[3])
	1902					
Januar . .	215	102	+ 113	$16\frac{1}{32}$ — $16\frac{3}{32}$	$2\frac{7}{8}$ — $3\frac{1}{8}$	5—7
Februar .	655	226	+ 429	$16\frac{1}{32}$ — $16\frac{3}{32}$	$2\frac{7}{8}$ — $2\frac{3}{4}$	7—8
März . .	183	247	— 64	$16\frac{1}{16}$ — $15\frac{31}{32}$	$2\frac{5}{8}$ — $2\frac{3}{4}$	8—7
April . .	171	205	— 34	16 — $15\frac{29}{32}$	$2\frac{5}{8}$ — $2\frac{3}{4}$	7—5
Mai . . .	191	129	+ 62	$15\frac{29}{32}$ — $15\frac{7}{8}$	$2\frac{7}{8}$ — $2\frac{3}{4}$	6—5
Juni . . .	645	175	+ 470	$15\frac{29}{32}$ — $15\frac{7}{8}$	$2\frac{3}{4}$ — $2\frac{19}{32}$	5—4
Juli . . .	163	153	+ 10	$15\frac{29}{32}$ — $15\frac{15}{16}$	$2\frac{1}{2}$ — $2\frac{5}{8}$	4—3
August .	165	111	+ 54	$15\frac{29}{32}$ — $15\frac{15}{16}$	$2\frac{9}{16}$ — $2\frac{7}{8}$	3
September	189	104	+ 85	$15\frac{29}{32}$ — $15\frac{15}{16}$	$2\frac{1}{2}$ — $3\frac{1}{8}$	3
Oktober .	231	226	+ 5	$15\frac{15}{16}$ — $15\frac{31}{32}$	$3\frac{1}{4}$ — $3\frac{11}{16}$	3—$4\frac{1}{4}$
November	193	166	+ 27	$15\frac{15}{16}$ — 16	$3\frac{1}{2}$ — 4	4
Dezember	212	180	+ 32	16 — $16\frac{1}{32}$	$3\frac{7}{8}$ — 4	4—5

Nach den vorstehenden Tabellen ist der Goldverkehr zwischen Indien und England bisher recht unregelmäßig gewesen. Die Goldeingänge aus Indien sind zum Teil sehr bedeutend. Die Größe derselben erklärt sich aber in der Hauptsache aus Exporten der indischen Regierung, die bis auf eine Julisendung im Jahre 1901[4]) aus besonderen Gründen (zum Ankauf von Silber, zur Überführung des Goldreservefonds etc.) erfolgten. Die indische Regierung machte nämlich (nach den Berichten des indischen Paper Currency Departments) folgende Goldsendungen nach England:

1900	Oktober . .	999999,1 Lstrl.	1901	April	502224,2 Lstrl.
	November . .	500000,9 „		Juli	499995,1 „
	Dezember . .	700086,4 „		„	500065,4[4]) „
1901	Januar . . .	799913,6 „	1902	Januar . . .	500065 „
	Februar . . .	500000,0 „		zwischen Febr. und Oktober	500000[5]) „
	März	999999,8 „			

[1]) Mit Ausnahme der Monate Mai bis September nach den täglichen Notizen in der Zeitschrift Cotton, im übrigen nach dem Economist.

[2]) Nach dem Economiste Européen (nur die an jedem Donnerstag notierten Raten berücksichtigt).

[3]) Nach Conrads Volkswirtschaftlicher Chronik.

[4]) 500000 Pfd. zur Stützung des Wechselkurses. Vergl. S. 355 Anm. 2.

[5]) Nach der Feststellung des Staatssekretärs für Indien im englischen Parlament zu Anfang November 1902.

Ziehen wir diese Mengen von den Eingängen des betreffenden oder des folgenden Monats (da die Transportfrist berücksichtigt werden muß!) ab, so bleibt als Import aus dem freien Verkehr, der für uns in erster Linie von Bedeutung ist, im allgemeinen wenig übrig. Nur in einzelnen Monaten, so im August und besonders im September 1900, finden sich größere Posten — der bedeutende Eingang im Juni 1902 dürfte sich aus einer Goldsendung der indischen Regierung erklären, da diese in der Zeit zwischen Februar und Oktober 1902 500000 Lstrl. an einem nicht näher angegebenen Termine nach London verschifft hat. Die erwähnten Eingänge im August und September 1900 sind darauf zurückzuführen, daß der Kurs der Rupie in Indien zu Anfang August 1900 bis unter den Goldexportpunkt (15 7/8 d) zurückgegangen war, da sogar telegraphische Anweisungen (deren Kurs wegen der Zinsersparnis höher sein muß) damals nur 15 7/8 d notierten. Im übrigen fällt auf, daß die Goldeingänge aus dem freien Verkehr (die allerdings in vielen Fällen, nämlich soweit Regierungsimporte konkurrieren, nur annähernd festgestellt werden können, da der Eingangstermin der Regierungssendungen nicht genauer bekannt ist) mit Ausnahme des Jahres 1900 nicht stärker von einander differieren; daß große Importe abgesehen von dem Jahre 1900 auch zu einer Zeit stattgehabt haben, in welcher, wie regelmäßig in den ersten Monaten des Kalenderjahres, der Kurs der Rupie niemals auf den englischen Goldimportpunkt herabsank, und daß diese Importe, wiederum abgesehen von dem Jahre 1900, und ferner abgesehen von dem Jahre 1898 und den ersten 8 1/2 Monaten des Jahres 1899, in denen ein monetärer Export aus Indien noch nicht in Frage kommen konnte, auch in der Sommerzeit kaum größer wurden, während der Kurs sich lange Zeit auf dem Niveau des (englischen) Goldimportpunktes hielt und noch weiter zurückging [1].

Der Export von Gold nach Indien war mit wenigen Ausnahmen, von denen mehrere in die Zeit vor der Einführung der Goldwährung, d. i. vor den 15. September 1899 fallen,

[1] Der Rupienkurs, und zwar der Durchschnittskurs der Councillbills in London in den Jahren 1898, 1899 und 1900 und der Kurs telegraphischer

gering. Das ist allerdings nach Sachlage auch nicht anders zu erwarten; denn wenn auch Veranlassung zu Goldübertragungen vorlag, so konnten diese letzteren doch vorteilhafter anderweitig beschafft werden, weil es billiger ist, Gold von anderen Ländern, z. B. von Australien, wo England Gold zur Verfügung hat, nach Indien zu senden als von England selbst. Die größten Ausgänge finden wir im Januar 1900 und 1901, zu einer Zeit, als der Durchschnittskurs der Councilbills in London sich auf 16,16 bezw. 16,031 d, und als der Kurs der telegraphischen Transfers von Indien nach London sich auf 16 1/16 — 16 5/16 d bezw. auf 16 3/32 — 16 d stellte. Auffällig ist, daß in jedem Monat Gold nach Indien gesandt worden ist, auch in der geschäftsflauen Zeit des Sommers, in welcher der Wechselkurs, wenigstens in den letzten 3 Jahren, bis auf den englischen Goldimportpunkt (15 7/8 d), ja noch weiter — am 26. Juli 1901 war der Kurs in Indien sogar für telegraphische Anweisungen 15 27/32 d — zurückging und sich monatelang unter Pari hielt.

Seit Anfang 1898 ist nach der Statistik kein Monat vergangen, ohne daß sowohl Importe von Gold aus Indien als auch Exporte von Gold nach Indien stattfanden. Der Saldo war in den ersten 1 1/2 Jahren und dann wieder im ersten Halbjahr 1900 fast ausschließlich zu Ungunsten Englands, während er sich später mit wenigen Ausnahmen zu Gunsten

Anweisungen auf London in Kalkutta für das Jahr 1901, stellte sich (nach dem Fin. Stat. 1901/02 S. 18 bezw. nach den täglichen Notierungen in der Zeitschrift Cotton), wie folgt:

	1898	1899	1900	1901
	d	d	d	d
Januar	16,002	16,087	16,160	16 3/32 — 16
Februar	15,920	16,077	16,098	16 1/32 — 15 31/32
März	15,874	16,019	16,041	15 31/32 — 15 29/31
April	15,959	15,995	15,973	15 29/32 — 16
Mai	15,961	15,979	15,987	16 — 15 29/32
Juni	15,888	15,994	15,984	15 29/32 — 15 7/8
Juli	15,801	15,984	15,941	15 29/32 — 15 27/32
August	15,899	15,972	15,933	15 7/8 — 15 31/32
September . . .	15,966	16,079	15,951	15 31/32
Oktober	15,987	16,135	15,933	15 31/32 — 16
November . . .	15,854	16,118	15,963	16 — 15 31/32
Dezember . . .	16,007	16,089	16,037	15 15/16 — 16

Englands gestellt hat. Ziehen wir lediglich die Transaktionen des freien Verkehrs in Betracht (indem wir die Importe der indischen Regierung absetzen), so sind diese Saldi seit Oktober 1900 (ein Jahr nach Einführung der Goldwährung in Indien) niemals bedeutend gewesen und haben den Betrag von 150000 Lstrl. nur selten überschritten. In der großen Mehrzahl der Fälle bleiben sie sogar unter 65000 Lstrl.

Berücksichtigen wir, daß die indische Regierung in der Zeit von Dezember 1900 bis April 1901 3,5 Mill. Lstrl. nach London sandte und daß der Überschuß des Imports in den Monaten Januar bis Mai 1901, in denen diese Sendungen in London ankamen, nur 3,02 Mill. Lstrl. betrug, so daß der Saldo des freien Verkehrs in dieser Zeit ein Nettoexport von zirka 470000 Lstrl. gewesen sein muß; berücksichtigen wir ferner, daß die indische Regierung im Januar 1902 500000 Lstrl. Gold nach London sandte, während der Überschuß des Imports im Februar (als jenes Gold in London ankam) nur 429000 Lstrl. betrug, so daß der freie Verkehr mit einem Nettoexport von 71000 Lstrl. abgeschlossen haben muß, so läßt sich feststellen, daß regelmäßig in den ersten Monaten des Kalenderjahres, zumeist von Februar bis April, Mai im freien Verkehr der Export von Gold den Import überwogen hat. Auf der anderen Seite zeigt sich, wenn wir die Importe der indischen Regierung im Juli 1901 (zirka 1 Mill. Lstrl.) und in der Zeit zwischen Februar und Oktober 1902 (500000 Lstrl.) absetzen, daß während der übrigen Monate des Jahres mit wenigen Ausnahmen im freien Verkehr der Import aus Indien größer gewesen ist. Das entspricht der Bewegung des Wechselkurses und der Diskontrate in Indien, die regelmäßig ungefähr im Februar jedes Jahres ihren höchsten Stand erreichen und im Sommer bedeutend zurückgehen, um im Herbst wieder zu steigen.

In Anbetracht dessen, daß bisher so viele außerordentliche Faktoren mitgewirkt haben (Mißernten in Indien und besonders große Silberkäufe der Regierung zu Prägezwecken), und mit Rücksicht darauf, daß die ersten Jahre noch in die Übergangszeit fallen, wird es kaum gestattet sein, aus dem bisherigen Goldverkehr zwischen Indien und England weitergehende Schlüsse auf die Zukunft zu ziehen. Man kann nur etwa negativ feststellen, daß Europa unter normalen Verhältnissen, wenn sich die Kurse und die Diskontraten so stellen wie in den letzten Jahren, und so lange sich das Gold in Indien nicht mehr im Verkehr einbürgert, als es bis jetzt geschehen ist, einen irgendwie erheblichen Goldabfluß nach Indien auch während der Zeit der indischen Exportsaison, speziell in den ersten Monaten des Jahres, und selbst bei einem indischen Bankdiskont von 8 % nicht zu befürchten hat, während in den übrigen Monaten, vor allem in der Zeit von Juni bis August, während welcher der indische Export stark abflaut und infolgedessen der Wechselkurs regelmäßig zurückgeht, auf einen mäßigen Import von Gold aus Indien gerechnet werden darf. Weiterhin wird man annehmen dürfen, daß Indien in den ersten Monaten des Kalenderjahres, während es London per Saldo mäßige Beträge Goldes direkt entzieht, zugleich größere Beträge aus Australien, Egypten etc., kurz aus Ländern, aus denen mit geringeren Kosten Gold importiert werden kann, an sich zieht und diese dem Londoner Markte und zugleich Europa vorenthält, während das zur Zeit des niedrigen Kursstandes, im Sommer, wenig oder gar nicht vorkommt.

---

4. Abschnitt: **Das Interesse der europäischen Kapitalisten**[1]).

Es bleibt noch übrig zu erörtern, ob die Währungsreform dem europäischen Kapital, soweit es in indischen Staatsanleihen oder in der indischen Produktion investiert war oder soweit eine derartige Verwendung jetzt gesucht wird, Vorteil gebracht hat, oder nicht.

Was zunächst die Besitzer indischer Staatsanleihen anlangt, so haben diese, soweit sie (seit 1893) Rupienanleihe besitzen, infolge des Steigens des Rupienkurses von 14 5/8 d auf 16 d einen Gewinn erzielt. Sie erhalten jetzt für ihre 40 bezw. 35 Rupien Jahreszinsen (für Stücke von 1000 Rupien) einen um etwa 10 % höheren Betrag in Gold und sie erlangen, wenn sie verkaufen, einen entsprechenden Kursgewinn[2]), da auf dem Londoner Markte dieser höheren Verzinsung in

[1]) Vergl. auch oben S. 99 ff.

[2]) Vergl. die Kurstabelle oben S. 97 Sp. 8.

Gold entsprechend natürlich mehr Goldgeld für den gleichen Anleihebetrag bezahlt wird. Abgesehen von dieser direkten Einwirkung des Steigens des Wechselkurses sind günstige Folgen bisher nicht eingetreten. Insbesondere hat eine Verbesserung des Staatskredits, wenigstens eine bedeutende Besserung, wie wir früher (S. 96ff.) gesehen haben, bisher nicht stattgefunden; denn die etwas höhere Börsennotiz, die tatsächlich besteht, ist im wesentlichen auf andere Ursachen zurückzuführen.

Die Lage der Besitzer indischer Goldanleihen ist nicht verändert, jedenfalls nicht verbessert worden, da die Steigerung des Kurses dieser Anleihen, wie ebenfalls bereits dargelegt, auf andere Ursachen zurückzuführen ist.

Sowohl den Besitzern der Rupien- als auch der Goldanleihe kommt jedoch zu statten, daß die indische Regierung infolge der Verringerung des Erfordernisses zur Bezahlung der Home charges jetzt in besserer finanzieller Lage ist, als sie im Jahre 1892/93 war, und daß infolge des zu erwartenden Kapiltalzuflusses sich die Lage im allgemeinen günstiger gestalten wird. Aus diesem Grunde werden Steigerungen des Kurses nicht ausbleiben.

Den Besitzern indischer Rupienanleihe stehen diejenigen gleich, welche an Privatleute in Indien Geld in Rupien ausgeliehen haben, — vorausgesetzt, daß die Sicherheit ihrer Forderungen nicht verringert worden ist. Soweit die Schuldner Produzenten sind, trifft aber diese Bedingung bei der Verschlechterung der Lage der Produktion nicht ganz zu. Soweit Darlehen in Gold gegeben sind, hat das Steigen des Wechselkurses eine direkte Wirkung natürlich nicht ausgeübt. Infolge der indirekten Wirkung, d. h. infolge der Verschlechterung der Bedingungen der Produktion, welche die Sicherheit der Schuldner verringerte, kann daher die Lage dieser Kapitalisten nur ungünstig beeinflußt worden sein.

Diejenigen, welche in Indien Geld produktiv angelegt haben, sei es im Eisenbahnbau, sei es im Bankgeschäft oder im Handel, sei es in der Industrie und im Plantagenbau etc., sind zum Teil begünstigt, zum Teil geschädigt worden. Günstig hat natürlich für alle das Steigen des Kurses insofern gewirkt, als die in Indien erzielten Rupiengewinne jetzt entsprechend mehr Gold eintragen. Einzelne unter ihnen aber, speziell diejenigen, die an produktiven Unternehmungen im engeren Sinne beteiligt sind, vor allem, soweit sie ihr Kapital in der Theekultur, in der Indigokultur etc., weniger, soweit sie dasselbe in der Baumwoll- und in der Juteindustrie angelegt haben, sind im ganzen zweifellos geschädigt worden, da die Konkurrenzfähigkeit dieser produktiven Unternehmungen, wie früher gezeigt, geschwächt ist und die Inhaber derselben durch die Herbeiführung relativ niedrigerer Preise bei nicht entsprechender Ersparnis an den Produktionskosten benachteiligt worden sind. Auch der Verkaufswert von Aktien solcher Produktionsgesellschaften ist natürlich entsprechend geringer geworden. Es ist z. B. der Kurssturz, welchen die Aktien der indischen Theegesellschaften an der Londoner Börse erlitten haben, zweifellos zu einem Teile hierauf zurückzuführen[1]). Diejenigen dagegen, deren Kapital in Eisenbahnunternehmungen und im Handel steckt, haben in Anbetracht der Förderung dieser Erwerbszweige durch die Herstellung des festen Goldkurses zweifellos ausschließlich gewonnen. Dasselbe dürfte auch von den an Bankgeschäften beteiligten Personen gelten, obwohl den Banken mit der Stabilisierung des Kurses eine Quelle bedeutender Gewinne verschlossen worden ist.

Für diejenigen, welche jetzt erst Kapital in Indien anlegen wollen, liegen die Verhältnisse insofern günstiger als früher, als der Ankauf von Rupienanleihe jetzt nicht mehr mit einem so großen Kursrisiko verknüpft ist und als die Finanzierung von Eisenbahnunternehmungen, Banken und Handelsgeschäften nicht mehr das Risiko mit sich bringt, daß in direkter oder indirekter Folge eines Rückgangs des Rupienkurses Verluste eintreten. Infolgedessen werden auch Aktien und Obligationen, welche auf Rupien lauten, leichter verkäuflich sein. Überdies bietet der Besitz solcher Papiere, insbesondere der Staatsanleihen, noch bedeutende Kurschancen; denn der Kurs derselben wird sich zweifellos dem (höheren) Kurse der auf Gold lautenden gleichwertigen Effekten nähern, sobald die Überzeugung sich verbreitet hat, daß die Stabilität des Wechselkurses in der Höhe von 16 d auch in Zukunft nicht mehr in Frage gestellt sein wird.

---

[1]) Vergl. oben S. 196 und S. 272/73.

Viel hängt in dieser Beziehung davon ab, ob die indische Regierung — durch die Verstärkung ihrer Goldreserve — noch weitere Schritte tut, um den (Wechsel-)Kurs zu sichern, sowie ferner davon, wie die Theorie die Frage der Aufrechterhaltung dieses Kurses beurteilt.

Im Gegensatz hierzu sind Anlagen in der eigentlichen Produktion, in der Theekultur, der Baumwollindustrie etc. ungünstiger geworden. Das ist zunächst aus dem Grunde geschehen, weil der indischen Produktion die Konkurrenz erschwert worden ist. Dieser Umstand kommt aber jetzt nicht mehr erheblich in Betracht, da derselbe jetzt bereits im Kurse der betreffenden Aktien bezw. im Preise der Produktionsanlagen Ausdruck gefunden hat, so daß der jetzige Erwerber die nachteiligen Folgen der Währungsreform in dieser Beziehung nicht mehr zu fürchten hat. Die Lage ist aber jetzt insofern ungünstiger, als mit der Stabilisierung des Kurses die Möglichkeit ausgeschlossen ist, daß infolge von Kursrückgängen wie früher die Rentabilität gesteigert wird. Letzteres ist vor 1893 geschehen. Der Rückgang des Kurses hat damals den Besitzern große Gewinne (in Gold!) gebracht oder sie vor Schaden, der sonst infolge von Konjunkturveränderungen, speziell infolge des Preisfalles auf dem Weltmarkte, eingetreten wäre, bewahrt. Tatsächlich ist ja, wie schon S. 102 bemerkt, die Rentabilität eines im Jahre 1884 in der Juteproduktion angelegten (Gold-) Kapitals von 300 Lstrl. infolge des Kursfalles der Rupie von 10 % auf 34 % im Jahre 1894 gestiegen und ebenso würde die Rentabilität eines im Jahre 1884 in der Baumwollproduktion angelegten Kapitals von 100992 Lstrl. von 10 auf 17 % gestiegen sein, wenn nicht andere Faktoren dem Kursfalle entgegengewirkt hätten. Diese Gewinnaussicht ist jetzt verschwunden. Deshalb sind die Chancen einer produktiven Anlage von Kapital in Indien insoweit verringert worden. Immerhin sind die Aussichten einer solchen Kapitalanlage auch jetzt so groß, wie sie bei stabilem Kurse sein können, und bei dem Reichtum Indiens an Bodenschätzen, sind sie, zumal unter den jetzigen verbesserten Bedingungen für die Aufschließung des Landes, gewiß nicht gering zu achten.

Schluß.

Das Interesse Europas kann natürlich bei einer kritischen Beurteilung der indischen Währungsreform nicht entscheidend in Frage kommen. Der Kritiker hat sich auf den Standpunkt Indiens zu stellen. Vom indischen Standpunkte aus muß aber das Urteil, wie oben näher dargelegt, dahin lauten, daß die indische Währungsreform, wenn sie auch den derzeitigen Produzenten und Grundbesitzern, vor allen auch den kleinen Bauern, durch die Schwächung der Konkurrenzfähigkeit Indiens gegenüber dem Auslande, und wenn sie auch den Besitzern ungeprägten Silbers durch die Entwertung desselben mehr oder weniger großen Schaden gebracht; wenn sie ferner auch mit der Veranlassung der Geldkrisen der Jahre 1896/97 und 1897/98 viele Geschäftsleute ruiniert hat, für die Zukunft doch günstig wirken muß, weil sie dem Lande durch die Stabilisierung des Kurses der Rupie auf 16 d eine feste Basis für seinen Handel mit den Goldwährungsländern verschafft, die Erlangung billigeren Kapitals für Eisenbahnunternehmungen und zur Finanzierung des Handels etc. ermöglicht und der Staatskasse einen auch gegenüber dem status quo nicht unbedeutenden Mehraufwand zur Bezahlung der Home charges erspart hat. Noch besser wäre es freilich gewesen, wenn der Kurs lediglich in der Höhe, die er vor Beginn der Reform erreicht hatte, nämlich auf 14 5/8 d oder auf 15 d, fixiert worden wäre, weil dann die Konkurrenzfähigkeit weniger geschwächt, die Hoards weniger entwertet und die Kosten der Übergangszeit erspart worden wären, während die Staatskasse den erforderlichen Mehraufwand an Rupien zur Bezahlung der Home charges wohl hätte tragen können. Eine solche Regelung hätte auch allein den Anforderungen von Recht und Billigkeit entsprochen. Die in Wirklichkeit stattgehabte Hebung des Kurses auf 16 d, die freilich nur insofern „bewirkt" wurde, als man das natürliche, durch die realen Verhältnisse des Verkehrs veranlaßte Steigen des Kurses bis auf dieses Niveau nicht hinderte, kann vom Rechtsstandpunkte aus nicht gebilligt werden.

Die Fortdauer des durch die Währungsreform geschaffenen Zustandes, speziell die Fortdauer des stabilen Kurses von 16 d, erscheint bei der großen Exportfähigkeit Indiens und bei der Wahrscheinlichkeit einer weiteren Zunahme seines Exports unter normalen Verhältnissen gesichert. Bei der besonderen, von den Grundsätzen der herrschenden Theorie abweichenden Struktur der indischen Währung, bei der starken Unterwertigkeit der Rupie und dem nur geringen Goldbestande Indiens ist es aber nicht ausgeschlossen, daß, wenn auch nicht unter den eingeborenen Indiern, so doch unter den Europäern, sowohl in Indien selbst als auch in Europa, in ungünstigen Zeiten einmal Mißtrauen entsteht, welches zu großen Kapitalabflüssen, zur Rücksendung indischer Anleihen etc. Veranlassung geben würde und dadurch ebenso wie im Jahre 1894/95 einen Kurssturz herbeiführen könnte. Auf diesen Fall ist die indische Regierung nicht genügend gerüstet, da die Goldreserve, welche zur Sicherung des Kurses dient, mit dem jetzigen Betrage von zirka 4 Mill. Lstrl. neben einem in Indien verfügbaren Goldbetrage von 2,1 Mill. Lstrl. viel zu niedrig bemessen ist. Eine Verstärkung dieser Reserve, welche es der indischsn Regierung ermöglichen würde, dem Verkehr unter ungünstigen Umständen und in Zeiten des Mißtrauens mindestens den doppelten Betrag in Gold zu 16 d p. Rupie zur Verfügung zu stellen, ohne ihren Goldbesitz in Indien anzutasten, erscheint dringend geboten. Eine solche Verstärkung ist, wie auf S. 88 ff. dargelegt, mit geringen Kosten und ohne großes Kapitalrisiko herbeizuführen, und die dadurch erzielte Sicherung der indischen Währung vor einem neuen Zusammenbruch ist wohl eines solchen Opfers wert.

Hoffen wir, daß die indische Regierung sich noch jetzt entschließt, die Währungsreform in dieser Richtung zu ergänzen!

Nachwort.

Kurz vor Abschluß dieser Arbeit treffen Nachrichten ein, welche derselben eine erhöhte Bedeutung verleihen dürften. Dem Beispiele Indiens folgend, haben in den letzten Jahren mehrere andere Länder, so vor kurzem noch Siam und die Philippinen, ihre Silberwährung aufgegeben; für die Straits Settlements wird in dem soeben erschienenen Berichte der eingesetzten Währungskommission der gleiche Schritt empfohlen, und jetzt scheint auch das letzte mächtige Bollwerk des Silbers zu wanken, das letzte unter den zivilisierten Silberländern zum Golde übergehen zu wollen — Mexiko. In Mexiko hat das Silber 400 Jahre lang die Herrschaft geführt und die Mexikaner haben sich durch all' die schlimmen Vorgänge auf dem Silbermarkte in ihrem Glauben an dasselbe nicht irre machen lassen. Sie haben den Preis des Silbers und damit zugleich den Goldwert ihrer Valuta um mehr als 50 % sinken sehen, haben den schweren Schaden, der daraus für die Staatskasse sich ergab, und manche andere Nachteile, vor allem die Verzögerung der Aufschließung ihres Landes durch Eisenbahnbau, das Schwanken der Preise und die Störungen ihres Außenhandels, auf sich genommen, und trotzdem bisher unentwegt an ihrer Silberwährung festgehalten. Gewichtige Gründe waren es, welche sie hierzu veranlaßten. Es geschah vor allem in Anbetracht der Begünstigung ihrer Produktion im allgemeinen, welche die Entwertung ihrer Valuta, als Exportprämie und als Schutzzoll wirkend, zur Folge hatte, sowie in spezieller Berücksichtigung der Interessen ihrer Silberindustrie. Sodann kam hinzu, daß die Möglichkeit der Aufrechterhaltung einer Goldwährung zweifelhaft erschien, weil der Export Mexikos zu Anfang der 80er Jahre zu zwei Dritteln, zu Anfang der 90er Jahre zur Hälfte aus Silber bestand und weil bei dessen starker Entwertung möglicherweise Goldgeld hätte exportiert werden müssen, um die Zahlungsbilanz zum Ausgleich zu bringen. Mit der letzteren Begründung sind noch im Jahre 1897 die detaillierten Vorschläge Ottomar Haupts für den Übergang zur Goldwährung abgelehnt worden. Jetzt ist aber die Stimmung umgeschlagen. Die letzten Vorgänge auf dem Silbermarkte, das excessive Schwanken des Preises zwischen $30^{3}/_{16}$ d im Oktober 1900 und $21^{11}/_{16}$ d im November 1902, Schwankungen von beinahe 30 % innerhalb wenig mehr als 2 Jahren, haben den Glauben an das Silber in Mexiko gebrochen. Eine mächtige Partei fordert den Übergang zur Goldwährung und auch die Regierung scheint der Aufhebung der Silberwährung — als ultima ratio — nicht mehr zu widerstreben, um dem Lande die Segnungen eines stabilen Wechselkurses zu verschaffen.

Vorerst hat die Regierung allerdings einen anderen Weg eingeschlagen. Sie hat in Verbindung mit der chinesischen Regierung noch einmal den von anderer Seite schon so oft unternommenen, aber immer gescheiterten Versuch gemacht, eine internationale Regulierung des Silberpreises (aber ohne Bimetallismus!) zu stande zu bringen. Dieser Versuch, der im Januar d. Js. unternommen wurde, ist jedoch gescheitert. Die Vereinigten Staaten von Nord-Amerika, deren Vermittlung angerufen war, haben sich zwar nicht direkt ablehnend verhalten — Präsident Roosevelt ist sogar zur Berufung einer amerikanischen Silberkommission ermächtigt worden —, aber der amerikanische Kongreß hat durch die Nichtannahme des bezüglichen Amendements Patterson zu dem Währungsgesetze für die Philippinen deutlich zu erkennen gegeben, daß er dem Projekt im ganzen nicht sympathisch gegenübersteht, und damit dürfte dasselbe, da auch in Europa sich keine Stimme dafür erhoben hat, begraben sein.

Nach dieser neuesten Wendung der Dinge sieht sich Mexiko jetzt vor die Frage gestellt, ob es ebenso wie so viele andere Länder, ebenso wie speziell Indien, auf dem Wege des Währungswechsels Hülfe suchen und zur Goldwährung übergehen soll, um sich vor den jetzt jedenfalls weit überwiegenden Nachteilen des Bestehens seiner Silberwährung zu schützen. Eine Regierungskommission von 44 Mitgliedern ist soeben eingesetzt worden, um über diesen Gegenstand Bericht zu erstatten.

Die mexikanische Währungsfrage bietet eine Reihe von Parallelen mit der indischen. Zunächst sind es dieselben Ursachen, welche ebenso wie in Indien so auch in Mexiko zu einer Reform drängen. Auch hier finden wir als hauptsächliche Motive einerseits die finanziellen Schwierigkeiten der Regierung, die sich aus dem bei sinkendem Wechselkurse höher und höher wachsenden Mehraufwande zur Bezahlung der Zinsen etc. für die vorhandene Goldschuld ergeben, andererseits die Schädigung des Handels durch das unberechenbare starke Schwanken des Wechselkurses und die Hemmung der Aufschließung des Landes durch die Fernhaltung des ausländischen Kapitals. Ferner finden sich die gleichen Interessengegensätze; denn auch hier steht ebenso wie in Indien das Interesse der Produzenten und Grundeigentümer an der Steigerung der Exportprämien- bezw. der Schutzzollwirkung eines sinkenden Wechselkurses, wenn auch nicht allein, dem Übergange zur Goldwährung entgegen. Endlich besteht auch insofern eine Ähnlichkeit, als es auch hier in Anbetracht der vorhandenen wirtschaftlichen und kulturellen Verhältnisse und der Gewohnheiten der noch wenig aufgeklärten breiten Massen der Bevölkerung schwer ist, mit der Silberwährung zu brechen und eine eigentliche Goldwährung mit Goldgeld als Umlaufsmittel einzuführen.

Auf der anderen Seite sind allerdings auch wesentliche Verschiedenheiten vorhanden. Vor allem ist Mexiko Silber*produktions*- und Exportland, während Indien lediglich Silber *importiert*. Dieser Unterschied ist von schwerwiegender Bedeutung. Der Grund liegt darin, daß sowohl die Möglichkeit als auch der Vorteil eines Währungswechsels sehr wesentlich von der späteren Gestaltung des Silberpreises abhängt. Wenn durch den Übergang *Indiens* zur Goldwährung der Preis des Silbers ungünstig beeinflußt wurde oder wenn auch nur unabhängig davon ein Sinken des Preises eintrat, so konnte das für *Indien*, wenigstens direkt, nur *günstig* wirken und die Aufrechterhaltung der Goldwährung *erleichtern*, weil durch die Minderung der Kosten des Silberimports die *Passiva* der indischen Zahlungsbilanz verringert wurden. Wenn aber nach dem Übergange *Mexikos* zur Goldwährung das gleiche eintreten sollte, so könnten sich für *Mexiko* nur *ungünstige* Folgen ergeben. Zunächst würde ohne weiteres der Wert des Silberexports herabgedrückt werden. Dadurch würden nicht wie bei Indien die Passiva sondern die Aktiva der Zahlungsbilanz vermindert. Das müßte aber die Aufrechterhaltung der Goldwährung nicht nur nicht erleichtern, sondern erschweren und gefährden; denn infolgedessen könnte leicht ein Manko der Zahlungsbilanz entstehen, und zu dessen Deckung würde bei dem Bestehen einer Goldwährung das vorhandene Goldgeld abfließen. Abgesehen hiervon würde die Silberproduktion in Mexiko geschädigt werden. Nach der Aufhebung der offenen Silberwährung müßte nämlich im Falle einer Verschlechterung der Konjunktur auf dem Weltmarkte ebenso wie in allen übrigen Goldwährungsländern nunmehr auch in Mexiko der Preis des Silbers zurückgehen, während das bisher, da das Silber frei geprägt werden konnte, ausgeschlossen war. Infolgedessen würde sich der Gewinn der Produzenten mindern und würde vielfach ein Gewinn überhaupt nicht mehr erzielt werden. Dadurch würden freilich nicht lediglich, ja vielleicht nicht einmal zum größten Teil Inländer, sondern Fremde getroffen werden, deren Schicksal, wenigstens direkt, für Mexiko nicht wesentlich in Betracht kommt; denn von den mexikanischen Minen befinden sich viele im Besitze des Auslands. Es könnte sich aber die weitere Folge ergeben daß eine Reihe von Minen zur Einstellung ihres Betriebes gezwungen würde. Das wäre für Mexiko schon deshalb ein wesentlicher Nachteil, weil viele Arbeiter ihr Brot verlieren würden. Außerdem aber würde in diesem Falle zweifellos auch der Export zurückgehen. Damit würde zu der Wertverringerung des Silberexports nun auch noch eine Größenabnahme hinzukommen. Die Aktiva der Zahlungsbilanz würden aus einem weiteren Grunde vermindert werden und infolgedessen würden sich die Chancen für die Aufrechterhaltung der Goldwährung noch ungünstiger gestalten. Wenn nun noch etwa durch die Aufhebung der Silberwährung in Mexiko selbst ein erheblicher Druck auf den Weltmarktpreis des Silbers ausgeübt werden sollte, was befürchtet, aber wohl mit Unrecht befürchtet wird, so würde Mexiko möglicherweise mit der Einführung der Goldwährung zugleich dieser Goldwährung selbst das Grab gegraben haben!

Ist insoweit die Lage Mexikos hinsichtlich des Übergangs

zur Goldwährung ungünstiger als diejenige Indiens, so sind doch in anderer Beziehung günstigere Chancen vorhanden. Mexiko hat nämlich nicht zu befürchten, daß bei weiterem Sinken des Silberpreises durch die Entstehung von Valutadifferenzen zu Gunsten anderer Länder seine Konkurrenzfähigkeit geschwächt wird, wie es in Indien und zu dessen Nachteil gegenüber China und Japan geschah. Nachdem Mexiko zur Goldwährung übergegangen wäre, würde es ja überhaupt nur noch wenig eigentliche Silberländer geben, d. h. Länder, bei denen nicht nur das Geld aus Silber besteht, sondern auch das Wertverhältnis dieses Geldes zum Golde und daher der Wechselkurs von dem Silberpreise abhängt, wie es bei offener Silberwährung und nur bei dieser zutrifft; denn nach dem Ausscheiden Mexikos würden im wesentlichen — vorausgesetzt, daß auch die Straits Settlements die Goldwährung einführen — nur noch China, Bolivia, Persien, Indochina und Cochinchina übrig bleiben. Die Konkurrenz dieser Länder hat aber Mexiko, wenn es auch teilweise gleiche Artikel produziert und auf den Weltmarkt liefert, nicht zu fürchten.

Es fehlt der Raum und es liegt auch nicht im Rahmen dieser Arbeit, noch näher auf die mexikanische Valutafrage einzugehen. Aus den gemachten Andeutungen wird aber zur Genüge hervorgehen, von wie großer Bedeutung der Vorgang Indiens für Mexiko ist. Mexiko vermag an Indiens Beispiel zu erkennen, wie ein Aufgeben der Silberwährung im allgemeinen wirkt und in welcher Weise dadurch die einander widerstreitenden Interessen beeinflußt werden. Es hat ferner an Indien ein Muster für die Einrichtung einer Währung, bei welcher, wie es auch seine Verhältnisse erfordern, das alte Silbergeld das eigentliche Umlaufsmittel bleibt, während dem Golde im wesentlichen nur die Rolle zufällt, als Regulator des Außenhandels zu dienen und den Wechselkurs gegenüber den Goldwährungsländern stabil zu erhalten. Es vermag endlich auf Grund der Erfahrungen Indiens festzustellen, wie bei der Einführung einer solchen Währung verfahren werden muß; was zu geschehen hat und was nicht geschehen darf. U. a. zeigt das Schicksal Indiens, wie unrichtig es sein würde, den Versuch zu machen, die Valuta auf ein höheres Niveau zu heben, was in Mexiko von mehreren Seiten befürwortet wird, und dazu etwa (wie z. B. jetzt mit scheinbarem Erfolge in Brasilien) eine Kontraktion des Geldumlaufs vorzunehmen, die in Mexiko ebenso wie in Indien zu Geld- und Kreditkrisen führen müßte. Bei Mexiko würde übrigens eine Hebung, sowie überhaupt die Festsetzung eines hohen Übergangskurses schon deshalb besonders gefährlich sein, weil es bei hohem Kurse in Anbetracht der Erschwerung des Exports und der Erleichterung des Imports um so schwieriger ist, die Zahlungsbilanz zum Ausgleich zu bringen. Für den Fall eines stärkeren Rückgangs des Silberpreises würde überdies schon wegen dessen ungünstiger Rückwirkung auf den Silberexport um so eher die Notwendigkeit eintreten, Goldgeld zu exportieren, und damit die Gefahr näher gerückt werden, daß ein Zusammenbruch der Währung erfolgte — wenn auch der zu erwartende Zufluß von Kapital diese Möglichkeit als eine ziemlich fernliegende erscheinen läßt.

Der bevorstehende Währungswechsel in Mexiko bildet aber nur einen einzelnen Fall, in welchem die Ergebnisse der Untersuchung über die indische Währungsfrage sich praktisch verwerten lassen. Es werden in jedem Falle, in welchem ein Übergang von einer anderen Währung zur Goldwährung erwogen wird, die gleichen prinzipiellen Fragen immer wieder auftauchen und überdies wird es sich in den meisten dieser Fälle um die Einführung einer Währung handeln, die der indischen mehr oder weniger nachgebildet ist. Mit Rücksicht hierauf dürfte der vorstehenden Abhandlung neben dem theoretischen Interesse eine weit über Indien und auch über Mexiko hinausgehende praktische Bedeutung beizumessen sein.

—

Reprint Publishing

Für Menschen, Die Auf Originale Stehen.

Bei diesem Buch handelt es sich um einen Faksimile-Nachdruck der Originalausgabe. Unter einem Faksimile versteht man die mit einem Original in Größe und Ausführung genau übereinstimmende Nachbildung als fotografische oder gescannte Reproduktion.

Faksimile-Ausgaben eröffnen uns die Möglichkeit, in die Bibliothek der geschichtlichen, kulturellen und wissenschaftlichen Vergangenheit der Menschheit einzutreten und neu zu entdecken.

Die Bücher der Faksimile-Edition können Gebrauchsspuren, Anmerkungen, Marginalien und andere Randbemerkungen aufweisen sowie fehlerhafte Seiten, die im Originalband enthalten sind. Diese Spuren der Vergangenheit verweisen auf die historische Reise, die das Buch zurückgelegt hat.

ISBN 978-3-95940-109-8

Faksimile-Nachdruck der Originalausgabe

www.reprintpublishing.com

www.ingramcontent.com/pod-product-compliance
Lightning Source LLC
Chambersburg PA
CBHW061112220326
41599CB00024B/4005

* 9 7 8 3 9 5 9 4 0 1 0 9 8 *